重大公共卫生事件下的农村金融：风险、应对与创新

蒋远胜　吴　平◎主编
王江渝◎主审

西南财经大学出版社
中国·成都

图书在版编目(CIP)数据

重大公共卫生事件下的农村金融:风险、应对与创新/蒋远胜,吴平主编.—成都:西南财经大学出版社,2021.12
ISBN 978-7-5504-5230-5

Ⅰ.①重… Ⅱ.①蒋…②吴… Ⅲ.①公共卫生—突发事件—影响—农村金融—研究—中国 Ⅳ.①F832.35

中国版本图书馆 CIP 数据核字(2021)第 267527 号

重大公共卫生事件下的农村金融:风险、应对与创新
蒋远胜 吴平 主编
王江渝 主审

策划编辑:李邓超
责任编辑:李晓嵩
责任校对:廖术涵
封面设计:墨创文化
责任印制:朱曼丽

出版发行	西南财经大学出版社(四川省成都市光华村街 55 号)
网　　址	http://cbs.swufe.edu.cn
电子邮件	bookcj@swufe.edu.cn
邮政编码	610074
电　　话	028-87353785
照　　排	四川胜翔数码印务设计有限公司
印　　刷	四川五洲彩印有限责任公司
成品尺寸	170mm×240mm
印　　张	21.75
字　　数	415 千字
版　　次	2021 年 12 月第 1 版
印　　次	2021 年 12 月第 1 次印刷
书　　号	ISBN 978-7-5504-5230-5
定　　价	98.00 元

前言

2020年年初，新型冠状病毒肺炎疫情（以下简称“新冠肺炎疫情”）肆虐全球，成为一次席卷全球的重大突发公共卫生事件。为全面打赢脱贫攻坚战和如期全面建成小康社会，及时总结新冠肺炎疫情下农村金融服务农村实体经济发展和乡村振兴的典型经验做法，高质量推进乡村振兴战略的实施，四川省金融学会、四川农业大学、四川省农村信用社联合社于2020年11月21日在眉山联合主办第四届中国西南农村金融论坛，主题为“新冠肺炎疫情下的农村金融：风险、应对与创新”，并以线上和线下相结合的方式举办主旨报告与学术交流分论坛。本次论坛由眉山农村商业银行股份有限公司、四川农业大学经济学院承办，《农村经济》《西南金融》《农村金融研究》等期刊作为学术指导。中共眉山市委常委、市政府常务副市长刘先伟，四川农业大学副校长刘登才，四川省农村信用社联合社党委委员、副主任姜林，四川省金融学会副会长、四川省金融学会现代农业金融专委会主任委员、四川农业大学经济学院院长蒋远胜以及来自国内外农村金融、普惠金融领域的专家学者，西南地区省金融学会的代表，四川省市（州）金融学会的代表和金融机构高管等180余人参加了论坛。与会人员围绕新冠肺炎疫情下农村金融业务创新、风险应对、数字普惠金融、绿色金融、农业保险等主题展开了深入的交流与探讨。本次论坛共收到50余篇投稿论文。会后，会务组通过与论文作者商讨，将愿意发表的22篇与主题相关的论文整理后结集成册出版，旨在为推进新冠肺炎疫情后西南地区农村金融改革创新和乡村振兴发展提供理论指导和智力支持。

一、新冠肺炎疫情下的农村金融业

以金融助力农村实体经济，农村金融对乡村振兴发挥着先导和推动作用。探讨新冠肺炎疫情之后农村金融理论与实践问题，吸取经验与教训，对今后农村金融改革与发展起着至关重要的作用。四川省金融学会、四川农业大学经济学院蒋远胜教授及课题组研究发现：第一，新冠肺炎疫情对农户、新型农业经营主体和小微企业造成了巨大的负面影响；第二，农村银行类机构的存款业务下滑较为严重；第三，农村银行类机构贷款业务受到一定影响，但小于存款业务受到的影响；第四，农村金融机构面临的违约风险和操作风险增加；第五，新冠肺炎疫情波及范围广，农业保险、担保和小额贷款等业务均受到影响；第六，金融科技运用不足，小型农村金融机构的线下网点优势变为劣势；第七，快速响应、多措并举，农村金融机构应对新冠肺炎疫情风险的措施有力。根据调查研究结论，课题组提出六点对策和政策建议：第一，完善风险防控体系，提升风险治理能力；第二，推动金融科技应用，提升风险识别与评估能力；第三，加强金融基础设施建设，提升风险应对能力；第四，创新农村金融服务机制，提升风险控制能力；第五，构建多元开放平台，提升风险监控能力；第六，长短结合、精准施策，加大对农村金融机构的政策支持力度。刘祯贵发现，受新冠肺炎疫情影响，农村各类困难群体面临致贫返贫风险，农村脱贫攻坚任务将更为艰巨。因此，后疫情时代，国家应继续加大金融助推乡村扶贫力度，确保在扶贫路上不落下一个贫困家庭，不丢下一个贫困群众。王刚贞和刘婷婷基于互联网技术的数字普惠金融与居民消费存在紧密联系，从理论和实证两个方面，在新冠肺炎疫情背景下，对数字普惠金融影响城乡居民消费的作用机制和异质性效果进行了研究。他们发现，数字普惠金融可以通过缓解收入约束和流动性约束以及平滑移动支付三种机制影响城乡居民消费；基于全国整体视角，数字普惠金融对我国城乡消费水平的正向影响显著，但各地区受影响程度存在异质性。基于研究结论，他们对建立长期有效促进城乡居民消费的体制机制、保持经济社会平稳健康发展提出了相关建议。楼宇晴和刘小渝基于新冠肺炎疫情的自然实验，利用成都市主城区农产品市场的相关数据，运用广义倍差法实证分析了应对新冠肺炎疫情所采取的社交隔离措施对农产品价格的短期影响。研究结果显示，采取社交隔离措施后，成都市主城区农产品零售价格平均上涨4.9%，其中畜禽、果蔬、水产品涨幅最为明显，而粮油产品价格变化不显著。此外，居民收入水平高、工业化进程快的地区，农产品价格涨幅较为明显。赵健兵等结合货币政策工具的使用情况，分析了新冠肺炎疫情对农村金融机构货币信贷政策执行情况的影响，并提出了相关政策建议。他们认为，新冠肺炎疫情对实体经济产生了较大的冲击，使得有效信贷需求受到严重影响，信贷业务增长乏力，利润下降明显；获客困难，小微市场份额缩减；资产质量严重下降，风险防控压力增加。他们提出，应强化协同配合，畅通政策传导机制，完善公司治理，防范道德风险，适应双循环发展格局要求，加快业务转型，多渠道补充资本，提前防控风险。

二、金融服务乡村振兴

任何实践都必须以科学的理论为指导，金融服务乡村振兴也不例外。尽管中国农村金融发展与实践取得了良好的经济与社会效益，但农村金融发展存在明显的理论与实践脱节问题。眉山农商银行党委副书记、行长陈书明认为，国家积极出台改革政策，提高要素配置效率，发挥各类要素优势，激发市场活力，推进供给侧结构性改革，推动经济高质量发展，也给农村金融机构改革带来较多的机遇和较大的挑战。农村信用社作为农村金融的主力军之一，是农村金融体系的重要组成部分。眉山农商银行作为四川农信系统的一分子，是由单个“小法人”区、县农信社合并组建形成的。农信社改为农商银行的初期，尚未彻底解决农村信用社存在的固有问题，还存在相互分散、独立的县（市）法人机构单体规模小、无法抵御金融大风险；经营范围有限，无法对接开放性大市场；业务准入受限，不利于更好地实现金融服务供给等问题。眉山农商银行提出了优化农信系统管理体制、健全完善法人治理机制、多渠道防控和处置风险、不断创新金融产品与服务、积极应用并发展金融科技等政策建议。张林等认为，农村金融服务体系日益完善为金融高质量服务乡村振兴奠定了坚实的基础，但仍面临着指导理论定位不清、金融供需失衡、金融机构可持续发展能力不足、非银行金融机构发展滞后、农村金融产品和服务同质化严重等问题。在资源总量有限的情况下，农村金融高质量服务乡村振兴需要瞄准乡村产业发展和基础设施建设等核心领域；需要协调处理好点与面、远与近、予与取、走与回四对关系。吴亚玲等结合宜昌市晓曦红柑橘专业合作社的信用合作实践进行研究发现：第一，农民合作社通过信用合作将农民组织起来，利用合作社离农村金融需求近的制度优势，发挥合作社建立在人缘、地缘、业缘关系基础上的信息获取优势，降低信用合作监督成本与交易成本；第二，农民合作社信用合作通过内部财务管理与组织化程度提升为合作社成员提供征信和增信服务，依托风险准备金制度与相互担保机制分散信用合作金融风险；第三，风险补偿基金、农业保险保费补贴等政策支持有助于完善信用合作的信息获取机制和风险分担机制。该研究的主要政策建议有创新农民合作社信用合作产品和加强农民合作社信用合作风险防控。宋坤和蒋嘉坤基于四川省多地的调研数据，采用结构方程模型，从政府实际支持力度、农地流转市场成熟度、借款人及其他因素、价值评估情况、处置意愿 5 个维度设计了 22 个观察指标，探讨影响农地贷款抵押物处置效果的因素。其研究发现，政府的实际支持力度对抵押物处置效果有直接的正向效应，抵押物价值评估相关情况和农地流转市场成熟度对处置效果有直接和间接的正向影响。借款人及其他因素、处置意愿对处置效果有间接的正向影响。政府的实际支持力度是影响处置效果的最主要因素。其中，风险补偿基金的实际作用是最关键的影响指标。徐丽娟等就中国农村金融发展对农民消费升级的影响进行实证研究。研究结果表明，在样本期内农村金融发展促进了农民消费升级。农村金融发展不仅直接促进农民消费升级，也通过提高农民收入间接促进农民消费升级。构建普惠性农村金融体系，利用金融手段开发农村消费市场是增加内需的重要举措。田红宇等基于中国家庭追踪调查（CFPS）农户层面2014—2018年三期面板数据，用Ⅳ-Tobit和条件混合回归（CMP）模型，从信贷可获得性视角考察了互联网使用情况对农户多维贫困治理的影响及作用机理。其研究表明，与未使用互联网的农户相比，使用互联网的农户的多维贫困水平降低了23%，说明使用互联网能够减缓农户多维贫困。机制检验结果显示，缓解农户信贷约束是使用互联网减缓农户多维贫困的主要机制，且突出表现在正规信贷部门。异质性分析发现，使用互联网减缓农户多维贫困存在一定的“精英俘获”现象，互联网的减贫红利没有被全体农户公平共享。因此，在乡村振兴战略中要充分激发“互联网+”金融的动能，但也要考虑到互联网红利公平共享和满足农户的多元信贷需求问题。李庆海等发现，金融知识对农户识别金融诈骗的影响正向显著，即金融知识水平越高，农户识别金融诈骗的可能性就越高。通过运用金融知识识别金融诈骗的作用在家中有村干部和户主上过经济或金融类课程的农户中更为明显。社会互动、适度的信息关注和主观幸福感更有助于金融知识作用的发挥。在不同类型的金融诈骗中，运用金融知识识别金融诈骗的作用在电信诈骗和网络诈骗中更为明显。因此，农户需要多多学习金融知识，了解更多金融诈骗的手段和方法，才能有效识别金融诈骗。夏晓兰和卿姣以四川省为例，对农村绿色金融的实践探索进行剖析，进而总结了我国农村绿色金融区域发展的现状和主要问题，提出了进一步推进绿色金融助力乡村振兴的对策。

三、数字普惠金融

截至2020年年底，中国已全面消除绝对贫困，后扶贫时代将从绝对贫困转为相对贫困，也将从以精准扶贫战略为主转向以乡村振兴战略为主。孙倩和王文莉以中国618个相对贫困县为样本，利用面板固定效应模型和门槛回归模型，讨论数字普惠金融对我国相对贫困县农业发展的影响以及存在的区域异质性和农业发展水平异质性，并进一步讨论市场化水平、自然环境和农业保险对数字普惠金融促进农业发展的调节作用。其研究发现，总体上数字普惠金融的发展显著提升了中国相对贫困县的农业发展水平。数字普惠金融在中国东部、中部和西部地区对促进相对贫困县的农业发展发挥着不同的作用。程浩和金春雨发现，城乡收入差距存在自我扩大的惯性；城乡收入差距自我扩大的惯性会在城镇化和产业结构高级化达到一定程度之后衰减；城镇化程度和产业结构高级化水平会影响数字普惠金融缩小城乡收入差距的强度，降低数字普惠金融缩小城乡收入差距的作用；劳动力受教育程度对数字普惠金融发挥作用不存在“数字鸿沟”门槛。王刚贞和陈梦洁基于中国31个省（自治区、直辖市）2011—2018年的时空面板数据，运用莫兰指数及LISA聚集图分析数字普惠金融的“胡焕庸线”动态演进规律，并通过空间杜宾模型分析其提升农村居民福利的空间溢出效应与时间异质性。他们的研究发现，西部地区由负向空间聚集效应逐渐过渡到正向空间聚集效应，东部地区的正向空间聚集效应逐渐发散；东部地区的数字普惠金融可以通过空间溢出效应辐射西部地区整体提升农民福利水平，但其提升农村居民福利的效应逐渐衰减，具有时间异质性。胡树林和朱玉琴基于系统耦合协调原理，运用熵值法测算了成都市数字经济、农业现代化、新型城镇化系统综合指数，并分别实证测度数字经济与农业现代化、数字经济与新型城镇化的耦合度及耦合协调度，解析其耦合演进、协调发展的变动特征。他们的研究结果表明，成都市数字经济、农业现代化和新型城镇化综合水平总体呈上升趋势且发展态势良好。马彧菲等构建了基于产业融合的普惠金融体系，并运用2008—2017年省级面板数据，采用中介效应模型检验其包容性经济效益。他们的研究发现，普惠金融缩小城乡收入差距的作用中有接近70%来自产业融合的中介效应。进一步的研究表明，中介效应主要来自普惠金融的“金融服务可获得性”维度对城乡居民“经营性收入差距”的作用，并存在东部>中部>西部的区域异质性。因此，发展基于产业融合的普惠金融体系，需要制定多方位的普惠金融发展战略，实施针对性的普惠金融与产业融合发展策略以及增强普惠金融服务的可获得性、提高服务质量和数字化建设程度。

四、农村金融绩效

农业保险作为一种政策性支农工具，能够分散农业生产风险，稳定农业生产，提高农村金融绩效。刘福星和贺娟基于中国31个省（自治区、直辖市）2004—2017年的面板数据，在使用SBM-DEA模型测算农业生产效率和利用熵值法评价农业保险发展水平的基础上，采用面板固定效应模型和面板门槛模型，实证分析了农业保险发展对农业生产效率的影响。其研究结果表明，农业保险发展对农业生产效率具有促进作用，在使用工具变量处理内生性问题后，结果依旧稳健。他们通过进一步考虑省与省之间经济结构的差异，发现农业保险发展对农业生产效率的影响存在双重门槛效应，呈现出“负效应—不显著—正效应”的“U”形特征。合理配置资源和建立有效的反欺诈监测机制能够减少负效应，推动农业保险高质量发展。臧敦刚和魏诗颖等基于四川省阿坝州红原县的实地调研数据，利用 DEA 模型分析四川省藏族聚居区牦牛保险减贫的绩效，再利用 OLS 模型从农户家庭基本特征角度分析影响牦牛保险减贫效率的因素。其研究结果显示，牦牛保险减贫总体上处于低效状态，学历低、年龄大、家庭劳动力数量少、非干部和损失降低效用低对牦牛保险减贫效率呈现显著负向影响。他们提出进一步提高四川省藏族聚居区牦牛保险效率的建议，发挥牦牛保险对藏族聚居区农牧民提高收入、风险保障水平和幸福感等的重要作用。王文莉等基于 2012—2018 年中国 48 家农村商业银行的数据，以中间业务水平作为中介变量，探究市场竞争对农村商业银行经营绩效的作用路径。他们的研究发现，市场竞争显著降低了农村商业银行的经营绩效，且地区间存在差异性。赵婧姝等基于县域视角，运用三阶段 DEA 模型对河北省 62 个贫困县农业保险扶贫效率进行评价，结果表明，整体上河北省农业保险扶贫效率较高，规模效率较高，但大多处于规模递减阶段。他们依据纯技术效率与规模效率两个维度，将 62 个贫困县农业保险扶贫效率分为四种类型，发现扶贫效率呈现区域性差异。他们进一步剖析农业保险扶贫效率的影响因素，发现环境因素对效率总体影响不大，地区生产总值、农业产业化经营率、年末乡村农林牧渔业从业人员比重三个指标对扶贫效率产生正向作用，因此应改善贫困县外部经济环境，并依据不同贫困县实际条件制定差异化的农业保险扶贫策略。

新冠肺炎疫情肆虐全球，对国际国内经济产生巨大冲击，对农村金融业务和经营、金融服务和风险管理也带来了极大的挑战。大力开展健全农村金融体系、完善农村金融基础设施、增强风险管理能力、创新数字金融服务方式等研究，已是大势所趋。在重大公共卫生事件和自然灾害冲击下，农村金融提高机动灵活性、提升抗逆力、提升远程服务和无接触金融服务能力，都需要金融科技对农村金融赋能，需要创新金融服务模式和改进监管方式。这些金融创新同样需要理论、技术和政策等方面的研究支持。

编者

2020 年 11 月

目录

新冠肺炎疫情背景下的农村金融业

金融服务乡村振兴

数字普惠金融

农村金融绩效

新冠肺炎疫情背景下的农村金融业

新冠肺炎疫情下的四川省农村金融：影响、措施与对策①

蒋远胜　吴平

（四川农业大学经济学院 四川农业大学区域经济与金融研究所）

2020年年初，突如其来的新冠肺炎疫情对农业生产、农产品加工、物流和贸易等产生了巨大的冲击。农村地域广阔、农民居住分散，但农民工返乡过春节增加了新冠肺炎疫情扩散的风险。人员交通管制、乡村封堵和居家隔离等抗疫措施使得农民的消费行为、金融行为和投资行为模式被迫改变。为了满足重大公共卫生事件背景下农村特殊、少接触的金融服务需求，四川农村金融机构采取了很多应对措施，取得了明显的成效，但也暴露了一定的风险和一些亟待解决的问题。课题组在2020年2~3月，通过对四川省成都市和五大经济区10个样本县的农业银行、农村信用合作社、邮储银行、保险公司等近30家农村金融机构进行抽样调查、电话访谈和资料数据收集，以总结经验、分析和发现问题，并为农村金融机构提出应对风险的对策建议，为主管部门提供政策参考。

一、四川省新冠肺炎疫情对农村经济的影响

新冠肺炎疫情给农户、新型农业主体和小微企业的生产经营带来了巨大的

---

① 本文基于四川省金融学会现代农业金融专委会一个应急调研课题，课题组组长为四川省金融学会信贷农业金融专委会主任委员、四川农业大学经济学院院长蒋远胜教授，副组长为四川农业大学区域经济与金融研究所所长吴平教授，成员包括王玉峰、郭华、臧敦刚、申云、彭艳玲、徐斌、丁昭、肖诗顺和徐慧丹等教授和研究员。在新冠肺炎疫情期间，课题组主要采取在线调查、电话访谈和书面资料传递等调查方式。感谢四川省金融学会常务副会长方昕高级经济师的指导和秘书处秦丽副处长的讨论建议。调研得到四川省农村信用社联合社、中国农业银行股份有限公司四川省分行、中国邮政储蓄银行股份有限公司四川省分行、成都农商银行、锦泰财产保险有限公司、中航安盟财产保险公司、四川能投金鼎产融控股集团有限公司等金融机构的大力支持和配合，并获得四川省科技厅引智计划项目“四川省乡村振兴的金融支持研究”的资助，特此致谢。

负面冲击，同时又给部分与抗击疫情物资生产和经营相关的行业与企业带来了发展的机遇。

（一）物流和人工成本增加

人员交通管制和部分物流企业门店关闭造成生产成本特别是物流和人工成本增加。课题组调研发现，某专业大户 2020 年春节前发送一车柑橘到北京的运费约 5 000 元，而疫情期间涨至 15 000 元左右，疫情期间的人工工资和医疗保护成本显著增加。

（二）新型经营主体和小微企业关门导致营业收入大幅下降

课题组调研发现，2020 年 2 月份疫情严重时期对农业生产冲击较大。到 2 月下旬，四川省以猪饲料为主的配合饲料企业已复工 195 家，饲料企业整体复工率较低，由于饲料企业延迟复工导致养殖企业复产困难。部分农贸市场和贸易渠道暂时关闭，农产品滞销使得企业损失巨大。自贡市某牧业有限公司在新冠肺炎疫情暴发前每天可销售 4 万只肉鸡，而 1 月底和 2 月期间则只能在本地销售，单日销售量 500~1 000 只，有 30 万只存栏肉鸡滞销。草莓、春茶等时令产业受影响严重。邛崃市某草莓家庭农场的价格平均下降约 30%，销量同比下降 30%左右。3 月疫情减缓后，农业生产恢复较好，3 月底春耕生产正常进行，饲料、肥料等农资企业基本全部复工，茶叶采摘和加工正常进行，但乡村旅游、农家乐等的收入只有往年的 1/3 左右。

（三）农民外出务工受阻，农民找工作更加困难且务工少于往年

据估计，春节前返乡过春节农民工大约占四川省农民工总数的 70%，通常农民工将在春节后一个月内陆续返岗，但受疫情管制的影响，农民工返岗并不顺畅。截至 2020 年 2 月 26 日，四川省农民工累计外出务工 690. 57 万人，累计出具外出务工人员健康证明 552. 72 万人次；截至 2020 年 4 月 1 日，农民工外出务工返岗累计 1 895. 29 万人、返岗率为 93%，省外务工人员返岗率达到 99. 8%，农民工资性收入、生产性收入会相应恢复增长。整体而言，一半以上的农民工比往年少外出务工约 1 个月。

（四）部分防疫物相关物资生产经营企业经营良好

自新冠肺炎疫情发生后，医疗器械、防疫、医药制造、公共卫生基础设施等企业伴随提升产能的要求，融资需求增加。课题组调研发现，截至 2020 年 2 月底，中国农业银行四川分行共为全省 41 家疫情防控相关企业发放贷款合计 5. 52 亿元，四川省农村信用联社累计向全省 45 家疫情防控企业、医疗机构发放贷款 1. 36 亿元。

二、新冠肺炎疫情对四川省农村金融机构经营管理的影响

四川省农村受新冠肺炎疫情影响最大的是2020年2月份，3月份各机构基本都在恢复。新冠肺炎疫情暴发正值春节和农历正月期间，由于大部分居民都采取居家隔离，街道社区、村组实施“出入卡”限行等措施，加之持续时间较长，导致农村金融机构点多面广、线下经营的优势变为劣势，错过了春节期间拓展存款业务的黄金时期，农村金融机构的线下业务同比出现了较为严重的下降，但在线金融业务需求大幅增加。具体体现在以下六个方面：

（一）农村银行类机构的存款业务下滑较为严重

课题组调研发现，受疫情影响，总体上，新冠肺炎疫情对四川省农村金融机构的存款业务造成了较大程度的负面影响，但影响程度也存在一定的差异。各区域存款同比增幅减小，特别是对公存款同比少增长40%，甚至新增为零。例如，成都经济区的MS农商行①2月底新增存款7.51亿元，同比少增长3.75亿元。川南经济区的XW农商行个人存款比2019年同期少增1.2亿元，对公存款比2019年同期平均下降40%左右。川东北经济区的NB农商行存款同比净增长12.4亿元，少增长6.3亿元，客户存款则同比平均下降13%。攀西经济区的PZ农商行存款较2020年年初增加3.1亿元，增长比例为1.6%。川西北经济区的中国农业银行KD支行存款较2020年年初减少6.56亿元，同比减少4.14亿元，影响最为严重。3月，各银行基本恢复正常，到3月底，如MS农商行存款较上月新增12.9亿元，XW农商行存款较上月新增2.7亿元，但还是显著少于往年。

（二）农村银行类机构贷款业务受到一定影响，但小于存款业务受到的影响

银行类金融机构不管是全部贷款还是个人贷款、涉农贷款等均出现增长率下降或直接减少。调查显示，贷款相较于2020年年初增速下降比例平均为4%左右；比2019年同期增速下降3%左右。例如，成都经济区的MS农商行在2020年2月只发放了防疫物资生产企业的贷款3 000万元，其他贷款都没有办法办理和发放，贷款较2020年年初少发放5亿元以上。该行在2020年3月发放贷款3.9亿元，业务得到较大幅度恢复，但离正常水平还是有较大差距。成都经济区的YA农商行2月个人贷款同比少发放5 000万元，3月贷款业务快速恢复。该农商银行与辖内6家县级农信联社向农业企业共投放各类贷款12.51亿元，为因疫情受困的企业办理展期、续贷、延期还本和临时性延期付息等

① 由于涉及一些敏感数据，因此本文隐去银行的名称，用字母代替，下同。

6.51 亿元。川南经济区的 XW 农商行受影响严重，贷款较年初少增长 1.2 亿元，少增长了 3.6%。川东北经济区的 NB 农商行贷款同比增加 1.3 亿元，少增长 1.32 亿元。攀西经济区的 PZ 农商行贷款只增长了 2 300 万元，较年初增长 0.2%，2 月增长为零。邮储银行 DQ 支行贷款放款只有 486 万元，较 2019 年同期减少 1 500 万元，资产质量受到严峻考验，很多客户在疫情期间因为没有任何收入而无力还款提出展期、停息等请求。川西北经济区的邮储银行 KD 支行 2 月几乎没有新增贷款业务。农业银行 GZ 支行贷款业务较 2020 年年初增加 2.04 亿元，较 2019 年同期只增长 0.03 亿元。3 月，由于疫情缓解，各行的贷款业务恢复了 50%～80%。

（三）农业保险、担保和小额贷款等业务也受到一定影响

新冠肺炎疫情对农业保险市场有两个方面的影响：一方面，新冠肺炎疫情风险对农业保险理赔、核保等需要现场操作的业务带来负面影响，可能增加道德风险；另一方面，政府影响涉及农业保险的特色产业与财政补贴。在课题组调研期间，四川省内部分市县的"两会"尚未召开，地方重点支持的特色产业尚未确定。同时，由于特色农业保险的财政补助渠道主要在地方，受新冠肺炎疫情影响，地方财政收入困难，而刚性支出又在增加，用于补助特色农业保险的财政资金有限，从而制约了特色农业保险的发展。

小额贷款公司（简称"小贷公司"）与政策性担保公司受到新冠肺炎疫情影响。小贷公司客户中的部分中小微企业、个人受新冠肺炎疫情影响，无法开展新业务，但仍需支付融资所产生的利息与经营支出，按期还本付息受到影响，间接影响到小额贷款行业正常的收放贷流程等。由于小贷公司贴息政策未落实，减免逾期罚息、适度降低贷款利率等应对措施直接影响小贷公司财务的可持续性。在新冠肺炎疫情背景下，政策性担保公司响应政策号召减费降率，在未获担保费率补贴的情况下，随着企业的风险上升，担保机构承担的经营风险也将出现阶段性上升。调研数据显示，内江市 JK 小贷公司约 30% 的贷款企业都面临困难，2 月现金流同比减少 70%～90%。受新冠肺炎疫情影响，四川 JY 担保公司出现 12 户企业经营困难，与银行沟通后同意延期还款、适当降低担保费率。

（四）农村金融机构面临的违约风险和操作风险增加

新冠肺炎疫情对农村和县域客户经营影响严重，农村金融机构信用风险上升。调研数据显示，总体而言，县域机构受新冠肺炎疫情影响明显的贷款在 5 000 万元到 1 亿元，占贷款总额的比例为 1%～2%；出现逾期的在 500 万元到 2 000 万元，各类贷款的不良率比 2019 年同期上升 0.3～1.7 个百分点。因

此，新冠肺炎疫情导致农村金融机构的贷款违约风险上升。成都经济区的MS农商行由于新冠肺炎疫情影响，逾期贷款增加944万元，不良贷款率由2.6%增加到2.9%。川南经济区的XW农商行受新冠肺炎疫情影响存在风险的资产达7 000万元。川东北经济区的NB农商行的不良贷款余额较2020年年初增加15 821万元，不良贷款率比2020年年初增加1.66个百分点。

不同政府部门出台了多种财政金融政策，带来了政策的操作风险。为了减轻新冠肺炎疫情对农业经济的冲击，四川省农村金融机构响应各级监管部门政策，在疫情防控时期有针对性地采取了信贷措施。然而，部分政策在层层落实的过程中出现的不一致，增加了农村金融机构潜在的经营风险。受新冠肺炎疫情影响，地方财政支出大幅增加、收入大幅减少，将影响部分政策性金融工具的受支持力度，从而增大了不确定性。同时，为应对新冠肺炎疫情的影响，各级政府和金融监管部门出台多个政策支持文件，各级农村金融机构在对政策的理解和重心把握上可能存在偏差，有在执行过程中出现“一刀切”或违规行为的操作风险。

（五）农村金融机构金融科技运用不足影响其内部管理

一是在经营上，金融科技运用严重不足，竞争不利。受新冠肺炎疫情影响，大规模发展的网点受到较大冲击，部分机构存在客户老龄化，线上业务使用频率低，导致业务量大幅减少或停滞，影响收入和利润。

二是在公司治理上，由于信息化水平较低，农村金融机构不能适应减少聚集的管理模式，过于依赖线下举行的金融机构年报审计、股东大会、董事会可能面临推迟，一定程度上阻碍了农村金融机构自身的全面监督、检查与控制。

三是在员工管理上，线上管理制度缺失。在新冠肺炎疫情期间，农村金融机构在岗员工数量多，疫情管控难度大，且依赖线下运行的农村金融机构会出现大量人力闲置，增加了农村金融机构的人力成本。在岗职工因疫情可能会导致心理上的压力增加，出现焦虑、消极等心理现象，工作效率和积极性降低。大型商业银行在金融科技和信息化建设方面远远领先于小型农村金融机构。

（六）支付结算和在线金融服务需求大幅增加

一是机构类客户支付结算和线上金融服务需求显著增加。一方面，机构类客户所需应急资金拨付、收存与调配业务需求明显增多。调研发现，德阳市辖内各区、县医保局急需资金用于物资采购，雅安市二医院集中收存现金，岳池当地火车站窗口集中退票退款零钞不足、急需小面额人民币等机构类支付结算业务显著增多。另一方面，线上金融需求显著增加，电子银行交易量激增。调研发现，2020年1月以来，四川省农村信用联社电子银行交易量同比增长

21%。其中，月均贷款、存款业务分别是2019年同期的3倍和2.75倍。但是电子银行业务拓展也受阻，新增客户几乎为零。

二是受新冠肺炎疫情影响，企业现金流受阻，短期融资需求增加。调查发现，多家农村金融机构为疫情受困企业提供“疫特贷”“鲜叶快贷”“战疫贷”等专项贷款，截至调研期间，四川省农村信用联社系统已帮扶四川省受疫情影响企业197家，涉及金额8.29亿元。

三是农业企业的融资需求或进一步增加。农业企业融资需求上升主要由化肥、种子、农药等生产资料短期供给不足，中长期价格可能上涨导致。

三、四川省农村金融机构对疫情冲击的响应措施及效果

自新冠肺炎疫情暴发后，特别是在四川省实施一级响应后，各个农村金融机构也积极、主动地采取了一系列响应措施，取得了较好的效果。

（一）主要响应措施

1. 落实公共卫生事件一级响应，筑牢农村金融行业的防疫战线

自新冠肺炎疫情暴发以来，按照一级响应要求，财政部、国家发展改革委、中国人民银行、中国银保监会、中国证监会等部门及监管机构密集出台财税金融支持疫情防控、复工复产等政策文件，四川省财政厅、四川省发展改革委、中国人民银行成都分行等也制定了一系列财税减负、金融防疫等政策措施和操作办法，农业银行四川省分行、邮储银行四川省分行、四川省农村信用联社等在四川省的全国性和地方性涉农金融机构积极开展疫情防控期间的金融服务工作，通过上下联动、多措并举，迅速筑牢四川省农村金融防疫战线。所有农村金融机构都坚持开门服务，对客户需求及时响应，并关心和联络重点客户。部分金融机构，如攀枝花农商行还捐赠防疫物资和生活用品，帮助客户、社区和农民战胜疫情。

2. 创新金融服务机制，支持防疫相关企业和满足民生需求

一是金融机构按照“主动对接、急事急办”原则，对涉及疫情防控的信贷业务开通“绿色通道”，优先保障疫情防控类企业的信贷资金需求，如眉山农商行单列2亿元信贷投放计划满足疫情防控相关企业融资需求。

二是涉农金融机构发挥点多面广、贴近县域优势，优先保障应急资金拨付、收存、调配，确保医疗、公共服务领域等应急资金及时足额到位。

三是金融机构积极创新金融科技运用，简化业务流程服务农村居民基本金融保险服务。

3. 创新贷款应急处理机制，保护受疫情影响较大客户群的利益

一是所有样本金融机构都坚持“不抽贷、不断贷、不压贷”（“三不”）原则，对受疫情影响的批发零售、住宿餐饮、物流运输、文化旅游等行业的存量经营类贷款客户，坚持做到“三不”。

二是建立利率优惠机制。例如，南部县农商行对存量贷款展期、续贷、重组的客户，贷款利率按原合同利率下浮10%执行；对疫情防控涉及的医院、企业以及重要生活物资保障的骨干商贸流通企业，新增贷款利率按人民银行最近一期公布的贷款市场报价利率（LPR）为定价基准执行。

三是部分金融机构构建疫情期间各类业务操作的宽限机制。例如，眉山农商行按照中国人民银行、中国银保监会等主管机构的政策，对受疫情影响的各类贷款客户，灵活调整还款安排，合理延后还款期限等；对因感染新型肺炎住院治疗或隔离人员、因疫情防控需要隔离观察人员、参加疫情防控工作人员，办理展期或无还本续贷，对逾期贷款不计收罚息，暂不视为违约，不影响征信记录。

4. 创新普惠金融产品，助力复工复产和农业春耕春种

为推动小微企业复工复产，抢抓春耕春种，发挥农业压舱石的作用，四川省金融机构积极创新金融产品，如锦泰保险开发“复工保”、邮储银行开发“抗疫贷”以及眉山农商行、雅安农商行等推出“疫需贷”“春茶快贷”“疫特贷”等。

5. 开展企业管理创新，推动金融科技应用和风险短期缓释

一是创新疫情期工作机制。例如，安盟保险和锦泰保险简化流程，实行远程查勘和理赔；多数银行建立弹性值守、轮流排班营业制度，加强人员流动管理，既减少感染的风险又保证农村金融服务正常开展。

二是抢抓线上业务推广机遇，引导农村客户通过手机银行、网上银行、电话银行等渠道线上办理业务，推动农村金融科技应用。

三是涉农金融机构通过落实展期、续贷等金融政策，不良风险得以短期缓释，但中长期来看还亟须顶层设计。

（二）取得的初步成效

1. 多措并举、创新金融服务，客户资金供应稳定

一是生产企业资金供应得到稳定。金融机构坚持不抽贷、断贷、压贷，对批发零售、住宿餐饮、物流运输、文化旅游等受疫情影响较大行业企业以及到期还款困难的客户，予以展期或续贷，提升信贷的可得性。

二是“互联网+信用‘三农’”打造线上全天候金融“服务区”。例如，

成都农商银行成立疫情信贷项目审批工作小组，借助云闪付应用程序、手机银行、网上银行、微信银行等电子银行业务渠道办理业务，线上业务审核率达到96%。

2. 专项贷款助力防疫物资生产和农业生产

一是满足了防疫物资生产企业的贷款需求。金融机构在疫情期间主动对接中小微企业信贷需求，发挥专项贷款的作用，以最大限度、最快速度、最优惠利率支持企业正常生产经营，增加客户忠诚度，形成利益共同体。例如，眉山农商行和雅安农商行针对口罩、消毒药水等生产企业发放了贷款。

二是满足了新型农业经营主体和农户的农业生产资金需求。例如，针对无贷款的农业经营主体，“首贷率”均超过60%。此外，农商行针对中药材种植户、养殖户等实行优惠利率，灵活设定贷款期限，专项再贷款利用率达90%以上。

3. 构建快速响应机制和精准信贷机制，普惠金融覆盖面大幅提升

一是建立横向到边、纵向到底的市县双线联动机制和快速响应机制。例如，广元农商银行采取网格化服务方式，主动对接辖区重点医用物品及生活物资名单企业，实现100%精准信贷服务。

二是强化政策性金融服务春耕生产和病毒防疫。例如，中国人民银行彭州支行协调银行机构针对农业经营主体融资需求制订专项金融支持方案，建立农村金融服务站，实现280万元贷款授信。

4. 全力服务春耕备耕和实体企业复工复产取得新进展

金融机构通过“一对一”“点对点”提前做好预算投放，启动金融支持春耕备耕和民营小微企业生产“春天行动”，四川农信在已经发放春耕备耕、畜禽保育贷款5.9亿元和专项贷款50亿元，有效缓解了农资购买信贷需求。同时，金融机构采取调整信贷还款安排、合理延后还款期限、适当下调利率、减免罚息、征信保护等一系列举措，建立疫情投诉快速处理和“政金企”线上对接，生活必需品生产企业复产率超过60%、复工率达到90%。

5. 特色农业保险创新模式和线上推广效果良好

一是特色农业保险推广效果良好。例如，锦泰保险围绕“菜篮子”“米袋子”创新生猪价格、蔬菜价格、水稻收入、茶叶气象指数等保险品种。通过简化理赔程序，2020年2月，锦泰保险已经全面完成了4.05万亩（1亩≈666.67平方米，下同）的高山茶叶气象指数业务承保和4 500万元的风险保障，处理客户赔款600多万元。

二是科技赋能“互联网+银保担”模式创新和风险防控。疫情防控倒逼农

业保险运营服务模式创新，农业保险新技术、新渠道、新方式主导的线上非接触式的销售模式成为主流，线上农业保险投保率大幅提升。

四、提升农村金融机构公共卫生危机应对能力的对策建议

（一）完善风险防控体系，提升风险治理能力

从短期来看，农村金融机构在经营上应加强在线业务获客、“画像”和处置，在治理和管理上要改变常规管理制度，改变打卡签到流程，改变会议和决策程序，更多采用视频会议、书面材料和书面表决等方式来进行决策。从长期来看，农村金融机构一是要完善风险治理体系，提高风险治理和应急管理能力，构建集风险识别、计量、预警、补救、辅助、决策、监控、评估系统于一体的风控体系，将制度建设、系统建设与风险防控工作有效结合；二是要制定细致可行的风控操作流程和不同级别的自然灾害、公共卫生等应急事件的响应预案，在不良容忍度、客户准入标准、尽职免责等方面提升会计、统计和风控精细化程度，实现风险防控工作有效平稳进行。

（二）推动金融科技应用，提升风险识别与评估能力

从短期来看，农村金融机构一是要加速金融科技与普惠金融业务模式的整合应用，在业务办理、综合服务、内部办公、产品营销等领域加快金融科技赋能；二是要调整优化自助设备布局，优化非现金支付框架，推广核心客户接受程度高、设备门槛低的手机银行应用程序，利用科技创新手段不断提升手机银行在线上线下贷款、转账、缴费、支付等方面的服务效率、客户体验、资金安全以及信息反馈及时程度。

从长期来看，农村金融机构一是要搭建“业务+科技+风控”的组织体系和标准化、自动化的信息共享平台，提升农村金融机构中后台的服务支撑能力，为重大突发情况下农村金融机构能够及时准确获取风险发生概率、影响半径、变动幅度等指标提供有力的科技支持；二是要审时度势、把握时机，将疫情挑战化作改革机遇，利用大数据、云计算等数字技术为普惠金融赋能，适时阶段性铺开农村金融机构普惠金融数字化转型之路，对目标客户实现精准“画像”，以分类定位、分类管理、全流程监控的方式，提升农村金融机构的服务能力和风险评估能力。

（三）强化金融基础设施，提升风险应对能力

从短期来看，银行类农村金融机构要继续大力推进农村支付环境建设，为农村地区提供安全、可靠的线下线上结合的支付服务，推动农村金融服务机构和网点采取灵活、便捷的方式接入支付清算系统。保险类金融机构必须创新承

保、理赔方式，积极推出与新冠肺炎疫情相关的保障类险种，积极开展农产品价格和收入保险等试点，充分利用互联网、手机应用程序、微信公众号等现代科技手段，确保推进农村地区线上线下的承保、理赔途径畅通，切实保障农民和新型农业经营主体实现稳定收入。

从长期来看，银行类金融机构要建立包含保险公司、小额担保公司和小额贷款公司在内的普惠金融信用信息体系，搭建多层级的民营企业、中小微企业、个体工商户和农民信用档案平台，实现企业主个人、农户家庭等多维度信用数据可应用。银行类金融机构要进一步扩充金融信用信息基础数据库接入机构，降低普惠金融服务对象征信成本，建立多元化信用信息收集渠道，实现风险应对过程中各类金融机构的及时响应。保险类金融机构应简化承保理赔流程，丰富和细分保险产品，探索设计出在此次疫情影响下产生的与损失密切相关的一系列退款、退票、误工等利润损失险产品，充分把握人们保险意识增强的契机，加快保险公估业与国际保险市场接轨。农村金融机构应完善担保体系、创新担保方式，探索建立城乡建设用地增减挂钩指标抵押担保、土地承包经营信托收益权质押担保、土地经营收益权反担保、农业产业链内部担保、风险担保基金等创新模式，丰富农村金融机构的风险应对措施。

（四）创新农村金融服务机制，提升风险控制能力

从短期来看，农村金融机构应全面掌握网点运行和资金储备情况，采取有效措施确保金融服务网点功能完备，并扎实做好现金存取、资金汇划等日常金融服务工作，确保金融服务“不掉线”“不中断”，最大限度地降低信用风险。对受疫情影响较大的批发零售、住宿餐饮、物流运输、文化旅游等行业的个体工商户、小微企业主以及有发展前景但暂时经营受困的中小微企业，农村金融机构应在商业可持续的基础上精准施策，积极落实信贷和临时救助政策，坚持“不抽贷、不断贷、不压贷”，通过展期、续贷、重组、调整还款计划等方式降低存量贷款和新增贷款利率执行标准。针对受疫情影响较大的存款业务，农村金融机构应采取电话、微信等线上方式与上门营销的线下方式有机结合，调查客户的业务偏好和信贷需求，多措并举，及时制订切实可行、个性化的金融服务方案，加大重点领域的信贷支持力度，积极承担社会责任。

从长期来看，农村金融机构一是要积极与农业担保公司开展担保合作，尽力解决涉农企业融资难等问题；二是要采取农村“三权”抵押贷款方式和“三农”特色押品抵押方式（大中小型农机具抵押、农用车抵押、农副产品抵押等），积极支持涉农企业、种养殖大户、家庭农场、专业合作社等新型农业经营主体的发展；三是要推动设立中小微企业融资担保公司，畅通中小微企业

融资渠道；四是要积极推进“银税互动”，为持续诚信纳税的农产品经营企业提供融资保障，积极帮助企业渡过难关，并助力企业在恢复生产的同时不断扩大生产，在满足本地农产品需求的条件下支援新冠肺炎疫情较为严重的区域。

（五）搭建多元开放平台，提升风险监控能力

从短期来看，农村金融机构一是要发挥在多方业务属性、服务网络、客户资源、数据积累、风险管理、科技研发、金融资源等方面所具有的差异化优势，紧密联系起各行业、各领域，打造良好的多元农村金融服务生态，以此来补齐风险应对短板，扩大风险分摊范围，提升风险应对信息共享效率，增加风险化解处置方案，最终减少风险造成的损失；二是要通过小额担保公司、小额贷款公司构建多源的业务模式，克服以往农村金融机构信贷资产质量欠佳、业务效率低、受涉农产业季节性影响明显等问题，推动农村金融机构在受到重大突发情况冲击时能快速识别和响应客户的个性化需求，分析、报告风险程度，监控风险未来发展趋势。

从长期来看，农村金融机构要充分利用“一干多支、五区协同”的区域发展战略布局，发挥成都市国家西部金融中心、“一带一路”金融服务中心的集聚能力，统筹成都经济区、川南经济区、川东北经济区、攀西经济区以及川西北生态示范区各类农村金融机构的相对优势，搭建四川省多元金融服务生态平台，实现各区域金融风险报告与监控的同频共振，全面提升农村金融机构的抗风险能力。

（六）长短结合、精准施策，加大对农村金融机构的政策支持力度

政府部门应按照“政策托底，长短结合，降低风险，精准施策”的基本思路，实施综合的货币、财政、税收、监管政策，从政策层面支持农村金融机构减少疫情的负面影响和化解各类风险。首先，政府部门应精准实施稳健宽松的货币政策，提高农村和县域货币投放。其可以主要采取三个政策工具：第一，定向降准，2020 年下调农村信用合作社（农商银行）、城市商业银行等县域法人和农业银行、邮政储蓄银行等大型商业银行“三农金融事业部”等机构的存款准备金率 1 个百分点；第二，“支农支小”再贷款规模增加 20%，扶贫再贷款规模增加 20%，兼顾疫情影响严重地区和贫困地区，并适当降低再贷款利率；第三，面向县域法人和农村金融机构进行再贴现，并降低再贴现率。央行的“支农支小”再贷款扩大规模、下调存款准备金的政策应尽快出台，给农村金融机构及其客户一个乐观的预期。其次，政府部门应实施积极的财政政策和税收政策，支持涉农企业和金融机构。政府部门应采取“精准发力、发行债券、减免税费、财政贴息”的财政税收政策思路。第一，积极发债、

优化结构。政府部门应适当扩大国债规模，大力发行地方债，扩大受疫情影响较为严重的地区的地方债规模。地方债要以专项债为主，瞄准受疫情影响较为严重的产业、有一定收益的公益性项目和高质量发展的项目等。第二，减税降费。政府部门应取消或大幅降低一季度涉农企业、中小微企业、房屋出租企业的所得税，同时部分减免疫情期间农村金融机构的利息收入的税收。第三，财政贴息。中央和地方财政（省级财政为主）要加大对“三类企业”（受疫情影响严重的企业、生产防疫用物资企业、疫情期间坚持营业的零售企业）进行财政贴息的力度。

参考文献：

［1］李苍舒，沈艳. 数字经济时代下新金融业态风险的识别、测度及防控［J］. 管理世界，2019，35（12）：53-69.

［2］钮中阳，乔均. 新型农村金融机构风险评价体系实证研究［J］. 南京社会科学，2018（7）：25-31，71.

［3］燕翔，冯兴元. 农信机构的稳健经营、可持续发展问题及对策［J］. 农村金融研究，2020（1）：3-9.

［4］张田，齐佩金. 农村金融支持体系的构建及其潜在风险研究：基于对“保险+期货”模式的扩展［J］. 金融与经济，2019（11）：92-96.

新冠肺炎疫情背景下对农村金融扶贫的几点思考

刘祯贵
（成都市住房和城乡建设局）

2020年新年伊始，随着新型冠状病毒的迅速传播，新冠肺炎疫情不仅严重危害了广大人民群众的身体健康与生命安全，也对经济社会的健康、顺利与可持续发展产生了重大影响。面对新冠肺炎疫情，世界经济金融面临严峻挑战，农村金融领域面临巨大压力。2020年6月，国内对新冠肺炎疫情的控制已取得可喜的成效，复工潮的来临势不可挡。但是疫情对农村经济的冲击逐渐显现，农村金融风险攀升、市场避险升温、国家政策调整等引发的金融市场动荡愈发明显。

2020年是全面建成小康社会目标实现之年，是全面打赢脱贫攻坚战的收官之年。如期实现脱贫攻坚目标任务本来就有许多硬骨头要啃，而2020年突发的新冠肺炎疫情又增加了全面打赢脱贫攻坚战的难度。习近平总书记在决战决胜脱贫攻坚座谈会上指出，到2020年现行标准下的农村贫困人口全部脱贫，是党中央向全国人民作出的郑重承诺，必须如期实现，没有任何退路和弹性①。新冠肺炎疫情使得农村金融也将面临一些新情况、新机遇。新冠肺炎疫情对农村金融既是挑战，也是机遇。居安思危、加速变革、切实增强预见性、牢牢把握主动权，是农村金融持续稳定发展的破题之道。我们必须认真贯彻习近平总书记有关脱贫攻坚的重要指示精神，利用金融扶贫等手段助推乡村扶贫工作，确保农村金融助推农村全面脱贫、致富奔小康，使广大乡村在全面建成小康社会、实现中华民族伟大复兴的中国梦进程中不掉队、不落后。

---

① 刘永富. 坚决克服新冠肺炎疫情影响 全力啃下脱贫攻坚硬骨头［EB/OL］.（2020-05-13）［2021-08-08］. http://www.xinhuanet.com/politics/2020-05/03/c_1125938375.htm.

一、党的十八大召开以来农村贫困地区脱贫攻坚工作取得新成效

党的十八大召开以来，党中央始终把打赢脱贫攻坚战放到治国理政、乡村振兴的重要位置，采取前所未有的力度、举措推进脱贫攻坚工作，使脱贫攻坚战取得了明显成效和决定性进展。

党的十八大召开以来，通过全国上下共同努力，在党中央确定的精准扶贫、精准脱贫的基本方略指引下，我国脱贫攻坚战取得重大胜利与决定性进展。截至 2018 年年底，我国贫困发生率从 10.2%下降到 1.7%以下①。据统计，党的十八大以来的五年，全国共有 6 000 多万贫困人口实现稳定脱贫，逐步走上致富之路②。2019 年 4 月 16 日，习近平总书记主持召开解决“两不愁三保障”突出问题座谈会并发表重要讲话，强调我国脱贫攻坚成效是明显的，脱贫摘帽有序推进。现行标准下农村贫困人口从 2012 年的 9 899 万人减少到 2018 年的 1 660 万人，累计减少 8 239 万人，连续 6 年每年减贫规模都在 1 000 万人以上，贫困发生率由 10.2%降至 1.7%，改变了以往新标准实施后减贫人数逐年递减的趋势，打破了前两轮扶贫每当贫困人口减到 3 000 万人左右就“减不动”的瓶颈。全国贫困人口从 2012 年年底的 9 899 万人减少到 2019 年年底的 551 万人，贫困发生率由 10.2%降至 0.6%，贫困村从 12.87 万个减少到 2 707 个，贫困县从 832 个减少到 52 个③。到 2020 年 2 月底，全国 832 个贫困县中已有 601 个宣布摘帽，179 个正在进行退出检查，区域性整体贫困问题基本得到解决④。贫困地区群众生产生活条件明显改善，贫困群众收入水平明显提高、获得感明显增强，中国特色的脱贫攻坚制度体系不断完善，创造了我国减贫史上的最好成绩，谱写了人类反贫困史上的辉煌篇章。

四川省建档立卡农村贫困人口从 2013 年年底的 625 万人减少到 2018 年年底的 71 万人，贫困发生率从 9.6%下降至 1.1%，贫困县从 88 个减少到 38 个，贫困村从 11 501 个减少到 1 782 个。2016—2018 年，在国家对省级党委和政府

---

① 马爱平. 7 年来全国贫困发生率从 10.2%下降到 1.7% [EB/OL]. (2019-10-18) [2021-08-08]. http://health.people.com.cn/n1/2019/1018/c14739-31407150.html.

② 中国青年网. 打赢脱贫攻坚战：乡村振兴战略的重要一环 [EB/OL]. (2018-06-25) [2021-08-08]. http://news.iqilu.com/china/gedi/2018/0625/3959946.shtml.

③ 刘永富. 坚决克服新冠肺炎疫情影响 全力啃下脱贫攻坚硬骨头 [EB/OL]. (2020-05-03) [2021-08-08]. http://www.xinhuanet.com/politics/2020-05/03/c_1125938375.htm.

④ 新华网. 习近平：在决战决胜脱贫攻坚座谈会上的讲话 [EB/OL]. (2020-03-06) [2021-08-08]. http://www.xinhuanet.com/politics/leaders/2020-03/06/c_1125674682.htm.

扶贫开发工作成效考核中，四川省连续3年被列为综合评价好的省份之一①。2020年，四川省完成50万贫困人口脱贫、1 482个贫困村退出、31个贫困县摘帽，贫困发生率从2013年年底的9.6%下降到2019年年底的0.3%，贫困村从11 501个减少到300个，贫困县从88个减少到7个②。通过各种结合成都市实际的脱贫攻坚措施，成都市脱贫攻坚工作到2019年也取得了决定性进展和显著成效，进入巩固脱贫成果、提升致富效果新阶段。据统计，到2019年，成都市共有76 813名建档立卡贫困人口和116个省定贫困村已经全部实现脱贫③。

二、金融扶贫是实现农村扶贫的重要举措

发挥资本市场服务贫困地区打赢脱贫攻坚战的重要作用，是实现贫困地区精准脱贫的重要推动力量。金融资源如何精准、有效、科学地支持贫困地区发展是金融精准扶贫工作的核心。我国农村金融已走过几十年的发展历程，服务能力明显增强，为促进农业生产、农村经济发展和农民增收发挥了重要作用。党的十八大以来，国家金融管理部门出台了一系列金融扶贫的政策举措，不断拓宽深度贫困地区直接融资渠道，构建多层次精准脱贫格局，取得了良好的效果。

早在2015年，《中共中央 国务院关于打赢脱贫攻坚战的决定》就提出："加大金融扶贫力度。鼓励和引导商业性、政策性、开发性、合作性等各类金融机构加大对扶贫开发的金融支持。运用多种货币政策工具，向金融机构提供长期、低成本的资金，用于支持扶贫开发。"2016年3月，中国证监会会同中国人民银行等七部门制定了《关于金融助推脱贫攻坚的实施意见》，提出"发挥好开发性、政策性金融在精准扶贫中的作用""拓宽贫困地区企业融资渠道""引入新兴金融业态支持精准扶贫"。2016年9月，中国证监会发布了《中国证监会关于发挥资本市场作用服务国家脱贫攻坚战略的意见》，要求"以资本市场服务产业扶贫为重点，优先支持贫困地区企业利用资本市场资源，拓宽直接融资渠道，提高融资效率，降低融资成本，不断增强贫困地区自

① 李森，侯冲，张明海. 庆祝中华人民共和国成立70周年四川经济社会发展成就系列新闻发布会第二场发布会［EB/OL］.（2019-09-05）［2021-08-08］. http://www.sc.gov.cn/10462/10705/10707/2019/9/5/0cc6becec91d443fa5c35aad3e9b7d58.shtml.

② 侯冲. 四川脱贫攻坚连续四年获国务院表扬［N］. 四川日报，2020-05-15（01）.

③ 成都市政府. 决战全面小康 成都脱贫攻坚"响鼓重锤"［EB/OL］.（2019-03-14）［2021-08-08］. http://www.sc.gov.cn/10462/10464/10465/10595/2019/3/14/6f09ff6d7de647d2b5a751003768410f.shtml.

我发展能力”①。2017 年 12 月，中国人民银行、中国银监会、中国证监会、中国保监会联合印发《关于金融支持深度贫困地区脱贫攻坚的意见》，强调“要加强深度贫困地区扶贫再贷款管理，加大对深度贫困地区的扶贫再贷款倾斜力度”“要拓宽深度贫困地区直接融资渠道”②。

2017 年 3 月 8 日，习近平总书记在参加十二届全国人大五次会议四川代表团审议时强调：“整合涉农资金，改进脱贫攻坚动员和帮扶方式，扶持谁、谁来扶、怎么扶、如何退，全过程都要精准。”③ 2018 年 8 月 19 日，《中共中央国务院关于打赢脱贫攻坚战三年行动的指导意见》发布，对 2008—2020 年的全国脱贫攻坚工作进行了全面部署，强调“加强精准脱贫攻坚行动支撑保障”，明确提出“加大金融扶贫支持力度”，并对金融系统各行业提出了具体要求④。据中国银行业协会《2019 年中国银行业服务报告》统计，截至 2019 年年底，银行业金融机构本外币涉农贷款余额为 35. 19 万亿元，同比增长 7. 7%⑤。截至 2019 年年底，全国扶贫再贷款余额为 1 642 亿元，其中专项扶贫再贷款余额为 139 亿元⑥。

三、四川省贫困地区不断创新扶贫模式，利用金融助推扶贫工作

金融资本市场是各类资金汇集的地方，如何建立行之有效的渠道引进金融资本市场资金助力贫困地区脱贫攻坚，成为各地探索贫困地区脱贫出路的焦点之一。四川省积极创新贫困地区扶贫模式，利用金融力量助推扶贫工作。特别是农村金融机构积极做好农产品稳产保供、生猪生产、春耕备耕金融服务，全力稳住农业“压舱石”。

四川省各地结合实际，提出不同的金融扶贫模式，如旺苍县抓住全国扶贫小额试点机遇，形成“贷得到、用得好、能致富、还得上”的扶贫小额信贷

---

① 中国证监会关于发挥资本市场作用服务国家脱贫攻坚战略的意见［EB/OL］.（2016-09-12）［2021-08-08］. http://www.cpad.gov.cn/art/2016/9/12/art_46_53303.html.

② 人民银行等四部门联合印发《关于金融支持深度贫困地区脱贫攻坚的意见》［EB/OL］.（2018-01-16）［2021-08-08］. https://finance.jrj.com.cn/2018/01/16081423951614.shtml.

③ 人民网. 习近平谈精准扶贫：开对了“药方子”，才能拔掉“穷根子”［EB/OL］.（2019-02-18）［2021-08-08］. https://www.chinanews.com/gn/2019/02-18/8757949.shtml.

④ 新华社. 中共中央 国务院关于打赢脱贫攻坚战三年行动的指导意见［EB/OL］.（2018-08-19）［2021-08-08］. http://www.gov.cn/zhengce/2018-08/19/content_5314959.htm.

⑤ 夏宾. 2019 年末中国银行业金融机构网点总数达 22. 8 万个［EB/OL］.（2020-03-11）［2021-08-08］. http://www.rmzxb.com.cn/c/2020-03-11/2537051.shtml.

⑥ 人民银行建立系统化金融扶贫政策体系 引导金融活水精准滴灌贫困地区［EB/OL］.（2020-08-20）［2021-08-08］. http://www.cpad.gov.cn/art/2020/8/20/art_34_182888.html.

惠民模式[①]；地处四川东部的大竹县抓住四川省首批农村资金互助合作组织试点机遇，组建“大竹县汇鑫农村资金互助合作社”，加快推进农村资金互助合作组织试点，在四川省率先闯出一条农村合作金融发展新路子[②]；地处四川盆地边缘、川滇结合部的筠连县为助力脱贫攻坚，改变贫困户缺乏资金的现状，通过省、市、县三级财政筹集产业扶持周转资金，制定了融合“县政府+各职能部门金融支持+筠连县小额贷款+‘好牛贷’金融产品”等多渠道聚力扶贫的工作方案[③]；广元市利州区抓住“农村集体产权制度改革”这个关键，积极探索“产权扶贫”新模式，构建涵盖区、乡镇（街道）、村（社区）三级农村产权流转交易服务体系，助推实现产权市场价值[④]；康定市俄达门巴村提出了“资源变资产、牧区变景区、牧民变股民”的旅游扶贫之路[⑤]；华西证券助力泸州市成功发行全国首只易地扶贫搬迁项目收益债[⑥]。

截至 2020 年 5 月底，四川省运用中国人民银行再贷款和国家开发银行转贷款资金累计发放“战疫贷”金额约 130 亿元，支持小微企业、个体工商户以及新型农业经营主体共计 2 万余户，对促进复工复产、稳岗就业起到了很好的支撑作用。其中，四川农信累计发放贷款约 54 亿元，支持 1.2 万户贷款主体，成为“战疫贷”主力军[⑦]。

四、新冠肺炎疫情对农村金融影响较大

受新冠肺炎疫情影响，农村各类困难群体将面临一定的致贫返贫风险，农村脱贫攻坚成果巩固任务将更为艰巨。突如其来的新冠肺炎疫情直接影响全国各地开工复工，交通出行受阻，农村贫困劳动力外出务工人数较 2019 年同期

---

① 中共四川省委组织部.“绣花”功夫：四川脱贫攻坚案例选［M］. 成都：四川人民出版社，2017：158-161.

② 中共四川省委组织部.“绣花”功夫：四川脱贫攻坚案例选［M］. 成都：四川人民出版社，2017：163-166.

③ 中共四川省委组织部.“绣花”功夫：四川脱贫攻坚案例选［M］. 成都：四川人民出版社，2017：168-172.

④ 中共四川省委组织部.“绣花”功夫：四川脱贫攻坚案例选［M］. 成都：四川人民出版社，2017：174-176.

⑤ 中共四川省委组织部.“绣花”功夫：四川脱贫攻坚案例选［M］. 成都：四川人民出版社，2017：185-188.

⑥ 中共四川省委组织部.“绣花”功夫：四川脱贫攻坚案例选［M］. 成都：四川人民出版社，2017：218-221.

⑦ 侯冲，蒲香琳. 四川已累计发放“战疫贷”约 130 亿元，支持两万余户市场主体战疫［EB/OL］.（2020-05-08）［2021-08-08］. http://dfjrjgj.sc.gov.cn/news/show/b8312c80-5317-4d59-92b7-d76ed6a50ce5.html.

减少，短期内严重影响农村贫困群众工资性收入；农副产品春节消费旺季受到抑制，市场需求下降，一些农村贫困地区农产品卖不出去，直接影响到农村群众经营性收入①。

新冠肺炎疫情冲击下农村金融机构面临挑战。这些挑战主要包括低利率环境影响盈利增长；面临负债、资产双重压力；数字创新和金融科技成为业务发展主旋律；经济下行压力加大，农村金融机构面临不良率上升和补充资的双重困难；大型商业银行进一步下沉业务和客户重心，压缩农村金融机构的利润空间。这些挑战具体表现在以下几方面：

一是信贷需求不足，贷款营销难上加难。新冠肺炎疫情在短期会导致经济下行、投资渠道收窄，企业收益减少，客户有效需求下降。

二是存量风险增加，客户稳定性受到动摇。在短期内，个体工商户、小微企业不良贷款反弹风险增加，加之国家政策引导金融支持实体经济，对小微企业减费让利，客观上会对以小微企业主为主要客群的农村金融机构造成客户分流效应，线上金融业务平台亟待开发和优化。

三是盈利能力下降。受新冠肺炎疫情影响，银行贷款营销难度加大、不良贷款风险增加、资金市场收益减少、信贷利率再次下降，使得银行盈利空间受到挤压。

四是数字转型短板凸显。农村金融机构点多面广的优势没有借力科技金融得到有效发挥，数字化转型更多聚焦单一领域，缺乏统筹协同能力，资源难以有效集中。

2020 年是全面建成小康社会和打赢脱贫攻坚战的收官之年，时间紧迫，任务艰巨。习近平总书记在 2020 年 3 月 6 日召开的决战决胜脱贫攻坚座谈会上强调：“克服新冠肺炎疫情影响，凝心聚力打赢脱贫攻坚战，确保如期完成脱贫攻坚目标任务，确保全面建成小康社会。”② 各类金融机构必须认真贯彻落实党中央和国务院的决策部署，切实加大金融扶贫支持力度，为全面打赢脱贫攻坚战提供更加强有力的支持。

五、多措并举，继续加大农村金融助推农村扶贫力度

在新冠肺炎疫情防控关键阶段，脱贫攻坚进入全面收官的紧要关头，党中

---

① 新华网．习近平：在决战决胜脱贫攻坚座谈会上的讲话［EB/OL］.（2020-03-06）［2021-08-08］. http://www.xinhuanet.com/politics/leaders/2020-03/06/c_1125674682.htm.

② 新华网．习近平：在决战决胜脱贫攻坚座谈会上的讲话［EB/OL］.（2020-03-06）［2021-08-08］. http://www.xinhuanet.com/politics/leaders/2020-03/06/c_1125674682.htm.

央召开决战决胜脱贫攻坚座谈会，向全党全国人民发出决战决胜脱贫攻坚的总攻号令，充分展现了我们党兑现庄严承诺的坚强意志和必胜信心。面对新冠肺炎疫情的影响，金融支持农村深度贫困地区脱贫攻坚是一项艰巨的任务，同时也给金融业带来了转型升级的新机遇。新冠肺炎疫情背景下，各类金融机构应继续加大金融助推农村扶贫力度，确保在农村贫困地区扶贫的路上，不落下一个贫困家庭，不丢下一个贫困群众。

（一）坚定金融扶贫的信心与决心

不论新冠肺炎疫情背景下农村形势如何变化，农村金融机构都要有“咬定青山不放松”的信念和魄力，始终保持极强的战略定力，坚持服务农村经济本源不变，坚持服务“三农”宗旨不变。农村金融机构要在“不变”中寻求“改变”，在坚守定位的同时，审时度势、因势利导，从百年未有之大变局中、从科技创新浪潮中、从金融业自身发展规律中把握机会，进一步提升精细化管理和员工职业化水平，向改革、向管理要效益。农村金融机构要切实发挥作用，积极为小农户、家庭农场、合作社、新型集体经济组织、现代农业园区、联农带农密切的龙头企业等提供金融服务，加快农业农村现代化发展的步伐。

（二）厘清金融扶贫的思路

农村贫困地区要继续统一思想、深化认识、提升站位，以党的十九大精神为引领，以习近平总书记关于打赢脱贫攻坚战的重要论述为指导，按照精准扶贫、精准脱贫的基本方略，将提高金融精准扶贫的质量、水平放在扶贫工作的首位，着力加大农村深度贫困地区帮扶力度，强化组织领导、政策保障、具体实施，不断创新金融扶贫产品和金融扶贫服务模式，聚合各类扶贫资源，注重激发农村贫困地区群众的内生发展动力、致富要求，全方位构建金融助力农村脱贫攻坚长效机制。农村金融机构的重点是要紧紧围绕党中央确定的精准扶贫、精准脱贫基本方略，精准对接农村贫困地区脱贫攻坚多元化金融需求，完善精准扶贫金融支持的各项保障措施。农村金融机构应聚焦农村贫困地区重点区域和重点领域、贫困地区重点金融扶贫服务主体，加强金融扶贫渠道建设和金融扶贫网络延伸，持续丰富金融扶贫手段，扎实推进金融定点、对口扶贫工作。

（三）处理好金融扶贫的相关关系

农村金融机构一是要正确处理好完成农村金融扶贫的政治任务和坚持农村金融机构可持续发展之间的关系，确保金融精准扶贫各项部署持续有效落实到位；二是要正确处理好农村金融精准扶贫与乡村振兴战略之间的关系，抓住实施乡村振兴战略的重大机遇期，找准农村金融扶贫与农村产业扶贫的有效融合点；三是要正确处理好加大农村金融扶贫力度与守住金融风险底线之间的关系，努力争取金融助推农村贫困地区脱贫攻坚、农业高质量发展；四是要正确处理好农村贫困地区金融扶贫的主体推进与多方联动之间的关系，整合部门间的政策、工作合力，发挥各行业及各类金融机构的专长，形成金融扶贫合力，支持农村深度贫困地区打赢脱贫攻坚战。农村金融机构通过强化统筹协调，形成帮扶合力，通过统筹金融扶贫资源，搭建产融对接平台，建立健全配套政策，解决金融扶贫“最后一公里”问题，推动形成协同攻坚的态势和金融扶贫的合力。

（四）推动金融扶贫由“救济式”扶贫向“参与式”扶贫转变

农村金融机构应继续大力支持农村贫困地区农业产业园区、龙头企业、专业合作社、能人大户四类产业主体，并通过产业主体吸引农村地区贫困群众自愿以资金、土地、劳动力等生产要素投入产业发展，形成农村金融扶贫长效机制。农村金融机构应创新贫困地区贷款担保模式，对贫困地区贷款办理时间、利率定价和服务方式等进行量身定制，真正做到惠农、助农，让利于贫困地区群众。农村金融机构应创新贫困地区金融信贷产品，加大贫困地区信贷资金投放力度，积极培育和壮大贫困地区特色产业规模。农村金融机构应不断扩大贫困地区群众信贷覆盖面，用足用好金融扶贫再贷款政策，引导与撬动金融资源持续流入农村贫困乡村，为农村贫困农户和扶贫产业“雪中送炭”。同时，农村金融机构要利用互联网、大数据、区块链、期货保险等先进技术和金融工具，提升农村贫困地区金融扶贫的工作水平与质量。

（五）扩展精准扶贫资金来源

农村金融机构应发挥数字普惠金融的技术优势，扩展农村贫困地区精准扶贫资金来源，为开展金融扶贫工作提供良好的基础。农村金融机构应基于农村贫困地区的地域情况和群众的实际需求，为贫困地区群众定制精准扶贫的资金渠道。重点是借助债券、股权、资产支持证券等不同金融工具，打开农村金融扶贫资金来源渠道。农村金融机构应灵活运用多种货币信贷政策工具，发挥农村金融机构扶贫再贷款、差别存款准备金率、再贴现、差异化监管等政策的正向激励作用，引导和鼓励各类农村金融机构加大对农村深度贫困地区的金融支持力度，增强农村贫困地区群众发展生产的金融动力。农村金融机构应搭建线上金融服务平台，创新普惠金融产品服务；打通产业供应链，扩大农村金融服务范围；以数字普惠推进乡村振兴金融服务深度；用好各类农村金融扶贫资金，加大小额信贷的支持力度，多模式、多渠道促进村集体经济加快发展。

（六）加大金融扶贫产品和服务的创新力度

农村金融机构应积极引导农村金融机构围绕扶贫企业和农村贫困群众的经营特点与融资需求，改进金融服务模式，创新农户贷款产品。农村金融机构应根据农村贫困地区经济特点和贫困户贷款运行规律，设计精准对接扶贫需求的金融产品体系，满足农村扶贫企业和贫困户多元化的融资需求。农村金融机构应发挥农村金融机构的特有优势，开展“金融+”，将农村金融机构的相关金融政策与国家的扶贫相关政策、扶贫地点的实际情况结合起来，探索诸如地方政府、发放扶贫贷款的金融机构和扶贫对象参与的扶贫模式，由公司、贫困对象和信贷资金支持的“产业链+资金支持”模式和“政银保”小额扶贫贷款模式等新的扶贫模式，使更多的扶贫资金推动农村贫困地区扶贫工作的开展。农村金融机构应优化农村金融扶贫生态环境，利用“互联网+”的优势，尝试开展“互联网+”扶贫模式，及时将农村的扶贫项目产品和城市对接，实现城市消费市场和农村供应市场的有效连接，从而为农村贫困地区精准脱贫提供新的平台。农村金融机构应继续稳妥探索农民住房财产权、集体经营性建设用地使用权抵押贷款业务；完善大型农机具、农业生产设施和加工设备融资租赁服务。

（七）健全农村金融扶贫体系

农村金融机构应将农村金融扶贫服务全面嵌入农村贫困地区群众的生活场景，融入农村农业产销等各环节，内化到便民政务服务中。农村金融机构要构建智慧集约的农村金融扶贫运营体系，依托大数据及高级分析深度应用，全力构建线上线下融合、业务流程再造、风险控制严密、服务高效便捷的农村金融扶贫高效运营体系，为提升农村贫困地区客户体验、优化资源配置提供坚实有力的运营支撑。农村金融机构应强化转型创新的农村金融扶贫组织保障，建立农村金融扶贫的创新孵化机制，打造一批精通金融科技、熟悉金融业务的复合型人才，持续加强与主流金融科技公司的战略合作，为推动数字普惠金融向农村贫困地区纵深发展提供有力的人才支撑。农村金融机构应通过做好贫困地区产业发展综合金融服务，统筹做好定点扶贫与金融精准扶贫，推动金融支持与产业扶贫有机融合，增强贫困地区发展的内生动力。农村金融机构应强化政策衔接，优化金融生态，通过加强金融扶贫政策宣传，推进金融脱贫与乡村振兴的有效衔接，增强相对贫困地区金融资源的承载能力，促进农村贫困地区经济社会可持续发展。

（八）强化科技在金融扶贫中的作用

农村金融机构应以打造新一代核心系统为抓手，综合运用移动互联、大数据、人工智能、云计算等金融科技，破解农村金融机构科技支撑不强等问题。农村金融机构应突出电子银行在农村金融扶贫中的活化作用，加强数字化转型，在强化线下优势的基础上，坚持量质并举，最终实现线下线上金融扶贫融合。农村金融机构应积极争取当地政府支持，汇集纳税、水电气等政务数据，引进中国人民银行征信数据，搭建金融数据平台，用好“手机银行”，降低经营成本、提高管理效率、提升农村贫困地区群众体验。农村金融机构应针对业务创新跑偏、线上客户管理困难等风险，切实从丰富供给主体、产品创新研发、金融生态改善等方面入手，多维度监测、预警、排查数字金融风险。农村金融机构应发挥信息化建设优势，持续加大科技资源投入，积极探索引入人工智能、云计算、区块链等先进金融科技的应用，构建数字普惠金融融入数字乡村建设大格局。

新冠肺炎疫情背景下
数字普惠金融发展对城乡居民消费
影响的作用机理与异质性研究

王刚贞　刘婷婷

（安徽财经大学经济学院）

一、引言

2020年年初暴发的新冠肺炎疫情让人们看到了数字经济与消费的对冲作用。新冠肺炎疫情暴发正值春节消费旺季，相较于投资和出口，疫情对消费产生了更大的影响。疫情防控情况下人员隔离，但一些消费行为通过网购还是能够完成。这种网购模式并非2020年才出现，近几年网购规模逐年递增，2019年达到7.5万亿元。因此，有人认为，网上销售在一定程度上抵消了人员隔离对零售消费的影响。新冠肺炎疫情期间，涉农客户线上生意交互的表现非常活跃，全国城乡居民网上购物比例较以往也有大幅增加。据国家统计局统计，2020年上半年，全国网上零售额达51 501亿元，同比增长7.3%。其中，实物商品网上零售额达43 481亿元，增长14.3%，占社会消费品零售总额的比重为25.2%；在实物商品网上零售额中，吃类和用类商品分别增长38.8%和17.3%，穿类商品下降2.9%。新冠肺炎疫情对消费的影响可谓“危”与“机”并存，线下门店和依赖外来劳动力的行业业务受疫情影响停摆，门面租金和员工工资的刚性支出并未相应减少，小微企业普遍面临现金流枯竭。由于避险心理较重，在病毒尚未得到有效控制的情况下，民众还不愿意增加线下消费。此时，数字普惠金融发挥出独特优势，通过移动端就可以满足居民和小微企业的支付、理财、贷款以及保险等基本金融需求，从而保持经济的活力和韧性。在互联网发展背景下，数字普惠金融显示出独特的获客优势。因此，在突发的新冠肺炎疫情背景下，研究数字普惠金融对城乡居民消费的影响具有一定的意义。

二、文献综述

（一）关于金融发展与居民消费的关系研究

国内外大多数学者认为金融发展可以有效促进居民消费需求。金融的发展通过合理有效的资源分配，让那些受到流动性约束的消费者可以方便地利用金融市场实现消费的跨期平滑，进而释放被压抑的消费需求。研究发现，金融市场中消费信贷的发展可以显著促进居民消费。有学者对英国居民的消费状况进行实证分析，发现金融市场化有助于缓解信贷约束、促进居民消费增长。此外，保险、证券等行业的发展也可以促进消费。消费者获得消费借贷后可以不受当期收入的限制，其消费支出甚至可以超过现期收入。收入分配在金融发展影响居民消费过程中发挥了重要作用，且使得不同程度的金融发展水平对居民消费支出存在显著的差异性影响。金融市场的开放对人均收入水平较低的群体影响较大。然而，也有部分学者认为，金融发展与消费的关系并不一定是正向的。

（二）关于普惠金融与城乡居民消费的关系研究

普惠金融是为社会所有阶层群体提供全方位服务的金融体系。近年来，信息技术的发展推动了互联网的不断发展，我国金融体系也进入了互联网金融时代，互联网金融也为普惠金融的发展带来了新的机遇。普惠金融的发展通过扩大相关金融业务的覆盖范围，让包括农村居民在内的弱势群体可以更好地享受到平等的金融服务，从而直接促进了居民消费。有学者发现，普惠金融发展与农村居民消费之间存在明显的线性关系，并且普惠金融发展水平与农村居民消费有很强的正相关性。发展普惠金融能有效弥补一些城乡地区存在的金融服务水平不高的现象，能有效提高低收入人群收入从而拉动内需。有学者实证分析出普惠金融的发展能促进农村居民消费水平提升，并且能有效促进我国农村居民的消费升级。有学者研究发现，无论是在静态面板还是在动态面板中，数字普惠金融对缩小城乡居民消费差距均起到了明显的促进作用。

（三）关于数字普惠金融与城乡居民消费的关系研究

数字普惠金融的发展对提高人们收入、刺激城乡居民消费具有重要意义。数字普惠金融的发展能有效降低金融服务供给成本，提升金融服务普惠性，降低农户融资创业门槛，并通过信息信任升级对农户创业产生积极影响。通过金融与信息技术融合发展，大力推进数字普惠金融，逐步实现以线下为主的传统金融向线上数字化金融转变，能够有效增强广大城乡居民金融服务的便利性和可获得性。

数字普惠金融发展促进消费结构升级。数字普惠金融在电子商务的发展下刺激了农村新型需求的提升，拓展出更多的消费方式和服务方式，催生大量新型金融服务需求，数字普惠金融发展也开始对城乡居民消费结构升级产生显著影响。数字普惠金融的特点使其成为助推低收入群体消费金融发展的工具，有望成为助力居民消费扩容升级的新兴途径。作为传统消费金融体系的有力补充，数字普惠金融发展有效释放了城镇居民的消费潜力。

（四）文献述评

国内外现有研究主要探讨了数字普惠金融的意义以及理论可行性和制度优越性。但现有文献对于数字普惠金融与城乡居民消费两者之间作用机理的研究相对较少，对于数字普惠金融对城乡居民消费的影响因素以及不同因素影响效果如何的研究不够深入。因此，本文探析了新冠肺炎疫情背景下数字普惠金融影响城乡居民消费的作用机理及异质性效果，从理论上探讨了数字普惠金融对城乡居民消费的影响因素，并在此基础上构建了实证模型检验数字普惠金融影响城乡居民消费的作用机理及异质性效果，希望结合研究结论对推进数字普惠金融发展、建立长期有效促进城乡居民消费的体制机制、保持经济社会平稳健康发展提出相关建议。

三、数字普惠金融影响城乡居民消费的作用机理分析

作为金融发展的一部分，“普惠金融”的概念最早在2005年被提出，它是为社会所有群体提供全方位服务的金融体系。近年来，信息技术的发展推动了数字金融的进步。相较于传统金融，数字金融体现出了普惠金融的应有之义。中国是数字普惠金融的率先提出者。2016年二十国集团（G20）普惠金融全球合作伙伴（GPFI）报告《全球标准制定机构与普惠金融——演变中的格局》提出：数字普惠金融泛指一切通过使用数字金融服务以促进普惠金融的行动。数字普惠金融包括运用数字技术为无法获得金融服务或缺乏金融服务的群体提供一系列正规金融服务，其所提供的金融服务能够满足需求，并且是以负责任的、成本可负担的方式提供，同时对服务提供商而言是可持续的。数字普惠金融涵盖各类金融产品和服务（如支付、转账、储蓄、信贷、保险、证券、财务规划和银行对账单服务等），通过数字化或电子化技术进行交易。从本质上来说，数字普惠金融是利用数字技术发展而来的普惠金融。数字技术的优势在于能充分利用移动互联网、云计算、大数据等来弥补传统金融的不足。数字普惠金融本身是多业态、多维度的，它对城乡居民消费的影响也不是单一的。纵观国内外文献，本文提出了数字普惠金融影响城乡居民消费的三种机制，即收入约束机制、流动性约束机制和移动支付平滑机制。具体分析如下：

（一）收入约束机制

根据经济学的消费理论，影响消费最重要的因素是收入水平。相对于城市居民来说，城乡居民的收入更不稳定，为了维持生活稳定，其当期消费受前期收入的影响更大，因此产生所谓的棘轮效应。调查显示，大部分城乡居民不敢贸然消费是由于目前社会保障体系仍不够完备，城乡居民的消费能力不得不受到不确定的未来收入和物价走势的制约。金融机构对城乡居民又不十分“青睐”，城乡居民很难获取到理想的金融服务以切实满足自身发展的需求。因此，为了完善现代金融体系，促进城乡地区减贫和帮助城乡居民提高生活质量，构建普惠金融体系显得尤为必要。数字普惠金融在增强消费对经济发展的基础性作用这一阶段，对城乡居民的消费具有显著的正向影响，特别是对欠发达地区的低收入群体，正向影响更为显著。但是，从城乡居民的整个生命周期来看，促进消费提升的核心因素是可支配收入。数字普惠金融为城乡居民提供了多样的金融服务，打破了传统金融机构“嫌贫爱富”的局限，让城乡居民学会理财，通过缓解收入约束机制影响消费。

（二）流动性约束机制

金融发展的本质是金融资源的配置、金融结构的变化。国内外大多数学者认为金融发展可以有效促进居民消费。有研究发现，流动性约束是制约我国居民消费的重要原因。居民因自有资金不足而无法消费的现象时有发生。数字普惠金融基于互联网信息技术实现了流动性可得性的不断提升。例如，蚂蚁金服旗下的“花呗”服务，为了让消费者消除现有资金不足以满足当前消费需求的窘迫，让用户可以事先预支额度，从而享受“先消费，后付款”的购物体验。与传统消费信贷相比，互联网贷款的优势在于能够更加有效地帮助居民缓解流动性约束和预算约束，从而平滑现期和跨期消费。金融支持有助于促进农村居民收入增加，缓解其流动性约束，扩大消费需求。因此，数字普惠金融可以通过缓解流动性约束机制来影响城乡居民消费。

（三）移动支付平滑机制

电子货币形态主要以移动支付体现，移动支付让人们对现金货币的需求大幅减少，在支付过程中摆脱了现金实体的约束，增加了随机消费的可能。移动支付减少了交易时间和成本，为地处偏远的城乡居民提供了便利。理查德·塞勒提出“心理账户”理论，他认为由于非替代效应、沉没成本效应和交易效应的存在，消费者在进行消费决策时可能会违背理性的经济行为准则，产生一些非理性的消费行为。由此可知，居民在使用移动支付时对交易金额的敏感度低于现金支付，这意味着移动支付可能会更容易激发居民的消费欲望。目前，日常消费中的大部分小额支付，都是以刷卡或手机支付完成的，其已经能够被大多数商家接受。移动支付拓宽了城乡居民的消费渠道，也进一步提升了农村金融服务效率。因此，数字普惠金融可以通过移动支付平滑机制影响城乡居民消费。

四、模型设定和变量说明

本文提出了数字普惠金融对我国城乡居民消费影响的三个机制。为进一步验证我们的观点，我们选取我国 2013—2018 年 31 个省（自治区、直辖市）的面板数据进行实证检验。首先，本文建立全国面板数据模型研究数字普惠金融是否促进了城乡居民消费，再分别加入控制变量以验证影响机制中三种路径的影响效应。其次，本文将 31 个省（自治区、直辖市）分为东部、中部和西部三个地区，进一步建立分地区面板数据模型，分析不同地区影响效果，以验证数字普惠金融对我国城乡居民消费的影响的区域异质性。最后，本文对各分项消费子指标进行分组回归，分析数字普惠金融对城乡居民分项消费增长促进作用的异质性。

（一）模型设定

本文通过国家统计局公布的统计年鉴、北京大学金融研究中心公布的数据以及中经网数据库，选取 2013—2018 年我国 31 个省（自治区、直辖市）的指标数据，建立全国面板数据模型检验数字普惠金融对城乡居民消费影响作用。方程建立如下：

$$\ln CXRC_{it} = \alpha + \beta_1 \ln DIFI_{it} + \sum_{j=2}^{7} \beta_j \ln CON_{it} + \varepsilon_{it} \tag{1}$$

式中，α 为常数项，β_1 为解释变量的系数，CON 表示控制变量，$\beta_2 - \beta_7$ 为控制变量系数，i 表示全国各省（自治区、直辖市），t 表示年份，ε_{it} 为随机误差项。

（二）变量选取

被解释变量：城乡居民消费水平（$CXRC$）。按照国家统计局公布的统计数据指标解释，城乡居民消费支出是指居民用于满足家庭日常生活消费需要的全部支出，既包括现金消费支出，也包括实物消费支出。本文选取 2013—2018 年城乡居民消费水平数据进行分析。

解释变量：数字普惠金融发展指数（$DIFI$）。为了保证测度的指数能够较为合理地反映我国数字普惠金融的发展状况，为了确保数据来源的可得性以及测度结果的合理性，本文参考了北京大学金融研究中心编制的“北京大学数字普惠金融指数”。为了体现数字普惠金融服务的多维度化，本文将数字普惠金融服务的广度和深度结合起来考虑，兼顾纵向和横向可比性。本文通过分析数字普惠金融服务新形势、新特征与数据的可得性和可靠性，从数字普惠金融覆盖广度、数字普惠金融使用深度和普惠金融数字化程度 3 个维度来构建数字普惠金融指标体系。具体而言，目前数字普惠金融指数一共包含上述 3 个维度，共计 33 具体指标。数字普惠金融指标体系如表 1 所示。本文直接用各省（自治区、直辖市）2013—2018 年数字普惠金融指数（见表 2）衡量了中国数字普惠金融的发展情况。

表 1　数字普惠金融指标体系

一级维度	二级维度		具体指标
覆盖广度	账户覆盖率		每万人拥有支付宝账号数量
			支付宝绑卡用户比例
			平均每个支付宝账号绑定银行卡数量
使用深度	支付业务		人均支付笔数
			人均支付金额
			高频度(年活跃 50 次及以上)活跃用户数占年活跃 1 次及以上比例
	货币基金业务		人均购买余额宝笔数
			人均购买余额宝金额
			每万名支付宝用户购买余额宝的人数
	信贷业务	个人消费贷	每万名支付宝成年用户中有互联网消费贷的用户数
			人均贷款笔数
			人均贷款金额
		小微经营者	每万名支付宝成年用户中有互联网小微经营贷用户数
			小微经营者户均贷款笔数
			小微经营者平均贷款金额
	保险业务		每万名支付宝用户中被保险用户数
			人均保险笔数
			人均保险金额
	投资业务		每万名支付宝用户中参与互联网投资理财人数
			人均投资笔数
			人均投资金额
	信用业务		自然人信用人均调用次数
			每万名支付宝用户中使用基于信用的服务用户数

表1(续)

一级维度	二级维度	具体指标
数字化程度	移动化	移动支付笔数占比
		移动支付金额占比
	实惠化	小微经营者平均贷款利率
		个人平均贷款利率
	信用化	花呗支付笔数占比
		花呗支付金额占比
		芝麻信用免押笔数占比（较全部需要押金情形）
	便利化	芝麻信用免押金额占比（较全部需要押金情形）
		用户二维码支付的笔数占比
		用户二维码支付的金额占比

表2　2013—2018年数字普惠金融指数

地区	省（自治区、直辖市）	数字普惠金融指数						平均	排名
		2013年	2014年	2015年	2016年	2017年	2018年		
东部	北京	215.62	235.36	276.38	286.37	329.94	368.54	285.37	2
	天津	175.26	200.16	237.53	245.84	284.03	316.88	243.28	7
	河北	144.98	160.76	199.53	214.36	258.17	282.77	210.10	24
	辽宁	160.07	187.61	226.40	231.41	267.18	290.95	227.27	12
	上海	222.14	239.53	278.11	282.22	336.65	377.73	289.40	1
	江苏	180.98	204.16	244.01	253.75	297.69	334.02	252.44	5
	浙江	205.77	224.45	264.85	268.10	318.05	357.45	273.11	3
	福建	183.1	202.59	245.21	252.67	299.28	334.44	252.88	4
	山东	159.3	181.88	220.66	232.57	272.06	301.13	227.93	11
	广东	184.78	201.53	240.95	248.00	296.17	331.92	250.56	6
	广西	141.46	166.12	207.23	223.32	261.94	289.25	214.89	19
	海南	158.26	179.62	230.33	231.56	275.64	309.72	230.86	9

表2(续)

地区	省（自治区、直辖市）	数字普惠金融指数						平均	排名
		2013 年	2014 年	2015 年	2016 年	2017 年	2018 年		
中部	山西	144.22	167.66	206.30	224.81	259.95	283.65	214.43	21
	内蒙古	146.59	172.56	214.55	229.93	258.50	271.57	215.62	18
	吉林	138.36	165.62	208.20	217.07	254.76	276.08	210.02	25
	黑龙江	141.40	167.80	209.93	221.89	256.78	274.73	212.09	22
	安徽	150.83	180.59	211.28	228.78	271.60	303.83	224.49	13
	江西	146.13	175.69	208.35	223.76	267.17	296.23	219.56	16
	河南	142.08	166.65	205.34	223.12	266.92	295.76	216.65	17
	湖北	164.76	190.14	226.75	239.86	285.28	319.48	237.71	8
	湖南	147.71	167.27	206.38	217.69	261.12	286.81	214.50	20
西部	重庆	159.86	184.71	221.84	233.89	276.31	301.53	229.69	10
	四川	153.04	173.82	215.48	225.41	267.80	294.30	221.64	15
	贵州	121.22	154.62	193.29	209.45	251.46	276.91	201.16	28
	云南	137.90	164.05	203.76	217.34	256.27	285.79	210.85	23
	西藏	115.10	143.91	186.38	204.73	245.57	274.33	195.00	30
	陕西	148.37	178.73	216.12	229.37	266.85	295.95	222.57	14
	甘肃	128.39	159.76	199.78	204.11	243.78	266.82	200.44	29
	青海	118.01	145.93	195.15	200.38	240.20	263.12	193.80	31
	宁夏	136.74	165.26	214.70	212.36	255.59	272.92	209.60	26
	新疆	143.40	163.67	205.49	208.72	248.69	271.84	206.97	27
平均		155.00	179.75	220.01	230.41	271.98	300.21	226.23	—

数据来源：根据北京大学金融研究中心编制的“北京大学数字普惠金融指数”测算而得。

控制变量主要包括三类：第一，城乡居民人均可支配收入（*CXDI*）和投资使用指数（*INI*）。可支配收入是指居民可用于最终消费支出和储蓄的总和，即居民可用于自由支配的收入。可支配收入既包括现金收入，也包括实物收入。投资使用指数表示支付宝用户中参与互联网投资理财的人数。城乡居民通过理财缓解收入约束，进而影响消费。第二，信贷使用指数（*XDI*）和信用使用指数（*XYI*）。信贷使用指数是指进行互联网消费贷的支付宝用户数。信用使用指数是指支付宝用户中使用基于信用的服务用户数，如花呗支付服务、芝麻信用服务等。这些服务解决了居民因自有资金不足而无法消费的困境，帮助其实现了流动性的不断提升。第三，普惠金融数字化程度指数（*SCI*）和移动支付使用指数（*MPI*）。普惠金融数字化程度指数体现出数字普惠金融服务具有移动化和便利化等特点。移动化主要体现为移动支付占比，便利化主要体现为二维码支付占比。移动支付使用指数表示进行移动支付的活跃用户占比。以线下为主的传统金融向线上数字化金融转变，能够有效降低交易成本，大大增强了广大城乡居民金融服务的便利性和可获得性从而影响其消费。

五、模型检验与实证分析

（一）数据分析

本文将所有数据进行对对数化处理后，表3给出了相关变量的描述性统计，可以初步推测数字普惠金融的发展对城乡居民消费有一定的影响。

表3　变量描述性统计结果

变量	Mean	Maximum	Minimum	Std. Dev.	Observations
ln*CXRC*	9. 650 101	10. 677 09	8. 749 382	0. 347 663	186
ln*DIFI*	5. 390 588	5. 934 18	4. 745 801	0. 254 359	186
ln*CXDI*	9. 972 083	11. 069 49	9. 184 04	0. 362 967	186
ln*INI*	4. 918 994	6. 040 017	2. 219 203	0. 809 271	186
ln*XDI*	4. 812 872	5. 493 391	3. 049 747	0. 459 754	186
ln*XYI*	5. 033 145	6. 187 792	1. 599 388	1. 001 931	186
ln*SCI*	5. 754 745	6. 117 348	5. 384 174	0. 196 760	186
ln*MPI*	5. 199 183	5. 938 881	3. 795 489	0. 408 338	186

（二）模型选择

表4是在未考虑控制变量的情况下对方程（1）进行的回归分析。结果显示，数字普惠金融的发展会促进城乡居民消费水平的提高，且通过了显著性检验。从检验结果可以看到，Hausman统计量的值是12. 88，相对应的概率是0. 075 1，该值小于0. 05，说明在5%的显著水平下，检验结果接受了随机影响模型原假设，应该建立随机影响模型。

表 4　未考虑控制变量回归模型对比结果

变量	Random Effects			Fixed Effects		
	Coefficient	t-statistic	Prob	Coefficient	t-statistic	Prob
C	4. 429 6	64. 441 0	0	−4. 044 1	68. 346 3	0
ln*DIFI*	0. 968 5	76. 033 2	0	2. 540 4	73. 754 8	0
Adjusted R-squared	0. 776 3			0. 982 4		
F-statistic	186. 485 7			621. 051 2		
Hausman Test	12. 88					

（三）实证分析

基于 Hausman 检验结果，本部分采用面板随机效应模型实证检验数字普惠金融发展对城乡居民消费水平的影响。表 5 是对方程（1）的随机效应回归结果。

表 5　影响机制检验

变量	(1)	(2)	(3)	(4)
C	0. 273 5 (0. 261)	0. 749 7 (0. 405)	5. 064 5 (0)	0. 870 7 (0. 019)
ln*DIFI*	0. 004 6 (0. 948)	1. 930 1 (0)	1. 750 1 (0)	0. 182 9 (0. 110)
ln*CXDI*	0. 941 6 (0)			0. 922 0 (0)
ln*INI*	0. 007 8 (0. 597)			0. 043 5 (0. 130)
ln*XDI*		0. 289 7 (0. 010)		−0. 109 4 (0. 096)
ln*XYI*		0. 046 05 (0. 104)		0. 003 5 (0. 760)
ln*SCI*			0. 475 0 (0)	0. 064 1 (0. 388)
ln*MPI*			0. 406 7 (0)	0. 052 5 (0. 462)
Adjusted R-squared	0. 959 7	0. 763 5	0. 714 7	0. 968 0
F-statistic	405. 55	155. 03	329. 69	373. 92

1. 影响机制检验

从控制变量来看，指标基本均对城乡居民的消费水平有显著影响。由于数字普惠金融发展是多元化的，既可以体现为交易账户增加或互联网的使用范围扩大，也可以体现在金融服务的便利化和低成本化，因此数字普惠金融发展对城乡居民消费的影响路径并不单一。本文依次对上述提出的三种影响机制假说进行回归分析。

表 5 的第（1）列加入城乡居民人均可支配收入和投资使用指数。居民消费时会受到偏好的主观影响，不同消费者的偏好也具有异质性。消费偏好很大程度受收入水平的影响，而且可能还存在地区差异，不同地区的人认知不同，因此购买力也会不同。数字普惠金融的发展为城乡居民提供了多样的金融服务，拓宽了城乡居民理财渠道，通过投资收入的增加进而促进消费。回归结果验证了数字普惠金融能通过缓解收入约束从而促进居民消费的影响机制成立。

表 5 的第（2）列加入了信贷使用指数和信用使用指数。回归结果显示，二者对城乡居民消费水平均有显著促进作用。随着互联网金融服务类型的增加，互联网金融产品也不断推陈出新，如支付宝平台通过为消费者提供“芝麻信用”“花呗”等多样化的金融服务，便利城乡居民的筹资和交易，缓解其信贷约束，让用户在资金不足时也能满足消费欲望，从而促进消费水平提升。回归结果验证了数字普惠金融能通过缓解信贷约束从而促进居民消费的影响机制成立。

表 5 的第（3）列加入了普惠金融数字化程度指数和移动支付指数。回归结果表明，二者均对城乡居民消费水平均有显著的促进作用。近年来，互联网在农村地区的快速普及以及信息技术的飞速发展，移动支付的迅速蔓延让人们不再受现金约束，大大降低了消费成本。转账、二维码支付等服务让广大农村居民的消费节约了大量时间成本，并且由于对交易金额敏感度降低从而激发消费欲望提高。回归结果验证了数字普惠金融能通过便利居民支付从而促进居民消费的影响机制成立。

表 5 的第（4）列将所有的控制变量均纳入方程（1），并进行了回归分析。从整体来看，数字普惠金融对城乡居民的消费水平具有显著的促进作用，且模型拟合程度较好。其中，信贷使用指数指标的回归系数为 -0.109 4，对应的概率为 0.096，说明参与互联网消费贷的用户每增加 100 位，城乡居民的消费水平将下降 9.6，这一结论是不显著的，说明信贷指数的上升会促进城乡居民消费水平的增加。

2. 分区域的异质性影响检验

为了进一步检验数字普惠金融对不同地区城乡居民消费影响的差异性，本文根据地区划分标准，把我国分为东部、中部和西部三个区域，其中东部地区包括北京、天津、河北、辽宁、上海、江苏、浙江、福建、山东、广东、广西、海南，中部地区包括山西、内蒙古、吉林、黑龙江、安徽、江西、河南、湖北、湖南，西部地区包括重庆、四川、贵州、云南、西藏、陕西、甘肃、青海、宁夏、新疆，分别选取各个指标来建立分区域的面板模型，基于东部、中部和西部三个区域来验证数字普惠金融发展对不同地区城乡居民消费影响具有差异性。从表 6 的回归结果可以发现，三个区域数字普惠金融发展影响城乡居民的消费水平的效果具有一定的区域异质性。

表 6　区域异质性检验

变量	东部		中部		西部	
	Coefficient	Prob.	Coefficient	Prob.	Coefficient	Prob.
C	0. 870 719	0	0. 870 719	0	0. 870 719	0
ln$DIFI$	0. 182 952	0	0. 182 952	0	0. 182 952	0
lnRDI	0. 922 056	0	0. 922 056	0	0. 922 056	0
lnINI	0. 043 520	0	-0. 043 520	0	-0. 043 520	0
lnXDI	0. 109 475	0	-0. 109 475	0	-0. 109 475	0
lnXYI	0. 003 504	0. 277 9	0. 003 504	0. 347 8	0. 003 504	0. 322 2
lnSCI	0. 064 188	0. 002 1	-0. 064 188	0. 007 9	-0. 064 188	0. 005 1
lnMPI	0. 052 560	0. 009 0	-0. 052 560	0. 023 8	-0. 052 560	0. 017 1
Adjusted R-squared	0. 970 098		0. 969 908		0. 983 467	
F-statistic	680. 724		509. 524		566. 591	

东部地区数字普惠金融对促进城乡居民消费的影响显著。主要原因如下：第一，东部地区经济底蕴深厚、金融资源丰富、数字与经济结合紧密，具备优良的金融生态环境，数字普惠金融发展水平相较于中部地区和西部地区存在明显的优势，从而为其促进城乡居民消费水平奠定了坚实的基础。第二，东部地区金融基础设施建设情况良好、金融行业人才集聚、金融制度和金融产品创新的步伐加快，大幅提升了东部地区数字普惠金融的发展水平，处于该区域的城乡居民更容易获取相应的金融服务，满足自身的发展需求，从而增加自身收入，促进消费。

中部地区的数字普惠金融会抑制城乡居民消费。主要原因如下：第一，传统的金融机构寻求金融产品的创新动力疲软，致使中部地区的数字普惠金融相较于东部地区存在较大差距，难以满足中部地区城乡居民的发展需求，进而制约了其消费需求的增加。第二，中部地区金融机构及金融从业人员相对匮乏，政府对金融创新的支持力度不足，导致中部地区金融机构的金融创新动力不足，制约了中部地区数字普惠金融的发展，进而阻碍了城乡居民消费的增加。

西部地区数字普惠金融对促进城乡居民消费的影响显著。主要原因如下：第一，西部地区受薄弱的经济基础以及发展相对滞后的金融市场的影响，数字普惠金融水平整体偏低，相较于金融资源相对丰富的东部地区存在明显的差距，难以有效满足城乡居民金融服务需求，致使数字普惠金融促进城乡居民消费作用没有得到较好的发挥。第二，西部地区的农村大多位于偏远地区，生产技术和条件也较落后，生产效率较低、收入水平不高。近年来，西部地区的产业结构不断优化升级，政府也不断出台相关惠农政策，农村居民收入得到逐步提高，快捷支付和网购的流行也让农村居民的购买力有了提高。第三，近年来，金融发展逐步深化，“数字普惠金融”这一新概念的提出，促使金融产品不断升级，针对农村居民的金融服务体系得到不断完善，西部地区农村居民通过金融活动解决所面临的信贷约束问题的能力有了很大提高，从而对消费的促进作用显著。

六、结论与建议

（一）研究结论

近年来，我国数字普惠金融得到了快速发展，本文就 31 个省（自治区、直辖市）2013—2018 年的数字普惠金融对城乡居民消费水平的异质性影响进行了实证分析。从实证分析的结果可以看出，基于全国视角，数字普惠金融通过缓解收入约束和流动性约束以及平滑移动支付三种机制对城乡居民消费产生显著的促进影响。在分区域面板数据实证分析过程中，从实证分析的结果可以看出，数字普惠金融对我国东部地区和西部地区的城乡居民消费有显著的促进作用，对中部地区的城乡居民消费有反向影响作用。

（二）对策建议

1. 短期内多措并举稳消费

（1）我国应精准发力保障和稳定就业，减少重点地区、重点产业、重点人群的就业和可支配收入波动；强化货币流动性管理，避免资本市场震荡带来的财富损失。

（2）我国应有效保障物资供应和市场价格稳定，增强企业和消费者信心；

整合相关平台资源，建立市场和社会舆论观察预警机制，及时做好对居民预期的引导工作。

（3）我国应依托新兴数字技术合理放松政策限制，适当释放各地居民大额消费潜力。

2. 中长期大力挖潜促消费

（1）我国应进一步健全城乡公共服务体系，增加科技、教育、文化、医疗等有效供给；加快优化和调整城乡基本公共服务体系及区域布局，确保基本公共服务供给满足需求；出台实施相关优惠政策支持各类服务机构规范、快速发展，为服务消费规模扩大和结构优化提供助力。

（2）我国应大力优化完善社会消费环境，强化消费者权益保护，倡导健康消费理念，营造良好的线上消费环境，让城乡居民敢于消费、乐于消费；加快建立健全消费领域法律法规体系，为城乡居民消费尤其是线上消费的健康、规范发展提供法治保障。

（3）我国应以数字政府建设带动政府治理现代化，提升政府应对突发事件的危机处置能力；加快出台政府数字化转型指南，统筹推进全国和各地区的政务数字化建设；建立全国性和若干区域性政府数据开放共享平台，加快实现公共服务的社会化共享、市场化或公益化开发利用并实施立法保障；加快引入和培育数字人才队伍，提高政府的数字化治理能力。

参考文献：

[1] 周景彤，叶银丹. 疫情意外催化消费零售变革［EB/OL］.（2020-03-03）［2021-08-08］. https://finance.sina.cn/2020-03-01/detail-iimxyqvz 7013228.d.html? ivk_sa=1023197a.

[2] 芮萌. 数字经济在疫情中的对冲和稳定器作用［EB/OL］.（2020-02-06）［2021-08-08］. https://baijiahao.baidu.com/s? id=1657760959358710 584&wfr=spider&for=pc&sa=vs_ob_realtime.

[3] 黄卓. 发挥数字金融的普惠优势［N］. 北京日报，2020-02-24（10）.

[4] 周炜. 论加快金融发展与促进消费水平提高［J］. 消费经济，2012（1）：45-47.

[5] 陈渠. 普惠金融发展对我国城乡消费差距的影响［D］. 上海：上海外国语大学，2019.

[6] 孔维汉，李爱喜. 普惠金融发展对农村居民消费的影响研究［J］. 东北财经大学学报，2019（4）：47-55.

［7］董云飞，李倩，张璞. 我国普惠金融发展对农村居民消费升级的影响分析［J］. 商业经济研究，2019（20）：135-139.

［8］吕雁琴，赵斌. 数字普惠金融与城乡居民消费差距［J］. 金融与经济，2019（12）：76-81.

［9］李牧辰，封思贤. 数字普惠金融与城乡收入差距：基于文献的分析［EB/OL］.（2020-07-12）［2021-08-08］. http://kns.cnki.net/kcms/detail/13.1356.F.20200615.1150.002.html.

［10］黄英君，王丹. 数字普惠金融、收入分配与农村贫困［J］. 商学研究，2019，26（5）：17-26.

［11］蒋竹媛. 数字普惠金融对居民消费的影响：来自省级面板数据的实证［J］. 商业经济研究，2020（10）：56-59.

［12］葛延青. 农村数字普惠金融发展的生态框架及实施路径探讨［J］. 金融理论与实践，2020（3）：32-39.

［13］姜振水. 农村数字普惠金融发展与实现路径［J］. 农村金融研究，2017（4）：49-53.

［14］龚沁宜，成学真. 数字普惠金融、农村贫困与经济增长［J］. 甘肃社会科学，2018（6）：139-145.

［15］张李义，涂奔. 互联网金融对中国城乡居民消费的差异化影响：从消费金融的功能性视角出发［J］. 财贸研究，2017，28（8）：70-83.

［16］徐铭延，贺翔，阎永哲. 数字普惠金融助力低收入居民消费扩容升级研究：以浙江省宁波市为例［J］. 经营与管理，2019（7）：18-22.

［17］南永清，宋明月，肖浩然. 数字普惠金融与城镇居民消费潜力释放［J］. 当代经济研究，2020（5）：102-112.

［18］易行健，周利. 数字普惠金融发展是否显著影响了居民消费：来自中国家庭的微观证据［J］. 金融研究，2018（11）：51-71.

新冠肺炎疫情、社交隔离与农产品价格调整：来自成都市农贸市场的证据

楼宇晴　刘小渝

（四川农业大学经济学院）

一、问题的提出

农产品价格是整个市场物价的基础之一，在整个价格体系中占有特殊重要的地位。农产品价格的稳定一直是各国农业部门最为关切的问题。究其原因，农产品价格一方面关系着城镇居民生活成本，另一方面关系着农产品供给稳定与农民持续增收，因此农产品价格稳定是宏观经济平稳运行的显著特征之一。农产品价格问题一直是国内外学者的研究重点，国外早期文献从供给的角度分析了农产品价格波动的原因（Schultz，1930）。其中丁伯根（Tinbergen，1930）和里西（Ricci，1930）提出蛛网模型，解释了生猪类农产品的价格波动。卡尔多（Kaldor，1934）和伊齐基尔（Ezekiel，1938）将蛛网模型进行了相应拓展。与供给角度相对应的是也有学者从需求角度研究农产品的价格波动，如福克斯（Fox，1953）建立的空间价格均衡模型。后来，更多学者从其他角度分析了农产品价格波动。例如，米歇尔（Mitchell，2008）认为，粮食价格上涨是由于生物燃料的需求旺盛，导致农产品库存下降，价格上升。有学者提出，粮食价格上涨是由于油价上涨、美元贬值（Headey & Fan，2008）。此外，一些学者认为，特定大宗商品价格波动主要受宏观经济的发展以及货币因素的影响（Gilbert，2010）。

国内关于农产品价格波动的成因的研究仍未达成一致，不同学者持有不同的观点。例如，郭晓慧和葛党桥（2009）以及刘巧云（2008）认为，农产品价格波动是价值规律的体现，价格水平将日益反映其价值，是价格向价值的理

性回归。但是农产品消费结构升级以及需求快速增长也是不容忽视的原因（周姁和张建波，2008）。顾国达和方晨靓（2010）提出，中国农产品市场的国际化进程不断推进，国际市场因素的影响不断加深。面对农产品价格的波动，政府基本形成了以生产补贴、储备吞吐、进出口调节为主要内容的价格调控机制。张俊华等（2019）分析了经济政策对农产品价格的影响，提出要维持一个稳定且高效的经济政策环境。康竹君和马红瀚（2007）提出，政府应该因势利导，调节宏观政策实现农产品价格波动的可承受性。可见，有关农产品价格波动及其成因的文献暂未形成有效的共识，需要做深入研究。

2020年年初暴发的新冠肺炎疫情使各个行业受到了巨大的影响和冲击。其中，由于疫情的突发性和传递性，农业波及范围较广、影响程度较深，农产品的生产、加工、运输、销售等各个环节的费用都大幅增加。总体上，我国农产品价格波动的幅度较大，粮油、蔬菜、水果等不同品种的产品价格走势大不相同。本文重点分析新冠肺炎疫情是如何影响农产品价格，并最终导致了农产品价格如何波动。新冠肺炎疫情作为自然实验，具有突发性、外生性、传递性三大特点。

新冠肺炎疫情具有突发性。人们是在正常的生产生活状态下面临本次风险的。当原本有序发展的市场遇到重大突发事件时，会有一些不符合预期的表现。从农产品市场的微观主体角度看，经营者没有预估到此次疫情，则不能及时调整仓储量，会出现市场上供应过多的情况，而消费者同样也没有估计到此次疫情的发生，不能调整自己的存货和消费行为，在需求方面会发生变化。

新冠肺炎疫情具有外生性。本次疫情人际传播力强、传播速度快，采取交通管制措施在很大程度上可以控制疫情。全国多个城市采取了交通管制措施，包括关闭高速公路入口、减少或暂停市内公共交通等。虽然交通管制措施在控制疫情传播方面起到了重要作用，但是对于交通运输行业而言，交通运输量呈现大幅度下滑的势态（周国光，2020），而且对农产品市场造成了很大的影响。从农产品市场的微观主体角度看，由于疫情的暴发，农业生产端的人员会因为销售渠道堵塞而被迫存货，而且疫情期间人员复工需要隔离和防护，这些因素都推高了农用物资企业的经营成本。农业需求端人员会因为采购渠道不顺畅而面临困难，70%的受访农业生产经营主体承认在农用物资采购过程中面临困难。33%的受访者表示只能购买到不足50%的所需农用物资。近10%的受访者表示完全买不到所需农用物资。

新冠肺炎疫情具有传递性。全国多地启动重大突发公共卫生事件一级响应，暂停密闭环境内人员高密度聚集娱乐活动，对确有必要举办的活动严格审批，对流动人口采取预防工作，落实控制措施，鼓励居民开展居家安全隐患自查自改。居民居家之后，很大一部分人不能进行正常工作，收入来源会大幅下降或不稳定，因此会减少消费，进而导致农产品价格下降。新冠肺炎疫情带来了供需方面的变化，随之会影响农产品价格，但是疫情是产生了需求冲击还是产生了供给冲击有待进一步研究。

已有大量文献从多个方面谈论新冠肺炎疫情对于农产品的影响。然而，一方面，已有文献大多是从新冠肺炎疫情对农业的影响角度出发的，从理论上分析了新冠肺炎疫情对农业中各个产业的影响，没有进行实证分析；另一方面，已有文献大多以全国为研究对象进行研究，没有聚焦某个地区或某个城市。从科学评价的角度看，这些研究均不能科学、直观地体现出新冠肺炎疫情对于成都市农产品价格波动的净影响。因为即使没有暴发新冠肺炎疫情，农产品价格依旧会在其他因素，如处于春节这个时间段的客观原因而提高。如果要有效识别新冠肺炎疫情的净效应，则必须剔除掉影响农产品价格波动的其他因素。因此，针对传统评估方法的不足，本文采用的是更为科学的双重差分方法（Difference in Difference，DID），针对新冠肺炎疫情对农产品价格波动的影响进行研究。

综上所述，本文的创新之处如下：其一，本文使用了 2018—2020 年 3 个年度的面板数据，共计 61 342 条，提高了估计模型的有效性；其二，本文选取了成都市 6 个主城区、18 个农贸市场、39 种农产品进行研究，选取面广且更有代表性；其三，本文使用了更为科学的双重差分方法。

二、理论分析框架与研究假设

新冠肺炎疫情及为应对其所采取的社交隔离措施对农产品供给和需求的影响主要通过收入效应、价格预期效应和成本效应对农产品价格及其波动产生影响。在收入效应方面，根据凯恩斯的绝对收入理论，收入与消费是相关的，即消费取决于居民现期的、绝对的收入，随着收入增加消费将增加，但随着收入减少消费也将减少。工资性收入、经营性收入、投资性收入与居民消费水平之间有明显的正相关关系（邵立杰，2020）。例如，刘仁鹏（2020）对四川省 41 个县的 604 户居民进行调查之后发现，新冠肺炎疫情的暴发使得居民的工资性收入受影响人数最多，经营性收入减少幅度最大，第二产业和第三产业受影响范围较广、程度较深。可见，新冠肺炎疫情的暴发使居民的收入下降，也给居民未来的收入增加了不确定性。

据此，本文提出假设 1：如果新冠肺炎疫情对农产品形成的需求冲击对农产品价格产生影响，那么新冠肺炎疫情引致居民收入下降和收入不确定性增加的预期将导致农产品价格显著下降。

在价格预期效应方面，根据预期理论，如果保持其他变量不变，消费者预期物价水平会上涨，则会使需求增加，购买量增加，价格上升。

在成本效应方面，由于新冠肺炎疫情的暴发，城乡实施了交通管制，农产品供销渠道不顺畅，运输成本及仓储成本都有所上升，会促使农产品价格上涨。

据此，本文提出假设2：若社交隔离引致农产品市场分割、供销环节的运输成本与交易成本上升导致区域农产品供不应求，再叠加农产品价格上涨预期的自我实现，那么新冠肺炎疫情后农产品价格会显著上涨。

此外，无论新冠肺炎疫情究竟是产生了供给冲击还是产生了需求冲击，本文认为对于不同种类的农产品，疫情产生的影响肯定是不同的。例如，水果、蔬菜等易变质的产品不易存储，在运输过程中易发生腐烂，则对供给会产生影响，最终影响价格。在不同地区，农产品价格波动的幅度也是不同的，会受居民人均收入、地区工业化进程等因素的影响。

据此，本文提出假设3：如果新冠肺炎疫情对农产品形成供给冲击对农产品价格产生影响，那么短期内不易贮存的生鲜类农产品的价格涨幅更加明显。此外，收入水平高、工业化进程快的地区，农产品价格涨幅更明显。

理论机制分析如图1所示。

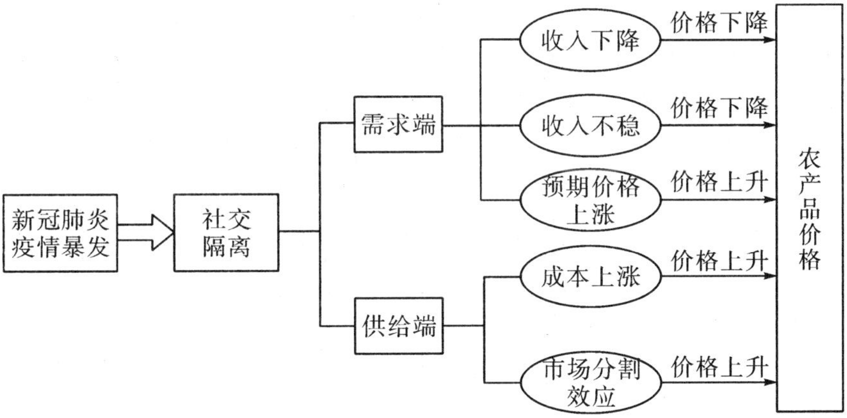

图1　理论机制分析

三、模型与估计方法

为研究新冠肺炎疫情及为应对其所采取的社交隔离措施对农产品价格水平的影响，本文采用 DID 方法进行分析。2020 年年初发生了新冠肺炎疫情，因此本文将疫情发生的 2020 年春节前后作为处理组，相应的 2018 年、2019 年该时段的时间窗口作为控制组。本文进一步将数据分为 4 个子样本，即春节前的处理组、春节后的处理组、春节前的控制组、春节后的控制组。本文通过设置 *treat* 和 *post* 两个虚拟变量区别上述 4 组子样本。其中，$treat=1$ 代表发生疫情的年份，$treat=0$ 代表未发生疫情的年份，$post=1$ 代表春节后，$post=0$ 代表春节前。根据上述的样本界定，本文可以将 DID 方法的基准回归模型设定为如下形式：

$$\ln 市场价格_{ijt} = \beta_0 + \beta_1 treat_j + \beta_2 post_t + \beta_3 treat_j \times post_t + \gamma X_{jt} + \mu_i + \theta_j + \lambda_t + \varepsilon \quad (1)$$

式中，下标 i 代表农产品的类别，j 代表年份，t 代表离春节远近的周数，被解释变量 ln 市场价格 ijt 表示距离 j 年春节 t 周的第 i 类农产品市场价格的对数，X_{jt} 代表的是一系列控制变量，θ_j 代表的是年份哑变量，λ_t 代表的是周数哑变量，μ_i 代表的是农产品的固定效应，ε 是随机扰动项。

DID 模型中各个参数的含义见表 1。从回归方程（1）可以发现，对于疫情已经发生的年份（treat=1），春节前后的价格情况分别是 $\beta_0+\beta_1$ 和 $\beta_0+\beta_1+\beta_2+\beta_3$，2020 年春节前后农产品价格变动的幅度是 $\Delta Y_i=\beta_2+\beta_3$，其中包含了疫情的影响以及春节本身农产品价格会波动的影响。同样地，对于没有发生疫情的年份，春节前后农产品价格的变化是 $\Delta Y_0=\beta_2$，这个差异并没有包含疫情对农产品价格的影响。因此，本文用处理组在春节前后的农产品价格差异 ΔY_i 减去控制组在春节前后的农产品价格差异 ΔY_0，得到疫情对农产品价格的净影响 $\Delta\Delta Y=\beta_3$。这是本文使用 DID 方法估计的重点，如果疫情的暴发阻碍了农产品的运输流通，市场供不应求，价格上升，那么 β_3 的系数应该显著为正。

表 1　DID 模型中各个参数的含义

项目	春节前（$post=0$）	春节后（$post=1$）	Difference
疫情已发生的年份（处理组，$treat=1$）	$\beta_0+\beta_1$	$\beta_0+\beta_1+\beta_2+\beta_3$	$\Delta Y_i=\beta_2+\beta_3$
疫情未发生的年份（控制组，$treat=0$）	β_0	$\beta_0+\beta_2$	$\Delta Y_0=\beta_2$
DID			$\Delta\Delta Y=\beta_3$

四、数据、变量与描述性统计

本文使用的数据来自成都市发展改革委员会市场价格监测中的主城区部分农贸市场价格数据，覆盖了成都市 6 个主城区（锦江区、高新区、武侯区、青羊区、金牛区、成华区）的 22 个农贸市场，共有 40 种农产品。选取的时间年限为 2018 年、2019 年、2020 年春节前 10 周和春节后 20 周，其中新冠肺炎疫情暴发及传染的可能性的时间是农历腊月十五（1 月 9 日）到农历二月二十八（3 月 11 日）。本文之所以认为新冠肺炎疫情最有暴发及传染的可能性的时间是从农历腊月十五到农历二月二十八，基于以下两个原因：第一，中国历年的“春运”都是以农历腊月十五为起点的，“春运”开始后的同期数据更具可比性；第二，3 月 11 日以后新冠肺炎疫情的严峻程度与社交隔离措施的严格程度均发生了实质性变化。3 月 12 日，国务院宣布“我国本轮疫情流行高峰已经过去，疫情总体上保持较低水平”。本文运用 stata 16.0 统计软件对农产品进行了价格走势分析，并通过对不同地区、不同种类、疫情严重程度进行异质性检验，从而得到疫情对农产品价格的不同影响程度。此外，本文还控制了其他影响农产品价格的各类经济因素。农产品主要变量及其计算方法见表 2。

表 2　农产品主要变量及其计算方法

变量名称	变量含义
ln 市场价格	农产品市场价格对数值
spring_year	日期所在农历春节年份
diff_week	与春节所在周相差的周数
年份	日期所在年份
月	日期所在月份
农产品类别	农产品所属类别
SZ	日期所在周的创业板指数(单位:点)
SH	日期所在周的上证指数(单位:点)
ht	当日的最高气温(单位:℃)
lt	当日的最低气温(单位:℃)
income	所在地区的居民人均收入(单位:元)

为了度量疫情对农产品价格的影响，按照文献中的普遍做法，本文将农产品实际价格的对数值（ln 市场价格）作为被解释变量。为了控制其他因素的

影响，本文还选取了一系列控制变量。随着疫情逐步得到控制，全国开始复工复产，经济逐步得到复苏，中证指数（*SZ*）和上证指数（*SH*）可以从侧面体现经济回暖的程度。气温是影响一些鲜活农产品的重要因素，因此需要控制当日的最高气温（*ht*）和最低气温（*lt*）。根据收入影响消费理论，收入较高的居民对于消费量的改变较小，因此本文以人均收入（*income*）来反映不同收入的居民受疫情影响程度的不同。农产品主要变量描述性统计分析见表3。

表3　农产品主要变量描述性统计分析

变量	Obs	Mean	Std. Dev.	Min	Max
ln 市场价格	61 342	1. 65	0. 88	−0. 51	4. 28
spring year	61 342	2 018. 30	8. 77	2017	2019
diff week	61 342	4. 25	8. 32	−11	20
年份	61 342	2 018. 83	0. 89	2017	2020
月	61 342	4. 78	3. 66	1	12
SZ	61 342	6 678. 37	898. 04	4 723. 74	7 890. 76
SH	61 342	3 017. 77	250. 04	2 500. 28	3 547. 22
ht	61 342	17. 82	7. 62	5	34
lt	61 342	10. 11	5. 67	−1	21
income	61 342	45 007. 93	1 226. 08	43 438	47 456

五、实证结果与解释

本文根据上面的变量定义和模型设定，运用 stata16. 0 统计软件，对整理的数据利用广义倍差法进行实证分析，依次得出回归结果。

如表4所示，第（1）列中的交互项 *treat* × *post* 系数为正，则说明疫情暴发之后疫情会促使农产品价格上升。虽然需求端方面居民的收入会有所下降，但是供给端方面交通管制措施的实施使储存成本以及运输成本上升，供给端的影响大于需求端的影响，使农产品价格上升。第（2）列是加了控制变量之后的结果，结果显示农产品价格上升且上升幅度变小。第（3）列是将产品的种类聚类到市场层面，第（4）列是将时间窗口调整到春节前后4周，第（5）列是添加了周数的哑变量，可以看到交互性系数依旧为正且显著。

表 4　疫情对农产品价格的实证分析：DID 模型

项目	ln 市场价格	ln 市场价格	ln 市场价格	ln 市场价格	ln 市场价格
	(1)	(2)	(3)	(4)	(5)
treat_post	0. 049*** (0. 003)	0. 047*** (0. 004)	0. 048*** (0. 006)	0. 130*** (0. 006)	0. 099*** (0. 007)
Year_dum	Yes	Yes	Yes	Yes	Yes
Month_dum	Yes	Yes	Yes	Yes	Yes
farm_produce_FE	Yes	Yes	Yes	Yes	Yes
N	61 306	61 306	61 306	12 932	12 932
r2_a	0. 96	0. 96	0. 96	0. 97	0. 97

注：括号内为聚类至区县市场层面的稳健标准误；* 、** 、*** 分别表示 10%、5%、1%的显著性水平。

六、异质性分析

如果是供给冲击占主导，那么短期内供给更缺乏弹性的不可贮存的生鲜类农产品价格涨幅更明显。本文对不同种类的农产品进行了分析，将农产品分为以下 4 类：畜禽、粮油、新鲜果蔬、鲜活水产品。具体实证结果见表 5。

表 5　疫情对农产品价格的实证分析：DID 模型

项目	(1) 畜禽 ln 市场价格	(2) 粮油 ln 市场价格	(3) 新鲜果蔬 ln 市场价格	(4) 鲜活水产品 ln 市场价格
treat_post	0. 063*** (0. 006)	0. 003 (0. 004)	0. 064*** (0. 011)	0. 044*** (0. 009)
Year_dum	Yes	Yes	Yes	Yes
Month_dum	Yes	Yes	Yes	Yes
farm_produce_FE	Yes	Yes	Yes	Yes
N	9 162	13 886	35 168	3 090
r2_a	0. 91	0. 99	0. 88	0. 74

注：括号内为聚类至区县市场层面的稳健标准误；* 、** 、*** 分别表示 10%、5%、1%的显著性水平。

表 5 中第（1）列显示了疫情冲击对畜禽产品价格的影响。实证结果显示，畜禽产品价格上涨 6%以上，并且在 1%的显著性水平下通过显著性检验。

究其原因，我们认为在畜禽产品中，有五花肉、瘦肉等，这些农产品受上游行业和中游行业的影响较大。自疫情暴发之后，由于社交隔离和阻断疫情的需要，上游行业中的饲料企业复工复产还需要一段时间，饲料短期内供应比较紧张，饲料原料及饲料运输也会受到限制。此外，为防止疫情扩散，许多地区在疫情暴发之后禁止销售活禽，关闭各类市场活禽交易区和宰杀点，减少了中游行业的交易量。上游行业和中游行业的供应量减少，使畜禽类农产品在下游行业的供给端短缺，因此价格上升。

粮油的价格上涨只有0.3%，几乎可以忽略不计，而且实证结果不显著。虽然疫情暴发，但是不会对粮油供给产生多大影响。因为粮油生产面积没有发生大的变化，基本的技术水平没有发生大的倒退，可能由于疫情导致交通不顺畅，甚至个别地区交通完全停止，短期供给会产生一定的影响，造成一时短缺，但这些都是短期影响，长期的基本趋势并没有发生改变。另外，疫情对粮油的需求也没有产生多大影响，不会因为疫情而迅速增加或减少对粮油的需求。既然粮油的需求和供给趋势长期不可能发生大的变化，粮油价格长远而言有其自身的发展规律，因此也不会产生大的变化，疫情的影响非常有限。此外，根据经济学原理，在短期内，产品价格取决于需求，需求波动造成价格波动；在长期内，需求变化相对稳定，生产水平变化决定了价格波动。粮油市场是一个完全竞争市场，长远来看价格取决于生产成本，而不取决于需求。在长期内，平均成本不会发生大的变化，价格水平也不会变化太多。

新鲜果蔬价格上涨6%以上。由于疫情暴发，很多地方物流运输受限，成本大幅度上升。全国不少地区出现了交通管制现象，无法为客户正常配货，相应的物流运输车辆也很难找到。除此之外，水果在远距离运输的过程中往往要求物流企业做到“快、稳”，这样才能保证其新鲜度，但是受制于疫情的影响，多数物流企业的员工无法到岗，使得物流成本大幅上升。此外，由于运输受限，果农蒙受巨大损失，本来年前预订好的订单，收购商因为疫情的原因也不愿意（或不能够）登门收购，原本的订单就此搁浅。水果收购商、批发商进货受阻，各地水果批发市场成交量大幅下降，供给量的短缺造成了新鲜果蔬的价格上涨。

鲜活水产品价格上涨4.4%。疫情期间，从生产方面看，由于水产品压塘问题，生产连续性无法得到保障，鲜活水产品积压导致供给减少，鲜活水产品价格上涨。从消费方面看，消费者以居家为主，而鲜活水产品在每日生活中不是刚需且可替代性强，人们可以选择猪肉、鸡肉等来替代食用鱼、虾等鲜活水产品。由于鲜活水产品存在易腐烂、易变质等问题，居民在购买水产品时十分关注消费渠道的安全性、卫生性和方便性，对鲜活水产品的新鲜度尤为重视。因此，相较于畜禽、新鲜蔬菜类农产品，人们对鲜活水产品的消费需求偏低，鲜活水产品的价格涨幅不会太大。

如果是供给冲击发挥主导作用，那么收入高、工业化进程快（更依赖农产品外调）的地区的农产品价格涨幅更明显。本文对成都市的6个主城区从城镇居民人均收入的角度进行分类，并进行检验。本文选取了6个主城区，分别是锦江区、青羊区、金牛区、武侯区、成华区、高新区，按照城镇居民人均收入从高到低的排列顺序将高新区和武侯区列入高收入区域，将锦江区和青羊区列入中等收入区域，将成华区和金牛区列入低收入区域。

表6表明，所有类别的交互项系数为正，说明总体来看疫情促使农产品价格上升。在低收入区域中，人们的收入相对较低，加之疫情带来的外生性原因，使人们收入趋于不稳定，对未来的预期持消极态度，因此人们会减少消费。当需求端减少需求时，供过于求，价格不会上升太多。与之相反的是，在高收入区域中，虽然疫情给人们的收入增加了不确定性因素，但是人们收入较高，疫情对其造成的影响小于疫情带给低收入居民的影响，因此不会减少消费，于是农产品价格依旧会上升。此外，不能忽略的是，高收入类别中的高新区是由成都市高新南区、成都市高新西区组成的，由成都市直管，不属于国家法定行政区划。其所辖街道均为托管性质，管辖了武侯区的4个街道以及郫都区的2个街道和双流区的1个街道，地域较为分散，城镇居民人均收入的数据统计可能会有偏差。锦江区的交互项系数最小，因为根据成都市统计年鉴，锦江区的城镇居民人均收入最高，而且位于成都市的中心城区，经济较为发达，受疫情影响波动较小。

表6　疫情对农产品价格的实证分析：DID模型

项目	高收入 ln市场价格	中等收入 ln市场价格	低收入 ln市场价格
treat_post	0.067*** (0.009)	0.048*** (0.010)	0.033** (0.011)
Year_dum	Yes	Yes	Yes
Month_dum	Yes	Yes	Yes
farm_produce_FE	Yes	Yes	Yes
N	20 412	20 380	20 514
r2_a	0.956 5	0.958 9	0.957 4

考虑到不同行政区域对农业的政策支持与保障不同，农业总产值占全区生产总值的比重不同，因此本文根据农业生产总值占全区生产总值的比重对 6 个主城区进行分类。本文按照第一产业产值占地区总值的比重从大到小的排列顺序将锦江区和高新区列入第一产业比重高区域，将金牛区和成华区列入第一产业比重中等区域，将青羊区和武侯区列入第一产业比重低区域。

表 7 显示，第一产业比重中等的区域农产品价格上升幅度小于第一产业比重低的区域农产品价格上升幅度。因为第一产业比重高的区域包括了高新区，而高新区是由其他几个区域中下辖的几个街道构成的，因此第一产业产值可能会有计算偏差，导致统计结果出现偏差，本文不分析第一产业比重高的区域。在第一产业比重低的区域中，由于该区域的农业生产总值比重较低，侧面反映出政府政策支持与补贴的力度比其他区域小，因此在疫情暴发的时候，当地更依赖农产品外调来满足消费需求，实施交通管制措施限制农产品的运输，供给冲击发挥主导作用，农产品价格上升幅度较大。在第一产业比重中等的区域，农业生产总值占比较高，自疫情暴发之后，政府能够做出反应与调整，调动农产品供给，稳定农产品价格，使农产品价格不会有过高的上涨幅度。

表 7　疫情对农产品价格的实证分析：DID 模型

项目	第一产业比重高 ln 市场价格	第一产业比重中等 ln 市场价格	第一产业比重低 ln 市场价格
treat_post	0.056*** （0.012）	0.033** （0.011）	0.058*** （0.010）
Year_dum	Yes	Yes	Yes
Month_dum	Yes	Yes	Yes
farm_produce_FE	Yes	Yes	Yes
N	20 317	20 514	20 475
r2_a	0.96	0.96	0.96

七、动态效应分析

为了考察从疫情暴发到疫情得到有效控制整个阶段的农产品价格变化，本文将 2020 年上半年分为 3 个时间段：第一，春节前 2 周至春节后 4 周。此时间段疫情暴发，不少地方实施交通管制，但是市场有滞后性，疫情带来的影响没有及时反映到市场上，此时价格略微有上升，但是上升幅度较小。第二，春节后 4 周至春节后 12 周。在近两个月的时间，全国不少地方实施了严格的交通管制，供给端和需求端都发生了变化。此时疫情对农产品价格的影响已经明显反映出来。价格上升的幅度为17.6%，幅度较大且结果显著。第三，春节后12周至春节后20周。这两个月内居民生活已经趋于正常，交通管制被取消，可以看到农产品价格虽然略微上升，但是上升幅度不明显，且统计结果不显著（见表8）。综合来看，农产品价格短期受到冲击波动较大，长期趋向于稳定回落，疫情对农产品价格冲击的短期影响大于长期影响。

表8　疫情对农产品价格的实证分析：DID模型

项目	春节前2周至 春节后4周 ln市场价格	春节后4周至 春节后12周 ln市场价格	春节后12周至 春节后20周 ln市场价格
treat_post	0.122* (0.044)	0.176* (0.067)	0.132 (0.078)
Year_dum	Yes	Yes	Yes
Month_dum	Yes	Yes	Yes
farm_produce_FE	Yes	Yes	Yes
N	15 077	17 147	17 115
r2_a	0.96	0.96	0.96

八、结论与政策启示

实证结果显示，成都市农贸市场农产品价格在2017—2019年春节普遍上涨，疫情暴发对农产品需求端和供给端造成冲击，进而使农产品价格波动幅度比往年更大，采取社交隔离措施后成都市主城区农产品零售价格平均上涨4.9%，其中畜禽、新鲜果蔬、鲜活水产品涨幅最为明显，而粮油价格变化不显著。此外，居民收入水平高、工业化进程快的地区，农产品价格涨幅较为明显。

为缓解疫情对农产品价格冲击的影响、平衡市场供求关系、稳定物价、保障人民生活，本文提出以下政策建议：

（一）缓解就业压力，稳定居民收入

自新冠肺炎疫情暴发后，不少居民在家隔离，收入大幅下降且不稳定，对农产品的需求减少。对于受疫情影响无法外出务工、经营，收入下降导致基本生活困难的城乡居民，政府应给予生活补贴和采取基本生活保障政策，解决疫情防控期间就业问题，稳定居民收入，以此调控农产品的需求端。

（二）加强农产品信息网络建设和市场价格监测

新冠肺炎疫情这一突发事件使经济发展在短时间内遭受巨大冲击，在一定程度上引发人们的恐慌，个别地区出现抢购、大量囤货的行为，进而推高农产品价格。出现这样的现象，主要是因为市场信息不对称，人们缺乏科学、理性判断市场的能力。疫情期间，为谋取额外收益，个别商贩乘机哄抬农产品物价，扰乱了市场供应平衡，也损害了消费者的利益。政府应加强农产品信息网络建设，建立健全政府、市场、农户的全面信息网络连接平台，同时加强农产品信息监测与指导，及时发布农产品市场价格监测情况，让市场主体收到市场信息反馈，提升其对市场前景的信心，并引导消费者科学合理消费。

（三）注重农产品供应链的升级，推进市场流通

在疫情期间，不少地方采取交通管制，通过社交隔离措施防止病毒传染。大量农产品，如畜禽、瓜果、蔬菜等，因为贮存时间短、时效性强，市场流通受阻而滞销，所以直接导致农民亏损严重，市场供给大幅减少，农产品价格被抬高。政府需要进一步提升产业链及供应链的稳健性，构建冷链系统，建立农产品的储存机制，制定专门的应急预案，确保在突发事件下农产品的有效供给，满足市场需求。

（四）充分发挥农产品电商平台的积极作用，科技赋能农产品销售

新零售和新业态快速发展，利用网络直播、短视频等形式促进农产品销售已经成为新潮流和新亮点，是农产品营销的创新，可以补齐传统农产品营销的“短板”。疫情期间农产品线下营销弊端明显，转为线上营销可以为农产品销售谋出路。政府应充分发挥互联网平台的积极作用，组织农户与阿里巴巴、拼多多、京东、苏宁、一亩田等电商企业合作，通过直播带货的方式推销农产品，引导领导干部带头“带货”，打破营销地域限制，加快实施“互联网+”农产品出村进城工程，加快新技术、新模式、新业态的创新步伐。

参考文献：

[1] 顾国达，方晨靓. 中国农产品价格波动特征分析：基于国际市场因素影响下的局面转移模型［J］. 中国农村经济，2010（6）：67-76.

[2] 郭晓慧，葛党桥. 中国农产品价格波动特征研究［J］. 安徽农业科学，2009（19）：9151-9155.

[3] 江飞涛，蔡卫星. 新冠肺炎疫情防控中城市交通管制效果的经验评估［J］. 产业经济评论，2020（4）：59-74.

［4］康竹君，马红瀚．关于中国农产品价格上涨的经济学分析及对策［J］．云南社会科学，2007（6）：98-102．

［5］刘巧云．农产品价格上涨的成因分析及对策探讨［J］．现代商业，2008（27）：33．

［6］刘仁鹏．疫情防控成效显现 收入影响程度减轻：新冠肺炎疫情对四川居民收入影响分析报告［J］．四川省情，2020（2）：52．

［7］邵立杰．收入结构、预防性储蓄与居民消费动态关系研究［J］．商业经济研究，2020（14）：66-69．

［8］张俊华，花俊国，唐华仓，等．经济政策不确定性与农产品价格波动［J］．农业技术经济，2019（5）：110-122．

［9］周国光．新冠肺炎疫情防控对交通运输行业的影响及其对策研究［J］．交通财会，2020（3）：4-7．

［10］周婻，张建波．我国农产品价格上涨原因及农业政策分析［J］．江西财经大学学报，2008（4）：60-63．

［11］EZEKIEL M. The cobweb theorem［J］. Quarterly Journal of Economics，1938（52）：255-280.

新冠肺炎疫情背景下农村金融机构货币信贷政策执行中存在的问题和对策建议

赵健兵　周继耀　彭著庚
（中国人民银行资阳市中心支行）

一、引言

新冠肺炎疫情给我国经济社会发展造成了前所未有的冲击，2020 年一季度国内生产总值同比下降 6.8%。新冠肺炎疫情快速蔓延，经济发展遭遇供需双侧冲击。从供给看，疫情已覆盖全球价值链的大部分重要节点，导致生产停滞、产业链中断；从需求看，疫情直接导致居民和企业收入下降，对疫情的恐惧和不确定性进一步打击市场信心，消费和投资萎缩。为对冲疫情影响，整个金融系统把疫情防控作为最重要的工作来抓，并把支持实体经济恢复发展放到突出位置。我国中央银行综合运用多种工具有效应对疫情冲击，在保持流动性合理充裕的同时，增强货币信贷政策支持的精准性；分批次安排专项再贷款、再贴现额度。一方面，政策引导金融加大对实体经济的支持力度；另一方面，经济增速放缓，有效信贷需求受到冲击。新冠肺炎疫情给农村金融机构的货币信贷政策执行和风险防控提出了严峻的挑战。本文试图分析农村金融机构在新冠肺炎疫情期间执行货币政策的问题及原因，并提出对策建议，以期从银行机构自身和政策协同两个方面提升农村金融机构在“双循环”背景下的发展能力。

二、货币信贷政策工具的使用情况

新冠肺炎疫情暴发以来，我国稳健的货币政策更加灵活适度，中国人民银行加强货币政策的逆周期调节，创新金融机构信贷投放“报销机制”，加大政策激励力度，提升货币政策工具直达性，进一步畅通政策传导渠道，发挥价格性调控和结构性货币政策工具对金融机构的激励与约束作用，为统筹疫情防控和经济社会发展，做好“六稳”“六保”工作营造了适宜的货币金融环境。

（一）货币信贷政策的支持力度持续加大

新冠肺炎疫情发生以来，中国人民银行根据疫情防控和复工复产的阶段性特点，分三批次安排3 000亿元专项再贷款，5 000亿元再贷款、再贴现额度，1万亿元再贷款、再贴现额度，支持了疫情防控和重点保供企业。

（二）政策直达性体现精准要求

首先，2020年1月，中国人民银行下调金融机构存款准备金率0.5个百分点（不含财务公司、金融租赁公司和汽车金融公司），释放长期资金8 000多亿元后，又分别在4月和5月专门下调农村商业银行、农村合作银行、农村信用社、村镇银行和仅在本省级行政区域内经营的城市商业银行存款准备金率0.5个百分点，为农村金融机构释放长期资金约4 000亿元，增强了农村金融机构信贷投放能力。其次，2020年6月，中国人民银行创设了中小微企业贷款阶段性延期还本付息和小微企业信用贷款支持两项直达性货币政策工具，引导金融机构加大对中小微企业的金融支持力度，帮助企业渡过难关。2020年6~7月金融机构已经对50.6万户企业的1.44万亿元到期贷款延期，发放普惠小微信用贷款1.6万亿元。最后，中国人民银行聚焦中小微企业开展金融支持稳企业、保就业专项行动，推动中小微企业贷款“增量、降价、扩面、提质”。

（三）贷款市场报价利率（LPR）改革让价格传导更加畅通

中国人民银行积极推动LPR改革，截至2020年8月20日，LPR已下调两次，1年期LPR由年初的4.15%下降到3.85%，5年期LPR由年初的4.8%下降到4.65%。在LPR下行的引导下，企业贷款利率明显下降。2020年6月，企业贷款加权平均利率为4.64%，比年初下降0.48个百分点，明显超过同期LPR降幅。同时，中国人民银行按照市场化、法治化原则稳妥有序推动存量浮动利率贷款定价基准转换。截至2020年8月末，金融机构已转换84万户企业的35.5万亿元存量贷款，转换率达到90.3%，直接减少了企业存量贷款利息支出。

三、影响分析

（一）疫情冲击实体经济，有效信贷需求受影响

新冠肺炎疫情对实体经济供需双侧均造成了较为严重的冲击，我国处于全

球供应链网络的核心，机械、电子、航空物流、旅游服务等产业受到了较为严重的影响。2020 年二季度，国际货币基金组织（IMF）预期 2020 年全球经济将下降 4.9%，比一季度下调了 1.9 个百分点。全球经济持续衰退，对我国部分产业造成了实质性破坏，这种影响将波及产业链上下游企业的研发、生产、销售、就业等环节。农村金融机构主要服务县域，客户群体主要以民营小微企业、个体工商户、家庭农场和农业专业合作社为主，该类客群受疫情冲击更显著。统计数据显示，2020 年上半年，我国社会消费品零售总额下降 1.8%，农副食品加工业增加值下降 2.4%，农村居民可支配收入在扣除价格因素后实际下降 1%，消费支出扣除价格因素后实际下降 6%，农林牧渔业民间投资仅增长 0.1%。投资和需求不足，显著影响对信贷的有效需求，必然造成地方法人机构落实逆周期调控要求困难增大。

（二）业务增长乏力，利润下降明显

2020 年二季度末，农村金融机构净息差为 2.42%，同比下降 0.3 个百分点，降幅较所有商业银行平均水平多 0.21 个百分点；净利润共 1 156 亿元，同比下降 12.88%，降幅比所有商业银行平均水平多 3.48 个百分点；资产利润率为 0.76%，同比下降 0.2 个百分点。农村金融机构盈利下降的原因是多方面的，需要客观分析。首先，2020 年政府工作报告提出鼓励银行合理让利，国务院常务会议要求金融系统向企业让利 1.5 万亿元，农村金融机构采取减少收费、降低利率、延期还本等措施向企业让利。其次，农村商业银行的负债中主要以存款为主，生息资产的收益下降，付息负债的平均成本上升，导致净息差下降。最后，2020 年是防范化解金融风险攻坚战的收官年，不良贷款的处置力度加大，但拨备成本上升。据中国银保监会通报，2020 年上半年处置不良贷款 1.1 万亿元，同比多处置 1 689 亿元，计提减值准备 1.3 万亿元，同比增长 34.4%，拨备覆盖率达 182.40%，而农村商业银行的拨备覆盖率仅为 118.14%，显著低于行业平均水平。

（三）获客困难，小微市场份额缩减

疫情加快了金融服务渠道和服务模式的变迁，催生了银行业“非接触式服务”的需求，对银行机构发展以网上银行、手机银行为载体，金融科技为支撑的非接触式金融服务提出了新的要求。一方面，国有大型商业银行广泛运用金融科技开辟民营小微市场。农村金融机构由于缺少针对性系统支持精准营销和有效数据来分析客户需求，服务效率与客户融资需求不相适应，获客困难。另一方面，大型商业银行小微企业信贷投放目标下沉县（区），其贷款价格优势和服务效率优势对小微企业的市场挤出效应明显，农村金融机构传统的人缘地缘优势不再凸显，议价能力下降，农村金融机构小微企业贷款市场份额和增速呈现“双降”。2020 年二季度末，全国普惠口径小微企业贷款余额达到 13.73 万亿元，同比增加了 3.03 万亿元，增长 28.36%。分机构类型看，大型商业银行贷款余额为 4.26 万亿元，同比增加 1.35 万亿元，增长 46.36%；农村金融机构贷款余额为 4.86 万亿元，同比增加 0.79 万亿元，比大型商业银行少增加 0.6 万亿元。从市场份额看，大型商业银行市场份额为 31.03%，同比上升 4 个百分点，农村金融机构市场份额为 35%，同比下降 3 个百分点。

（四）资产质量下迁严重，风险防控压力增加

为应对疫情影响，金融机构以超常力度加大对小微企业的支持力度，有利于市场主体的持续发展，但当前经济金融形势仍然复杂多变，金融风险暴露存在滞后效应。首先，2020 年二季度末，农村金融机构资本充足率为 12.23%，同比下降 0.75 个百分点；不良贷款余额为 7 365 亿元，增加 1 499 亿元；不良贷款率为 4.22%，同比增长 0.27 个百分点，高于银行机构平均不良贷款率 2.28 个百分点。虽然风险总体可控，但高风险机构和高风险地区风险防控压力仍然较重。其次，普惠小微企业贷款延期支持工具的推出，虽然能暂时缓解小微企业当前还本付息压力，但在延期还本付息期结束后，小微企业将面临集中还本付息，届时还款压力陡增，信贷资产集中劣变的风险较高。最后，普惠小微企业信用贷款支持计划鼓励对小微企业发放信用贷款，但小微企业普遍生命周期较短，抗风险能力较弱。随着 LPR 的下行，信用贷款利息收入也呈下降趋势，可能不足以覆盖风险溢价，这在一定程度上增加了风险防控压力。

四、政策建议

2020 年上半年，我国国内生产总值同比下降了 1.6%，但二季度同比增长 3.2%；居民消费价格指数同比上涨了 3.8%。相较于其他国家，我国经济韧性强劲，在稳企业、保就业的政策导向要求下，货币当局和监管部门应该根据疫情防控和稳企业、保就业的阶段特点，强化政策联动。农村金融机构应主动危中求机，进一步增强风险抵补能力，适应新发展格局，促进业务转型。

（一）强化协同配合，畅通政策传导机制

我国经济加快恢复增长，货币当局、监管部门和产业主管部门要加强政策的协调联动，扎实做好“六稳”工作，全面落实“六保”任务，为经济恢复运行创造良好适宜的金融环境，全力稳住经济基本盘。一是货币当局应积极发挥再贷款再贴现的总量调控和结构优化作用，用好用活普惠小微企业信用贷款支持计划和中小微企业延期还本付息两项直达实体经济的货币政策工具，撬动

农村金融机构发放更多的普惠小微信用贷款，探索适度降低享用优惠金融支持政策门槛要求，扩大优惠金融支持政策覆盖面。二是监管部门要加强资产质量划型的监测，针对因疫情影响造成的不良贷款可适当提升容忍度，优化监管措施，积极协助地方政府部门摸清风险底数，督促银行机构加强内控和风险管理，严控增量风险。三是产业主管部门要积极发挥财政资金的撬动作用，通过建立小微企业融资风险补偿金等方式鼓励银行机构加大信贷投放力度，通过贷款贴息、税费减免降低企业综合融资成本。

（二）完善公司治理，防范道德风险

一是农村金融机构应结合改革，进一步理顺农信社省联社与农村商业银行和农村信用联社在管理、股权方面的关系，积极发挥省联社对农村金融机构业务指导、技术支撑等方面的保障作用。二是农村金融机构应坚守服务县域、服务小微的市场定位，进一步下沉服务重心，牢固树立“保市场主体就是保社会生产力”的理念，持续加大对“三农”、乡村振兴、脱贫攻坚、民营小微领域的金融支持力度，防止优惠政策资金违规流入房地产市场和在金融系统空转。三是农村金融机构应压实高管层的责任，加强内部审计和执纪监督，确保农村金融机构干部职工勤勉尽责、规范履职，全面加强资产和负债质量监管，坚决杜绝权力寻租和利益输送。

（三）适应“双循环”新发展格局要求，加快业务转型

推动形成以国内大循环为主体、国内国际双循环相互促进的新发展格局，不是对冲疫情影响的临时性救急措施，而是根据国内外形势变化做出的战略抉择。农村金融机构要着眼于新的发展格局，通过“补短板锻长板”的方式深入推进业务转型，增强市场适应力和竞争力。一是农村金融机构应在资产端加快消费信贷的场景建设，激活消费内需。农村金融机构应运用大数据提升贷款线上审批效率，构建完善线上贷款风险管理体系。农村金融机构应积极开发适应科技创新的金融产品，创新抵质押模式，更好适应经济发展模式。农村金融机构应优化风险资产配置，把握政策重心转移带来的市场资产配置变化，提升债券市场和货币市场的风险防控能力。二是农村金融机构应在负债端积极打通低成本资金来源渠道，精简前台，优化中后台，切实降低不必要的运营成本。农村金融机构应科学合理使用 LPR 定价，遵守利率市场定价秩序，防范不正当定价行为。三是农村金融机构应抢占农村数字化金融服务的空白点，提前布局，创新发展普惠金融，转变农村市场线下单一优势为线上线下互补优势。

（四）多渠道补充资本，提前防控风险

受限于自身规模和市场评级的要求，大多数农村金融机构通过市场化渠道

补充资本较困难。中国银保监会同中国人民银行等六部门印发了《中小银行深化改革和补充资本的工作方案》，明确地方政府可发行专项债券补充中小银行资本，进一步拓宽了农村金融机构的资本补充渠道。农村金融机构和地方政府要发挥好专项债在农村金融机构改革治理和资本补充中的作用，一是积极申请专项债额度来补充资本金，特别是高风险机构要开源节流，将留存收益补充资本方式和专项债补充资本方式结合，增强发展能力和风险抵御能力；二是开展好压力测试，完善制定疫情冲击下不良贷款上升应对预案，加大拨备提取力度、加快不良资产处置核销，为新增贷款腾出空间；三是进一步完善银行永续债和二级资本债等市场化资本补充工具的投资、交易、风险处置等机制，吸引更多投资者。

参考文献：

［1］张明. 疫情冲击下的全球金融市场与中国经济［J］. 新金融，2020（8）：4-8.

［2］周艺霖，张阿钊. 疫情下的中小企业供应链金融［J］. 中国金融，2020（15）：94-95.

［3］肖宇，李诗林，梁博. 新冠肺炎疫情冲击下的银行业金融科技应用：理论逻辑、实践特征与变革路径［J］. 金融经济学研究，2020，35（3）：90-103.

［4］刘国鑫. 新冠肺炎疫情对企业的影响及金融对策［J］. 海南金融，2020（7）：83-87.

［5］杨伟中. 金融助力首都疫情防控和经济发展［J］. 中国金融，2020（13）：28-29.

［6］王小彩，宋玮. 疫情冲击下金融开放与风险管理［J］. 中国金融，2020（13）：30-31.

金融服务乡村振兴

要素市场化与农村金融机构改革面临的机遇和挑战

——以眉山农商银行为例

陈书明　宋瑞

（眉山农商银行）

深化要素市场化配置改革、构建更加完善的要素市场化配置体制机制，是加快完善社会主义市场经济体制的内在要求。当下，国家积极出台改革政策，提高要素配置效率，发挥各类要素优势，以激发市场活力，推进供给侧结构性改革，推动经济高质量发展。《中共中央 国务院关于构建更加完善的要素市场化配置体制机制的意见》（以下简称《意见》）针对土地要素市场化，强调增强土地管理的灵活性，推动农村土地、建设用地、产业用地改革；针对资本要素市场化，提出加快发展债券市场、增加有效金融服务供给和有序扩大金融业对外开放等要求；首次将数据纳入生产要素范围。这些将同时给我们农村金融机构改革带来机遇与挑战。

一、前期改革取得的成效及不足

农村信用社作为农村金融的主力军之一，是农村金融体系的重要组成部分。深化农村信用社改革，增加高质量农村金融供给，能更好满足乡村振兴多样化、多层次的金融需求。眉山农村信用社成立于1951年，在近70年的发展历程中，先后隶属于人民公社、农业银行、人民银行、银监会等。2007年12月，眉山农村信用社经历了第一轮产权改革，以区（县）为单位统一法人，成立了东坡区农村信用合作联社（以下简称“东坡联社”）和彭山县农村信用合作联社（以下简称“彭山联社”）。2015年4月，在四川省人民政府的正确领导下，在监管部门的指导支持下，在四川省农信社联合社（以下简称“四川省农信联社”）的组织推动下，由东坡联社和彭山联社合并组建眉山农商银行，并正式启动改制工作。历经两年多时间，眉山农商银行于 2017 年 9 月 26 日正式挂牌开业。改制后，历史问题较好地得到化解，资本得以充实，股权结构得以改善，风险防线得以构筑，眉山农商银行初具现代商业银行雏形。

随着乡村振兴战略的全面实施和农业供给侧结构性改革的加快推进，分散的“小农经济”正向规模化、集约化的现代农业转型，对农村金融服务提出了更高要求。眉山农商银行是四川农信系统的一分子，我们认为像眉山农商银行那样的由“小法人”改组的农商银行，未能彻底解决农村信用社的固有问题。相互分散、独立的县（市）法人机构的单体规模小、无法抵御金融大风险；经营范围有限，无法对接开放性大市场；业务准入受限，不利于更好地提供金融服务。在两级法人体制下，四川省农信联社难以在四川省范围有效服务农信机构的现实需要，不利于发挥农信系统的巨大潜力、支持四川省乡村振兴和农业供给侧结构性改革。

二、要素市场化带来的机遇与挑战

在内外经济下行压力下，对于农村金融机构而言，《意见》的内容不仅会影响资产经营涉及的客户、行业、产品、区域等领域，而且也会影响农村金融机构的经营逻辑。

（一）要素市场化配置激发城乡产业活力，为业务经营带来新一轮发展机遇

生产要素市场化，尤其是土地和劳动力要素的市场化配置，将进一步提高城乡之间的融合度，增强城乡协同发展后劲。实施乡村振兴战略后，农村地区产业发展走向多元化，乡村经济增长效率提高，农村人口收入增加，小微企业得以发展，内需潜能得以释放，消费提振。这些又催生了多元化、多层次的金融服务需求。此外，“成渝双城经济圈建设”“成德眉资同城化发展”，带来交通、电力、通信、燃气、供水等基础设施建设和城市互联互通等机会。同时，数据要素市场培育加快，将促使长期扎根农村地区的农村金融机构加大金融科技投入力度，通过更多创新产品、更优服务质量、更新管理机制，充分发挥多元、综合经营的协同效应，推动着自身的转型，迎来快速发展的大好契机。

（二）同业竞争加剧、利率市场化提速、风险管理难度增加等挑战，带来前所未有的转型压力

资本要素市场化改革将迎来跨市场、跨行业的交叉金融产品的爆发。同业竞争日益加剧，金融脱媒加速压缩银行生存空间。同时，LPR 利率作为参考的重要基准利率，起着核心驱动作用；盈利放缓收窄。加之经济下行压力加大，

企业偿债能力大幅下降，信用风险集中暴露，不良贷款反弹，风险管控难度将持续增加。面对多重挑战，需要对社会负责、对客户负责、对股东负责、对员工负责的县域农商银行，已处于转型的十字路口。在经营发展上，农商银行只有理性经营、拓宽利润增长源，寻求稳健、高效、专业的发展路径，才能行稳致远。

三、下一步改革的思考和建议

唯改革者进，唯创新者强，唯改革者创新者胜。农村金融机构无论怎样改革，都应坚持有利于提升农村金融服务水平，有利于维护地方金融安全，有利于促进自身健康可持续发展的原则。

（一）优化农信系统管理体制

省农信联社应遵循市场化、法治化和企业化的原则，通过建立股权关系、市场化服务关系、联盟成员关系等，明确自身的功能定位，重构两级关系，推动以省为单位组建农村商业银行，增强自身服务全省经济社会发展的能力和自身安全健康可持续发展能力。

（二）建立健全法人治理机制

农村金融机构应坚守以服务“三农”为重点的市场定位，专注服务“三农”和小微企业，聚焦当地，下沉服务，强化公司治理体系建设，加强股东资质管理，优化股东结构，规范股东股权和关联交易管理，构建规范、高效的“三会一层”运作机制，促进稳健经营和可持续发展。

（三）多渠道防控和处置风险

农村金融机构实施全面风险管理，健全事前、事中、事后全流程风险管理机制，降低增量风险；拓宽不良资产处置渠道，综合运用批量转让、证券化、债转股等手段消化存量不良。有关部门应加大对农信机构的精准支持，探索建立风险互助和流动性互助等机制，提升农信机构稳健发展能力。

（四）不断创新金融产品与服务

农村金融机构回归本源，充分利用熟悉本地客户等优势，紧跟市场需求提供有针对性的金融产品和差异化服务，扩大金融服务的覆盖面，有效增加金融供给；围绕农村集体土地、宅基地进入市场及建设用地、产业用地改革，优化完善固有信贷产品，增强金融服务的可获得性；探索采用知识产权质押、预期收益质押等融资方式，灵活运用 PPP 模式、供应链融资、贸易融资等，从而提供更多金融产品服务。

（五）积极应用并发展金融科技

新冠肺炎疫情释放出网络消费、居家学习办公及线上金融服务的数据和科技要素红利，农村金融机构要全方位应用金融科技，进一步推动业务线上化，积极构建线上数字化银行，加强对网上银行、手机银行等平台的应用，加强对线上场景化服务的布局；积极培育和增强员工的数字化意识，充分利用后台数据，将信用数据转化为金融资源；适当引入金融科技公司作为战略投资者合作，在改革中加快数字化转型步伐。

农村金融高质量服务乡村振兴的现实问题与破解路径①

张林[1,2]　温涛[1,2]　何茜[2]

（1. 西南大学普惠金融与农业农村发展研究中心　2. 西南大学经济管理学院）

一、引言

在国内农村空心化、农业边缘化、农民老龄化“新三农”问题日益严重（项继权 等，2017）的关键节点上，党的十九大适时提出实施乡村振兴战略。全面贯彻实施乡村振兴战略无疑将引发巨大的资金需求和金融服务需求。据何广文等（2019）测算，如果以2016年年底乡村常住人口5.89亿人为基准，在考虑通货膨胀的情况下，要达到乡村振兴目标，全国总体投入将超过20万亿元，而且资金缺口将长期存在。可见，实施乡村振兴战略首先需要重点解决“钱从哪里来”的问题，全力满足多样化的农业农村金融需求（廖红伟 等，2019）。农村金融是农村经济的血脉，是农业支持保护体系的重要组成部分，是乡村振兴战略中最重要最关键的缓解资金压力的渠道，可以通过个体行为效应、产业带动效应、环境改善效应和社会规范效应为乡村振兴提供支撑（王修华，2019）。因此，全面贯彻实施乡村振兴战略必须发挥好金融这一重要的基础性制度的作用，而且也只有金融才能撬动如此巨大的资金投入（温涛 等，2020）。农业农村经济是实体经济的重要组成部分，农村金融服务乡村振兴有利于补齐金融服务实体经济的短板（王彦 等，2020），金融机构尤其是农村金融机构服务农业农村也是其履行社会责任的关键环节（吴国华，2013）。《乡村

① 基金项目：本文受重庆社科基金项目“数字普惠金融缓解相对贫困的长效机制研究”（2020YBJJ57）、教育部人文社会科学研究青年项目“农村产业融合发展的金融服务创新与政策协同研究”（18YJC790218）、中央高校基本科研业务费专项资金重点项目“农村产业融合发展的投融资创新与风险控制研究”（SWU2009215）和中央高校基本科研业务费专项资金创新团队项目“‘一带一路’倡议下的金融扶贫合作研究”（SWU2009105）资助。

振兴战略规划（2018—2020年）》明确提出“把更多金融资源配置到农村经济社会发展的重点领域和薄弱环节”。可见，在中国农村金融长期处于抑制状态且资源总量有限的现实情况下，农村金融服务乡村振兴还需要解决好“钱用到哪里”的问题，切忌“撒胡椒面”，必须将有限的资金滴灌到核心领域、重点区域和重要主体，必须协调处理好几对重要关系并不断优化金融服务路径，从而在保证金融服务效率的同时提高金融服务质量，推动农村金融从“量”到“质”的嬗变，实现农村金融与乡村振兴双赢。

近年来，多层次、广覆盖、适度竞争的农村金融服务体系建设持续推进，政策性金融、商业性金融、合作性金融功能互补、相互协作的格局正在形成（张林 等，2019）。但是，农村金融服务乡村振兴战略的实践过程中仍存在诸多问题，“三农”发展依然受到明显的金融约束，新型农业经营主体融资难、融资贵、融资慢的问题仍然存在甚至愈演愈烈。一是信息采集、信息处理与识别成本、监督控制成本过高削弱了金融机构服务“三农”的积极性（陈东平 等，2020），导致与乡村振兴战略背景下“三农”与日俱增的金融需求相比，农村金融产品和服务的有效供给不足问题仍显严重，农村各类金融机构之间尚未形成基于自身比较优势的专业化分工，在支持农业农村发展的实践过程中仍存在叠加、错位、缺位的不协调问题（朱信凯 等，2017）。农村不同经营主体之间金融资源闲置和短缺现象并存，存在较严重的供需结构性失衡（蒋远胜 等，2019；温涛 等，2020）。二是农村金融体制改革面临着农村金融风险化解机制缺乏、供给机制不完善、资源配置不均衡等困境（陈放，2018）。农村金融监管存在刚性监管对金融资源配置形成约束、农村金融监管方式与手段单一、农村基层金融监管力量薄弱、适应农村特征的金融监管体系尚未形成等问题（范方志，2018）。三是普惠金融服务“三农”的实践中存在偿债能力难以确定、资产权益难以确定、金融服务成本制约和营业稳定程度不足等问题（王国刚，2018）。绿色金融支持乡村振兴存在供给能力不足、配套政策机制不完善、人才瓶颈制约等难点、掣肘和障碍（杨世伟，2019）。在数字金融助推农村产业融合的过程中，由于数字金融的不完善而存在风险制约、成本制约、能力边界和人才边界等问题（何宏庆，2020）。农业保险对接乡村振兴需求的过程中还存在保险产品不合需求、法律法规不完善、管理体系不健全、政策目标不明确、市场竞争规则未建立、风险保障作用未能充分发挥和大灾风险分散制度尚不健全等问题（冯文丽 等，2020）。农村合作金融和新型农村金融组织的扶贫作用尚未有效发挥，金融扶贫服务站的可持续性有待加强、贫困地区的信贷投入仍然不足（周孟亮，2020）。

随着乡村振兴战略的逐步推进，农村金融需求呈现出多元化、动态化、高额化、长期化、综合化、集团化、智慧化等多种新特征（唐晓旺 等，2018），这无疑对农村金融机构的产品创新和服务创新提出了巨大挑战。当然，快速增长的农村金融需求也必将成为金融投资的新热点和新增长点，也是各类金融机构拓宽业务范围和加快创新发展的难得机遇（韩国强，2018）。那么，农村金融高质量服务乡村振兴当前还面临哪些主要问题，政府部门如何从宏观上为农村金融高质量服务乡村振兴指明方向、从微观上为农村金融高质量服务乡村振兴提供行动指南，这些都是亟待研究解决的问题。本文将基于课题组在重庆、四川、浙江、广东、广西、宁夏、河南、山西、湖南等省（自治区、直辖市）的乡村调查和金融机构的访谈资料，结合相关宏观数据，重点论述农村金融高质量服务乡村振兴战略的现实基础以及当前所面临的主要问题，进而提出农村金融高质量服务乡村振兴战略需要把握好的重点、需要协调好的重要关系以及可供选择的优化路径。

二、农村金融高质量服务乡村振兴面临的“五大问题”

近年来，随着各级政府对“三农”问题的持续重视，各类农村金融机构相继跟进，农村金融服务乡村振兴的基础日益夯实。第一，涉农信贷的支持保障作用不断增强。农村支付体系、信用体系和信贷担保体系持续改善，农村金融法人机构、从业人员和营业网点总量不断增加，自动柜员机（ATM 机）和销售点情报管理系统（POS 机）基本实现了行政村全覆盖；农业银行和邮储银行的“三农金融事业部”先后成立并逐步推广，农民合作社资金互助部、农业产业信用协会、村级扶贫互助协会、村级金融服务室（站）等新型农村合作金融组织广泛开展试点工作①，全国行政村的金融服务网点覆盖率已超过95%。“助（惠）农贷手机软件”、农户活体牲畜花木抵押贷款、应收账单抵押贷款、以预期现金流为依据的担保贷款②、“互联网+农村金融”、“开发性金融与绿色金融”、“金融+产业联盟+合作社+农户”、“金融+龙头企业+基地+农户”等多样化的新型金融产品和“拎包银行”、“流动银行服务车”、村级金融

① 统计数据显示，河南、安徽、湖南、山东、河北等省份的农民合作社信用互助组织已有423家。调研发现，河南兰考、浙江温州等地的村级金融服务室（站）和惠农贷手机软件基本实现行政村全覆盖，湖南沅陵的产业信用协会和温州瓯海的“农民资产受托代管融资”项目有效满足了当地绝大多数农户的融资需求。

② 浙江温州瓯海区农村商业银行承担的“农民资产受托代管融资”试点项目就是一种典型的以农户未来预期收益权作为担保的新型融资模式，有效解决了农户融资难题。

服务室（站）、涉农信贷绿色通道、产业信用协会、合作社资金互助部等新型金融服务模式不断涌现，金融机构涉农贷款余额持续增长，直接融资渠道日益多元化。第二，农业保险的保驾护航作用日益增强。农业保险服务网点乡镇覆盖率达到95%，村级覆盖率超过50%，基本形成了以政策性保险为基础、商业性保险和互助性保险为补充的农业保险体系。重要农产品成本保险、价格指数保险、收入保险等新险种已在安徽金寨、江西余江、河南信阳、湖南沅陵、重庆永川、四川成都、江苏武进等地稳步推进，农业保险承保农作物品种基本涵盖了农林牧渔各个领域。“保险+期货”试点已扩大到20个省（自治区、直辖市），200多个产粮大县已启动大灾保险，“基本险+补充险+商业险”“订单农业+保险+期货”模式已开始试点。尽管如此，课题组通过在重庆、四川、浙江、广东、广西、宁夏、河南、山西、湖南等省（自治区、直辖市）的调研发现，农村金融高质量服务乡村振兴的实践过程中仍面临以下问题亟待解决。

（一）农村金融实践的指导理论定位不清

任何实践都必须以科学的理论为指导，农村金融服务乡村振兴战略也不例外。尽管中国农村金融发展与实践取得了良好的经济社会效益，但仍缺乏清晰的指导理论定位，农村金融发展存在明显的理论与实践脱节问题。一方面，从20世纪80年代初开始，农村金融市场论逐渐替代农业补贴论成为国际上的主流农村金融理论。在实践过程中，中国虽然总体上实行“农村金融市场范式”，但一些政府部门一直没有真正放弃“农业补贴范式”，尤其是在农村扶贫领域（冯兴元 等，2019）。这不仅没能有效解决农村金融市场满足度低的问题，还增强了农民对政府补贴的依赖。可喜的是，课题组在调研时发现涉农资金整合改革试点项目的持续推进以及“以投代补”的财政支农实践探索在很大程度上缓解了该问题。另一方面，长期以来，我国一直采用自上而下、以供给引导为主的农村金融发展模式（武翠芳 等，2012；温涛 等，2018），政策的时滞性导致农村金融市场普遍存在“不缺机构缺服务、不缺政策缺产品”的现象。大量的农村金融改革似乎也没有明确供给引导和需求追随两种模式的转变，农村金融需求满足度偏低，农村金融供求结构失衡问题严重，农民融资难融资贵的问题长期存在。课题组通过调研发现：77.9%的被调查主体认为短期小额涉农贷款对缓解资金周转困难的作用不大，希望贷款期限延长至5~8年；58.1%的被调查主体希望贷款金额提高到30万元以上，21.6%的被调查主体希望贷款金额提高到50万元以上。但中国农业银行、中国农业发展银行和邮政储蓄银行等主要涉农金融机构中长期贷款的占比都处于40%~65%，整体增长趋势较缓慢（张林 等，2019）。

（二）供给方“使命飘移”和需求方“精英俘获”并存

近年来，我国多个政府部门和机构就农村金融发展、农村金融服务乡村振兴等出台了一系列指导意见或暂行办法。这些指导性政策文件无疑从宏观上对农村金融服务乡村振兴进行了总体布局并指明了总体方向，但缺乏微观层面具有导向性的具体行动指南，导致实践中对调控对象的把握不全面不深入。一是农村金融市场供给方存在“使命漂移”① 现象。课题组通过调研发现，新型农村金融机构在实际经营过程中出于对经营成本、利润空间、风险承担等因素的考虑，正步入财务导向的发展模式，将客户群体更多地瞄准富裕阶层，背离了成立之初衷——服务“三农”和小微企业，存在“使命漂移”现象（陈东平等，2015；翁舟杰，2018），削弱了金融普惠性。二是农村金融市场需求方存在“精英俘获”现象。大量已有研究表明，在中国农村信贷市场中，农村社区内部具有一定经济实力和社会关系的精英农户能够利用自身优势俘获他们所偏好的各类项目，精英农户的决策逐渐偏离社区整体利益，农村内部大多数信贷资金被少数精英农户占有，多数小农户逐渐被“客体化”和“边缘化”（温涛 等，2016；胡联 等，2017；何欣 等，2018）。当大量金融资源开始反哺农业农村时，金融机构需要找到节约交易成本的内部主体并与之对接。这时，金融素养较高的农村精英群体成为其首选，而农村精英群体率先求偿、优先收益的利益要求又不断侵蚀公共利益，分散兼业的小农难以真正受益。

（三）农村金融机构可持续发展能力不足

无论金融发展到何种水平，金融机构尤其是商业性金融机构的经营目标仍是追求盈利和可持续发展。然而，当前中国农村金融机构可持续发展能力明显不足，其农村金融服务功能难以有效发挥（高晓光，2015），农村金融机构表现出了明显的“弃农”“离农”倾向，甚至开始沦为地方政府的融资工具（王煜宇 等，2017）。相关数据显示，主要农村金融机构的资产收益率（ROA）整体偏低且呈现出明显的下降趋势，而不良贷款率却呈现出不同程度的上升，尤其是农村合作银行和农村信用社的不良贷款率在 2018 年已分别达到 13.3%和 10%。少数地方的农商行的不良贷款率更高。而且，近年来，主要涉农金融机构的数量出现不同程度的下降：全国小额贷款公司从 2015 年 6 月的 8 951 家下降到 2018 年年末的 8 133 家，下降比例高达 9.14%；农村合作银行和农村资金互助社分别从 2016 年年末的 40 家和 48 家下降到 2018 年末的 30 家和 45 家，

① “使命漂移”最早由沃莱（Woller）等于 1999 年提出。他们认为微型金融机构成立的初衷是服务弱势群体，但在经营过程中为了追求利益和效率，转向服务相对富裕群体，即发生了“使命漂移”。

下降比例分别为25%和6.25%，农村合作银行的营业网点数也下降了33.53%。课题组还发现，一些非银行类金融机构因为对农村市场把握不足导致其业务开展的可持续性也面临巨大挑战，不少公司迫不得已选择提前退出市场。

（四）非银行类金融机构发展明显滞后

新型农村金融机构和由农村信用社改制成的农村商业银行逐渐发展成农村金融市场的主力军，它们备受金融监管部门和地方政府的青睐。而内生于农村社区的农村互助合作金融逐渐被边缘化。课题组通过调研发现，随着近年来新型农村合作金融组织的试点和复制推广工作的推进，农村合作金融被冷落的情形有所好转。但农村金融市场仍呈现出银行类金融机构“一股独大”的局面，非银行类金融机构发展明显滞后。农村金融市场以银行信贷为主的融资模式及其低风险偏好难以支持农业转型升级和农业现代化发展。虽然农业农村领域的股票、债券、基金等直接融资渠道日益多元化，但能够通过直接融资渠道获得资金的仅是少数规模较大的农业产业化龙头企业，数量占比较大的家庭农场和农民专业合作社仍只能通过间接融资渠道融资，农业企业直接融资规模与农业产值占国内生产总值的比重极不相称（张林 等，2019），直接融资对农业农村领域的支持作用仍比较有限。我们通过分析A股市场数据可知，农业上市企业在资本市场上的份额仍比较小，绝大多数的农业产业化龙头企业尚未上市，所有农业上市企业的营业收入总额比中国石油、中国石化等部分大型国有企业单个企业营业收入还低。虽然农产品价格保险、收入保险、指数保险、巨灾保险以及农业担保、期货期权等试点工作持续推进并取得了显著成效，但尚未形成合力从而有效分担农村金融风险和降低农村金融服务成本。农村信托和租赁虽有成功个案，但总体发展严重滞后，还有很大空间。

（五）农村金融产品和服务同质化现象严重

中国农村金融市场竞争和创新激励机制不健全，金融机构同质化发展现象严重，再加上农村金融人才匮乏，导致经营理念和管理方式整体比较落后。同质单一的金融产品和服务不仅不能适应乡村振兴中多元化的金融需求，还制约着金融机构抵御风险能力的提升，严重影响农村金融市场和农村金融机构的健康可持续发展。农村金融同质化现象主要表现在三个方面：一是银行类农村金融机构发展战略和目标客户同质化。尽管农村金融机构种类逐渐多元化，但银行类金融机构仍占据主导地位，而且政策性、商业性、合作性银行类金融机构的战略定位同质，尚未充分发挥各自比较优势形成差异化发展战略，也没有立足于市场需求形成分类分层服务体系，都以农村精英群体和农业产业化龙头企业为主要目标客户群。二是各类金融机构的产品同质化。课题组通过调研发现，县域金融机构对当地农村金融需求了解得更全面，但其没有独立自主的金融业务创新权，相关创新权收缩到省级分行甚至总行。农村金融机构尚未通过精细分工有针对性地加强金融产品创新；大多数金融机构的产品种类同质单一；农村基层信贷人员业绩压力大，而且合规意识、风险责任意识淡薄，往往为了完成任务铤而走险违规放贷，前仆后继“踩红线”；农村金融机构不良贷款率居高不下甚至不断上升。三是农村金融服务种类同质化，不同金融部门之间协同服务机制不健全。大多数农村金融机构的服务种类和服务模式大同小异，而且银行类金融机构与非银行类金融机构之间缺乏有效协调，在业务经营上各自为战，尚未形成互补合作机制，导致农村金融服务叠加、错位、缺位等不良现象并存，金融服务效率较低。

三、农村金融高质量服务乡村振兴需要把握“一核两重”

（一）农村金融高质量服务乡村振兴的核心领域

一是乡村产业发展领域。只有实现了乡村产业振兴，人才、资金、技术等各类资源要素，才会向乡村转移和集聚，才可能实现农业强、农村美、农民富。经过多年的发展，我国农业产业体系建设经历了农业产业化、农村产业融合发展等几个重要阶段，农业发展正在由增产导向转为提质导向，普通农户小规模经营转为专业大户和家庭农场适度规模经营，传统手工种养转为标准化机械化生产，传统农户“单打独斗”转为合作社“抱团发展”，农产品加工、休闲农业与乡村旅游、农产品电商等新产业新业态蓬勃发展。农村金融支持乡村产业振兴必须瞄准发展空间广阔、辐射带动能力强、与农村农业农民联系紧密的农业产业化经营、农产品加工、休闲观光农业、农业电子商务、农产品仓储物流等新兴产业。

二是农业农村基础设施建设领域。薄弱落后的农业农村基础设施无法支撑现代农业发展，无法满足人民日益增长的美好生活需要，将严重制约农业农村经济增长和农民生活提质。补齐农业农村基础建设短板，需要大量资金投入。归纳起来，农业农村基础设施根据其性质不同划分，可以分为纯公益性、准公益性和私益性三种不同类型。其中，纯公益性基础设施具有广泛的经济效益、社会效益、生态环境效益和极强的正外部性，难以成为追本逐利的商业性金融的服务对象，一般由政府财政投资建设。准公益性基础设施包括农业经营主体生产生活用基础设施、现代农业服务系统、信息化系统和营销系统，具有准公共产品属性，可以由政府财政和政策性金融联合主导，或是由政府财政和社会资本联合主导解决（比如 PPP 模式）。私益性基础设施属于新型农业经营主体的私有财产，计入新型农业经营主体固定资产账户，应由商业性金融和合作性金融重点支持。

（二）农村金融高质量服务乡村振兴的重点区域

乡村振兴是一项系统性工程，涉及的点多面广，对资金的需求量大。农村金融支持乡村振兴不能面面俱到，必须把握好服务的重点区域，实现以点带面。总体来看，农村金融服务乡村振兴的重点区域主要包括农业产业化示范县、休闲农业和乡村旅游示范县、一村一品示范镇、农村产业融合发展示范县等。农业产业化示范县在政策指引下依托试点项目容易建成特色鲜明、利益联结紧密、配套服务完善的农业产业示范园区，是引领农业产业化发展的“高地”，有条件成为农村产业融合发展的“样板区”（张红宇 等，2016）。休闲农业和乡村旅游示范县产业特色鲜明、政策扶持力度大。满足市民多样化消费需求的综合性休闲农业园区、农业主题公园、观光采摘园和休闲农庄等是促进城市资本下乡和农民收入增长的重要着力点。一村一品示范镇和农村产业融合发展示范县可以大力推行农业规模化、标准化和集约化生产，从而在推进乡村振兴战略的过程中念好“山字经”、做好“水文章”、打好“文化牌”、唱好“林草戏”、炼好“气字诀”，进而实现乡村产业兴旺、生态宜居和生活富裕。

（三）农村金融高质量服务乡村振兴的重要主体

有知识、善经营、懂管理的新型农业经营主体是发展乡村产业、带动农民增收、改善乡村面貌、繁荣乡村文化的重要引擎，也是农村金融需求的重要主体（何广文 等，2018）。截至 2018 年年底，农民合作社已超 217.3 万家，家庭农场已超 87.7 万家，是最主要的两类新型农业经营主体，对农民的辐射效应最大。因此，在金融资源总量有限的情况下，农村金融服务乡村振兴需要重点瞄准家庭农场和农民合作社。课题组通过调研发现：成长期和成熟期的家庭农场和农民合作社的生产经营规模不断扩大，业务范围基本稳定，利润积累逐渐增多，经济效益不断提升；这类精英主体是大多数金融机构的优质目标客户，能够相对比较容易地从金融市场获得金融服务。而创业初期的家庭农场和农民合作社自身原始资本积累较少，前期资金需求量大，极度渴望金融机构的信贷支持，但这类农业经营主体的项目回收期长，项目风险高，金融机构对此总是“惜贷”“慎贷”。可见，创业初期的家庭农场和农民合作社才是农村信贷市场的“真困难户”，是乡村振兴战略实施过程中各类金融机构尤其是政策性金融机构的重点服务对象。

当然，走农业现代化道路也不能忘记小农户。我国是一个普通农户占大多数的国家。这些传统的农业经营主体可以具体分为半工半农型农户、自给自足型农户、经营型农户等几类。其中，经营型农户是指留守农村长期从事一定规模种植、养殖或种养结合的中老年农民家庭，它们是向家庭农场转化的最有效潜在对象（张林 等，2016）。但经营型农户的市场化程度低，盈利能力不足，而且其不能提供有效抵押物，很难获得商业性金融机构的金融服务。另外，返乡创业的能人和在农业领域就业的新型职业农民将资金、技术、知识、经验带到农村发展新业态，将成为当前和未来解决"谁来种地""谁生活在农村"等棘手问题的关键群体。因此，在农村金融服务乡村振兴的过程中，金融机构在重点支持家庭农场和农民合作社规范发展的同时，还必须兼顾农村经营型农户、返乡创业能人和新型职业农民，尽可能满足他们的有效金融需求。

四、农村金融高质量服务乡村振兴需要协调"四对关系"

（一）点与面的关系

近年来，农业农村部、财政部、中国人民银行、中国银行保险监督管理委员会等联合开展了重要农产品收入保险、涉农建设性资金整合、集体林权制度改革、新型农村合作金融组织、数字普惠金融改革等多项农村金融与保险改革试点项目，并涌现出了如湖南沅陵王家岭养鸡合作社"产业合作+信用合作"的全产业链金融模式（李明贤 等，2018）、安徽金寨"合作资金+银行股金"的信用合作模式（黄迈 等，2019）、河南兰考"一平台四体系"的数字普惠金融扶贫模式（栗勤 等，2018）、江苏武进农产品目标价格保险"联办共保"模式（张林 等，2019）、四川成都"农贷通"综合融资服务模式、浙江温州"农民资产受托代管融资"模式等多个模式。它们也取得了一些良好的经济社会效益。然而，由于这些试点项目周期较短，相关支持政策的连续性不足，地区间资源禀赋和经济基础差异大，因此大多数的试点项目没能很好地得到复制和推广，只造"盆景"忽视"风景"的现象尤为突出。归纳总结好这些试点项目的成功经验、适用条件和有待改进之处，将成熟的模式加快向面上复制推广，是农村金融服务乡村振兴战略下一步工作的重点。当然，在复制推广的过程中切忌盲目盲从，一定要根据试点成熟的模式的适用条件选择合适的推广区域，实现以点带面发展。

（二）远与近的关系

古今中外的农业发展历史均表明，无论农业发展形态如何演进、农业经营方式如何改变，农业的基础地位都不会动摇，是一个真正可以而且值得长期投资的产业。从 2004 年以来，中央一号文件持续关注"三农"问题，各类优惠政策和大量财政资金不断向农业农村领域倾注，投资农业和转行做农业已然变成当今社会所关注的焦点和热点，越来越多的返乡能人和城镇资本到农村创业。尽管如此，农业低盈利能力与资本高回报要求之间的矛盾只增不减，追本逐利使得金融机构在投资决策时仍然更加青睐风险低、周转快、收益高的行业或领域。很多金融资本和社会资本对规模大、周期长、退出难、见效慢、风险高的农业投资望而却步或畏首畏尾。因此，农村金融高质量服务乡村振兴必须处理好远与近的关系。各类金融机构在追求盈利的同时要担起金融支农的社会责任，建立健全金融支农的长效机制。尤其是农村金融机构更应该将支持农业农村农民发展作为长期性根本性任务，脚踏实地改造农村、升级农业、扶持农民。金融机构在投入资本的同时不断引入现代管理理念和创新经营方式，重点培育农民“造血”能力，增强农民内生发展动力。

（三）予与取的关系

中国农业银行和中国邮政储蓄银行先后于2009年和2016年成立“三农”金融事业部。财政部、农业部和银监会自2015年7月开始联合推进建立完善全国性农业信贷担保体系，旨在将更多的农村资金留在农村、用于“三农”。中央也多次颁布相关政策文件着力推动健全财政、税收、金融投入保障机制，加大对“三农”领域的资金支持力度。然而，时至今日，农村资金外流问题并没有得到有效缓解，部分金融机构仍不断缩减农村网点，县域及以下金融机构的存贷比仍然偏低，“高效的抽水机、低效的灌溉器”是当前县域及以下金融机构普遍面临的困境[①]。当前，农村金融服务乡村振兴需要严格贯彻执行“工业反哺农业、城市支持农村、多予少取放活”的基本方针，加快建立健全农村金融资源回流机制、疏通农村金融资源回流渠道，重点解决好小规模经营农户和适度规模新型农业经营主体的融资难题，从而激活农村、做强农业、致富农民。

（四）走与回的关系

实施乡村振兴战略需要重点解决农村人口空心化问题，因为只有在“有人”的情况下，才能发展产业，才能建设农村，才能实现乡村振兴。但是，大中院校毕业生厌恶农村农业、新生代农民逃离式离开农村、进城农民工不愿回流农村的现象依然明显。而且，当前我国仍处在新型城镇化加速推进阶段，城镇化率逐年上升并已超过60%，农村人口持续流向城市的趋势仍将持续。已有研究证明，长期处于抑制状态的农村金融服务是促使农民人口外流的重要因素之一（韩其恒 等，2016）。因此，如何充分发挥金融资源的先导性作用，协

① 参考中国人民大学的中国普惠金融研究院贝多广院长于2016年4月在浙江青田“县域经济与金融创新”论坛上的讲话。

调处理好农村人口“走出去”“留下来”和“引回来”的关系，利用金融手段推动城乡人口双向自由流动，从而为乡村振兴提供人才保障，为相对贫困治理提供智力支持，是农村金融高质量服务乡村振兴战略需要解决的重要难题。

五、农村金融高质量服务乡村振兴需要优化“五大路径”

（一）强化农村金融理论创新和立法完善

与新时代农村现实需求相适应的农村金融理论创新和农村金融法律法规是农村金融高质量服务乡村振兴战略的基础。一是要加强相对贫困治理与乡村振兴的农村金融理论的衔接。在解决绝对贫困的攻坚战中，“输血”式的普惠金融无疑起到了重要的作用，在相对贫困治理与乡村振兴战略中更强调农村金融的“造血”功能。因此，在既要巩固脱贫攻坚成果又要稳步推进乡村振兴的关键节点，需要做好扶贫金融理论和产业金融理论的有效衔接，从重点构建普惠金融体系转向完善普惠金融体系和构建产业金融体系。二是要加强对农村合作金融理论与金融风险理论的探索。农村内生合作金融相比其他金融机构具有更强的生命力，是农村金融重要的组成部分，但关于农村合作金融内部治理和外部监管的相关理论研究尚不充分，而且这些自发的、诱致性的农村金融制度演进与创新也没能得到政府的承认和支持（温涛 等，2018）。随着乡村振兴中农村金融需求种类多元化和金额高额化，农村金融风险的分担和防控也是未来农村金融支持乡村振兴战略的工作重点。三是要加快推进农村金融立法进程，把推进和保障农村金融服务的有效供给作为农村金融法制建设的重要任务。

（二）加快推进农村金融综合服务体系建设

中国农村金融的未来发展需要在变革与调整中审视农村金融生态、环境和伦理，提供适应本地乡土社会、经济、文化和历史的现代金融服务（温涛 等，2018）。因此，健全的综合服务体系是农村金融高质量服务乡村振兴战略的基本保障。农村金融高质量服务乡村振兴需要加强农村综合试验改革和创新，整合多方资源着力构建“绿色兴农”“产融促农”“基建助农”“科技强农”和“改革利农”的乡村振兴综合金融服务体系。一是要加快完善乡村征信体系、支付体系、网络体系。我国相关部门和机构应拓展和搭建以金融诚信、社区诚信、作风诚信、居民诚信等为核心内容的现代信用体系建设新框架，利用报刊、电视、广播、网络等媒体加强全民信用教育。多部门联合共建农村居民和涉农企业征信系统，从而实现农村个人信用信息共享。金融机构应加强农村消费习惯调研，了解农村居民支付结算的客观需求，以需求为导向创新金融产品和服务模式。我国相关部门和机构应改进农村地区通信设施和网络设施建设，适度调低农村网络收费标准，完善农村地区互联网支付服务网络，持续推进“POS刷卡+扫码支付”等支付服务新模式。二是要加快构建乡村金融消费权益保护体系。我国相关部门和机构应畅通消费者金融维权投诉渠道，并完善处理机制，加大对农村金融违法的处置力度，打击非法集资，维护农村金融秩序；消除农民投诉中的各种障碍，增强投诉渠道的易操作性，实现“一点化”简单操作；建立健全透明的投诉处理流程，加强投诉处理的精细化过程管理和处理结果的有效回复；通过案例视频播放和宣传手册投放，增强农村金融消费者的风险意识，提高农民识别违规违法金融行为的能力。三是要构建农村金融宣传教育体系，普及金融文化知识，提高农民金融素养。金融机构应围绕个人征信、手机银行、网上银行、金融诈骗、假币识别等开展丰富的金融知识宣传活动和实操技能培训，尽快实现农村地区金融宣传教育全覆盖。

（三）加快金融科技融合和风险防控

当前，区块链、云计算、大数据等现代信息技术与传统金融高度融合的趋势已不可逆。如何促进现代科技在农村金融领域的应用，用金融科技破解农村社会难点痛点问题是当前及未来改革的重点。而且数字经济与农村经济的融合发展在解决信息不对称、降低交易成本和控制农村金融风险等方面均起着不可替代的作用，大力稳步推进数字经济与农业农村经济的融合发展“宜早不宜迟，宜快不宜慢”（温涛 等，2020）。一是要继续提升互联网、信息技术工程在我国农村区域及偏远地区覆盖程度，推动信息服务深入农村基层，进一步全面提升农户的互联网及其他信息技术的应用能力。金融机构应推进数字技术在信贷产品、保险产品、担保产品等金融产品中的应用，将“高大上”的数字技术运用于“接地气”的普惠金融产品，设计操作简单、交易便捷的数字金融产品；采用电子签名、视频签约等形式替代“面谈面签”制度，提供电话支付结算、视频转账等新型服务，推动线上普惠授信落地，大幅降低农户融资成本；推进遥感技术、无人机、气象监测等信息技术在农业保险业务中的应用，解决农业保险承保、查勘、理赔过程中人手不足、效率低下等难题。二是要加强农村金融内部治理与外部监管机制建设。有关部门应加快建设农村数字金融相关的官方统计指标和口径，构建农村金融风险全程监控体系，严厉打击农村数字金融领域的诈骗行为和投机行为，确保农村数字金融安全。同时，有关部门应加强农村数字金融领域相关制度体系建设，规范农村数字金融活动。此外，在原有法律法规基础上，数字经济和数字金融相关法律制度须补充、修订和完善，服务标准及制度规范须确定，对数据的知识产权保护、责任权利归属等标准须进一步优化。

（四）强化农村金融专业分工与有机合作

各类金融机构根据自己的比较优势进行专业分工与有机合作，是解决农村金融同质性问题并提升农村金融服务乡村振兴质量的有效路径之一。一是要基于微观市场需求大调查，准确划定政策性、商业性、合作性、普惠性金融的功能特色和作用边界，发挥和巩固政策性金融和商业性金融的“头雁效应”，确立和强化合作金融、互联网金融的“鲶鱼效应”，开发和增强社区合作金融的“毛细血管”作用。以村镇银行、农村资金互助社和农村信用社为核心的农村金融机构应全力聚焦基础金融服务，坚持“支农支小”，灵活设立助农服务站和简单易行的线上服务设备，打造真正的“村口银行”，扩大农村金融服务覆盖面，打通农村地区“最后一公里”金融服务渠道。有关部门要合理处理好正规金融与非正规金融的协调性和互补性，农村金融与城市金融的整体性与相关性，加快城乡金融资源要素的自由有序流动。二是充分发挥政府部门、金融机构、社会组织、农业经营主体等多方力量的特色功能和专业优势，进一步加强各类金融机构之间的分工合作和风险共担，形成多方协同服务合力。有关部门应积极探索涉农保险和涉农信贷的联动机制，从而解决融资难题；加快农村资本市场建设，拓宽农业领域的直接融资渠道，支持符合条件的农业龙头企业进入资本市场融资，积极探索发展大宗农产品期货市场。由地方政府、农担公司、保险公司、商业银行、农业经营主体等多方共同出资出力建立多层次风险分担机制，在有效防控风险的同时不断增强小微企业和普通农户的融资可得性。

（五）推进农村能人回流和金融人才集聚

21世纪的竞争归根结底是人才的竞争，加快农村金融专业人才集聚是提升农村金融服务乡村振兴质量的关键。一是要加快建立健全农村劳动力回流机制。有关部门应积极培育懂“三农”的基层工作队伍，并出台相应激励政策鼓励能力强、水平高的人下乡驻村引导；充分利用宣传报道进行口碑传播，让其起到良好的示范带动作用，鼓励更多农村劳动力回流。当农村外出农民工看到发展现代农业有市场时，其内生的回流动力将不断增强。二是需要加快农村从业主体的人力资本改造。财经院校、农林院校与地方基层的农村专项人才联合培养机制须建立健全，从而促进农业农村专业领域的产学研的深度融合。农民职业教育和农村远程培训应大力发展。有关部门应选拔优和鼓励秀青年职业农民参加各种专项培训，充分发挥其示范引领作用，从而带动广大农民积极参与农闲时期的专项培训，提升他们的专业技能和综合素质。地方政府、财经院校、金融机构联合，多措并举引导和集聚一批懂农业、爱农村、爱农民的农村人才。三是需要完善农村金融人才集聚的村级联动机制。有关部门应依赖地区地缘、血缘关系筛选一批农民“信得过”的新型农业经营主体和产业化联合体，不定期邀请业内知名专家、金融机构业务能人、财经专业大学生以视频播报和手把手指导相结合的方式对培训队伍进行手机应用程序操作、风险防范、基本业务操作等技能培训，培养一批会用善用互联网或智能手机、懂金融经济的“精英农民”，然后由“精英农民”为其他农民进行一对一培训和指导。有关部门应引导驻村干部、村两委、大学生村干部、农村经济能人以“协贷员”身份积极参与基层金融服务工作，并给予工作人员一定比例的管理费用和务工补助，建立健全考核评估机制，增强他们服务乡村振兴的社会责任感和工作获得感。

参考文献：

[1] 项继权，周长友.“新三农”问题的演变与政策选择 [J]. 中国农村经济，2017（10）：13-25.

[2] 何广文，刘甜. 基于乡村振兴视角的农村金融困境与创新选择 [J]. 学术界，2018（10）：46-55.

[3] 廖红伟，杨良平. 乡村振兴背景下农村金融体系深化改革研究：基于交易成本理论视角 [J]. 现代经济探讨，2019（1）：114-121.

[4] 王修华. 乡村振兴战略的金融支撑研究 [J]. 中国高校社会科学，2019（3）：35-43，157.

[5] 温涛，何茜. 中国农村金融改革的历史方位与现实选择 [J]. 财经问题研究，2020（5）：3-12.

[6] 王彦，田志宏. 如何实施金融服务乡村振兴：基于日本金融支农政策演变的经验借鉴 [J]. 现代经济探讨，2020（5）：117-125.

[7] 吴国华. 进一步完善中国农村普惠金融体系 [J]. 经济社会体制比较，2013（4）：32-45.

[8] 张林，温涛. 农村金融发展的现实困境、模式创新与政策协同：基于产业融合视角 [J]. 财经问题研究，2019（2）：53-62.

[9] 陈东平，丁力人. 契约理论视角下金融服务乡村振兴现实困难与实践探索 [J]. 现代经济探讨，2020（7）：117-122.

[10] 朱信凯，徐星美. 一二三产业融合发展的问题与对策研究 [J]. 华中农业大学学报（社会科学版），2017（4）：9-12.

[11] 蒋远胜，徐光顺. 乡村振兴战略下的中国农村金融改革：制度变迁、现实需求与未来方向［J］. 西南民族大学学报（人文社会科学版），2019（8）：47-56.

[12] 陈放. 乡村振兴进程中农村金融体制改革面临的问题与制度构建［J］. 探索，2018（3）：163-169.

[13] 范方志. 乡村振兴战略背景下农村金融差异化监管体系构建研究［J］. 中央财经大学学报，2018（11）：50-57.

[14] 王国刚. 从金融功能看融资、普惠和服务“三农”［J］. 中国农村经济，2018（3）：2-14.

[15] 杨世伟. 绿色金融支持乡村振兴：内在逻辑、现实境遇与实践理路［J］. 农业经济与管理，2019（5）：16-24.

[16] 何宏庆. 数字金融助推乡村产业融合发展：优势、困境与进路［J］. 西北农林科技大学学报（社会科学版），2020（3）：118-125.

[17] 冯文丽，苏晓鹏. 农业保险助推乡村振兴战略实施的制度约束与改革［J］. 农业经济问题，2020（4）：82-88.

[18] 唐晓旺，张翼飞. 乡村振兴战略下农村金融创新的思路与对策［J］. 中州学刊，2018（12）：47-52.

农民合作社信用合作的金融属性、风险分担与实践难点

——以宜昌市晓曦红柑橘专业合作社为例

吴亚玲[1]　鲁国梁[2]　陈军[3]

（1. 湖北省农业科学院农业经济技术研究所　2. 湖北省农民合作社办公室
3. 中南财经政法大学金融学院 湖北省农业农村厅计划财务处）

一、问题的提出

2019 年《人民银行 银保监会 证监会 财政部 农业农村部关于金融服务乡村振兴的指导意见》明确要求“探索新型农村合作金融发展的有效途径，稳妥开展农民合作社内部信用合作试点”。农民合作社信用合作作为农村金融创新的产物，在中国的产生发展不过十多年的历史，各地尚处于“摸着石头过河”的探索阶段。不可否认的是，信贷风险是制约农民合作社信用合作发展的重要原因，那么，农民合作社信用合作风险控制的难点在哪？实践效果怎么样？只有找到这些问题的答案，才能找出适合中国农村资金需求的融资模式。鉴于此，本文以湖北省宜昌市晓曦红柑橘专业合作社信用合作实践为例，在分析农民合作社融资面临的信贷约束与农民合作社信用合作金融属性的基础上，尝试揭示农民合作社信用合作风险分担机制，探寻破解农民合作社信用合作信贷风险的运作模式，期待为打通农村金融“最后一公里”提供参考。

二、农民合作社融资面临的信贷约束

（一）信息不对称问题严重

阿克洛夫（G. Akerlof）认为，农村金融市场存在严重的信息不对称，信息不对称会导致道德风险与逆向选择。逆向选择发生在贷款发生之前。银行按借款人质量和信誉的平均水平确定信贷利率，信誉好、质量高的借款人因为其

期望利率低于贷款利率平均水平而退出市场，信誉和质量相对较差的借款人由于愿意接受的预期贷款利率高于贷款利率平均水平而留下来，导致银行把资金贷给信誉和质量相对较差的借款人，进而导致信贷违约风险上升。道德风险发生在贷款发生之后。借款人比信贷机构更清楚自己的还款能力与还款意愿的真实情况；还款意愿低的借款人因为清楚自己违约风险高，在贷前会积极向信贷机构争取贷款，在贷后可能会出现违约行为。首先，农业借款人信用意识不强，信息“碎片化”问题严重，金融机构面临信贷数据不准确、不真实的难题，难以做出准确的信贷决策。其次，金融机构难以监督贷后资金流向，面临着较高的信用风险与操作风险。最后，由于农业的弱质性和生产调整的滞后性，难以控制的因素较多，因而农业借款人所面临的自然风险和市场风险较高。这些风险导致农村金融市场的“惜贷”和“慎贷”现象。增加信息的供给是金融机构控制信贷风险常用的手段。

（二）交易成本高

斯蒂格利茨（Stiglitz）等认为，银行可以提高利率，以应对信息不对称问题，但是利率越高，贷款违约的风险越高，也就是说，银行无法完全通过利率高低来甄别借款人违约风险的高低。银行通过信息甄别（screening）和贷后监督（monitoring）来控制信贷风险，此举会产生交易成本［戴蒙德（Diamond），1983］。贷款发生前，传统金融机构无法深入了解农业生产经营活动的风险实质，难以准确掌握农业新型经营主体的真实信息。这增加了金融机构的信息收集与甄别成本。金融机构信息来源依赖“硬信息”和“软信息”两个方面［皮特森（Petersen）等，1994；伯杰（Berger）等，1995］。“硬信息”是指能够客观量化的信息，一般通过问卷、表格自主收集获取，如合作社资产、负债、盈利情况等信息。“软信息”能够从侧面反映借款人的诚信状况，对“硬信息”进行补充和验证，但是往往只能描述，不能客观量化，如借款人的信用状况、合作社负责人的学历及生产管理经验等。“软信息”是农村信贷市场贷款决策的重要依据，但是，农村借款人的“软信息”普遍由基层信贷员掌握，农村金融机构内部的委托代理问题导致与合约签订相关的交易费用高。农村人员分散、流动性强，资金用途各不相同，信息采集和贷后追踪成本高。此外，农村金融生态环境较差，极易出现贷款挪用或违约的“领头羊”，甚至出现连片违约与风险蔓延，造成贷后监督与处置成本上升。

（三）有效的风险共担机制缺乏

目前，从技术层面来讲，农村信贷机构主要运用的是抵押担保贷款、关系型贷款和信用评分来进行信贷风险控制（周鸿卫，2019）。抵押担保贷款在约束贷款人违约冲动的同时，向银行传递借款人的还款能力信息，是我国商业银行信贷风险管理普遍采用的一种方法。但是，由于农业新型经营主体多为信贷市场的弱势群体，资金使用周期长，内部管理不规范，而且农村土地承包经营权流转制度尚不完善，缺乏有效的抵押资产，因而抵押担保贷款对缓解农业新型经营主体融资困境的作用有限。“软信息”是关系型借贷（relationship lending）关注的重要方面，但是农村信贷市场“软信息”的传递范围小，不易获取，而且“软信息”的选取与甄别没有统一标准，操作起来难度大。信用评分是将合作社的信息传递给金融机构的重要环节，对合作社信息有进一步“硬化”的作用（孙亚范 等，2012）。但是，农村缺乏权威的信用评级机构和切实可行的信用评分方法使得信用评分难以发挥作用。此外，从制度层面来看，农业保险体系不健全，农村金融基础薄弱，这些都是农村金融风险共担机制不完善的原因。

三、农民合作社信用合作的本质特征与金融属性

（一）农民合作社信用合作的本质特征

农民合作社信用合作是指以产业为纽带，以成员信用为基础，由本社全部或部分农户成员自愿出资筹集互助资金，为本社成员发展专业化生产提供互助资金借款业务的资金互助性业务活动。农民合作社信用合作的本质是“弱势群体”在农村正规金融无法满足金融需求情况下以成员为基础的合作金融机制创新。

农民合作社信用合作相对于传统金融，有以下三个本质特征：

一是农民合作社信用合作是农民自我组织的金融创新形式，以满足生产性资金需求为主要目的。长期以来，我国金融市场呈现城乡“二元”金融结构特征，新型农业经营主体等弱势群体获得贷款的难度较大，农村金融供求矛盾突出，这些促使农户自我组织起来，利用合作社的组织与制度优势，开展信用合作，以满足生产性资金需求。

二是农民合作社信用合作利用农村社会圈层结构的信息获取优势降低交易成本，分担金融机构信贷筛选与监督功能。由于地缘、血缘的关系，农民合作社社员对彼此的家庭条件、经营情况、信用状况等情况知根知底，具有“软信息”的优势（杨灿君，2014）。当这些信息变化时，合作社由于地缘优势与社员联系密切，能够快速做出反应，因而合作社具有传统正规金融机构所不易获得的信息获取与监督优势。从合作社的业缘关系来看，农民合作社社员的生产活动往往同步或者彼此相关，他们可以在生产经营过程中“顺便”监督信

用合作资金的使用情况。这说明农民合作社对社员的管理和监督相对容易，可以节省信贷审核、监督和契约实施等交易成本。

三是农民合作社信用合作利用合作社离农村金融需求近的制度优势，较好地克服了农户的金融可获得性问题。农民合作社为社员提供销售、加工、配送、仓储以及技术、信息等服务。相对于传统金融机构，农民合作社信用合作内生于农业生产，扎根于乡村和农民之中，准入门槛低，手续简便，因地制宜，适合农村金融需求所要求的近距离提供服务，能够较好地克服农村金融的可获得性问题。

（二）农民合作社信用合作的金融属性

农民合作社信用合作的金融属性如下：

一是为金融机构提供获客引流服务。我国农村经济建立在家庭联产承包责任制基础上，以家庭经营为主。农村的经济特征决定了农村的金融需求不同于城市金融需求，具有小额、分散、缺乏可抵押性资产的特点，这正是制约农村金融供给的重要原因。农民合作社把社员的信用评分、授信建议等信息推介给金融机构，发挥信息传递和共享作用，分担正规金融机构信贷环节的筛选、监督等职能，可以更加准确地向金融机构推荐有效的农业借款人。

二是农业信贷风险控制作用。传统商业金融机构在开展农业信贷时，面临信息甄别和贷后监督难题。其在贷前难以甄别合作社提供的信息的真实性，在贷后难以监督合作社资金的用途。信用合作社能发挥信息认证、整合作用，将碎片化的信息整合起来，为金融机构授信决策提供信息支持。相对于传统商业金融机构，农民合作社信用合作能充分利用成员之间基于血缘、地缘和业缘的“人际信任”关系共享社会信息资源，发挥“软信息”的贷后资金监管作用，约束失信冲动（赵晓峰，2018）。

三是提升信贷服务效率。传统商业金融机构在采集合作社信用数据时，面临着数据缺失、失真、不稳定等问题。信用合作社相对于传统商业金融机构，在信息采集与信息挖掘上具有优势。信用合作社将合作社的社员组织起来，为金融机构提供集中、延续、稳定、可靠的合作社数据信息，为金融机构进行信用评估、风险管控提供全方位的信息支撑，使得金融分工进一步细化，信贷服务得以覆盖到传统正规金融难以到达的“盲区”。

四、农民合作社信用合作的风险分担机制与运行环境

在这部分，笔者以宜昌市晓曦红柑橘专业合作社为例来分析当前我国农民合作社信息合作的风险分担机制与运行环境。

（一）基本情况

宜昌市晓曦红柑橘专业合作社（以下简称“晓曦红”）成立于2006年，现有个人成员1 485人，团体成员15个，柑橘基地达1.7万亩，网络柑农2万多户，辐射面积50多万亩，年销售额达2.3亿元。合作社按照“合作社+公司+基地+农户”的发展模式，形成了集柑橘苗木繁育，柑橘的种植、加工、销售为一体的产业集群发展模式。针对农民贷款难、贷款贵、手续繁杂、时间长的现象，2012年，合作社理事长到我国台湾地区参观学习，合作社副理事长到德国参观学习。2014年7月，在合作社第三届三次成员代表大会上，全体成员代表一致通过，形成了建立信用合作的决议，并全员通过了晓曦红的《信用合作管理办法》，正式组建晓曦红的信用合作部，并开展内部信用合作业务。

（二）农民合作社信用合作的业务与流程

1. 互帮互助，开展合作社成员内部信用合作业务

晓曦红的信用合作以“对内不对外，吸股不吸储，分红不付息，股权无大小，适度无风险”为总原则，将会员的分散、闲置资金以入股的形式集中起来建立互助金，将互助金定向投放给需要资金的会员（不高于同期银行贷款利率），并在留足风险准备金的基础上将互助金收益按股分红。资金筹措在严格控制资金总量的基础上，按照“依托成员，背靠银行，量出为入，总量控制”的方式进行。资产使用按照“严格范围，不得越界；严格时限，不得超期；严控额度，实施联保；严限利率，不越上限”的规则运行。社员之间采取小额资金内部流通的方式互帮互助。2015年，该合作社累计为社员发放信用合作资金423万元。2016年，晓曦红的信用合作部的入股成员有78户，资金总额达507.3万元。2018年7月，受短时间暴雨灾害的影响，晓曦红的核心基地——柑橘示范场和水果场无一幸免。灾情发生后，晓曦红的信用合作部为柑橘农杨提供信用合作资金2万元，以修复因暴雨垮塌的坝场。同时，晓曦红的信用合作部及时筹措资金5万元积极修复遭暴雨冲毁的道路，确保柑橘销售道路畅通。2019年合作社核心柑橘基地1 000余亩柑橘旱灾严重，晓曦红信用合作为成员发放80多万信用合作贷款用于购买抗旱设备。

2. 整编贷款推荐资料，对接银行信贷业务

在社员有较大数量的资金短缺时，晓曦红的信用合作部的成员向信用合作部提交包含贷款书面申请书、单位情况简介、法人个人和单位纸质的银行征信报告、近三年的财务报表和征信查询证明等材料供信用合作部审核，由信用合作部将贷款推荐资料整理汇编后，对接银行信贷部门。贷款书面申请书包括生

产经营情况、盈余情况以及所需资金的用途和额度。单位情况简介主要包括工商注册、经营范围、主业生产经营、经济效益、社会效益以及下一年的发展规划等情况介绍。近三年的财务报表包括资产负债表、收益及收益分配表。此外，合作社还需要提交权益变动表。征信查询证明包括纳税、单位人员工资发放、水电费缴纳、资产负债以及法人涉诉等16个方面的信息。晓曦红的信用合作部将以上材料审核后汇编成贷款推荐资料，以文件的形式出具农民合作社成员贷款推荐函，并将其提交给对接的商业银行。商业银行在接到贷款推荐资料后，在7个工作日内通过回执单给晓曦红的信用合作部做出是否放贷的答复。

（三）农民合作社信用合作的内部风险分担机制

1. 以规范财务管理为抓手，为合作社成员提供征信服务

晓曦红的信用合作部由合作社理事长、财务人员、社员代表组成，专门负责农民合作社信用合作的信贷评审与信用合作财务管理工作。晓曦红的信用合作部利用信息获取优势和贴近农业资金需求主体的优势，在引导合作社成员规范化管理内部财务的同时，为合作社成员提供征信服务。为了全面、真实和完整地采集合作社成员的财务信息，晓曦红的信用合作部采取“三查三看三个确定”的方法来掌握成员单位的法人信息和有直接关联关系单位的相关信息。“三查三看”，即查资产、资源，看账实是否相符；查债权、债务，看账外是否有民间融资和有直接关联关系的单位；查信用、诚信，看成员单位及成员单位法人是否有违约失信行为。“三个确定”，即确定推荐贷款的考核标准、确定推荐贷款的考核对象、确定推荐贷款的资金额度。通过以上程序，晓曦红的信用合作部在成员单位中筛选出11家有贷款需求、有发展前景且带动能力强、重信用、讲诚信、综合考核得分在90分以上的成员单位作为重点推荐对象。

2. 组织化程度提升将潜在利润显性化，为合作社成员信用增级提供内生动力

晓曦红采取三种方式提升组织化程度。一是创新管理体制，加强利益联结。为了强化合作社成员的利益联结机制，晓曦红柑橘专业合作社引导合作社成员入股晓曦红果业公司等关联的龙头企业。晓曦红果业公司的盈利分红按照合作社成员的股份份额量化到每个成员身上。合作社成员除了可获得合作社的盈余返还和二次返利外，还可从晓曦红果业公司每年的经营收益中获取9.83%的股份分红收益。二是组建专业技术队伍，提升综合服务效益。晓曦红柑橘专业合作社统一进行技术培训、统一组织考核、实施持证上岗，组建了一支覆盖生产、加工、包装、物流配送全产业链的专业化服务队伍，为柑农提供植保、

农资配送、果园管理等农业社会化服务，为外出务工的柑农提供柑橘园托管或租赁、土地流转等服务，有效提升了晓曦红柑橘专业合作社综合服务效益。三是实施品牌化发展战略，提升市场竞争力。晓曦红柑橘专业合作社自成立以来，坚持走“质量立社、品牌兴社、联合强社”的发展道路，打造了“晓曦红”中国驰名商标，构建了集外贸出口、超商对接、电子商务、批发销售于一体的晓曦红市场销售体系。在晓曦红柑橘专业合作社品牌示范效应与市场综合开发效应的作用下，夷陵区柑橘产业年均增收 6 000 万元。

3. 建立合作社信用合作内部风险共担机制

晓曦红通过以下方式建立信用合作内部风险共担机制：一是提取信用合作风险准备金。晓曦红的信用合作部按照会员制、封闭性原则，在不以营利为目的、不对外吸储放贷、不支付固定回报的前提下，将会员的分散、闲置资金以入股的形式集中起来建立互助金，将其定向投放给需要资金的社员，并留足风险准备金。自 2015 年开展信用合作业务以来，晓曦红的信用合作部年均风险准备金维持在 80 万元以上。二是合作社成员联保机制。合作社成员将土地承包经营权抵押给晓曦红，晓曦红可以利用技术、销售渠道、资金规模优势来盘活违约合作社成员的土地承包经营权，从而分担了银行信贷风险。2018 年，晓曦红为 5 个家庭农场成员争取了 370 万元的贷款额度，贷款资金由 5 个家庭农场轮流使用，如果获得贷款的合作社成员不能按期偿还，后面的合作社成员就无法继续获得贷款。这样，这 5 个家庭农场与晓曦红形成联保体，未享受贷款的另外 4 个家庭农场和晓曦红利用业缘优势监督获得贷款的家庭农场偿还贷款。

（四）政府政策支持与外部风险分担

1. 建立涉农贷款风险补偿基金

湖北省、宜昌市、夷陵区三级政府共同出资 5 000 万元，以委托合作银行第三方进行管理的形式，建立涉农贷款风险补偿基金，专门用于补偿合作金融机构为信用合作会员贷款形成的损失，分散农民合作社信用合作风险。涉农贷款风险补偿基金在合作银行设立专门账户，实行封闭运行、专款专用。合作银行以基金额度为基数，按合作承诺比例放大授信额度，为会员提供信用贷款服务。

2. 完善政府支持的融资性担保公司担保机制

合作银行与政府支持的融资性担保公司建立良好的银担关系，并按约定承担一定比例的风险损失。融资性担保公司不以营利为目的，为信用合作会员贷款担保费率控制在 1%以内，由宜昌市政府对融资性担保公司给予 1%的担保费率补贴。

3. 择优选择合作金融机构

宜昌市政府在考虑农村金融服务网点条件、便利程度和合作服务承诺等综合因素后，择优选择合作银行和合作保险公司。合作银行和合作保险公司派专人到合作社的信用合作部驻会办公。合作社的信用合作部在合作银行设立基本账户和结算账户。基本账户开户银行负责信用合作资金托管，并监督资金使用去向。

五、农民合作社信用合作的实践难点

（一）信用合作产品融资成本偏高，产品种类偏少

一是农民合作社信用合作利率偏高。笔者通过调研发现，虽然农民合作社信用合作极大地缓解了农村的“高利贷”问题，能够一定程度上解决农业新型经营主体的生产性资金需求问题，但是，农民合作社信用合作利率集中在8%~12%，远远高于商业银行五年以上贷款基准利率5.65%的水平。二是信用合作产品种类偏少。尽管经多部门共同努力，探索出了适合合作社特点的无抵押信用贷款、联合社担保贷款、合作社联盟互保贷款、权属抵押贷款等多种贷款模式，但是农民合作社信用合作对农业新型经营主体的财务管理、内部治理结构要求较高。而现实情况是：农业新型经营主体的文化程度不高，财务管理不完善；信用合作所需材料不全；信用合作融资门槛偏高。

（二）农民合作社信用评级标准缺乏，与金融机构对接困难

一是信用采集指标不统一。目前，中国人民银行已出台了标准化的个人信用信息指标体系，尚未制定农民合作社信用指标体系。一方面，农民合作社信用合作平台的“软信息”优势难以挖掘；另一方面，部分农民合作社所属生产基地的数据未被采集，存在数据上报不完整问题。二是信用评级方法不统一。例如，中国农业银行对信用评分［90~100）的客户界定为AAA级，中国建设银行对信用评分［85~100）的客户界定为AAA级，而且两大银行的信用评价指标体系不统一，信用评级结果不可通用。三是缺乏专门的信用评级机构。目前，各大银行内部都有自己的风险评估模型和评级体系，但由于农民合作社信用数据缺失，金融机构现有的评级模型和评级方法不适用于农民合作社。只有中国邮政储蓄银行等少数几家政府补贴的银行愿意为农民合作社提供贷款服务，而且仅限于小额贷款，无法满足农民合作社规模化发展的资金需求。

（三）农业保险作用有限，风险分散机制还不完善

一是政策性农业保险保费征收难。小规模分散经营的农户依然是我国农业

的主体，也是农业保险的投保主体。一方面，因规模小、投保标的额小，每户应缴纳的保费少，保险公司从分散的农户那里收取保费需要花费大量的人力物力，成本高；另一方面，一些农民对农业保险持怀疑态度，甚至认为是乱收费，自愿缴纳的积极性不高。这也增加了保险人员向农户收取保费的难度。二是险种少，赔付标准低。湖北省农业保险品种包括水稻、能繁母猪、奶牛、森林、小麦、油菜、棉花7个险种，且后面4个险种只在部分县市试点，大部分特色农产品没有纳入承保范围。现行水稻保险赔付标准是每亩400元，而当前湖北省水稻物化成本在每亩800元以上，保险赔付标准偏低。三是科学查勘定损的难题未破解。农业灾害具有突发性、大面积等特点，尤其是种植业的水灾、旱灾一旦发生，涉及农户较多。保险机构缺乏专业技术力量，采取抽样查勘定损的方式，会出现定损不准确、不科学等现象。同时，种植业保险定损要按不同生长期确定损失，损失程度则要在受灾后若干天以后，甚至要到作物成熟后才能确定，工作量大，耗时长，加大了定损、估损的难度。

（四）信用合作需要多方协调，融资规模难以扩大

2016年，晓曦红柑橘专业合作社联合洋红、天缘、星翔等柑橘龙头企业，组建湖北柑橘产业联合社。联合社成员单位经过多年的合作，彼此都比较了解也相互信任。再者都是沾亲带故的乡亲，而且成员单位都是同行。联合社中16个成员单位商量，每个单位以合作社的名义出资30万元，交由银行托管，在联合社成员间进行信用合作。但由于目前只有合作社内部成员之间开展信用合作的相关规定，尚无联合社成员之间开展信用合作的相关规定，最终导致联合社内部合作社之间的信用合作流产。这从一程度上反映了联合社成员单位开展信用合作缺乏法律依据的现实。

六、研究启示与政策建议

（一）研究启示

第一，农民合作社信用合作将农民组织起来，利用其离农村金融需求近的制度优势和信息获取优势，降低了信用合作监督成本与交易成本，提升了农村金融服务效率，缓解了合作社发展中的融资难题；第二，农民合作社信用合作通过内部财务管理与统一规模经营为合作社成员提供征信和增信服务，依托信用合作风险准备金制度与相互担保机制分散信用合作金融风险；第三，风险补偿基金、农业保险保费补贴等政策支持有助于完善农民合作社信用合作的信息获取机制和风险分担机制，更好地发挥农民合作社信用合作的金融功能。

（二）政策建议

1. 创新农民合作社信用合作产品

一是合作金融机构要适当降低审批准入门槛。合作金融机构应根据农业生产特点和农业新型经营主体的资金需求特点，为其量身定做多样化的信用合作产品，满足不同层次的贷款需求。二是创新信用合作金融服务方式。合作金融机构应大力实施“金融服务网格化”战略，搭建适用的农民合作社信用信息征信平台，让信息资源共享，提高金融服务的便利度。三是降低贷款利率。合作金融机构应在风险可控、兼顾效益的前提下，降低贷款利率。对于获得市级以上“农民合作社示范社”称号或受到地方政府奖励的新型农业经营主体，且信用等级在 A+以上的，合作银行可适当在授信额度、贷款利率等方面给予更大的优惠。

2. 加强农民合作社信用合作风险防控

一是严格资格审查。合作金融机构应加强对农民合作社信用合作条款、担保公司资质和申报条件的审核，强化资格认证；加强对农民合作社理事长、监事长和管理人员的任职资格、从业经验审查，防止其违规开展非法集资或变相集资等活动。二是加强监管。合作金融机构要建立农民合作社信用合作风险预警防控和应急处理机制，加强对信用合作资金账户的跟踪与监督，确保资金和信贷安全。三是建立贷款风险分担机制。各有关部门应加强协调，鼓励开展信用合作的合作社运用风险保证金、联保、共同担保等方式建立内部风险分担机制；鼓励由涉农贷款风险补偿基金、合作银行、担保公司、合作保险公司共同建立按比例分担的外部风险分担机制。

3. 用活农业保险政策

对由农民承担的政策性农业保险保费，可随同土地流转由实际经营土地的农业经营主体承担。合作保险公司应增加农业保险品种，开展特色农业保险、设施农业保险等新型农业保险试点；提升农业保险补偿标准，争取将农业保险赔付标准提高到覆盖每亩投入的物化成本。各有关部门应加大对农业保险的扶持力度，对农民合作社开展互助性保险的分保、再保险保费给予不低于10%的补贴。

4. 完善农民合作信用合作法律法规

目前，全国有 2 000 多家农民合作社开展了信用合作。但是，我国目前已有的政策未考虑到联合社成员之间的信用合作。鉴于信用合作风险较高，专业性较强，建议有关部门对联合社成员之间的信用合作做出统一规范，加强制度约束，强化风险控制。

参考文献：

[1] AKERLOF G A. The market for "lemons": Quality uncertainty and the market mechanism [J]. The Quarterly Journal of Economics, 1970, 84 (3): 488-500.

[2] STIGLITZ J E, WEISS A. Credit rationing in markets with imperfect information [J]. The American Economic Review, 1981, 71 (3): 393-410.

[3] DIAMOND D W, DYBVIG P H. Bank runs, deposit insurance, and liquidity [J]. The Journal of Political Economy, 1983, 91 (3): 401-419.

[4] 周鸿卫，田璐. 农村金融机构信贷技术的选择与优化：基于信息不对称与交易成本的视角 [J]. 农业经济问题，2019 (5): 58-64.

[5] 孙亚范，余海鹏. 农民专业合作社成员合作意愿及影响因素分析 [J]. 中国农村经济, 2012 (6): 48-58.

[6] 杨灿君. 关系运作对合作社获取外部资源的影响分析：基于对浙江省27家合作社的调查 [J]. 中国农村观察，2014 (2): 9-11.

[7] 赵晓峰. 信任建构、制度变迁与农民合作组织发展：一个农民合作社规范化发展的策略与实践 [J]. 中国农村观察，2018 (1): 16-29.

[8] 张维迎. 法律制度的信誉基础 [J]. 中国市场监管，2002 (4): 3-13.

[9] 申云，何祥. 农社利益联结与农户信贷满足度 [J]. 华南农业大学学报 (社会科学版), 2020, 19 (2): 22-23.

[10] 张晓山，苑鹏. 通过立法和扶持政策促进农民合作社快速发展：中央文件有关农民合作社相关政策的评述 [J]. 中国农民合作社，2014 (1): 54-57.

[11] 徐建奎，刘西川. 合作社内部信用合作研究综述：基于风险控制的视角 [J]. 浙江理工大学学报 (社会科学版), 2018, 40 (2): 32-35.

[12] 万江红，耿玉芳. 合作社的人际信任和系统信任研究 [J]. 农业经济问题, 2015, 36 (7): 80-87.

[13] 孙艳华. 农民专业合作社社员信任关系研究：基于湖南省生猪行业的调研与分析 [J]. 农业经济问题，2014，35 (7): 70-77.

[14] 周立. 农村金融政策与农村资金流向 [J]. 银行家，2009 (4): 117-118.

农村金融发展与农民消费升级

徐丽娟　王婧怡　蒋远胜
（四川农业大学经济学院）

一、引言

我国正处在第三次消费升级的重要阶段。在供给侧结构性改革加快推进的当下，消费结构成为连接人口结构与产业结构的重要中间变量，因此，消费结构改善与消费升级是经济转型的重要动力。金融是经济发展的核心要素，对实体经济的方方面面都有重要影响。农村金融体系是配置农村金融资源的主要渠道。农村金融发展不仅能够促进农村经济增长，还能影响农民收入水平及城乡收入差距。那么，农村金融发展能够影响农民消费吗？农村金融发展是否促进了农民消费升级？学术界对此尚未达成共识。叶耀明和王胜发现金融市场化能够缓解消费者面临的流动性约束，因此金融发展能够促进消费需求。胡帮勇和张兵发现农村金融密度、农村金融规模及农村金融效率对农民消费的影响具有长期效应。陈东和刘金东认为消费性信贷比生产性信贷更能促进农民消费。与此相反的观点则认为，我国农村贷款对农民消费的带动作用较弱，这主要是因为消费信贷资源没有流向最有可能受流动性约束的低收入群体，故消费信贷不能有效促进农民消费需求。

既有研究虽为本文提供了有益的借鉴和参考，但关于农村金融发展与农民消费升级的关系仍需进一步展开研究，尤其是农村金融发展对农民消费的作用机制问题。农村金融发展对农民消费的影响是颇为复杂的，农村金融发展不仅能够直接影响农民消费，还能借助于其他因素作用于农民消费。因此，本文首先分析农村金融发展影响农民消费的传导机制，进而选择 1984—2015 年的农村金融发展水平、农民消费升级等指标，实证分析二者之间的相互关系并检验它们的作用机制，以求对农村金融发展与农民消费升级的关系有更为准确的认识，并提出相应的政策建议。

二、农村金融发展影响农民消费的机制分析

农村金融发展会对农民的消费产生直接和间接影响。直接影响表现在农村金融发展的广度和深度能够影响农民获取金融资源和金融服务的机会。农村金融发展不仅能通过信贷服务缓解农民的流动性约束问题，而且能够提供分散风险的途径和工具，从而减少农民的预防性储蓄，增强其边际消费倾向。而间接影响则表现在农村金融发展通过影响农民的投资水平、受教育机会以及创业机会，从而影响农民收入，最终影响农民消费。

（一）直接影响

从直接影响来看，农村金融发展通过金融资源的供给影响农民消费。在供给金融资源的过程中，农村金融发展产生两大效应：平滑消费效应和分散风险效应。

平滑消费效应指的是信贷等金融服务能够为个人提供平滑消费的资金，缓解其流动性约束问题，使消费者实现跨期消费最优化。若农民不能获取金融资源，当其面临意外支出时，就可能遭受流动性约束。农村金融中介机构向农民提供金融资源，使农民可以通过借贷应付意外之需；农民就会减少预防性储蓄，提高消费倾向。消费信贷等金融产品能够直接改善消费者预算不足的窘境，满足其提前消费的愿望。

分散风险效应是指农村金融体系为农民提供了诸多分散风险的工具和产品，从而实现资产的保值增值，如股票、债券等。此外，农业保险、农村养老保险、医疗保险等保险制度安排，分散了风险，减少了农民所面临的不确定情况，提高了其消费信心和边际消费倾向，促使其消费需求增加。

（二）间接影响

从间接影响来看，农村金融发展通过影响农民收入，间接影响其消费。间接影响包括两个传导环节：农村金融发展对农民收入的影响和农民收入对农民消费的影响。

农村金融发展对农民收入的影响体现在农村金融发展能够影响农民的受教育机会、投资水平及创业机会，进而影响农民的收入增长路径及水平。农村金融发展影响农民的受教育机会，而教育对个人收入具有重要影响。教育对农民的农业收入和非农业收入有显著的促进作用，而且农民的教育收益率是递增的。但是在信贷约束和家庭经济状况的双重影响下，一部分农村青少年不得不缩短受教育年限甚至中途辍学，农民与城镇居民的受教育差距不断拉大。较低的人力资本投资水平使大部分农民在劳动力市场缺乏竞争力，不得不接受低工

资。在农村金融市场不发达、存在信贷约束及人力资本投资收益递增的假定下，大多数农民将陷入“低收入水平—低教育水平—低收入水平”的恶性循环。农村金融发展影响农民的投资水平，农村金融发展带来了农村金融服务的普及，越来越多的农民能够分享农村金融深化的好处。借助于农村金融中介机构的信贷服务，农民获得维持和扩大生产规模的资金，有了从事新的投资领域和采用新技术的资金需求，从而促进了技术普及与农业生产发展，进而提高了自身的收入和福利水平，形成良性循环。自金融市场出现后，持有股票及债券等金融资产将直接给持有人带来高收益，提升持有人的财产性收入。农村金融发展影响农民的创业机会。农民难以提供合格的抵押品，造成农民在创业中面临尤为严重的融资困境，使其只有在初始财富足够支撑其创业需求时才能把握创业机会，通过创业提升其收入。贝克（Beck）等利用印度农村1983—2005年的面板数据证实了上述观点，认为金融深化确实能够增加农民创业机会，提高其收入水平。我国农村家庭调查数据也表明，金融约束一定程度上制约了农民非农领域的创业活动，增强家庭金融可得性对于提高农民的创业概率有显著的正向边际效应。

农民收入对消费需求的影响体现在收入是决定居民消费需求的核心要素。提高农民收入水平，是扩大其消费需求的基本前提。农民收入对消费需求的影响可分为两个方面：首先，农民的消费能力取决于其收入水平，因为收入水平很大程度上决定了农民的预算集，也决定了农民的消费结构及消费层次。其次，农民收入的稳定性影响其消费信心及消费倾向。现代消费理论认为，来自持久性收入的边际消费倾向高，来自暂时性收入的边际消费倾向低，若农民收入增长快且收入受不确定因素的影响小，则农民拥有较高的边际消费倾向。

三、农村金融发展影响农民消费的实证分析

（一）计量模型设定

基于数据统计特征而非经济理论的向量自回归（VAR）模型从提出以来在实证研究中广为应用。VAR模型通过将各变量平等地视为内生变量来分析变量间的动态关系。与单方程模型相比，VAR模型的估计结果往往更为可信。农村金融发展与农民消费升级之间可能存在双向互动关系：不仅农村金融发展能够通过直接渠道和间接渠道影响农民消费，而且农民消费升级也能为农村金融发展提供物质基础和动力。由此，VAR模型为分析二者之间复杂的动态关系提供了较为完善的分析框架。

为了全面考察农村金融发展对农民消费升级的影响，并揭示二者之间的作用机理，本文选取1984—2015年的农村金融发展、农民消费升级和农民收入三个变量共同构建VAR模型进行实证分析。需要强调的是，之所以在模型中引入农民收入变量，原因在于：在间接影响中，农民收入是农村金融发展影响农民消费的中介变量，只有引入农民收入变量，才能完整分析农村金融发展影响农民消费升级的传导机制。

（二）变量说明和数据描述

农村金融发展变量用JRFZ表示。借鉴已有研究的做法，并考虑到我国农村金融市场尚不发达且农民接触金融市场的机会有限，本文选取农村存贷款之和与第一产业的比值作为农村金融发展水平的代理变量。

农民消费升级变量用NMXFSJ表示。目前，学者们对于消费升级的度量持有不同的观点，如杨蕙馨等将这些观点归纳为消费数量说、消费结构说及结构与数量综合说。消费升级的衡量多用某一类消费支出占总消费支出的比重的变化来衡量，如用食品消费支出所占比重的下降或非食品消费支出所占比重的上升表示。周建等的研究表明2000年以来我国居民消费升级主要体现在交通通信支出上，因此本文可用交通通信支出占总支出的比重来衡量消费升级。

农民收入变量用NMSR表示。本文以农民人均纯收入作为农民收入的代理变量。

为消除通货膨胀因素的影响，上述所有变量均换算为1984年的不变价。在实证分析中，本文搜集了我国1984—2015年的时间序列数据。数据来自1985—2016年的中国农村统计年鉴、1985—2016年的中国金融统计年鉴。

（三）实证分析结果

1. 数据平稳性检验

因为经济变量通常具有明显的时间趋势，为避免出现“伪回归”，经济时间序列数据必须进行平稳性检验。本文采用增广迪基-福勒（ADF）检验法来检验各变量是否具有单位根，并根据赤池信息量准则（AIC）和施瓦兹准则（SC）确定滞后阶数（检验结果见表1）。从表1可以看出，农村金融发展、农民消费升级、农民收入这三个变量的对数水平值均为不平稳的序列，但一阶差分序列均具有平稳性。因此，各序列满足构建VAR模型的平稳性条件。

表 1　各变量单位根检验

变量	ADF 值	*P* 值	是否平稳
lnJRFZ	-1.79	0.374 9	非平稳
D（lnJRFZ）	-7.10	0	平稳
lnNMXFSJ	-0.24	0.92	平非稳
D（lnNMXFSJ）	-4.68	0.000 8	平稳
lnNMSR	-0.32	0.90	非平稳
D（lnNMSR）	-3.25	0.027	平稳

2. 协整检验

虽然农村金融发展等三个变量是非平稳的一阶单整序列，但这三个变量可能存在平稳的线性组合，即协整关系。本文采用基于 VAR 模型的约翰森（Johansen）协整检验三个变量间是否存在协整关系。在构建 VAR 模型进行协整分析之前，必须确定模型的滞后阶数。为追求稳健性，本文综合考虑了似然比检验（LR）、最终预测误差准则（FPE）、AIC、SC 和奎因准则（HQ）等，并且根据参数估计的显著性和脉冲响应函数的收敛性，最终确定模型的最优滞后阶数为两阶（结果见表 2）。Johansen 协整检验表明：农村金融发展、农民消费升级及农民收入这三个变量之间存在协整关系，即长期均衡关系。Johansen 协整检验的结果如表 3 所示。

表 2　VAR 模型最佳滞后阶数选择

滞后量	logL	LR	FPE	AIC	SC	HQ
0	-17.881	NA	0.000 8	1.491	1.634	1.535
1	93.755	191.377	5.87e-07	-5.839	-5.268	-5.665
2	111.590	26.752*	3.21e-07*	-6.470*	-5.471*	-6.165*
3	119.684	10.405	3.66e-07	-6.406	-4.978	-5.969

注：* 表示按照该准则应选择的滞后阶数。

表 3　Johansen 协整检验结果

原假设	特征根	迹统计量	5%临界值	*P* 值
None*	0.540	34.773	29.797	0.021 3
Atmost1	0.275	12.245	15.494	0.145 5
Atmost2	0.094	2.891	3.841	0.089 0

注：* 表明在 5%的显著性水平下拒绝原假设。

3. 格兰杰因果检验

Johansen 协整检验结果说明农村金融发展、农民消费升级与农民收入三个变量存在长期均衡关系，但这种关系是否构成因果关系，还需进行格兰杰因果检验。

为进一步说明农村金融发展对农民消费升级的影响，本文对这三个变量进行格兰杰因果检验，检验结果见表 4。从表 4 可以看出，在 5%的显著性水平下，农村金融发展是农民消费升级的格兰杰原因，验证了农村金融发展对农民消费升级的直接影响；同时在 5%的显著性水平下，农村金融发展是农民收入的格兰杰原因，且农民收入也是农民消费升级的格兰杰原因，也验证了农村金融发展对农民消费升级的间接影响。

表 4　格兰杰因果检验结果

原假设	*F* 统计量	*P* 值	在 5%的显著性水平下是否拒绝原假设
NMXFSJ 不是 JRFZ 的格兰杰原因	0.043 7	0.957	不拒绝
JRFZ 不是 NMXFSJ 的格兰杰原因	4.067	0.030	拒绝
NMXFSJ 不是 NMSR 的格兰杰原因	0.778	0.470	不拒绝
NMSR 不是 NMXFSJ 的格兰杰原因	5.215	0.013	拒绝
NMSR 不是 JRFZ 的格兰杰原因	2.076	0.147	不拒绝
JRFZ 不是 NMSR 的格兰杰原因	4.450	0.022	拒绝

4. 脉冲响应函数分析

脉冲响应函数分析能够直观、全面地展示各个变量之间的动态影响特征。图 1 为变量的脉冲响应图，显示了当分别受到农村金融发展和农民收入一个标准差单位的正向冲击后，农民消费升级变量的正交化脉冲响应函数。其中，横轴表示滞后期数（以年为单位），纵轴表示脉冲响应的大小。从图 1 可以看出，①农村金融发展对农民消费升级产生正向影响。农村金融发展对农民消费升级的影响存在滞后效应，且时效很长。面对农村金融发展的一个正向冲击，农民消费升级会有短暂的负向响应，其正向响应在第 5 期左右显现，且这种影响有较长的持续时间。②农村金融发展对农民收入产生正向影响。面对农村金融发展的一个正向冲击，农民收入在随后各期开始有明显的正向响应，这种反应在第 5 期达到峰值。③农民消费升级对农民收入的响应存在滞后性。面对农民收入的一个正向冲击，农民消费升级开始有负向响应，但从第 5 期开始，又有正向响应，这也验证了农民消费升级是一个多维的过程，随着收入水平的提高，消费结构从生存型向发展型转变，再向享受型转变，服务性消费占比将大幅度提高的观点。

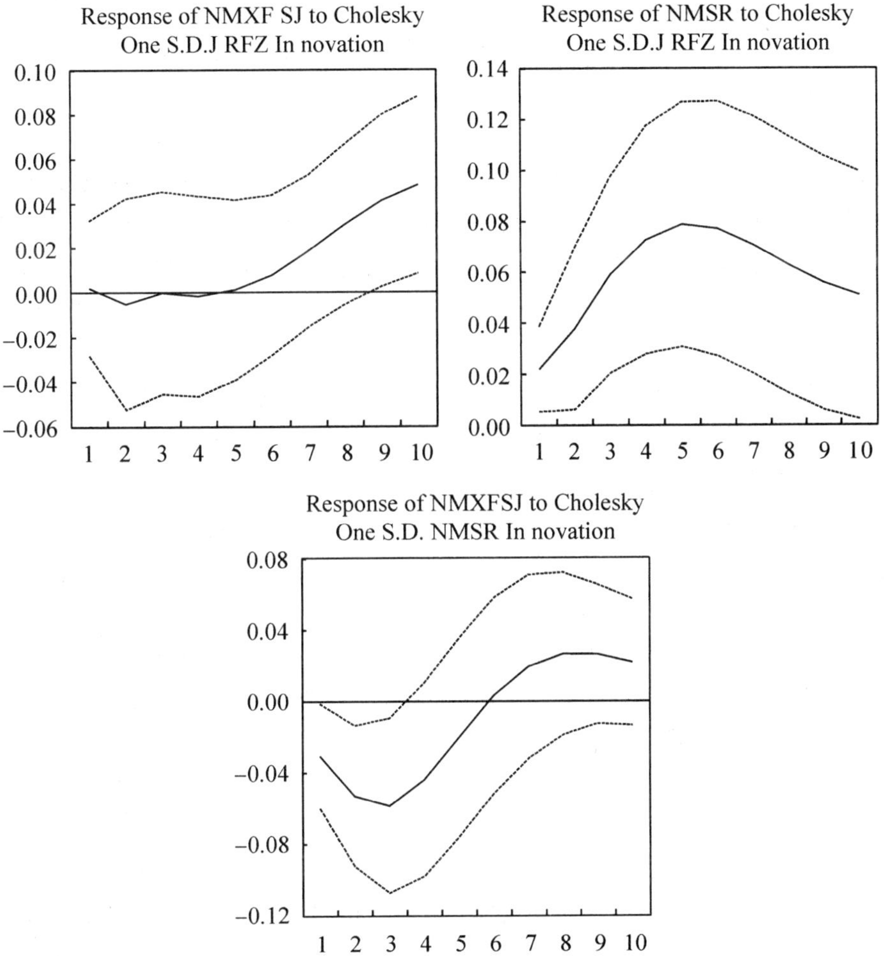

图 1　变量的脉冲响应

四、结论与建议

本文对农村金融发展影响农民消费的传导机制进行了理论分析，并利用 1984—2015 年中国农村金融发展、农民消费升级和农民收入数据构建了 VAR 模型，就我国农村金融发展对农民消费升级的影响及其传导机制进行实证检验，得到如下结论：第一，我国农民消费开放、农村金融发展和农民收入存在长期均衡关系。在样本期内，农村金融发展与农民消费开放呈正相关关系，说明农村金融发展促进了农民消费开放。第二，我国农村金融发展通过直接影响和间接影响来影响农民消费升级，即农村金融发展不仅直接促进农民消费升级，也通过提高农民收入间接促进农民消费升级。因此，提高农村金融发展水平，使金融服务、金融资源惠及农民，是扩大农民消费需求、促进农民消费升级的重要举措。

实证研究结果表明了利用金融手段开发农村消费市场，激发农民消费潜力的重要意义。由此，本文提出下列政策建议：第一，我国应加快构建农村普惠金融体系，加大信贷支农力度，扭转金融资源过度向城市及发达地区集聚的现象，降低农村金融市场准入门槛，有效缓解农村金融抑制和金融排斥，尤其是农民中的低收入群体、农村中小企业，提高农村经济实力，改善农村消费环境，促进农村消费市场发展。第二，我国应促进金融机构创新农村金融服务和产品，特别是加大对农户、微小企业小额信用贷款的创新力度，提高对龙头企业、民营企业、农村工商业及农村个体经营户的信贷服务水平，推进农业现代化，促进农户增收；积极促进金融创新，增加金融产品种类及服务，推动农村金融市场纵深发展，使农村消费者能够通过金融市场实现资产保值、增值，并通过多样化投资分散风险，降低不确定性，增加收入。第三，我国应创新农村消费信贷，加大农村消费信贷的营销力度；培育接近农户、农村中小型企业、微型企业的本土金融服务体系，增强农村消费信贷市场的供给能力；在满足农户生产性贷款需求的基础上，支持农户生活性消费贷款，扩大消费信贷覆盖面；扩大农村消费信贷支持范围，支持农村大型连锁超市、乡镇超市等农村消费经营网络和消费市场流通体系建设；拓宽工业品下乡和农产品进城的金融支持绿色通道，完善售后服务体系和信息系统，支持耐用消费品售后服务网络向农村延伸；构筑适合农户、小微企业特点的消费信贷营销网络，加大对农村金融电子化建设的投入力度，强化农村金融教育和金融培训、加强消费信贷知识宣传，完善信用卡消费、支付结算等农村消费金融服务功能；推进农村诚信体系建设，为发展农村消费信贷提供保障。第四，我国应不断完善农业保险市场，降低农业保险市场的准入门槛，减少农民收入的不确定性；完善农村保险与社保体系，扩大农村养老保险、农村医疗保险的覆盖范围，提高居民消费预期，降低其预防性储蓄，激发农民即期消费欲望，促进农民消费升级。

参考文献：

[1] 叶耀明，王胜. 关于金融市场化减少消费流动性约束的实证分析［J］. 财贸研究，2007（1）：80-86.

[2] 胡帮勇，张兵. 中国农村金融发展对农民消费影响的实证研究：基于1979—2010年的时间序列数据［J］. 经济经纬，2012（6）：22-26.

[3] 陈东，刘金东. 农村信贷对农村居民消费的影响：基于状态空间模型和中介效应检验的长期动态分析［J］. 金融研究，2013（6）：160-172.

[4] 谢顺利，周翼璇. 我国农村金融发展对居民消费的影响研究［J］. 消费经济，2014（1）：28-32.

[5] 樊向前，戴国海. 影响居民消费行为的信贷条件分析：基于2002—2009年我国城镇居民消费的实证研究［J］. 财经理论与实践，2010，31（6）：15-21.

[6] 邓曲恒. 教育、收入增长与收入差距［M］. 上海：格致出版社，2009.

[7] LJUNGQVIST L. Economic underdevelopment：The case of a missing market for human capital［J］. Working Papers，1993，40（2）：219-239.

[8] 李锐，李宁辉. 农户借贷行为及其福利效果分析［J］. 经济研究，2004（12）：96-104.

[9] 卢亚娟，张龙耀，许玉韫. 金融可得性与农村家庭创业：基于CHARLS数据的实证研究［J］. 经济理论与经济管理，2014，V34（10）：89-99.

[10] 杨蕙馨，吴炜峰. 居住消费升级与产业发展的相关性分析［J］. 经济学动态，2009（4）：71-75.

[11] 程莉，滕祥河. 人口城镇化质量、消费扩大升级与中国经济增长［J］. 财经论丛（浙江财经大学学报），2016（7）：11-18.

[12] 张忠根，何凌霄，南永清. 年龄结构变迁、消费结构优化与产业结构升级：基于中国省级面板数据的经验证据［J］. 浙江大学学报（人文社会科学版），2016（3）：81-94.

[13] 周建，杨秀祯. 我国农村消费行为变迁及城乡联动机制研究［J］. 经济研究，2009（1）：83-95.

[14] 黄卫挺. 居民消费升级的理论与现实研究［J］. 科学发展，2013（3）：43-52.

［15］王平，王琴梅．消费金融驱动城镇居民消费升级研究：基于结构与质的多重响应［J］．南京审计大学学报，2018（2）：69-77．

［16］何广文．促进农村消费升级的金融对策［J］．中国金融，2011（4）：60-61．

［17］袁瑞彩．农村居民消费升级的特征及影响因素：基于中部地区的省际面板数据［J］．商业经济研究，2019（24）：40-43．

［18］董云飞，李倩，张璞．我国普惠金融发展对农村居民消费升级的影响分析［J］．商业经济研究，2019（20）：135-139．

互联网使用能减缓农户多维贫困吗?

——基于信贷可获得性视角的验证①

田红宇　王嫒名　覃朝晖

（三峡大学经济与管理学院）

一、引言

“三农”问题是关乎国计民生的根本性问题。自改革开放以来，中国始终致力于消除贫困的目标（何宗樾等，2020）。2013 年 11 月，习近平总书记首次提出“精准扶贫”的概念。此后几年，中共中央始终将扶贫开发放在首位，脱贫攻坚上升至国家战略。党的十九大报告指出：“脱贫攻坚战取得决定性进展，六千多万贫困人口稳定脱贫，贫困发生率从百分之十点二下降到百分之四以下。”《中国农村监测报告 2019》显示，截至 2019 年年末，贫困发生率降至 0.6%，减贫人口已达到 9 348 万人，现阶段农村贫困人口全部脱贫摘帽的目标已基本实现，“老少边穷”区域整体性贫困得以消除。然而在当前城乡二元结构的背景下，农业农村仍是最薄弱的环节，农户内生动力普遍不足，中国农村贫困治理存在返贫和代际传递的风险（刘欣，2020）。乡村振兴战略实施之际如何解决相对贫困问题缺乏动力源泉。因此，如何激发农户内生动力，推动农村经济可持续发展是当前亟待解决的关键性问题。

有关理论表明，内生动力不足是农户贫困和农村发展滞后的主要原因。长期以来，信息不对称和信息获取不足导致农村金融资源供给普遍不足，这是造成农户信贷约束、制约农户内生发展的重要原因［戈德史密斯（Goldsmith），

① 本文受到国家社科基金一般项目“‘供给侧改革’中的粮食生产区位效率差异与产需格局优化研究”（16BJY104）、国家社科基金一般项目“推进供给侧结构性改革过程中的金融政策研究”（17BJY183）、湖北省高校人文社科重点研究基地——水库移民研究中心青年项目“武陵民族山区生态移民计生问题研究”（2019KQ04）资助。

1975；何婧，2020］。农户缺乏合适的抵押品、农业产业的高自然风险以及低收益特征导致供给侧信贷不足，且农户自身存在的风险规避、认知偏差与需求压抑等，造成农户融资难、融资贵现象［布歇(Boucher) 等，2008；程郁 等，2009；张照新 等，2013；何广文 等，2018］。随着人工智能、信息化时代的踏步而来，互联网的发展推动着信息全民化，数字金融成为推动经济持续稳定增长的重要引擎。近年来，从“宽带中国”到“数字乡村”等战略的顺利实施，宽带网络不断向村庄延伸，数字信息普遍进村入户，互联网基础设施网络已基本覆盖广大农村地区。第 46 次《中国互联网络发展状况统计报告》显示，截至 2020 年 6 月底，我国农村网民规模为 2.85 亿人，农村地区互联网普及率达到 52.3%。2019 年中央一号文件提出：深入推进“互联网+农业”，加强国家数字农业农村系统建设，实施“互联网+”农产品出村进城工程。以“互联网+农业”为主的发展模式为乡村产业振兴支撑经济发展带来了新的成长空间。

然而，数字金融助力脱贫攻坚能否达到政策预期，“数字红利”能否被全体农户公平共享？数字技术对效率与成本的变革让新金融成为现实，其更加包容的特性将广大农户纳入受众范围。但对于贫困程度较高的农户来说，受自身的收入水平、人力资本以及经营规模限制，其可能无法享受到数字金融带来的红利。这种互联网带来的“数字鸿沟”显然不利于农户脱贫，甚至扩大了农村内部的贫富差异。并且，互联网使用对于农户多维贫困的影响主要体现在哪个维度，对于不同群体农户是否表现出异质性影响？回答这些问题有助于政策制定者更加明确扶贫导向，特别是能为乡村振兴战略实施之际如何解决相对贫困问题提供相关理论指导。

鉴于此，本文基于 2014—2018 年三期中国家庭追踪调查数据（CFPS）构造农户层面的面板数据，在充分考虑到互联网使用内生变量的基础上，采用 IV-Tobit 和条件混合回归（CMP）检验互联网使用对于农户多维贫困的影响，并验证了信贷获得在互联网使用影响农户多维贫困中的中介作用。研究发现，互联网使用能够促进农户信贷获得进而减缓其多维贫困，且这一效应主要体现在正规信贷部门，而对非正规信贷获得影响较弱。经多重稳健性检验后的实证结果仍然保持一致。在异质性分析中，本文得出互联网使用对于不同贫困程度的农户、不同贫困维度的减贫效应表现出明显差异。

二、文献综述与理论基础

互联网的迅猛发展不断改变着农户的生产、生活方式（陈思宇 等，2016）。在“精准扶贫”大背景下，农村互联网基础设施的不断完善对脱贫攻坚的影响引起了学术界广泛关注。现有关于农户互联网使用的研究主要围绕以下几个方面展开：一是互联网带来的市场准入。互联网使用改善了农户面临的信息不对称问题，促进信息向农户方传递，并通过降低交易成本和提高市场参与来扭转其信息弱势地位，增强小农户在农产品市场的议价能力［布朗(Brown) 等，2017；基扎(Kiiza) 等，2012；泰迪斯(Tadesse) 等，2015；萨内洛（Zanello)，2012；侯建昀 等，2017］。奥古图（Ogutu）等（2014）通过研究发现肯尼亚小农户使用信息与通信技术解除了市场准入限制，并通过现代农业技术的采用提升了农业生产力。国内学者史晋川等（2017）认为互联网的广泛使用降低了创业门槛和风险，提升了个人创业可能性。苏岚岚等（2020）分别从互联网采购和互联网销售两个方面验证了互联网使用对于农户创业绩效的积极影响。二是金融素养的提升。信息渠道获得可以促进居民参与股票市场，提升个人金融素养（郭士祺 等，2014；董晓林 等，2018）。博根（Bogan，2008）也发现使用互联网的家庭股票市场参与率远远高于未使用互联网的家庭，并且股票市场参与能够提升居民家庭收入和人力资本水平。互联网可以实时为信息需求者提供资金供求信息，提高资本的配置效率，优化家庭资本结构(韩先锋 等，2019)。周雨晴等（2020）通过研究得出数字普惠金融的发展能够促进农户家庭参与金融市场和配置金融资产。三是社会资本的积累。以QQ、微信和微博为代表的创意化社交平台有助于农户拓宽社会网络渠道和积累社会资本，保持与社会的紧密联系，改善农户特别是留守老人和留守妇女心理健康状况［布克尔(Boekel) 等，2017；莫尔特(Moult) 等，2018］。并且，丰富的社会资本能够帮助农户获取更多的资源与经济福利以规避风险，对于家庭福利改善、缓解贫困具有重要意义［格特尔(Gertle) 等，2006；徐戈 等，2019］。特别是在当前农村金融双轨制的背景下，社会资本能够缓解以人情关系为依托的非正规金融约束，改善农户多维贫困（谭燕芝 等，2017；左孝凡 等，2020)。遗憾的是，现有关于互联网减贫效应的研究还比较少，特别是从信贷获得视角去探讨互联网使用对于农户多维贫困影响的文献还不多见。

信贷约束作为阻碍农民增收的关键性因素（曹瓅 等，2020)，也是影响互联网使用减缓农户多维贫困的重要作用机制。在信息不对称和高交易成本的不完全竞争市场中，由于农户缺乏合适的抵押物作为担保，以及农业产业的高自然风险、低收益特征，因此“逐利”的金融资本始终将小农户拒之门外。这不仅会抑制农户的正规金融贷款需求，还会促使拥有贷款意愿的农户转投非正规信贷部门。虽然近年来中共中央不断加大金融扶贫力度，但是贫困农户受到信贷约束的现象仍然普遍，在正规信贷部门表现得尤为严重［董(Duong) 等，

2002］，这直接降低了农户创业的可能性［麦肯（McKenzie）等，2006］。农户也无法通过信贷对子女教育进行融资，从而面临贫困代际传递的风险［加勒（Galor）等，1993］。现有学者关于如何缓解农户信贷约束的研究可以分为内源性因素和外源性因素。内源性因素主要指农户能力的提升，如认知能力（张子豪 等，2020）、金融素养［加代古德（Gathergood）等，2015；谭燕芝 等，2019］等的提升。外源性因素主要指与政府政策相关的变量，如贷款保证保险（董晓林 等，2018）、农地确权（周南 等，2019）等。除以上因素外，互联网使用也常被认为是缓解农户信贷约束的重要原因（潘爽 等，2020；柳松 等，2020）。然而，鲜有文献将互联网使用与农户信贷纳入统一的多维贫困分析框架。

在正规金融部门和非正规金融部门并存的二元结构下，互联网使用通过提高农户信息收集能力，解除因信息匮乏带来的市场准入限制，提升农户金融素养，缓解由借贷双方的信息不对称引起的道德风险和逆向选择问题，从而降低了银行放贷风险，增强了银行与农户双方的放贷与借款意愿。同时，数字化信息平台克服了传统金融的空间限制，大大降低了银行与农户之间的信息收集成本，有助于银行资金的优化配置，提高了借贷服务的搜寻匹配效率。不同于正规信贷市场，非正规信贷市场的地缘性特征使那些拥有良好人情关系和更多社会资本的农户更易获得亲友及地方民间借贷机构的贷款。互联网使用有利于农户收集更多非正规信贷部门的声誉信息，降低非正规借贷成本。创意化社交平台能够帮助农户扩大本地社交圈，积累社会资本，这能显著促进农户的非正规信贷获得。那么，一个值得关注的问题是，正规信贷获得与非正规信贷获得对互联网使用的减贫效应孰强孰弱？虽然非正规部门审批相对容易、贷款期限灵活，手续简单，但是其贷款利率要高于正规金融贷款利率（钱水土 等，2009），即使向亲友借款也存在着一定的人情成本。随着农村金融市场的完善，理性的经济人可能会偏向利率相对较低、程序更加规范的正规信贷机构，对非正规信贷获得的需求会相对下降。综上，本文得出假设 1 至假设 3。

假设 1：互联网使用能够减缓农户多维贫困。

假设 2：互联网使用能够通过缓解信贷约束、促进信贷获得来减缓农户多维贫困。

假设 3：与非正规信贷相比，正规信贷获得对于互联网使用减缓农户多维贫困的影响更大。

三、研究设计

（一）数据来源

本文数据来源于北京大学中国社会科学调查中心的中国家庭追踪调查（CFPS）。CFPS在全国范围内开展包括户主、家庭、村庄三个层次的追踪调查，其数据覆盖了全国25个省（自治区、直辖市），每隔一年进行全面追踪统计，统计指标与国家统计局口径基本一致，数据具有很强的代表性。本文关注的互联网使用情况，只在2014年、2016年、2018年有所涉及，所以本文用这三年的农户数据来构造面板数据。剔除了关键变量缺失值严重的样本和属于城市户口的样本，本文得到3 309户农户样本连续3期的平衡面板数据，共9 927个观测值。

（二）研究设计

1. 基准模型

本文的研究目标是研究互联网使用对农户多维贫困的影响。由于农户多维贫困是取值为0~1的受限连续变量，是基于截断正态分布建立的截断回归模型，运用普通最小二乘估计会造成偏差，故使用Tobit模型进行无偏估计。考虑到模型可能存在内生性问题，本文采用IV-Tobit和条件混合回归（CMP）模型进行实证检验。Tobit模型如下：

$$\text{Multipoverty}_{it} = \delta_0 + \delta_1 \text{Website}_{it} + \delta_2 X_{it} + \sigma_i + \tau_t + \varepsilon_{it} \quad (1)$$

在式（1）中，Multipoverty_{it} 表示农户多维贫困的状况；Website_{it} 表示农户是否上网，若 $\text{Website}_{it}=1$ 则表示第 i 个农户在 t 年份使用了互联网，反之则取0，其中 δ_1 为其估计系数；X_{it} 为户主、家庭和村庄三个层面的控制变量，δ_2 为其估计系数；σ_i、τ_t 分别是省份控制变量和年份控制变量；ε_{it} 为随机扰动项。

基于上文分析，互联网使用有可能通过缓解农户信贷约束、改善农户自身的融资条件来减缓农户多维贫困。为此，本文采用中介效应来验证这一机制：

$$\text{Multipoverty}_{it} = \alpha_0 + \alpha_1 \text{Website}_{it} + \alpha_2 X_{it} + \sigma_i + \tau_t + \varepsilon_{it} \quad (2)$$

$$\text{Debt}_{it} = \beta_0 + \beta_1 \text{Website}_{it} + \beta_2 X_{it} + \sigma_i + \tau_t + \varepsilon_{it} \quad (3)$$

$$\text{Multipoverty}_{it} = \gamma_0 + \gamma_1 \text{Website}_{it} + \gamma_2 \text{Debt}_{it} + \gamma_3 X_{it} + \sigma_i + \tau_t + \varepsilon_{it} \quad (4)$$

在式（3）和式（4）中，Debt_{it} 表示农户正规信贷获得与非正规信贷获得的虚拟变量，若 $\text{Debt}_{it}=1$ 表明第 i 个农户在 t 年份存在待偿贷款，反之则取0。

2. 内生性问题

在当前经济转型的背景下，中国农户经济行为总体上呈现出由生存理性向经济理性转变的趋势（翁贞林，2008），但是这种经济理性往往以有限理性的形式表现出来。“农户是否使用互联网”的策略选择问题，不仅受经济理性的主观经验影响，也是当前背景下政治、经济、文化等多重因素作用的结果（钟涨宝 等，2012），因此这种选择是非随机的。考虑到农户使用互联网的非随机选择以及互联网使用与农户多维贫困之间可能存在双向因果关系等内生性问题的干扰，本文拟采用工具变量法进行估计。由于 IV-Tobit 模型仅适用于截面数据，故本文借鉴主流文献的做法采用混合回归，并对时间效应和个体效应采用双固定的方式进行折中处理（邹静 等，2019），但这种方法无法凸显面板数据的优势。因此，本文同时采用条件混合处理模型（CMP）做估计。CMP 是一个似不相关的回归（SUR）估计量，它将方程视为彼此独立的，只是将它们的潜在误差项建模为联合正态分布。CMP 可以接受系数约束以及所有权重类型、方差-协方差分量估计（VCE），并在模型构建过程中，提供了更大的灵活性。其中，atanhrho_12 代表两阶段回归模型的残差相关性，若系数显著异于 0 则说明模型间存在内生性，采用联合检验是必要的。在此情况下，CMP 估计结果将优于 IV-Tobit 回归结果。

（三）变量定义与统计描述

1. 被解释变量：农户多维贫困

贫困一直是福利经济学重点关注的问题。随着对贫困认识的不断深化，学术界将贫困的焦点转向多维阶段，更加侧重对人类发展、能力与权利的剥夺的研究。收入已不再是衡量贫困的唯一标准［森(Sen)，1985］。本文采用阿尔基尔（Alkire）和福斯特（Foster）于 2011 年提出的多维贫困测度方法，选取 4 个维度的 11 指标，并对每个维度赋予相同的权重。当各维度指标满足贫困标准时则赋值为 1，反之则为 0。各维度指标赋值与其对应的维度乘积的加总值即本文所求的多维贫困水平，具体如表 1 所示。

表 1　多维贫困指标选取

维度	变量	标准	权重	均值	标准差
收入	年人均纯收入	低于 2 300 元	1/8	0. 111 2	0. 314 4
	人日均消费	低于 2 美元	1/8	0. 228 1	0. 419 6
生活条件	做饭燃料	以柴、草等非清洁能源为主	1/20	0. 470 4	0. 499 2
	通电	不通电或经常断电	1/20	0. 030 2	0. 171 2
	住房条件	存在 12 岁以上子女与父母、异性子女、老少三代同住一室或床铺晚上架起白天拆掉、客厅架床睡觉等任意一种情况（人均住房面积小于 12 平方米、住房拥挤）	1/20	0. 115 4	0. 319 6

表1(续)

维度	变量	标准	权重	均值	标准差
生活条件	用水安全	做饭不能使用井水、自来水、桶装水、纯净水等干净水源	1/20	0.043 6	0.204 3
	卫生设施	不能使用冲水厕所或冲水公厕	1/20	0.790 0	0.407 4
健康	医疗	家庭成员未能享有公费医疗、城镇职工医疗保险、城镇居民医疗保险、补充医疗保险、新型农村合作医疗保险中任意一种	1/8	0.048 3	0.214 3
	健康	家庭成员健康状况评价为不健康	1/8	0.219 5	0.413 9
教育	教育	家庭成员最高学历为半文盲或文盲	1/8	0.230 4	0.421 1
	家庭藏书量	家庭藏书量小于 40 本	1/8	0.882 7	0.321 7

2. 解释变量：互联网使用

借鉴主流文献的做法，本文用每个家庭的财务回答人的互联网使用情况来表征农户互联网使用情况。其中在 2014 年个人问卷中，对于“是否上网?”的回答为“是”，则赋值为 1；反之则为 0。2016 年和 2018 年以个人对“你是否用移动手机上网?”和“你是否用电脑上网”的回答来定义。如果其中至少有一个回答为“是”，则赋值为 1；反之则为 0。本文以此构造二值虚拟变量，从而界定农户的互联网使用情况。

3. 中介变量：农户信贷获得

农户信贷获得包括正规信贷和非正规信贷。对于正规信贷获得情况来说，若问卷中受访农户家庭的“待偿银行贷款”大于 0，则农户正规信贷获得赋值为 1，反之则为 0。若受访农户家庭的“待偿亲友及民间借款”大于 0，则农户非正规信贷获得赋值为 1，反之则为 0。

4. 工具变量

本文的核心变量是农户是否使用互联网。因此，本文的自变量是非随机选择的，非传统意义上的随机变量。这导致模型结果可能存在内生性问题，破坏样本估计参数的一致性。部分学者也验证了互联网使用存在的内生性问题。本文用历史年份的问卷中的“每月邮电通信费”的回答来定义工具变量，从而克服了内生性问题。

5. 控制变量

为了分离出互联网使用对农户多维贫困的影响效应，我们需要尽可能控制影响农户多维贫困的其他因素，减轻因遗漏变量带来的估计偏误。本文控制了个人、家庭和村庄三个层面的特征因素，并对省（自治区、直辖市）和年份变量进行控制。其中，个人特征包括年龄、性别、婚姻状况、健康水平、教育水平、政治面貌和工作状态。同时，本文还加入了年龄的平方项以刻画其与农户信贷可能存在的非线性关系。家庭特征包括农业经营规模、个体私营活动、收入水平、农机拥有情况、社会资本和非农就业水平。村庄特征包括距最近集镇距离、土地类型、是否经历征地、经济发展水平、是否为少数民族集聚区、是否为自然灾害频发区、是否为矿产资源区。变量的定义与描述性统计见表2。

表2　变量的定义与描述性统计

变量	变量定义	使用互联网农户		未使用互联网农户	
		均值	标准差	均值	标准差
农户多维贫困	多维贫困水平	0.558 2	0.175 4	0.686 9	0.211 0
正规信贷获得	是否有未偿还的银行贷款（是取值1，否取值0）	0.129 6	0.336 0	0.070 1	0.255 3
非正规信贷获得	是否有未偿还的民间和亲友借款（是取值1，否取值0）	0.195 6	0.396 8	0.160 6	0.367 2
年龄	受访者年龄	3.731 8	0.262 4	4.008 6	0.217 1
年龄的平方	受访者年龄的平方	7.413 2	0.539 0	7.979 7	0.443 1
性别	男取值1，女取值0	0.553 2	0.497 3	0.581 3	0.493 4
婚姻状况	户主婚姻状况	2.052 2	0.574 3	2.248 2	0.860 7
健康水平	非常健康取值1，很健康取值2，比较健康取值3，一般取值4，不健康取值5	2.960 6	1.181 4	3.259 8	1.307 0
教育水平	按受访时最高学历等级由低到高（0~8）定义	3.166 2	0.964 4	2.306 2	0.964 3
政治面貌	党员取值1，其他取值0	0.095 4	0.293 9	0.080 9	0.272 8
工作状态	是否有工作（是取值1，否取值0）	0.890 8	0.312 0	0.850 9	0.356 2
农业经营规模	农业经营成本总和	6.499 9	3.555 9	6.645 0	3.234 5
个体私营活动	家庭中是否有人从事个体私营活动（有取值1，无取值0）	0.120 1	0.325 2	0.050 8	0.219 5

表2(续)

变量	变量定义	使用互联网农户		未使用互联网农户	
		均值	标准差	均值	标准差
收入水平	家庭人均纯收入	9.356 7	0.908 4	8.848 6	1.063 7
农机拥有情况	是否拥有农机（是取值1，否取值0）	0.476 7	0.499 6	0.448 8	0.497 4
社会资本	过往12个月家庭人情礼支出情况	7.669 4	1.828 9	6.625 1	2.730 5
非农就业水平	打工收入占家庭总收入的比重	0.403 7	0.395 4	0.335 5	0.394 3
距最近集镇距离	村庄离最近集镇的距离	2.006 3	0.875 9	2.007 6	0.870 6
土地类型	耕地取值1，山地取值2，林果地取值3	1.026 6	0.195 6	1.035 0	0.208 6
是否经历征地	是取值1，其他取值0	0.205 1	0.403 9	0.166 9	0.372 9
经济发展水平	村庄人均纯收入	8.286 2	0.836 0	8.225 9	0.853 5
是否为少数民族集聚区	是取值1，其他取值0	0.088 8	0.284 5	0.124 5	0.330 2
是否为自然灾害频发区	是取值1，其他取值0	0.813 4	0.389 7	0.822 0	0.382 5
是否为矿产资源区	是取值1，其他取值0	0.073 1	0.260 4	0.058 9	0.235 5

注：年龄、年龄的平方、农业经营规模、收入水平、社会资本、距最近集镇距离、经济发展水平指标取自然对数（有观测值为0的变量，采取加1后取对数）。

表2中将使用互联网农户与未使用互联网农户分组，并对各变量进行描述性统计。结果显示，使用互联网农户的多维贫困水平低于未使用互联网农户，具体表现为使用互联网农户比未使用互联网农户多维贫困水平低0.13。这是否能说明互联网使用能够降低农户多维贫困？使用互联网农户的正规信贷获得与非正规信贷获得均高于未使用互联网农户，特别是表现在正规信贷获得上。使用互联网农户的信贷获得几乎是后者的两倍，而使用互联网农户与未使用互联网农户的非正规信贷获得差异相对较小。这是否说明互联网使用能够缓解农户信贷约束更多地体现在正规信贷部门？这些问题的答案还有待进一步实证检验。使用互联网农户与未使用互联网农户在个人、家庭与村庄层面的控制变量上也表现出较为明显的差异。这证明本文选取的控制变量是较为合适的。

四、实证结果与分析

（一）互联网使用对农户多维贫困的影响

表3为互联网使用对农户多维贫困影响的实证结果。

表3 互联网使用对农户多维贫困影响的实证结果

类别	(1) IV-Tobit 农户多维贫困	(2) CMP 农户多维贫困	(3) CMP 农户多维贫困	(4) CMP 农户多维贫困
是否上网	-0.231 8***	-0.454 2***	-0.243 0***	-0.232 1***
	(0.038 6)	(0.025 0)	(0.031 6)	(0.038 6)
年龄	8.224 2***		8.176 0***	8.187 3***
	(1.150 2)		(1.192 9)	(1.148 9)
年龄的平方	-4.092 9***		-4.069 4***	-4.075 0***
	(0.566 7)		(0.586 5)	(0.566 0)
性别	0.007 1**		0.003 3	0.007 1**
	(0.002 8)		(0.002 6)	(0.002 8)
婚姻状况	0.001 3		0.002 3	0.001 4
	(0.001 5)		(0.001 6)	(0.001 5)
健康水平	0.126 2***		0.125 6***	0.126 1***
	(0.001 0)		(0.001 0)	(0.001 0)
教育水平	-0.037 4***		-0.030 6***	-0.037 3***
	(0.002 7)		(0.003 2)	(0.002 7)
政治面貌	0.003 6		-0.001 0	0.003 6
	(0.004 5)		(0.004 5)	(0.004 5)
工作状态	0.010 4***		0.008 5**	0.010 4***
	(0.004 0)		(0.004 1)	(0.004 0)
农业经营规模	-0.001 5***		-0.000 9*	-0.001 5***
	(0.000 5)		(0.000 5)	(0.000 5)
个体私营活动	0.006 4		0.002 3	0.006 4
	(0.005 6)		(0.005 4)	(0.005 6)
收入水平	-0.036 0***		-0.036 8***	-0.036 0***
	(0.001 7)		(0.001 7)	(0.001 7)
农机拥有情况	-0.002 7		-0.002 4	-0.002 7
	(0.002 6)		(0.002 7)	(0.002 6)

表3(续)

类别	(1) IV-Tobit 农户多维贫困	(2) CMP 农户多维贫困	(3) CMP 农户多维贫困	(4) CMP 农户多维贫困
社会资本	-0.002 2***		-0.001 3**	-0.002 2***
	(0.000 6)		(0.000 6)	(0.000 6)
非农就业水平	-0.008 5***		-0.009 5***	-0.008 6***
	(0.003 2)		(0.003 2)	(0.003 2)
距最近集镇距离	0.004 4***		0.011 3***	0.004 3***
	(0.001 6)		(0.001 4)	(0.001 6)
土地类型	0.010 6*		0.013 8**	0.010 6*
	(0.005 9)		(0.005 9)	(0.005 9)
是否经历征地	-0.003 1		0.000 9	-0.003 0
	(0.003 3)		(0.003 2)	(0.003 3)
经济发展水平	-0.005 8***		-0.006 4***	-0.005 8***
	(0.001 7)		(0.001 5)	(0.001 7)
是否为少数民族集聚区	-0.014 4***		-0.024 8***	-0.014 5***
	(0.005 1)		(0.004 8)	(0.005 1)
是否为自然灾害频发区	0.004 4		0.003 4	0.004 3
	(0.003 4)		(0.003 3)	(0.003 4)
是否为矿产资源区	0.013 0**		0.009 7*	0.013 1**
	(0.005 3)		(0.005 2)	(0.005 3)
省(自治区、直辖市)控制变量	是	否	否	是
年份控制变量	是	否	否	是
常数项	0.434 1***	0.756 0***	0.423 5***	0.439 3***
	(0.138 4)	(0.005 8)	(0.129 9)	(0.138 2)
atanhrho_ 12		0.636 9***	0.763 8***	0.743 4***
		(0.041 9)	(0.090 6)	(0.112 4)
样本数量/个	9 927	9 927	9 927	9 927

注：括号中汇报的是估计系数的标准误；***、**、*分别表示在1%、5%、10%的显著水平上显著，下同。

表3第（1）列和第（4）列分别报告了使用IV-Tobit模型和CMP模型的回归结果，结果显示互联网使用的系数均为负，且在1%的水平上高度显著。这表明，与未使用互联网的农户相比，使用互联网的农户的多维贫困水平显著

降低。假设1得以验证。在没有其他因素的干扰下，使用互联网农户的多维贫困水平减少了23%，IV-Tobit 和 CMP 模型回归结果均得出这一结论。这意味着使用互联网能够帮助农户减少信息不对称、降低信息收集成本、提高农户非农就业概率和人力资本水平等，从而改善其在收入、生活条件、教育、医疗等方面的贫困状况。建立解决相对贫困的长效机制，保障相对贫困的弱势群体跟上社会经济发展步伐是我们当下需要思考的问题。随着“宽带中国”战略和“数字乡村”建设的不断推进，农村互联网普及与数字经济的发展将缓解这一矛盾。

从控制变量来看，户主年龄对于农户多维贫困的影响呈现出倒“U”形特征，且均在1%的水平上显著。这表明当未跨过年龄拐点时，户主年龄与农户多维贫困呈现出同趋势变动。当年龄跨过拐点值，随着户主年龄的增大，农户多维贫困程度逐渐减缓。教育水平的提升能够显著减缓农户多维贫困，扶贫先扶志，只有激发农户内生动力才能保证长久脱贫。人力资本作为农户内生动力的重要因素，其对贫困的影响不言而喻。非农就业农户的多维贫困水平显著低于务农农户，农业产业的高风险、低收益特征使得第一产业从业人员收入低于第二、三产业就业人员。农业经营规模的扩大以及收入水平、社会资本与非农就业水平的提高均能显著降低农户多维贫困。离集镇距离越远的农户的贫困水平越高。离县城越近的农户拥有更加便利的交通条件，便于获取生存与发展性资源。少数民族聚集区的农户的多维贫困显著低于非少数民族集聚区。近年来，国家针对少数民族出台了多项扶持政策，这有利于少数民族农户脱贫。资源矿产区的农户多维贫困显著高于非资源矿产区。经济转型之前粗放式的经济发展大量消耗自然资源，特别是矿产资源。随着矿产资源的过度开采，矿产资源逐渐枯竭，当地经济发展开始落后，不利于居民脱贫。而婚姻状况、政治面貌、个体私营活动、农机拥有情况、是否经历征地、所在村庄是否为自然灾害频发区对农户多维贫困的影响并不显著。

（二）互联网使用对农户多维贫困影响的机理分析

考虑到正规信贷与非正规信贷可能存在替代［科查尔(Kochar)，1997；吉尔金格(Guirkinger)，2008］和互补的关系（张兵 等，2012；刘西川 等，2014），本文通过分离正规和非正规信贷部门的影响，并运用中介效应模型分别验证互联网使用对农户多维贫困的影响机理。实证结果如表4所示。

表 4　互联网使用对农户多维贫困的机理分析

第一个面板：互联网使用、正规信贷获得与农户多维贫困	类别	(1) 农户多维贫困	(2) 农户多维贫困	(3) 农户多维贫困
	是否上网	-0.012 4***	0.209 3***	-0.012 2***
		(0.002 6)	(0.069 4)	(0.002 6)
	正规信贷获得			-0.006 6**
				(0.003 3)
	个体控制变量	是	是	是
	家庭控制变量	是	是	是
	村庄控制变量	是	是	是
	省(自治区、直辖市)控制变量	是	是	是
	年份控制变量	是	是	是
	常数项	0.160 0	5.305 1*	0.163 0
		(0.102 3)	(2.912 1)	(0.102 3)
	样本数量/个	9 927	9 927	9 927

第二个面板：互联网使用、非正规信贷获得与农户多维贫困	类别	(1) 农户多维贫困	(2) 农户多维贫困	(3) 农户多维贫困
	是否上网	-0.012 4***	0.062 2	-0.012 3***
		(0.002 6)	(0.054 8)	(0.002 6)
	非正规信贷获得			-0.006 4***
				(0.002 4)
	个体控制变量	是	是	是
	家庭控制变量	是	是	是
	村庄控制变量	是	是	是
	省(自治区、直辖市)控制变量	是	是	是
	年份控制变量	是	是	是
	常数项	0.160 0	8.735 2***	0.172 2*
		(0.102 3)	(2.147 0)	(0.102 4)
	样本数量/个	9 927	9 927	9 927

第一个面板检验了互联网使用、正规信贷获得与农户多维贫困的中介效应机制，按照温忠麟和叶宝娟的中介效应检验流程，第（1）列为中介效应第一步检验结果，显示互联网使用变量（Website）的系数在1%的水平上显著为负，则中介效应成立，即互联网使用与农户多维贫困之间存在中介效应。第（2）（3）列分别对应中介效应检验的第二、三步检验结果，显示互联网使用对于中介变量正规信贷获得的影响显著为正。这与柳松等人的研究结论一致。互联网使用能够提升农户金融素养、解决信贷供求双方的信息不对称和正规金融市场的信贷约束问题。且在第三步检验中，正规信贷获得对于农户多维贫困影响为负且显著，表明间接效应显著，即互联网使用能够通过缓解正规信贷约束解决农户多维贫困问题。第（3）列中加入正规信贷获得变量后，互联网使用变量的系数仍然显著为负，且$\beta_1 \times \gamma_2$的系数符号与γ_1保持一致，意味着模型存在部分中介效应，且中介效应占总效应的比例为11.44%。

第二个面板显示了以非正规信贷获得作为中介变量的机制检验结果。中介效应第一步检验结果与第一个面板相同，表明中介效应成立。第（2）（3）列检验结果显示，互联网使用对于中介变量正规信贷获得的影响为正但不显著。而在第三步检验中，互联网使用对于农户多维贫困影响为负且显著。中介效应检验流程表明若β_1和γ_2至少有一个不显著，则需要进行自举法（bootstrap）检验。根据自举法检验结果得出显著拒绝$\beta_1 \times \gamma_2 = 0$的原假设，这意味着间接效应显著。第（3）列中加入非正规信贷获得变量后，互联网使用变量的系数仍然显著为负，且$\beta_1 \times \gamma_2$的系数符号与γ_1保持一致，表明存在部分中介效应，且中介效应占总效应的比例为0.04%。通过对正规信贷获得与非正规信贷获得的对比分析可知，互联网使用更多的是通过增强农户正规贷款渠道的可获得性来解决农户多维贫困问题。这不仅有利于降低农户信息收集成本，缓解农户正规信贷约束，还有助于规范非正规信贷市场。

（三）稳健性检验

前文在充分考虑了内生性问题的基础上运用IV-Tobit和CMP估计对互联网使用与农户多维贫困的关系进行了实证分析。考虑到农户是否使用互联网可能存在非随机选择问题，本部分采用倾向得分匹配（PSM）和解释变量替代两种方法检验上述回归结果的稳健性。

1. PSM估计

为了克服样本的非随机选择问题，本文采用PSM来对使用互联网农户和未使用互联网农户的特征变量进行分析，并根据得分值对满足共同支撑的个体进行1∶3近邻匹配，然后根据PSM估计之后的结果进行IV-Tobit和CMP估计。表 5 为使用 PSM 后的平衡性检验结果。匹配后的试验结果显示，除了婚姻状况和工作状态变量有差异外，其他协变量，均无明显差异，基本满足平衡性检验的要求。

表 5 使用 PSM 后的平衡性检验结果

协变量	未匹配 U/匹配 M	实验组	控制组	偏差	*t* 值	*P* 值
lnage	U	3.738 1	4.008 6	−115.0	−49.59	0.000
	M	3.735 0	37 456	−4.4	−1.33	0.182
*lnage*2	U	7.413 2	7.979 7	−114.8	−49.61	0.000
	M	7.419 9	7.441 7	−4.4	−1.34	0.180
gender	U	0.553 2	0.581 3	−5.7	−2.31	0.021
	M	0.552 9	0.554 9	−0.4	−0.12	0.901
*qea*0	U	2.052 2	2.248 2	−26.8	−9.87	0.000
	M	2.057 4	2.014 7	5.8	2.65	0.008
*qp*201	U	2.960 6	3.259 8	−24.0	−9.51	0.000
	M	2.963 1	2.984 2	−1.7	−0.57	0.566
*w*01	U	3.166 2	2.306 2	89.2	36.33	0.000
	M	3.138 3	3.169 5	−3.2	−1.11	0.265
party	U	0.095 4	0.080 9	5.1	2.13	0.033
	M	0.095 7	0.087 6	2.9	0.92	0.360
work	U	0.890 8	0.850 9	11.9	4.68	0.000
	M	0.890 4	0.916 3	−7.7	−2.83	0.005

表 6 为满足共同支撑的样本回归结果。IV−Tobit 和 CMP 估计结果分别显示互联网使用促进农户多维贫困降低了 22.46%和 22.49%，与表 3 的基础回归结果一致。因此，在克服了样本自选择问题后，本文的结论仍然保持稳健。

表 6　满足共同支撑的样本回归结果

类别	(1) IV-Tobit 农户多维贫困	(2) CMP 农户多维贫困	(3) CMP 农户多维贫困	(4) CMP 农户多维贫困
是否上网	-0.224 6***	-0.416 4***	-0.234 7***	-0.224 9***
	(0.038 0)	(0.025 3)	(0.031 1)	(0.038 0)
个体控制变量	是	否	是	是
家庭控制变量	是	否	是	是
村庄控制变量	是	否	是	是
省份控制变量	是	否	否	是
年份控制变量	是	否	否	是
常数项	0.832 3***	0.743 6***	0.790 0***	0.838 3***
	(0.163 2)	(0.006 1)	(0.142 5)	(0.163 0)
atanhrho_12		0.597 9***	0.748 1***	0.729 3***
		(0.044 4)	(0.091 8)	(0.114 0)
样本数量/个	9 491	9 491	9 491	9 491

2. 解释变量替代

前文分析了农户是否使用互联网的策略选择对农户多维贫困的影响，但这并不能体现出不同上网时长对农户多维贫困的影响。本部分将互联网使用时长作为解释变量进行分析。研究结果见表 7。由表 7 可知，IV-Tobit 和 CMP 估计结果均显示上网时长每增加 1 小时，农户多维贫困下降 10%。总之，无论是农户是否使用互联网的虚拟变量还是农户互联网使用时长这个规模变量，均表明互联网使用能够显著降低农户多维贫困。本文结论仍保持稳健。

表 7　互联网使用时长对农户多维贫困的影响分析

类别	(1) IV-Tobit 农户多维贫困	(2) CMP 农户多维贫困	(3) CMP 农户多维贫困	(4) CMP 农户多维贫困
互联网使用时长	-0.101 4***	-0.203 4***	-0.106 8***	-0.101 5***
	(0.017 0)	(0.011 3)	(0.014 0)	(0.016 9)
个体控制变量	是	否	是	是
家庭控制变量	是	否	是	是
村庄控制变量	是	否	是	是
省(自治区、直辖市)控制变量	是	否	否	是

表7(续)

类别	(1) IV-Tobit 农户多维贫困	(2) CMP 农户多维贫困	(3) CMP 农户多维贫困	(4) CMP 农户多维贫困
年份控制变量	是	否	否	是
常数项	0.120 9	0.748 2***	0.088 2	0.125 8
	(0.126 1)	(0.005 5)	(0.129 2)	(0.125 9)
atanhrho_12		0.654 0***	0.769 6***	0.748 8***
		(0.042 6)	(0.090 7)	(0.112 0)
样本数量/个	9 927	9 927	9 927	9 927

五、异质性分析

(一)互联网使用对农户多维贫困的异质性影响

对于政策制定者而言，他们除了关心互联网普及是否会对农户多维贫困产生影响外，更加关注的是数字红利能否被全体农户公平共享。现有关于互联网使用对农户多维贫困的影响的研究中，也尚未考虑互联网普及对农户减贫是否存在“精英俘获”现象（左孝凡 等，2020）。因此，本文采用研究解释变量分布对被解释变量分布边际影响的无条件分位数（UQR）模型中的再集中响应函数（recentered influence function，RIF）回归来验证互联网使用对于农户减贫强度分布的影响。表 8 为互联网使用对农户多维贫困的异质性影响。为了方便起见，本文仅展示了互联网使用在低贫困分位点、中低贫困分位点、中度贫困分位点、中高贫困分位点和高贫困分位点的回归结果，其参数估计值分别为-0.006 5、-0.032 8、-0.030 9、-0.010 3 以及 0.017 5。整体来看，随着贫困程度的上升，互联网使用对其减贫效应由强转弱，甚至对高贫困程度的农户产生反向增贫作用。根据边际效用递减规律，互联网使用对于低贫困程度的农户的减贫效应并不显著。互联网使用仅对中低贫困程度和中度贫困农户的减贫效应显著，具体表现为使用互联网的中低贫困程度和中度贫困农户的多维贫困水平分别降低了 3.28%和 3.09%。但是对于中高贫困和高度贫困农户而言，他们尚未享受到互联网普及带来的“数字红利”。总体来看，互联网使用对于减缓农户多维贫困存在一定的“精英俘获”现象，特别是以银行、信用社等为主的正规金融机构更加倾向于向贫困程度较低的农户发放贷款，对于缺乏抵押品、投资风险较高的中高贫困和高度贫困的农户则不轻易放贷，导致其受到较强信贷约束。

表 8　互联网使用对农户多维贫困的异质性影响

类别	(1) 10% 农户多维贫困	(2) 25% 农户多维贫困	(3) 50% 农户多维贫困	(4) 75% 农户多维贫困	(5) 90% 农户多维贫困
qu2	-0.006 5	-0.032 8***	-0.030 9***	-0.010 3	0.017 5**
	(0.010 2)	(0.006 1)	(0.006 0)	(0.006 5)	(0.007 6)
个体控制变量	是	是	是	是	
家庭控制变量	是	是	是	是	
村庄控制变量	是	是	是	是	
省(自治区、直辖市)控制变量	是	是	是	是	
年份控制变量	是	是	是	是	
_cons	-0.411 8	-0.340 0	0.201 1	0.477 3**	0.291 1
	(0.373 6)	(0.220 9)	(0.227 4)	(0.240 0)	(0.353 2)
R^2	0.264 9	0.450 2	0.569 1	0.547 1	0.286 9
样本数量/个	9 927	9 927	9 927	9 927	9 927

（二）互联网使用、农户信贷获得对不同贫困维度的减贫效应影响

本部分着重分析互联网使用和农户信贷获得对于不同维度贫困的减贫效应影响，实证结果如表 9 所示。互联网使用对农户的收入、生活条件、医疗和教育这四个方面均产生显著的减贫效应，且至少在 5%的水平上显著。伴随着近些年来互联网普及率的不断攀升，新形态产业融合模式为农民增收、改善生活条件提供了重要途径。不仅如此，互联网普及改善了农户的信息获取条件，解决了因信息交流不便带来的信息不对称问题，促进了信息流动与资源共享，提升了教育与医疗资源的配置效率。但是无论是正规信贷变量还是非正规信贷变量均仅对农户收入产生显著影响，对农户生活条件、医疗和教育改善无显著影响。这一结论表明，农户信贷获得水平提升有力地改善了农户的收入贫困状况，但是对于其他方面的贫困状况的改善并不显著。这也为政策制定者提供了启示，即将农村金融扶贫重心转向改善农户生活条件、医疗以及教育等相对贫困方面，不仅要解决农村贫困居民的基本生存问题，更要解决农户发展以及发展成果共享问题。

表 9　互联网使用、农户信贷获得对不同贫困维度的减贫效应影响

类别	(1) 收入		(2) 生活条件		(1) 医疗		(1) 教育	
互联网	-0.172 4***	-0.174 4***	-0.010 8***	-0.010 8***	-0.008 2***	-0.008 4***	-0.013 0**	-0.012 9**
	(0.024 9)	(0.024 8)	(0.003 2)	(0.003 2)	(0.003 2)	(0.003 2)	(0.006 5)	(0.006 5)
正规信贷	-0.134 2***		0.003 1		-0.004 8		0.000 3	
	(0.029 9)		(0.004 0)		(0.004 0)		(0.008 1)	
非正规信贷		-0.063 4***		-0.000 9		-0.000 3		-0.007 0
		(0.020 0)		(0.002 8)		(0.002 9)		(0.005 9)
个体控制变量	是	是	是	是	是	是	是	是
家庭控制变量	是	是	是	是	是	是	是	是
村庄控制变量	是	是	是	是	是	是	是	是
省（自治区、直辖市）控制变量	是	是	是	是	是	是	是	是
年份控制变量	是	是	是	是	是	是	是	是
常数项	-0.307 2	-0.244 1	0.118 9	0.122 5	-0.115 8	-0.117 4	-0.025 9	-0.012 4
	(0.837 3)	(0.837 5)	(0.144 9)	(0.145 0)	(0.120 3)	(0.120 4)	(0.244 4)	(0.244 6)
样本数量/个	9 927	9 927	9 927	9 927	9 927	9 927	9 927	9 927

六、结论与启示

本文基于 CFPS 农户层面的三期面板数据，运用 IV-Tobit 和 CMP 模型，考察了互联网使用对农户多维贫困的影响。本文通过研究发现，与未使用互联网农户相比，使用互联网农户的多维贫困水平降低了 23%，说明互联网使用能够减缓农户多维贫困。本文在进一步机制检验中发现，互联网使用能够通过缓解信贷约束减缓农户多维贫困，且这一影响主要表现在正规信贷部门。中介效应检验结果显示，互联网使用通过促进正规信贷获得进而减贫的效应强度占总效应的比例为 11.44%，而非正规信贷获得的中介效应仅占总效应的 0.04%。这说明互联网使用主要通过解除正规信贷约束、改善农户的融资条件来减缓贫困，而对以人情关系为维系的非正规信贷影响不大。在异质性分析中，本文发现：互联网使用的减贫效应存在一定的“精英俘获”现象，互联网减贫红利更多地被较低贫困程度农户分享；互联网使用对农户收入、生活条件、医疗、教育方面的贫困改善明显，但无论是正规信贷变量还是非正规信贷变量对农户贫困的改善都体现在收入方面，而对农户生活条件、医疗和教育无显著影响。另外，在考虑样本非随机选择问题后，本文采用 PSM 和变量替代法得出的实证结果仍然与基础回归结果保持一致，说明本文的研究结果较为稳健。

综上，本文得出如下启示：

首先，有关部门应着力提升乡村网络设施水平，加快农村宽带通信网、移动互联网、数字电视网和下一代互联网发展；完善信息终端和服务供给，鼓励开发适应“三农”特点的信息终端、技术产品、移动互联网应用软件，加快推动乡村基础设施数字化转型；通过出台优惠政策、促进乡村数字化建设等多方面鼓励农户使用互联网，提高农村互联网普及率，缩小农村内部以及城乡之间因互联网带来的“数字鸿沟”。

其次，正规金融部门应加大对农户信贷的扶持力度，有关部门应规范农村非正规信贷市场。互联网使用能够通过缓解信贷约束来激发农户内生动力，促进农户自身生存与发展。正规信贷部门应继续加大对农户的信贷供给，推动贷款精准投放；积极发展农村保险事业，加强农村信用体系建设，通过贷款保证保险、财政贴息等形式，对那些缺乏资产抵押的农户实现扶贫资金免息免担保，推动农村地区金融产品和服务方式创新，实现农村地区金融机构空白乡镇金融服务全覆盖。同时，有关部门应引导民间借贷规范发展，严厉打击洗钱、私运、高利贷等违法犯罪行为，进一步加强对非正规信贷的管理，发挥好非正规信贷在满足市场需要特别是中小企业和农村经济发展中的重要替代作用。

参考文献：

[1] 何宗樾，张勋，万广华. 数字金融、数字鸿沟与多维贫困［J］. 统计研究，2020，37（10）：79-89.

[2] 刘欣. 内生偏好与社会规范：脱贫内生动力的双重理论内涵［J］. 南京农业大学学报（社会科学版），2020，20（1）：33-40.

[3] GOLDSMITH R W. The quantitative international comparison of financial structure and development［J］. Journal of Economic History，1975（2）：216-237.

[4] MA W，WANG X. Internet use，sustainable agricultural practices and rural incomes：Evidence from China［J］. Australian Journal of Agricultural and Resource Economics，2020，64（4）：1087-1112.

[5] 何婧. 涉农网络借贷平台的信息不对称缓释机制研究［J］. 农业经济问题，2020（4）：89-97.

[6] BOUCHER S，CARTER R M，GUIRKINGER C. Risk rationing and wealth effectsin credit markets：Theory and implications for agricultural development［J］. American Journal of Agricultural Economics，2008，90（2）：409-423.

［7］程郁，韩俊，罗丹. 供给配给与需求压抑交互影响下的正规信贷约束：来自1874户农户金融需求行为考察［J］. 世界经济，2009（5）：73-82.

［8］张照新，赵海. 新型农业经营主体的困境摆脱及其体制机制创新［J］. 改革，2013（2）：78-87.

［9］何广文，何婧，郭沛. 再议农户信贷需求及其信贷可得性［J］. 农业经济问题，2018（2）：38-49.

［10］陈思宇，胡志安，陈斌开. 技术与文化：互联网如何改变个人价值观？［J］. 经济学动态，2016（4）：37-47.

［11］侯建昀，霍学喜. 信息化能促进农户的市场参与吗？来自中国苹果主产区的微观证据［J］. 财经研究，2017，43（1）：134-144.

［12］史晋川，王维维. 互联网使用对创业行为的影响：基于微观数据的实证研究［J］. 浙江大学学报（人文社会科学版），2017，47（4）：159-175.

［13］苏岚岚，孔荣. 互联网使用促进农户创业增益了吗？基于内生转换回归模型的实证分析［J］. 中国农村经济，2020（2）：62-80.

金融知识有助于农户识别金融诈骗吗?

李庆海[1]　徐闻怡[1]　孙光林[2]

(1. 南京财经大学经济学院　2. 南京财经大学金融学院)

一、引言

近年来，随着我国金融体制改革不断深入，金融服务数字化水平不断提升，金融产品和金融服务已与我国居民的生活密不可分。然而，长期以来，法律制度不完善、监管力度不足以及防范风险意识薄弱，导致金融诈骗案件频发。现今，金融诈骗手段层出不穷，具有高度复杂性和多样化。很多时候，受害人难以识别金融诈骗而遭受损失。金融诈骗严重损害了居民经济利益，严重威胁了社会安全和金融稳定，给有效防范金融风险带来了巨大挑战，这一点在国内外成为共识。

目前，我国农村地区已成为金融诈骗的“重灾区”，原因主要如下：首先，农村理财产品和渠道相对缺失，而农户增收的诉求往往无法通过传统的养殖或者种植收入获得满足，因此农户对于投资理财和资产管理的需求日渐迫切，从而给犯罪分子可乘之机。其次，农户的金融风险意识往往较为淡薄，受教育程度相对有限，风险识别能力亟须提升。同时，农户对相关融资或者金融机构的资质等缺乏必要了解，对自身金融消费活动中的权利和义务不甚了解，特别是当正当权益受损后由于对维权渠道和途径不了解而无法维权。最后，金融诈骗手段多样、形式翻新，犯罪分子往往打着互联网金融产品、农村消费金融创新、P2P 网贷平台等旗帜营造“庞氏骗局”，投资者往往很难甄别。同时，农村地区风险防范的宣传力度相对较小，农户更容易上当受骗也就不难理解。事实上，农村地区金融诈骗案件波及地域广、受害群众多、诈骗金额大，近年来呈现高发态势，甚至在某些地方酿成群体性事件，对于当地经济和社会的平稳健康发展造成极大挑战，严厉打击农村金融诈骗的必要性毋庸置疑。西南财经大学中国家庭金融调查与研究中心 2015 年“中国家庭金融调查”（以下简称“CHFS2015”）的数据显示，有 40.50%的农户承认遭遇过电话诈骗、短信诈骗和网络诈骗等，其中约 7.64%的农户在金融诈骗中遭受经济损失。

当前，金融服务种类越来越多，新服务、新设备层出不穷的同时，新的诈骗方式也越来越多，农户在享受便捷现代化金融服务时，还需尽快掌握防范金融诈骗的知识。理论上而言，掌握金融知识是指掌握金融概念、能够进行知识管理以及配置金融资产，这对于家庭制定经济决策的重要性日益显著。许多学者的研究表明：金融知识在养老计划、信贷行为和资产选择等方面具有重要影响。一般而言，掌握金融知识有助于促进居民参与金融市场，以丰富和提升自身的投资与自我保护方面能力，了解金融服务和产品的申请、购买、赎回等业务流程，熟悉金融诈骗的主要类型、形式或者手段，从而在面临诈骗时能够进行有效识别。与城市居民相比，农村居民的金融知识相对匮乏。因此，农村居民金融知识的培育和提升，对维护农村金融体系安全和农村地区稳定有重要作用。然而，目前较少有文献考察金融知识对金融诈骗行为的影响，有限的研究主要集中在国外，结论也尚未达成共识。譬如，有学者认为金融知识或者金融能力在防范金融诈骗和进行金融诈骗识别等方面发挥着积极作用；也有学者认为，由于过度自信等原因，金融知识并不能很好地帮助消费者预防或者识别诈骗，甚至有可能推波助澜使金融消费者更容易遭受诈骗。

鉴于此，本文拟运用 CHFS2015 的数据并结合 Probit 模型，研究我国农户识别金融诈骗的影响因素，重点考察金融知识对农户金融诈骗识别的影响、异质性，并进一步进行分组检验。相较于以往文献，本文的创新之处主要体现在三个方面。①已有关于我国金融诈骗行为的研究聚焦定义、手段、特征及预防措施等定性分析，鲜有文章使用大样本微观数据进行定量分析，本文考察金融诈骗识别的影响因素，并对农户这一更易遭受金融诈骗的群体进行研究，可以为相关政策的制定和评价奠定事实基础。②以往研究主要考察金融知识对资产配置行为的影响，但较少关注其对个人资产安全的影响，而本文考虑到了这方面影响，从而为本领域研究提供借鉴和参考。③以往文献在考察金融知识对金融诈骗识别的影响时，较少关注这一影响的异质性以及进行分组检验，本文对此展开了研究，丰富了家庭金融领域的研究内容。

本文主要得到如下结论：首先，金融知识对农户识别金融诈骗具有积极影响，即农户具有的金融知识水平越高，其识别金融诈骗的可能性就越高。其次，金融知识识别金融诈骗的作用在家中有村干部的和户主上过经济或金融类课程的农户中更为明显。再次，农户的社会互动、适度的信息关注和主观幸福感，有助于金融知识识别诈骗作用的发挥。最后，相较于传统诈骗，金融知识识别诈骗的作用在电信诈骗和网络诈骗方面更为明显。

二、文献综述和研究假设

（一）文献综述

1. 金融知识的相关研究

目前，学术界对金融知识的测度主要包括两种方法，即主观测度法和客观测度法。前者主要从被调查者对自身金融知识的认知和对金融产品的认识来进行测度，而后者通过被调查者回答金融问题的得分来进行测度。这两种测度方法都存在一定的不足：其中，在客观测度法的使用中，被调查者可能会因不理解问题的意思而随意猜测，使测度出现误差；而在主观测度法的使用中，往往会由于调查者的自我认知偏差而影响调查结果的准确性和客观性。目前，到底哪一种方法更为合理尚存在一定争议，二者并无绝对的优劣之分。罗伊（Rooij）等认为主观测度法和客观测度法在对金融知识的测度之间存在一定的相关性，可以相互替代。具体到金融知识的测度方面，学者们往往通过对调查问题进行测算来分析。如：迪烈马（Deliema）等通过让受访者对自我掌握的金融知识的程度进行评价，以此来测度金融自信度。英格斯（Engels）等通过九个调查问题来衡量受访者的金融知识水平。这些问题涉及长期投资回报率，股票、债券、储蓄波动率，多元化收益以及债券价格与利率之间的关系等。

近年来，学者们围绕金融知识对家庭决策行为的影响展开了大量研究。首先，金融知识对家庭参与信贷市场产生显著正向作用。如：Gathergood 通过研究发现，金融知识水平高的家庭，更有可能在参与消费信贷市场时降低负债；吴雨等指出金融知识可以提高农户获得正规信贷的概率，同时降低其获得非正规信贷的概率。其次，金融知识可以促进家庭进行投资。如：曾志耕等通过研究认为，家庭的金融知识水平越高，其越倾向于家庭资产投资的多样化；苏珊（Susan）等的研究表明，金融知识可以增强投资者的投资判断能力，进而改善投资行为。最后，金融知识显著影响了家庭退休计划和养老计划。如：卢萨迪（Lusardi）等指出金融知识较低的家庭往往不重视制订退休计划，且 Rooij 等也得出相似结论；吴雨等指出金融知识的增加将促进家庭养老计划的改善。

2. 金融诈骗行为的相关研究

学者们从不同侧面对金融诈骗行为进行了研究。如：松苏内吉（Zunzunegui）等将金融诈骗行为划分为不同阶段进行分析；Deliema 等将金融诈骗分为投资诈骗和非投资诈骗两类，进而比较影响因素的异同。

围绕金融诈骗行为的影响因素，学者们同样从不同角度进行了研究。如：威廉姆（Wilsem）通过研究发现，较低的自控能力往往导致个体更容易遭受网络销售诈骗；Engels 等的研究表明，金融行为并不会对金融诈骗识别产生显著影响；刘阳等指出风险厌恶对金融诈骗存在显著负向影响。鉴于老年群体在金融诈骗中尤为弱势，有学者专门针对这一群体进行了研究。如：甘布尔（Gamble）等通过研究认为，美国老年人的认知能力下降与过度自信可能都会增加其受到金融诈骗的可能；达达尔特（DaDalt）认为老年人可能因为太信任他人、过度关注投资信息中的正面部分、金融知识水平下降以及对金融知识的过度自信，从而更容易遭受金融诈骗。此外，还有文献比较了不同类型金融诈骗的影响因素，并发现不同类型金融诈骗的决定性因素之间存在较大差别，并没有哪种因素对不同类型的金融诈骗具有显著影响。

3. 金融知识对金融诈骗行为的影响的相关研究

近年来，金融知识在金融诈骗中的作用得到了人们重视。多数学者认为，金融知识在识别金融诈骗方面具有至关重要的作用。如：有文献认为，年龄增长导致的金融知识和金融能力下降，是老年人更容易遭受金融诈骗的重要原因；Engels 等的研究表明，金融知识有助于个体识别出金融诈骗，其中金融知识每增加一个标准差，识别出金融诈骗的可能性会提高 3%，并且个体幸福感的提升会削弱金融知识的诈骗识别作用；刘阳等指出金融知识可以降低消费者遭受金融诈骗的可能，并且家庭收入在金融诈骗和金融知识之间起到负向调节作用。然而，也有学者认为金融知识水平的提高并不必然产生积极影响，甚至金融知识与诈骗受害程度具有正相关性。如：Lusardi 等认为，提高金融知识未必会减少遭受诈骗的可能性；德鲁（Drew）等认为，金融知识水平较高的投资者可能会由于过度自信而更容易遭受诈骗。

遗憾的是，相较于国外关于金融诈骗方面的研究，我国的有关研究主要集中在从犯罪学角度或者法律角度探究金融诈骗的类型、诱因或者预防等，大多用定性方法进行分析，从定量角度出发分析金融诈骗行为的文献较为缺乏，更不用说考察金融知识与金融诈骗识别之间的关系，该领域亟须深入研究。

（二）研究假设

综合国内外已有研究，我们有理由相信，金融知识有利于帮助农户识别金融诈骗。主要原因如下：一方面，金融知识可以让农户了解金融诈骗的主要类型，更加懂得自我保护，增强自身的风险防范意识，从而更好地识别金融诈骗并且避免损失；另一方面，金融知识能促进农户参与金融市场，了解金融产品以及金融交易相关的流程、风险，提升和丰富自身的投资、理财等能力，进而减少决策的盲目和风险，最终减少遭受金融诈骗的可能。由此，本文提出假设 1。

假设 1：金融知识可以增加农户识别金融诈骗的可能性。

首先，讨论社会互动对金融知识的影响。所谓社会互动，是指个体与个体之间、个体与群体之间以及群体与群体之间信息交流、互相往来的过程。有理由相信，社会互动同样对预防金融诈骗和防范诈骗损失具有积极意义。社会互动会促进家庭参与金融市场，有利于家庭资产投资风险分散化、理性投资和拓宽投资渠道，从而降低了因金融诈骗而受损的可能。进一步来看，对于具有同样金融知识水平的个体来说，如果社会互动越频繁，那么其获取的金融诈骗的相关案例或者信息往往就越多，此时金融知识识别金融诈骗的作用就会更容易发挥。由此，本文提出假设 2。

假设 2：金融知识在金融诈骗识别方面的作用，会随着社会互动程度的提高而有所提高。

其次，讨论信息关注。Barber 和 奥登（Odean）认为，信息关注是一种稀缺资源，受媒体报道、突发事件等以及人们对信息处理能力的影响。本文用农户平时对经济、金融方面的信息的关注程度来定义信息关注。一般而言，信息关注可能会使居民对于常见金融诈骗案件或者案例内容更加重视，在制定决策时更为谨慎和小心，从而有助于识别诈骗。换句话说，信息关注有助于个体参与金融市场、明辨各种理财产品，从而有助于不盲目相信“高收益、低风险”之类的金融产品。譬如，赫拉舒发（Hirshleifer）、崔静雯等的研究认为，有限关注会改善投资者的行为，使其做出更加合理的投资决策，其中也理所应当包括对金融诈骗的识别和防范。进一步来看，对于具有同样金融知识水平的个体来说，如果个体对信息关注的程度越高，那么其在进行决策时会进行更为全面、深入和准确的分析，此时金融知识在金融诈骗识别方面的作用就会更容易发挥，而这在信息资源相对匮乏的农村意义更为重大。由此，本文提出假设 3。

假设 3：金融知识在金融诈骗识别方面的作用，会随着信息关注程度的提高而有所增强。

最后，讨论主观幸福感。大量研究表明，比较大的心理负担往往会对个体的认知能力造成负面影响，进而不利于其做出合理的经济决策。受此启发，有学者主要从主观幸福感这一能够反向测度个体心理负担或者压力的指标出发，考察其对金融诈骗行为的影响。譬如，Engels 等通过研究发现，金融知识在金融诈骗识别方面的作用会随着个体主观幸福感的增加而有所增强，原因在于个体主观幸福感越强，心理负担越小，认知能力越不会受到负面干扰。进一步来看，对于具有同样金融知识水平的个体来说，如果主观幸福感越强，那么个体的心理负担往往越低，认知能力往往更强，此时金融知识在金融诈骗识别方面的作用就会更容易发挥。由此，本文提出假设 4。

假设 4：金融知识在金融诈骗识别方面的作用，会随着主观幸福感的增加而有所增强。

三、计量模型与数据事实

（一）计量模型

本文采用 Probit 模型考察金融知识对农户识别诈骗的影响，相关模型设定如下：

$$\text{Fraud} = \alpha + \beta \text{FK} + \boldsymbol{\gamma} X + \varepsilon \tag{1}$$

式（1）中，Fraud 代表二值虚拟变量是否能识别诈骗，FK 代表金融知识，β 为其系数，X 代表其他控制变量，$\boldsymbol{\gamma}$ 表示对应的系数向量，α 为常数项，ε 为随机误差项。

（二）数据介绍

本文使用了 CHFS2015 的数据进行分析，该数据涵盖了人口统计学特征、资产与负债、保险与保障、支出与收入四个方面，有 37 000 多户家庭的调查数据，具有代表性。该调查数据还涉及金融知识和金融诈骗等方面的问题，为本文提供了有力的数据支持。

在研究之前，本文对数据进行了处理。首先，本文剔除了户主①金融知识缺失的样本。为避免内生性问题，本文将 2013 年户主的金融知识作为核心变量（后文会有介绍）。其次，考虑到户主年龄的限制，本文删除了户主年龄在 20 岁以下和 80 岁以上的样本。最后，本文仅保留了农村户籍的样本。最终样本数为 7 749 个。

（三）变量构建

（1）因变量：是否识别出金融诈骗。调查问卷中询问：“过去一年，您家

① CHFS2015 问卷中的户主是指家庭经济来源的主要承担者，而非在公安局登记的户口本上的一家之主。

遇到过下列哪些形式的诈骗？（可多选）。”① 如果回答“都没有”，则说明没有识别出金融诈骗；如果回答除此之外的答案，则表示识别出金融诈骗。此时，构建农户是否识别出金融诈骗的二值虚拟变量 Fruad，识别出则取值为 1，否则取值为 0②。在实证中为便于分析，对于那些拒绝回答和不知道的样本予以删除③。

图 1 为受调查农户识别出不同类型诈骗的比例④。从图 1 中可以看出，受调查农户多能识别出电话诈骗和短信诈骗，所占比例分别达到了 82.72%和 69.86%，说明现在电信诈骗频发，不法分子经常通过电话和短信的形式实施诈骗；另外，熟人/当面诈骗被农户识别出的比例也达到了 13.05%。网络诈骗、钓鱼网站诈骗和其他诈骗的识别率分别为 4.79%、1.44%和 0.41%，这些也是近年来逐渐涌现的新型诈骗方式。

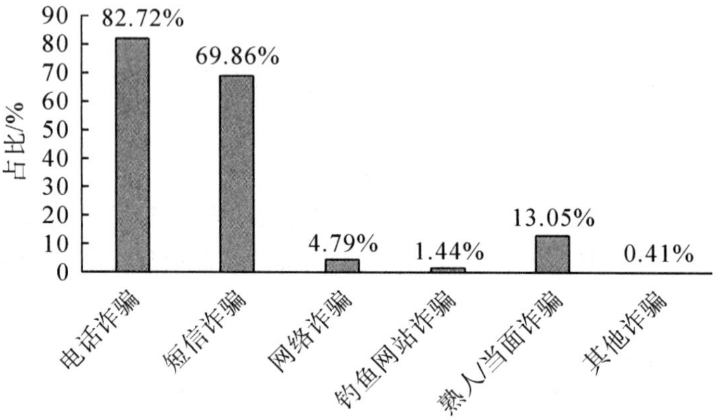

图 1　受调查农户识别出不同类型金融诈骗的比例

---

① 选项主要包括：电信诈骗、短信诈骗、网络诈骗、钓鱼网站诈骗、熟人/当面诈骗（传销、不正当商品交易）、其他诈骗（请注明）、都没有。

② 大量文献表明，很多实际中遭受过金融诈骗的个体，由于自身认知能力有限，往往没有意识到自身遭受诈骗或者对此予以否认。Engels 等将回答“遭受过金融诈骗”的视同为有金融诈骗识别能力，并在文中进行了详尽阐释：要想观测个体是否具有识别金融诈骗的能力，需要进行实验，即所有个体都成为金融诈骗的目标，根据最终是否遭受诈骗来推断个体的金融诈骗识别能力。然而，这一实验在现实中很难实现，因此可以将回答“遭受过金融诈骗”的视为识别出金融诈骗。这一假设有其合理之处，原因在于金融诈骗近年来发生的比例相当之高，基本上可以认为所有人都会面临金融诈骗，那么明确回答遭受金融诈骗的个体具备识别能力。本文参照这一研究的做法，将该变量定义为“是否识别出金融诈骗”。

③ 拒绝回答和不知道的样本有 12 个，予以删除对估计结果并不会产生实质性影响。

④ 因为本文将遭受过此类诈骗的样本都计算在内，所以同一样本可能出现在不同诈骗类型中，因而百分比合计大于 1。

（2）核心变量：金融知识。要想科学合理地估算金融知识对农户识别金融诈骗的影响，需要注意金融知识可能存在的内生性问题：金融知识与金融诈骗识别之间可能会出现双向因果关系，即金融知识对金融诈骗的识别产生影响，但反过来农户可能通过金融诈骗识别丰富和拓展了金融知识，从而提高了自己的金融知识水平；金融知识也可以影响金融诈骗识别。对此，本文将2013 年户主所具备的金融知识作为研究的核心变量，可以较好地解决内生性问题。原因在于，个体的金融知识往往相对稳定，2013 年户主所具备的金融知识可以作为 2015 年户主所具备的金融知识的代理变量，但并不会受户主在2015 年遭受的金融诈骗的反向影响，可以巧妙地解决双向因果关系问题。后文采用 2015 年户主所具备的金融知识进行稳健性检验。

基于数据，本文参考 Lusardi 等的做法，通过利率计算、通货膨胀和投资风险这三方面问题对金融知识进行测度。表 1 为金融知识回答情况的描述性统计。由表 1 可知，受调查用户每题回答正确的比例远低于回答不知道或算不出来的比例。这说明受调查农户缺乏一定的金融知识，因而可能缺少辨别金融诈骗的能力。

表 1　金融知识回答情况的描述性统计

问题	回答正确 所占比例/%	回答错误 所占比例/%	回答不知道或算不出来 所占比例/%
利率计算	11.00	23.94	65.05
通货膨胀	15.14	27.72	57.14
投资风险	12.09	4.07	83.85

鉴于回答错误和拒绝回答的农户存在一定差异，本文参照以往文献，对每一个问题设立两个哑变量：第一个哑变量测度金融基本计算能力，即答对赋值为 1，答错赋值为 0；第二个哑变量测度金融基本概念，即回答不知道赋值为 0，其余赋值为 1。本文使用迭代主因子法进行因子分析，根据“KMO 值大于 0.6 表明适合”进行因子分析。根据特征值大于等于 1 的原则，本文保留 3 个因子并进一步得到综合得分。表 2 为金融知识的描述性分析。由此可以看出金融知识的最小值为-0.46，最大值为 1.61，标准差为 0.57，说明不同的家庭的金融知识水平不同。

表 2　金融知识的描述性分析

变量	样本数/个	均值	标准差	最小值	最大值
金融知识	7 749	−1.51e−10	0.57	−0.46	1.61

（3）控制变量。借鉴以往的研究，本文从 4 个方面选取控制变量。①户主个体特征：户主的年龄、性别、受教育水平、风险偏好、风险厌恶（以风险中性为参照组）、婚姻状况。②家庭人口学特征：家庭总人数、家庭劳动力占比[①]。③家庭经济学特征：家庭金融资产数量[②]和家庭可支配收入。④地域特征：家庭所在地区是东部还是西部（以中部为参照组）。

（4）分组变量。①社会互动。本文参考李丁等人的研究的做法，选择与社会互动相关的礼金支出、外出就餐支出、娱乐支出、通信支出、交通支出、旅游支出的总和[③]来定义社会互动变量。本文将 6 项支出加总后，按照分位数分成五等分，取值 1~5，并定义为社会互动指标。因此，取值越大，则表明社会互动程度越高。②信息关注。崔静雯等重点研究了金融知识、有限关注与金融行为的关系，在设置变量时将受访者对金融、经济方面的关注程度作为有限关注。本文也采用同样的方法。调查问卷中的有关问题是："您平时对经济、金融方面的信息关注程度如何？"该题的选项包括："①非常关注；②很关注；③一般；④很少关注；⑤从不关注。"本文将关注度分别赋值为 5、4、3、2、1，并将不愿意回答的样本删除。取值越大，则表明信息关注程度越高。③主观幸福感。Engels 等考察了主观幸福感、乐观程度和成功信念三种主观情绪对金融知识帮助消费者识别金融诈骗产生的影响。数据所限，本文主要关注主观幸福感方面。调查问卷中的有关问题是："总体来说，您现在觉得幸福吗？"该题的选项包括："①非常幸福；②幸福；③一般；④不幸福；⑤非常不幸福。"本文将主观幸福感分别赋值为 5、4、3、2、1，并将不愿意回答的样本删除。取值越大，则表明主观幸福感程度越高。

---

① 劳动力人口指 16~60 岁的人口。

② 本文涉及的家庭金融资产有：活期存款、定期存款、股票、基金、银行理财产品、债券、衍生品、非人民币资产、贵金属、其他金融资产、现金和借出款。

③ 调查问卷中的有关问题是："去年，您家庭因下列哪些选项给非家庭成员现金或非现金？"该题的选项包括："①春节、中秋节等节假日支出（包括压岁钱和过节费）；②红白喜事（包括做寿、庆生等）；③教育；④医疗；⑤生活费；⑥其他（请注明）；⑦捐赠或资助。"本文将选择①和②的归类作为礼金支出。涉及其他相关变量的问题分别是："其中，在外就餐花了多少钱？包括在外面购买的即食食品、外卖熟食、熟菜。""您家去年平均每个月有线电视费、电脑上网费、书、报、杂志、光盘、影剧票、歌舞厅、网吧等文化娱乐总支出有多少钱？""您家去年平均每个月使用电话、手机等通信费共有多少？""您家去年平均一个月的本地交通费花了多少？包括自驾的油费、停车费、修理费、保养费、过路/桥费等。""去年，您家旅游总支出是多少元？"其中，外出就餐支出、娱乐支出、通信支出、交通支出转换成去年一年的支出量。

此外，为便于进行异质性分析，本文引入家中是否有村干部①和户主是否上过经济或金融类课程②两个变量。表3是相关变量的描述性统计。

表3　相关变量的描述性统计

变量定义	取值说明	样本数/个	均值	标准差	最小值	最大值
识别诈骗	是取值1，否取值0	7 749	0.40	0.49	0	1
金融知识	由因子分析得到	7 749	-1.51e-10	0.57	-0.46	1.61
户主年龄	单位为岁	7 749	55.05	11.83	20.00	80.00
年龄的平方	对年龄进行平方	7 749	1 303.98	1 348.04	400.00	6 400.00
户主性别	男取值1，女取值0	7 749	0.88	0.33	0	1
户主受教育水平	高中及以上取值1	7 749	0.11	0.31	0	1
户主风险偏好③	风险偏好取值1	7 749	0.07	0.25	0	1
户主风险厌恶	风险厌恶取值1	7 749	0.80	0.40	0	1
户主婚姻状况	已婚取值1	7 749	0.90	0.30	0	1
家庭总人数	单位为个	7 749	4.33	1.95	1	19
家庭劳动力占比	劳动力人数/总人数	7 749	0.58	0.32	0	1
金融资产数量	单位为种	7 749	1.67	0.89	0	6
家庭可支配收入	单位为万元	7 749	4.22	11.24	-80.00	500.00
东部地区	是取值1，否取值0	7 749	0.31	0.46	0	1
西部地区	是取值1，否取值0	7 749	0.33	0.47	0	1
社会互动	取值1到5	7 749	3.00	1.41	1	5
信息关注	取值1到5	7 720	1.88	1.06	1	5
幸福感	取值1到5	7 743	3.58	0.88	1	5
是否有村干部	是取值1，否取值0	7 749	0.05	0.21	0	1
是否上过经济或金融类课程	是取值1，否取值0	7 742	0.02	0.13	0	1

① 调查问卷中的有关问题是：“您家是否有家庭成员担任村干部一职？”该题的选项包括：“①是；②否。”此时，构建农户家庭成员中是否有村干部的二值虚拟变量，选择“是”的赋值为1，选择“否”的赋值为0。

② 调查问卷的有关问题是：“您是否上过经济或金融类课程？”该题的选项包括：“①是；②否。”此时，构建户主是否上过经济或金融类课程的二值虚拟变量，选择“是”的赋值为1，选择“否”的赋值为0。

③ 调查问卷中的有关问题是：“如果您有一笔资金用于投资，您最愿意选择哪种投资项目？”该题的选项包括：“①高风险、高回报的项目；②略高风险、略高回报的项目；③平均风险、平均回报的项目；④略低风险、略低回报的项目；⑤不愿意承担任何风险；⑥不知道。”本文将前2个选项定义为风险偏好，将第3个选项定义为风险中性，将第4、5个选项定义为风险厌恶。

四、实证分析

（一）回归结果

回归结果见表4。由表4可知，在逐步控制家庭经济学特征和地域特征后，金融知识对金融诈骗识别的影响始终在1%的水平上正向显著。这说明农户的金融知识水平越高，则农户越可能识别金融诈骗。该结论与Engels等的结论相一致。因此，假设1是成立的。究其原因，金融知识可以让农户更好地了解金融诈骗的方式和手段，因而更可能识别出金融诈骗。

表4　回归结果

变量	(1)	(2)	(3)
FK	0. 188 4***	0. 142 9***	0. 144 0***
	(0. 026 2)	(0. 026 6)	(0. 026 6)
age	0. 046 9***	0. 047 1***	0. 048 0***
	(0. 010 3)	(0. 010 5)	(0. 010 5)
age^2	−0. 000 5***	−0. 000 5***	−0. 000 5***
	(0. 000 1)	(0. 000 1)	(0. 000 1)
sex	0. 143 5***	0. 123 7***	0. 128 4***
	(0. 046 7)	(0. 047 1)	(0. 047 2)
edu	0. 176 5***	0. 149 1***	0. 147 4***
	(0. 047 3)	(0. 047 7)	(0. 047 8)
$risk_1$	−0. 049 8	−0. 033 7	−0. 031 3
	(0. 067 8)	(0. 068 4)	(0. 068 4)
$risk_2$	−0. 130 9***	−0. 089 7**	−0. 090 4**
	(0. 043 3)	(0. 043 7)	(0. 043 7)
marriage	0. 030 7	0. 002 2	0. 000 8
	(0. 051 9)	(0. 052 3)	(0. 052 4)
family	−0. 002 7	−0. 002 4	−0. 001 6
	(0. 007 7)	(0. 007 8)	(0. 007 8)
labor	−0. 046 3	−0. 059 8	−0. 066 4
	(0. 058 2)	(0. 058 6)	(0. 058 7)
finance	—	0. 220 3***	0. 216 1***
	—	(0. 017 1)	(0. 017 1)
income	—	−0. 000 0	−0. 000 2
	—	(0. 001 3)	(0. 001 3)

表4(续)

变量	(1)	(2)	(3)
east	—	—	0.095 3***
	—	—	(0.035 9)
west	—	—	0.032 7
	—	—	(0.035 6)
样本量	7 749	7 749	7 749

注：①age^2为年龄的平方；②*、**、***分别表示在1%、5%和10%的水平上显著；③括号内为标准误差；④income的单位为万元。

结合表4，我们分别从户主个体特征、家庭人口学特征、家庭经济学特征、地域特征四个方面进行分析。

(1) 在户主个体特征方面。年龄及其平方对于识别诈骗的影响分别为正向和负向显著，且在1%的水平上显著。这说明随着年龄的增长，农户识别金融诈骗的可能性呈现出先上升后下降的趋势，拐点为48岁。由此可见，到中老年时期，农户识别金融诈骗的可能性会下降，可能是由于中老年人社会知识结构老化、防范意识薄弱以及家庭子女不在身边无法得到较好的建议等。性别的影响均为正向，且在1%的水平上正向显著，表明相比较于女性，男性更可能识别金融诈骗。究其原因，可能是由于男性更熟悉和了解金融诈骗手段。受教育水平在1%的显著性水平上对金融诈骗识别有正向影响，说明受教育水平越高，对于诈骗手段和诈骗信息更有可能做出正确的判断，从而避免掉入“陷阱”。这与刘阳等的结论不谋而合。风险厌恶对金融诈骗识别在5%的水平上有负向影响，而风险偏好对于金融诈骗识别没有显著影响。风险厌恶的农户之所以不容易识别出金融诈骗，可能是因为其不经常参与经济或者金融活动，所以对金融诈骗缺乏一定的认识，因而未能有效识别。对于偏好风险的农户而言，他们往往更有可能参与经济或者金融活动，进而有可能了解金融产品诈骗方面的相关知识，从而可能会对金融诈骗识别产生正向影响；然而，户主也可能会相信有些理财产品所谓的“高收益、高回报”的信息，抱着试试看的心理进行购买，结果落入骗局，因而可能会对金融诈骗识别产生负向影响；二者的综合作用最终导致影响不显著。农户主婚姻状况对于金融诈骗识别没有显著影响。

(2) 在家庭人口学特征方面。家庭总人数和家庭劳动力占比均对金融诈骗识别没有显著影响。这可能是因为户主作为经济或金融决策的执行者，所起到的作用更加值得重视，而家庭其他成员所产生的影响较小。

(3) 在家庭经济学特征方面。金融资产数量对金融诈骗识别在1%的水平上的影响正向显著，即农户所拥有的金融资产数量越多，越容易识别金融诈骗。可能的原因在于，金融资产多则表明该农户的投资经验丰富，接触或者了解金融诈骗相关案例或者宣传的可能性就大，自然有利于识别出诈骗手段。家庭可支配收入对于金融诈骗识别没有显著影响。

（4）在地域特征方面。与西部地区相比，东部地区对于金融诈骗识别的影响在1%的水平上正向显著，这表明东部地区的农户更能识别金融诈骗。究其原因，东部地区经济发达、诈骗频发，因而东部地区的农户可能从公安局或者银行等机构的宣传中了解金融诈骗手段，从而更好地识别金融诈骗。与之相比，西部地区的影响并不显著，由此表明西部地区农户识别金融诈骗的能力与东部地区农户存在明显差异。

我们再来简单讨论下内生性问题。对于遗漏变量问题，表4的回归结果表明，在不断引入解释变量的过程中，金融知识的系数趋于稳定，因此遗漏变量问题可能并不严重。对于双向因果关系问题，本文将2013年而非2015年农户所具备的金融知识作为核心变量，可以巧妙地规避这一问题的影响。综上，内生性问题在本文整体上得到了较好解决，相关回归结果是科学合理的。

（二）稳健性检验

稳健性检验一：排除极端值。对此，本文将家庭可支配收入中低于0.05分位数和高于0.95分位数的样本剔除。

稳健性检验二：核心变量更换。对此，本文用2015年农户所具备的金融知识（同样是因子分析）替换了2013年农户所具备的金融知识。

稳健性检验三：解释变量更换。对此，本文将家庭劳动力占比替换成家庭小孩和家庭老人占比，将家庭可支配收入替换成低收入家庭和高收入家庭①。

稳健性检验结果见表5。

表5　稳健性检验结果

类别	稳健性检验一	稳健性检验二	稳健性检验三
FK	0.144 4***	0.167 6***	0.137 6***
	(0.028 4)	(0.028 0)	(0.026 7)
控制变量	已控制		
样本量/个	6 994	7 225	7 749

注：*、**、*** 分别表示在1%、5%和10%的水平上显著；稳健性检验二中删除了金融知识的缺失值。

① 本文将家庭可支配收入在2万元以下的定义为低收入家庭，将高于5万元的定义为高收入家庭，将位于二者之间的定义为中等收入家庭。此时，以中等收入家庭为参照组，引入低收入家庭和高收入家庭的二值虚拟变量。

由稳健性检验结果可知，金融知识对金融诈骗识别的影响均在1%的水平上正向显著，因而结果稳健。

（三）异质性分析

（1）农户中是否有村干部。由表6可知，无论在农户中是否有成员为村干部，金融知识的影响均在1%的水平上正向显著，但在有村干部的农户中的系数约为没有村干部的农户中的系数的2.76，即金融知识在金融诈骗识别方面对家中有村干部的农户影响更大。究其原因，一方面，村干部积极参与村庄公共事务管理，经常接触各类宣传工作，其中就包括金融诈骗的识别与预防；另一方面，村干部往往是农村社会中的骨干，个人能力等高于一般农户，这些都会导致此类农户更加了解有关金融诈骗的知识。

表6　异质性分析一

类别	有村干部	没有村干部
FK	0.376 0*** (0.111 0)	0.136 4*** (0.027 3)
控制变量	已控制	
样本量/个	354	7 395

注：*、**、*** 分别表示在1%、5%和10%的水平上显著。

（2）农户是否上过经济、金融类课程。从表7可以看出，虽然金融知识在没上过经济或金融类课程的农户中的影响在1%的水平上正向显著，但是上过相关课程的系数约为没上过的3倍，因此金融知识在金融诈骗识别方面对上过经济或金融类课程的农户影响更大。究其原因，上过经济或金融类课程的农户对金融知识的重要性和必要性了解得更为深刻，从而能自觉地在日常生活、经营和投资等活动中运用金融知识，进而可以更好地识别金融诈骗。

表7　异质性分析二

类别	上过经济或金融类课程	没上过经济或金融类课程
FK	0.414 6** (0.179 1)	0.138 4*** (0.027 0)
控制变量	已控制	
样本量/个	135	7 607

注：*、**、*** 分别表示在1%、5%和10%的水平上显著；删除了7个缺失值，不影响回归结果。

五、进一步分析

（一）分组检验

（1）社会互动①。参照 Engels 等的做法，本文将社会互动五等分，进而构建社会互动的虚拟变量并将其与金融知识进行交互（相关结果见表8）。从表8可以看出，当社会互动程度最低时，其与金融知识的交互项对金融诈骗识别有正向显著影响，说明此时金融知识能帮助农户识别金融诈骗。而当社会互动程度为2和3时，其对金融诈骗识别的影响不显著，而随着社会互动程度的进一步增加，其与金融知识的交互项对金融诈骗识别有正向显著影响。这表明只有在较高层次的社会互动中金融知识才更有助于农户识别金融诈骗。事实上，社会互动程度越高，农户在与他人交流中对金融诈骗案件越熟悉和重视，在面对诈骗时更容易辨识。因此，假设2总体上是成立的。

表8　社会互动的分组检验

类别	检验结果
1×FK	0. 300 3*** （0. 069 8）
2×FK	0. 029 6 （0. 062 3）
3×FK	0. 087 0 （0. 058 1）
4×FK	0. 151 5*** （0. 055 8）
5×FK	0. 173 6*** （0. 050 2）
控制变量	已控制
样本量/个	7 749

注：*、**、*** 分别表示在1%、5%和10%的水平上显著。

（2）信息关注②。下面，本文将信息关注五等分，进而构建信息关注的虚拟变量并将其与金融知识进行交互（相关结果见表9）。表9给出了一个颇有

① 本文将社会互动五等分，赋值为1~5。

② 本文将信息关注按照关注程度赋值为1~5，删除回答为“不知道”的样本（一共29个，数量较少，不影响回归结果）。

趣味的结果，相对于较少关注，当信息关注程度为一般关注和很关注时，其与金融知识的交互项对金融诈骗识别有正向显著影响，说明一定程度的信息关注可以促进农户识别金融诈骗。但是当信息关注为非常关注时，其与金融知识的交互项对金融诈骗识别没有显著影响。可能的原因是，当农户对金融信息非常关注时，其可能会过度自信，从而高估自身能力而在制定决策时做出错误决断，反而不利于有效识别金融诈骗。因此，假设 3 部分成立。

表 9 信息关注的分组检验

类别	检验结果
1×FK	0.150 8***
	(0.041 1)
2×FK	0.072 1
	(0.048 2)
3×FK	0.253 0***
	(0.059 0)
4×FK	0.262 3***
	(0.098 6)
5×FK	-0.109 6
	(0.137 3)
控制变量	已控制
样本量/个	7 720

注：*、**、*** 分别表示在 1%、5%和 10%的水平上显著；删除了信息关注的缺失值。

（3）主观幸福感①。由表 10 可知，相对于非常不幸福，整体而言，随着主观幸福感的程度的提升，金融知识在金融诈骗识别方面的作用就会越强。因为相对于最低层次的非常不幸福，农户的心理负担会随着主观幸福感的提升有所减弱。此时，其认知能力受干扰的可能性就会降低，从而有助于金融知识发挥作用。因此，整体来说假设 4 是成立的。

① 本文将主观幸福感按照程度赋值为 1~5，删除回答“不知道”的样本（一共 6 个，数量较少，不影响回归结果）。

表 10 主观幸福感的分组检验

类别	检验结果
1×FK	0. 332 6 (0. 216 7)
2×FK	0. 245 8 ** (0. 105 0)
3×FK	0. 103 1 ** (0. 042 5)
4×FK	0. 150 9 *** (0. 040 9)
5×FK	0. 170 8 ** (0. 068 2)
控制变量	已控制
样本量/个	7 743

注：*、**、*** 分别表示在 1%、5%和 10%的水平上显著；删除了主观幸福感的缺失值。

（二）按照诈骗类型进行分析

有研究表明，不同类型金融诈骗的影响因素存在较大差异，并不存在特定或者典型的因素对不同类型的金融诈骗均有显著影响，这可能是由于不同类型金融诈骗的目标、方式和手段存在差异。有鉴于此，本文将农户识别出的诈骗分为三类：电信诈骗、网络诈骗和传统诈骗①。

由表 11 可知，就不同诈骗类型而言，金融知识在网络诈骗识别方面的作用最大，电信诈骗次之，而在传统诈骗识别方面虽有积极效果，但显著性和系数都不及前两者。由前文可知，电信诈骗是当前最常见和典型的金融诈骗形式，农户往往相对较为了解和熟悉，金融知识的作用能够得到有效发挥；网络诈骗是近年来新兴的金融诈骗形式，政府对此大为宣传，农户也往往较为重视，金融知识的作用自然可以显现；对于传统诈骗而言，由于类型较多，农户

① 调查问卷中的有关问题是："过去一年，您家遇到过下列哪些形式的诈骗？（可多选）"标题的选项包括："①电话诈骗；②短信诈骗；③QQ、微信等诈骗；④钓鱼网站诈骗；⑤熟人/当面诈骗（传销、不正当商品交易）；⑥其他；⑦都没有。"本文将选择了电话诈骗和短信诈骗的定义为电信诈骗，将选择 QQ、微信等诈骗和钓鱼网站诈骗的定义为网络诈骗，将选择熟人/当面诈骗和其他的定义为传统诈骗。在研究每一种诈骗时，本文仅保留包含此种诈骗类型和没有遭受诈骗的样本。值得注意的是，部分农户可能同时识别出多种类型的诈骗。

也不甚熟悉，此时金融知识的作用相对弱一些，但即使如此仍有积极影响。整体上而言，金融知识对不同类型金融诈骗的识别均能起到积极作用，但存在一定差异。

表 11　不同诈骗类型分析

类别	电信诈骗	网络诈骗	传统诈骗
FK	0.151 2***	0.228 4***	0.084 8*
	(0.027 0)	(0.060 6)	(0.045 7)
控制变量	已控制		
样本量/个	7 554	4 773	5 034

注：*、**、*** 分别表示在 1%、5%和 10%的水平上显著；每种诈骗仅保留受过该诈骗的样本。

六、结论与政策建议

随着金融业的蓬勃发展，当人们享受金融业所带来便利的同时，不可避免地面临着遭受金融诈骗的风险。该问题在农村地区表现得尤为明显，农户迫切需要具备识别金融诈骗的能力。基于 CHFS2015 数据并结合 Probit 模型，本文系统考察了金融知识对农户识别金融诈骗的影响，并进行了异质性分析和分组检验。研究结论如下：①金融知识对于识别金融诈骗有显著正向影响。进一步来看，在不同类型金融诈骗的识别中，金融知识在电信诈骗、网络诈骗识别方面的作用较大。②年龄、性别、受教育水平、家庭金融资产数量和东部地区对金融知识发挥金融诈骗识别作用有积极影响；年龄的平方和风险厌恶对其有负向影响；其余变量均没有显著影响。③本文通过异质性分析发现，金融知识识别金融诈骗的作用在有村干部成员和上过经济或金融类课程的农户中更大。④分组检验结果表明，社会互动、适度的信息关注和主观幸福感更有助于金融知识的金融诈骗识别作用的发挥。

要从根本上铲除农村金融诈骗就必须深耕农村金融市场，健全农村金融风险防控体系，拓宽农民投资理财渠道，加强农村金融消费宣传教育，营造良好的农村金融生态环境。对此，本文提出如下政策建议：第一，加强对金融知识的普及。有关部门可以通过开展金融知识讲座、发放宣传手册等丰富多彩的形式，让农村居民（尤其是老人和未成年人）关注、接触和了解金融知识，提升金融知识水平，进而提升识别金融诈骗的能力。第二，改善农村金融服务。有关部门通过改善农村金融服务，让农村居民可以从正规渠道进行投资融资；

同时鼓励农村中小金融机构有针对性地推出适合农村金融市场的理财产品，为农村闲散资金提供稳定的增值渠道。第三，针对电信诈骗和网络诈骗等诈骗方式，有关部门应提醒农户妥善保管好自己的财物，不随意将个人信息透露给他人，不相信所谓的中奖信息，有效预防电信诈骗；去正规机构进行贷款、融资，不随意相信所谓的网络贷款，预防网络诈骗。

参考文献：

[1] ENGELS C, KUMAR K, PHILIP D. Financial literacy and fraud detection [J]. The European Journal of Finance, 2019 (2): 1-23.

[2] DADALT O. Older adults and fraud: Suggestions for policy and practice [J]. Journal of Economic & Financial Studies, 2016 (3): 38.

[3] 贝多广. 中国普惠金融发展报告 [M]. 北京：中国金融出版社，2019.

[4] 刘阳，张雨涵. 居民金融素养与家庭金融诈骗损失 [J]. 消费经济，2020 (2): 60-71.

[5] 吕卓洋，杜君楠. 农村居民投资理财偏好与风险问题研究 [J]. 农业经济，2019 (9): 96-98.

[6] 张欢欢，熊学萍. 农村居民金融素养测评与影响因素研究：基于湖北、河南两省的调查数据 [J]. 中国农村观察，2017 (3): 131-144.

[7] LUSARDI A, MITCHELL O. Financial literacy and retirement preparedness: Evidence and implications for financial education [J]. Business Economics, 2007 (1): 35-44.

[8] LUSARDI A, TUFANO P. Debt literacy, financial experiences and over-indebtedness [J]. Journal of Pension Economics & Finance, 2015 (2): 332-368.

[9] 尹志超，宋全云，吴雨. 金融知识、投资经验与家庭资产选择 [J]. 经济研究，2014 (4): 64-77.

[10] 吴雨，彭嫦燕，尹志超. 金融知识、财富积累和家庭资产结构 [J]. 当代经济科学，2016 (4): 19-29.

[11] 尹志超，郭沛瑶，张琳琬. "为有源头活水来"：精准扶贫对农户信贷的影响 [J]. 管理世界，2020 (2): 65-71.

[12] 王姣，马国温，姚爽. 中国农村居民金融素养现状及提升研究 [J]. 农业经济，2019 (3): 82-84.

［13］苏岚岚，何学松，孔荣. 金融知识对农民农地抵押贷款需求的影响：基于农民分化、农地确权颁证的调节效应分析［J］. 中国农村经济，2017（11）：71-91.

［14］李丁，丁俊菘. 社会互动对家庭商业保险参与的影响：来自中国家庭金融调查（CHFS）数据的实证分析［J］. 金融研究，2019（7）：96-114.

数字普惠金融

数字普惠金融能提升相对贫困县的农业发展水平吗?①

孙倩[1,2]　王文莉[3]
（1. 西北大学　2. 陕西警官职业学院　3. 西安理工大学经济与管理学院）

一、引言

2020 年，中国已全面消除绝对贫困，原贫困县由绝对贫困县转为相对贫困县。中国县域扶贫战略，已从减贫战略转为以农业发展为核心的乡村振兴战略。相对贫困县农业的发展离不开金融资本的投资，但是金融机构与农户之间信息不对称，相对贫困县的农户缺乏抵押物，农村土地、住房和农具缺乏抵押物流通市场，加之农业生产的周期长、对环境条件依赖较大和收益较低的特点，使得农业在发展过程中很难以较低的成本获得金融机构的资金支持。2005 年联合国提出的普惠金融（financial inclusion）成为贫困地区农业发展新的契机。一方面，普惠金融可以通过降低金融服务成本让农村居民享受到银行服务；另一方面，普惠金融能够通过促进家庭储蓄来汇集更多的金融资源，从而激励农业的生产性投资。近年来，迅速发展的数字技术成为推进中国普惠金融发展的重要载体，它具有打破时空约束、门槛低、交易便捷、交易成本低等特点，进一步扩大了普惠金融的覆盖面。

然而，数字普惠金融是否真能促进农业发展，目前学界尚未形成统一的认知。有学者认为，数字普惠金融通过发挥地理区域的渗透性、使用的有效性和产品的基础性，进一步扩大了金融服务在农村和低收入地区的覆盖面，降低农村地区面临的金融门槛，解决了金融排斥问题，促进了农民创业，从而实现了农业的产业升级。还有一部分学者认为，数字普惠金融发挥作用的前提是数字

① 基金项目：本文受陕西省社会科学基金项目“陕西省县域普惠金融发展评价及影响因素研究”（2019D008）资助。

化和信息化的普及。但是，截至2018年12月底，中国农村互联网普及率仅为38.4%，这种薄弱的互联网基础设施，将未能接触到互联网的居民排斥在金融服务之外；此外，低收入群体受到知识储备量的制约，利用信息技术和数字金融技术往往存在一定困难，这就使其既没有能力也没有动力享受数字金融服务，从而导致数字普惠金融对农业发展可能难以产生积极作用。从已有文献的研究对象来看，其中绝大部分研究以农户微观数据或省级数据为样本，缺乏以县为对象的研究，尤其缺乏针对相对贫困县的研究。然而，我国各项政策实施的最小单位是县，县的发展直接影响市和省的发展。因此，以县为研究对象（尤其是相对贫困县），将有助于各省市对自己所辖县有更清楚的认知，便于制定更有效的县域政策。从已有文献的研究视角来看，绝大部分文献是从数字普惠金融提高了金融供给能力来讨论数字普惠金融对经济发展的积极作用，从数字普惠金融可能产生的“数字鸿沟”来讨论数字普惠金融对经济发展的抑制作用，而鲜有学者从“差异化环境”视角讨论数字普惠金融的作用。然而，我国区域发展不均衡，不同区域市场化水平、自然环境、农业保险发展水平等影响农业发展的外部因素均有较大差异，这些差异均有可能对数字普惠金融在农业发展过程中的作用发挥产生影响，因此，这些因素也值得被讨论。

基于此，本文以中国618个相对贫困县为样本，分别利用面板固定效应模型和门槛回归模型讨论了数字普惠金融对中国相对贫困县农业发展的影响。相较于以往研究，本文的创新之处在于：首先，本文不再以省或农户为研究样本，而是以中国各项政策实施的最小单位“县”为研究对象；其次，笔者在分析数字普惠金融对相对贫困县农业发展的作用及其异质性的基础上进一步讨论了市场化水平、自然环境和农业发展水平对数字普惠金融影响相对贫困县农业发展的调节作用。研究发现，总体上数字普惠金融水平提高，显著提升了相对贫困县的农业发展水平。但从中国东部、中部和西部三个区域来看，数字普惠金融发展在东部和西部地区发挥了更好的作用，而在中部地区，其作用不显著。数字普惠金融在农业发展水平不同的相对贫困县，表现出的支持作用也不同，大约有19%的农业发展水平较低的相对贫困县未能享受到数字普惠金融带来的积极效应，剩余81%的农业发展水平较高的相对贫困县享受到了数字普惠金融的红利，并且随着农业的不断发展，数字普惠金融的“红利”效应会变大。笔者进一步研究发现，相对贫困县所处地区不断提高的市场化水平和良好的自然环境能够促进数字普惠金融支持农业发展的作用效果；但相对贫困县农业保险的发展降低了农业发展对数字普惠金融的依赖。

二、理论假设

农业的生产函数可以表示为 $Y=f(N, L, A, K, M)$。其中，N 表示不受人力控制的自然资源，是农业生产函数关系中的随机项；M 表示在生产过程中保持不变的生产要素投入，是农业生产函数关系中的常数项；L 表示劳动力投入；A 表示农业技术发展水平；K 表示农业资金投入。因此，农业生产函数可以简化为：$Y=f(L, A, K)$，进一步可以用索洛函数表示为：

$$Y=A_t L^\alpha K^\beta$$

农业发展过程中资本投入 K 相对不足，数字普惠金融的发展通过打破时空约束、降低交易门槛和交易成本、提高交易便捷性等途径大大提升了金融在农业领域的渗透性、使用效用性和可负担性。渗透性和使用效用性程度的提升，将促进农业产出 Y 的增加。第二，数字普惠金融的普及可以平滑农户消费，如果数字普惠金融的发展促使农户增加了教育投资，那么劳动力 L 的弹性系数 α 将会提高，促进农业产出 Y 的增加。此外，数字普惠金融的发展使得小规模的农业技术创新成为可能，创新的农业技术不仅可以提高农业技术水平 A_t，也能提高劳动力 L 的弹性系数 α 和资本 K 的弹性系数 β，进而大幅提升农业产出 Y。据此，本文提出假设 1。

假设 1：数字普惠金融能提升相对贫困县的农业发展水平。

中国具有较明显的区域发展不均衡的特点。东部地区在市场环境和人力资本储备等诸多方面远优于中部和西部地区。西部地区从自然环境、发展程度、人力资本储备等方面长期处于较落后状态，但受西部大开发政策的影响，近年来，西部地区在各个方面均有较快发展。而中部地区相较于东部地区开放滞后导致发展不足，相较于西部地区缺乏政策倾斜，常成为“政策洼地”，因此出现了其论发展水平中部比不上东部、论发展速度中部比不上西部的“中部塌陷”局面。这种区域发展的不均衡导致了东部、中部和西部在数字普惠金融发展水平、市场环境、知识水平和农业发展水平等多方面的不均衡，使得在不同区域，数字普惠金融促进相对贫困县域农业发展的效果存在差异。据此，本文提出假设 2。

假设 2：数字普惠金融在促进相对贫困县农业发展过程中存在明显的区域异质性。

数字普惠金融在促进相对贫困县农业发展过程中是否会产生马太效应，取决于数字普惠对相对贫困县域农业发展的作用。如果无论农业发展水平如何，数字普惠金融对农业发展的作用效果一致，则不存在马太效应；如果数字普惠金融对农业发展水平较低的县的作用效果差，而对农业发展水平较高的县的作用效果好，我们则认为存在马太效应。一般来说，农业发展水平较高的县虽然会被传统金融所排斥，但其农业产业化水平较高，农业资本相对充足，农业从业者知识储备更加丰厚，随着数字金融的发展，其可凭借自身优势破除地理、条件、价格、评估等方面的金融排斥，并通过数字普惠金融促进农业的进一步发展。而农业发展水平较低的县域，农业产业化水平较低，农业资本匮乏，从事农业劳动的劳动者知识储备有限，很容易成为数字普惠金融排斥的对象，因此其很难通过数字普惠金融的发展促进农业发展水平的提升。据此，本文提出假设 3。

假设 3：数字普惠金融对农业发展水平较低的相对贫困县的农业发展水平的提升作用不显著，但对农业发展水平较高的相对贫困县的农业发展水平有显著提升作用，即数字普惠金融在促进农业发展过程中存在明显的“马太效应”。

三、实证设计

（一）模型设定与估计方法选择

为了研究数字普惠金融及其各维度对相对贫困县农业发展的影响，本文首先设定双向固定效应面板数据模型如下：

$$\text{agriculture}_{it} = \alpha + \mu_i + \varphi_t + \text{inf}_{it}\beta + X_{it}\gamma + \varepsilon_{it} \tag{1}$$

其中，agriculture_{it} 反映相对贫困县农业发展水平，用人均农业产业增加值的对数（ag）反映。inf_{it} 是模型的核心解释变量，表示县数字普惠金融发展水平，用北京大学数字普惠金融指数反映。北京大学数字普惠金融指数度量了中国内地 31 个省份、337 个地级城市和约 2 800 个县 2011—2018 年（县的普惠金融指数的时间跨度是 2014—2018 年）的普惠金融指数，该指数包括数字普惠金融发展总指数（inf_t）、数字金融覆盖广度（inf_br）、数字金融使用深度（inf_de）和普惠金融数字化程度（inf_di）四个维度上的分指数。其中，数字金融覆盖广度指数从账户覆盖率、支付业务和货币基金业务三个维度衡量了数字普惠金融使用范围；数字金融使用深度指数从小微信贷业务、保险业务、投资业务和信用业务四个维度衡量了数字普惠金融使用量；普惠金融数字化程度指数从移动化、实惠化、信用化和便利化四个维度衡量了数字普惠金融的数字化程度。μ_i 为模型控制变量中不随时间变化的个体特征。φ_t 为模型控制变量中同一年度不随个体变化的外部冲击。X_{it} 为随时间和个体变化的控制变量，具体包括县财政支出规模（exp）、传统信贷投放规模（loan）、农业机械化程度（mac）、教育水平（edu）、就业情况（emp）和产业结构（rind）等因素。

我们接着讨论数字普惠金融与相对贫困县农业发展之间是否存在非线性关系。为了讨论可能存在的非线性关系，本文首先根据我国的经济地理关系将样本分为东部、中部和西部三个区域，分别用模型（1）对这三个区域中的相对贫困县样本进行分组回归。接着以相对贫困县农业发展水平作为门槛变量，用面板门槛模型讨论数字普惠金融与相对贫困县农业发展之间是否存在非线性关系。具体面板门槛模型设定如下：

$$\begin{aligned} agriculture_{it} = \alpha + \mu_i + \varphi_t + &\inf_{it}\beta_1(agriculture_{it} \leqslant \gamma_{11}) + \\ &\inf_{it}\beta_2(\gamma_{11} < agriculture_{it} \leqslant \gamma_{12}) + \cdots + \\ &\inf_{it}\beta_1(\gamma_{1n} \leqslant agriculture_{it}) + X_{it}\gamma + \varepsilon_{it} \end{aligned} \tag{2}$$

在估计方法选择上，由于数字普惠金融是为了让那些被排斥在金融体系之外的弱势群体都能以合理的成本享受到金融服务而进行的一种外力修正和干预，也就是说，数字普惠金融发展水平对于县收入来说具有一定的外生性。因此，本文直接采用最小二乘法对模型进行相关估计，仅在稳健性检验部分引入工具变量进行两阶段最小二乘估计。此外，为避免模型回归中的异方差和序列相关问题，本文在所有模型的回归分析中均采用了异方差序列相关稳健性标准误。

相关变量名称及计算方法如表 1 所示。

表 1　变量名称及计算方法

变量分类	变量	符号	计算方法
被解释变量	农业发展水平	ag	ln(单位面积土地的农业产业增加值)
核心解释变量	数字普惠金融发展指数	inf_t	对“北京大学数字普惠金融指数”做缩小至 1/10 处理
	数字金融覆盖广度	inf_br	
	数字金融使用深度	inf_de	
	普惠金融数字化程度	inf_di	

表1(续)

变量分类	变量	符号	计算方法
控制变量	财政支出规模	exp	ln(人均财政支出)
	信贷投入规模	loan	ln(人均贷款余额)
	农业机械化程度	mac	ln(人均农业机械动力)
	就业情况	emp	第二、三产业从业人数/县人口
	教育水平	edu	在校中小学生人数/县人口
	产业结构	rind	第二、三产业增加值/第一产业增加值

(二) 样本选择、数据来源及描述性统计分析

本文以中国刚脱离绝对贫困的618个相对贫困县2014—2018年的数据作为研究样本，旨在讨论数字普惠金融发展对其农业发展的作用效果。相关数据来自《中国县（市）社会经济统计年鉴》(2015—2019)，普惠金融发展指数来源于郭峰等编制的北京大学数字普惠金融指数。

表2列示了样本县相关变量的描述性统计信息，并进行了东、中、西部三个区域的比较。比较结果显示，东部地区相对贫困县的农业发展水平高于西部，西部高于中部，表现出较为明显的“中部塌陷”特征。这主要是因为，相较于东部地区，中部地区开放的滞后性导致发展不足；相较于西部地区，中部地区缺乏政策倾斜，常成为“政策洼地”。从而导致论发展水平，中部比不上东部；论发展速度，中部比不上西部的“中部塌陷”局面。这一点从财政投放规模和传统信贷投放规模也可见一斑。从数字普惠金融的发展情况来看，中部地区数字普惠金融总指数、数字金融覆盖广度、数字金融使用深度总体好于东部，东部好于西部，但西部地区的普惠金融数字化程度优于中部，中部优于东部。

表2　样本描述性统计

变量名称	全样本				东部均值	中部均值	西部均值
	均值	标准差	最小值	最大值			
p_ag	8.315	0.483	6.274	10.211	8.421	8.251	8.344
inf_t	6.098	2.184	1.024	10.389	7.487	7.869	7.382
inf_br	7.041	2.504	0.232	13.317	7.257	7.264	6.903
inf_de	8.403	3.071	0.262	14.804	8.068	9.115	8.055

表2(续)

变量名称	全样本				东部均值	中部均值	西部均值
	均值	标准差	最小值	最大值			
inf_di	7. 713	2. 908	0. 197	30. 757	7. 191	7. 610	7. 816
exp	8. 831	0. 493	7. 467	10. 995	8. 638	8. 733	9. 023
loan	9. 334	0. 627	4. 522	12. 369	9. 704	9. 418	9. 527
mac	6. 655	0. 623	4. 269	9. 033	6. 939	6. 707	6. 595
emp	0. 217	0. 106	0. 021	0. 755	0. 284	0. 260	0. 197
edu	0. 115	0. 030	0. 010	0. 235	0. 115	0. 107	0. 118
rind	0. 764	0. 100	0. 334	0. 992	0. 783	0. 780	0. 765
观测值	3 090				215	940	1 935

四、实证结果讨论

（一）数字普惠金融发展与相对贫困县的农业发展

表 3 报告了模型 1 的估计结果。第（1）列显示，数字普惠金融发展对相对贫困县农业发展影响系数为 0. 016 1，在 1%的统计水平上显著。从经济含义来看，数字普惠金融发展每提高 1 个标准差，相对贫困县人均农业增加值的增长率将提高 1. 61 个百分点。由此可见，无论是从经济显著性还是从统计显著性来看，数字普惠金融发展均能显著促进相对贫困县的农业发展。

表 3　数字普惠金融与相对贫困县的农业发展

变量	模型 1 （1）	模型 1 （2）	模型 1 （3）	模型 1 （4）
inf_t	0. 016 1*** （3. 59）			
inf_br		0. 005 7* （1. 84）		
inf_de			0. 011 7*** （3. 21）	
inf_di				0. 004 3*** （2. 95）

表3(续)

变量	模型 1 (1)	模型 1 (2)	模型 1 (3)	模型 1 (4)
控制变量 个体固定效应 年份固定效应	控制	控制	控制	控制
样本量	3 090	3 090	3 090	3 090

注：括号内为统计 t 值；*** 、** 、* 分别表示在 1%、5%、10%的统计水平下具有显著性（下同）。

为了讨论数字普惠金融不同维度对相对贫困县农业发展影响的差异，本文进一步检验了数字金融覆盖广度（inf_br）、数字金融使用深度（inf_de）和普惠金融数字化程度（inf_di）对相对贫困县农业发展的影响（如表 3 所示）。从第（2）列至第（4）列来看，数字金融覆盖广度、数字金融使用深度和普惠金融数字化程度的系数为 0.005 7、0.011 7 和 0.004 3，分别在 10%、1%和 1%的统计水平上显著。数字金融使用深度反映了数字普惠金融使用量，提高数字普惠金融使用量能够极大地平滑缓解农业的融资约束，推动相对贫困县农业的投资和发展，从而更大程度促进了农业发展。普惠金融数字化程度反映了数字普惠金融使用的便利化程度，便利的金融服务能够提高投融资效率，从而促进经济增长。数字金融覆盖广度反映了数字普惠金融使用范围，大范围数字金融的使用能够撬动更多的资金投入农业生产中，从而促进相对贫困县农业发展。从系数大小来看，数字金融覆盖广度和普惠金融数字化程度对相对贫困县农业发展的促进作用小于数字金融使用深度。

（二）数字普惠金融对相对贫困县农业发展影响的区域比较

表 4 分别报告了东部、中部和西部数字普惠金融对相对贫困县农业发展的影响。东部地区数字普惠金融对相对贫困县农业发展影响系数为 0.060 9，在 1%的统计水平上显著；西部地区数字普惠金融对相对贫困县农业发展影响系数为 0.012 2，在 5%的统计水平上显著；而中部地区数字普惠金融对相对贫困县农业发展影响不显著。这说明数字普惠金融发展在东部和西部地区发挥了积极的作用，而在中部地区依然出现了“中部塌陷”的特征。

表 4　数字普惠金融对农业发展影响的区域比较

变量	东部	中部	西部
inf_t	0.060 9*** (3.48)	−0.004 9 (−0.70)	0.012 2** (2.19)
控制变量 个体固定效应 年份固定效应	控制	控制	控制
样本量	215	940	1 935

从数字普惠金融发展的不同维度来看，如表 5 所示，数字普惠金融发展在不同地区对农村经济增长促进作用的表现形式存在差异。东部地区数字普惠金融对相对贫困县农业发展的促进作用主要来源于数字金融覆盖广度，即广泛使用的数字普惠金融促进了东部地区相对贫困县农业的发展。西部地区数字普惠金融对相对贫困县农业发展的促进作用主要来源于数字金融使用深度和普惠金融数字化程度，即能够享受数字普惠金融的群体因更多地使用了数字普惠金融所提供的产品和服务以及该服务的便利性条件促进了西部地区相对贫困县农业的发展。数字金融覆盖广度之所以没能对西部地区相对贫困县农业发展产生显著影响，很可能是因为西部地区在数字普惠金融的推广过程中，一些群体遭遇了数字技术的排斥，使其短期内无法享受数字技术带来的红利。

表 5　数字普惠金融各维度对农业发展影响的分析

变量	东部			中部			西部		
	(1)	(2)	(3)	(4)	(5)	(6)	(7)	(8)	(9)
inf_br	0.062 0*** (3.67)			−0.005 7 (−1.24)			0.001 2 (0.30)		
inf_de		−0.005 3 (−0.40)			0.006 9 (1.16)			0.011 9*** (2.74)	
inf_di			0.011 3 (1.65)			0.000 9 (0.32)			0.006 3*** (3.81)
控制变量 个体固定效应 年份固定效应	控制	控制	控制	控制	控制	控制	控制	控制	控制
样本量	215	215	215	940	940	940	1 935	1 935	1 935

注：括号内为统计 t 值；***、**、* 分别表示在 1%、5%、10% 水平下具有显著性（下同）。

（三）数字普惠金融发展与相对贫困县农业发展的门槛效应检验

为了进一步检验数字普惠金融发展促进相对贫困县农业发展过程中是否存在“马太效应”问题，本文首先以相对贫困县农业发展水平作为门槛变量对两者进行了门槛效应检验，通过自举法（bootstrap）获得检验统计量的显著性水平，如表 6 所示。检验结果显示，多门槛检验的 P 值为 0.463 0，没有通过显著性检验，但单门槛和双门槛检验 P 值为 0.000，即单门槛和双门槛效应均显著。因此，本文认为数字普惠金融发展对相对贫困县经济增长存在双门槛效应。因此，本文将基于双门槛效应对实证模型进行估计。

表 6　门槛效应检验

	F 统计量	P 值	10%	5%	1%
单门槛检验	573.12	0	23.886	29.208 2	38.462
双门槛检验	254.28	0	23.559	27.643	40.202
多门槛检验	186.28	0.463 0	233.362	248.014	276.102

估计和检验了双门槛的门槛估计值（见表 7），分别为 8.053 6 和 8.329 1，其 95%的置信区间分别为［8.040 2，8.057 3］和［8.323 8，8.331 4］。

表 7　门槛估计值

门槛值	95%置信区间
8.053 6	［8.040 2，8.057 3］
8.329 1	［8.323 8，8.331 4］

对模型 2 的估计，如表 8 所示。估计结果显示，当人均农业增加值的对数小于 8.053 6 时（人均农业增加值小于 3 145），数字普惠金融发展对相对贫困县农业发展影响系数为负，但统计上不显著。笔者进一步统计发现，人均农业增加值小于 3 145 元的相对贫困县数量占相对贫困县总量的 19%，也就是说在相对贫困县中，有 19%的县在农业发展过程中没有享受到数字普惠金融带来的红利。当人均农业增加值的对数大于 8.053 6、小于 8.329 1 时，数字普惠金融发展对相对贫困县农业发展影响系数为 0.016，在 1%的统计水平上显著；当人均农业增加值的对数大于等于 8.329 1 时（人均农业增加值为 4 143），数字普惠金融发展对相对贫困县农业发展影响系数为 0.028，在 1%的统计水平上显著。也就是说，随着农业的不断发展，数字普惠金融的“红利”效应越来越大。

表 8　数字普惠金融对相对贫困县农业发展水平影响的门槛估计值

变量	模型 2
inf_t(find<8.053 6)	-0.001 (-0.29)
inf_t(8.329 1> find≥8.053 6)	0.016*** (5.09)
inf_t(find≥8.329 1)	0.028*** (8.70)
控制变量 个体固定效应 年份固定效应	控制
样本量	3 090

接着，我们再看检验数字普惠金融各维度对相对贫困县农业发展水平影响的门槛估计值，如表 9 所示，所得结论和数字普惠金融发展对相对贫困县农业发展影响的结论基本一致，从侧面证明上文的估计结果是稳健的。

表 9　数字普惠金融各维度对相对贫困县农业发展水平影响的门槛估计值

变量		模型 2
inf_br	inf_br(find<7.970 6)	-0.012*** (-5.55)
	inf_br(8.326 1> find≥7.970 6)	0.006*** (2.85)
	inf_br(find≥8.326 1)	0.019*** (8.65)
inf_de	inf_de(find<7.970 6)	-0.012*** (-4.16)
	inf_de(8.294 4> find≥7.970 6)	0.004* (1.80)
	inf_debr(find≥8.294 4)	0.015*** (5.74)
inf_di	inf_di(find<8.036 6)	-0.010*** (-7.21)
	inf_di(8.291 5> find≥8.036 6)	0.004*** (3.12)
	inf_di(find≥8.291 5)	0.015*** (10.98)

表9（续）

变量	模型 2
控制变量 个体固定效应 年份固定效应	控制
样本量	3 090

（四）数字普惠金融发展与相对贫困县农业发展的进一步讨论

首先，农业的发展水平不仅受生产环节生产要素投入的影响，还会受到农产品销售环节的反作用。如果农产品销售市场完善、法制环境健全、市场中介组织发育良好，那么顺畅的农产品销售过程会在刺激农业生产的同时增加对数字普惠金融的需求，数字普惠金融使用率的提升进一步增加了农业资本的投入，提高了农业产出；反之，如果农产品销售市场不健全、市场中介组织缺乏，那么不顺畅农产品销售过程会在降低农业生产积极性的同时也减少了对数字普惠金融的需求，数字普惠金融使用率的降低进一步减少了农业资本的投入，从而加速紧缩了农业的产出。因此，相对贫困县所处地区的市场化水平的差异可能是数字普惠金融影响相对贫困县农业发展存在异质性的一个原因，即市场化水平越高，数字普惠金融对相对贫困县农业发展的促进作用越强。

其次，不受人力控制的自然资源对农业发展有重要影响。在短期农业技术水平不发生变化的情况下，自然资源的制约可能会决定一定区域内农业的最大产出，因此，这也就限制了数字普惠金融对相对贫困县农业发展的最大影响。所以，相对贫困县所处地区的自然环境差异可能是数字普惠金融影响相对贫困县农业发展存在异质性的另一个原因，即自然环境越好（海拔低、降雨量大），数字普惠金融对相对贫困县农业发展的促进作用越强。

最后，农业保险属于政策性保险，其发展水平在不同地区不会存在显著差异。但是，农业保险的普及减小了自然资源对农户的影响，进而会调整农户的金融行为。拥有农业保险的农户因自然灾害导致农产品受损时，会通过农业保险给予的赔偿维持本年的消费和来年的农业生产。因此，农业保险的普及减少了因自然灾害引发的临时性金融需求，从而减少了农业对数字普惠金融的依赖。

为了验证上述猜想，本文分别选用樊纲市场化指数（marketization）反映相对贫困县所处地区（省）的市场化水平，用县域所在地海拔（high）和降雨量（rain）反映县域所在地区（省）的自然环境，选用每千元农业产出的农业保险投保额（insurance）反映相对贫困县所在地区（省）的农业保险发展水平。其中，樊纲市场化指数是由政府与市场关系、非国有经济的发展、产品市场发育程度、要素市场发育程度、市场中介组织发育和法制环境等五个维度合成所得。该指标越大，说明市场化水平越高（该指数披露至2016年，本文中所使用的2017—2018年樊纲市场化指数是按照2012—2016年该指数的变化趋势计算所得）。县域所在地海拔为该县政府所在地海拔，海拔高低直接关系到空气中的含氧量，而含氧量对人、动物和植物都是至关重要的，高海拔不仅对人的身体健康不利，还会对生产活动产生不利影响，因此我们认为海拔越高，自然环境越差（该数据来源于等高线地图，为避免数据量纲的影响，本文在回归分析时对县域所在地海拔做了对数处理，统计分析时使用的是原数据）。降雨量关系到农作物的生长，干旱地区是不适宜人居住的，因此认为，降雨量越小，自然环境越差①。

表10报告了樊纲市场化指数（marketization）、县域所在地海拔（high）、降雨量（rain）和农业保险发展水平（insurance）以find=8.053 6为分界点的分组统计结果。从统计结果来看，农业发展水平相对偏低的县（find<8.053 6）的市场化水平显著低于农业发展水平相对较好的县；农业发展水平相对偏低的县（find<8.053 6）的自然环境显著差于农业发展水平相对较好的县；农业发展水平相对偏低的县（find<8.053 6）的农业保险发展水平同农业发展水平相对较好的县没有显著差异。这似乎符合上文的猜想。

表10 相对贫困县市场化水平和自然环境分组统计

变量	find<8.053 6	find>8.053 6	均值差异
	均值	均值	
marketization	6.471	6.749	−0.279***
high	634.477	478.105	156.372***
rain	1 003.693	1 049.672	−45.979***
insurance	6.966	7.114	−0.148
样本量	1 622	6 968	

① 降雨量数据来源于2015—2019年中国水资源公报，为避免数据量纲的影响，本文在回归分析时对降雨量数据做了对数处理，统计分析时使用的是原数据。农业保险收入数据来自2015—2019年中国保险年鉴，农业产出数据来自各省2015—2019年的统计年鉴。

我们进一步通过在模型（1）中分别加入市场化水平与数字普惠金融的交互项、海拔与数字普惠金融的交互项、降雨量与数字普惠金融的交互项、农业保险发展水平与数字普惠金融的交互项来实证讨论市场化水平、自然环境（海拔和降雨量）和农业保险发展水平对数字普惠金融影响相对贫困县农业发展的调节作用，以进一步证实上述猜想。

从表 11 的第（1）列来看，数字普惠金融与市场化水平的交乘项系数为 0. 001 8，在 5%统计水平下显著。也就是说，相对贫困县所在省的市场化水平越高，数字普惠金融发展促进相对贫困县农业发展的效果越好。这就验证了上述关于“相对贫困县所处地区的市场化水平差异是数字普惠金融影响相对贫困县农业发展存在异质性的原因”的猜想。

从表 11 的第（2）和第（3）列来看，数字普惠金融与海拔的交乘项系数为-0. 001 5，在 10%统计水平上显著，即相对贫困县所在地区海拔越低，数字普惠金融发展促进相对贫困县经济增长的效果越好；数字普惠金融与降雨量的交乘项系数为 0. 019 9，在 1%统计水平下显著，即相对贫困县所在地区的降雨量越充足，数字普惠金融发展促进相对贫困县经济增长的效果越好。综合来看，就是相对贫困县所在省的自然环境越好，数字普惠金融发展促进相对贫困县农业发展的效果越好。这就验证了上述关于“自然环境越好（海拔低、降雨量大），数字普惠金融对相对贫困县农业发展的促进作用越强”的猜想。

从表 11 的第（4）列来看，数字普惠金融与农业保险水平的交乘项系数为-0. 002 1，在 1%的统计水平下显著。也就是说，相对贫困县所在省的农业保险发展水平越高，农户对数字普惠金融的依赖越小，数字普惠金融促进农业发展的作用也就越小。

表 11　市场化水平、自然环境和农业保险的调节作用

变量	（1）	（2）	（3）	（4）
inf_t×marketization	0. 001 8** （2. 17）			
inf_t×high		−0. 001 5* （−1. 79）		
inf_t×rain			0. 019 9*** （12. 21）	
inf_t×insurance				−0. 002 1*** （−6. 84）

表11(续)

变量	(1)	(2)	(3)	(4)
控制变量	控制	控制	控制	控制
个体固定效应	控制	控制	控制	控制
年份固定效应	控制	控制	控制	控制
样本量	3 090	3 090	3 090	3 090

5. 稳健性检验

本文从内生性问题、样本选择偏误和遗漏变量问题三个角度进行稳健性检验（结果如表 12 所示）。首先，为了避免内生性问题对估计结果的影响，本文利用滞后一期的数字普惠金融发展指数作为工具变量进行两阶段最小二乘估计（IV-2SLS 估计）。笔者之所以认为选用滞后一期的数字普惠金融发展指数作为模型的工具变量是合理的，是因为：一方面，滞后一期的数字普惠金融发展指数与当期数字普惠金融发展指数具有相关性，满足工具变量与内生解释变量的相关性要求；另一方面，当期的农业发展水平不影响滞后一期的数字普惠金融发展指数、工具变量与被解释变量不相关的要求。估计结果显示，数字普惠金融对相对贫困县农业发展的影响依然显著。接着，为了避免样本选择偏误对估计结果的影响，本文随机剔除 20%的样本，重新对模型进行估计，估计结果显示数字普惠金融对相对贫困县农业发展的影响依然显著。最后，为了避免遗漏变量引起的估计偏误，本文将人均固定资产投资作为控制变量加入模型，重新对模型进行估计。估计结果显示，数字普惠金融对相对贫困县农业发展的影响依然显著。

表 12　数字普惠金融与相对贫困县农业发展关系的稳健性检验

变量	IV-2SLS 估计	剔除 20%样本	添加控制变量
inf_t	0.021 0*** (6.34)	0.015 9*** (3.52)	0.016 5*** (3.71)
控制变量 个体固定效应 年份固定效应	控制	控制	控制
样本量	2 472	2 470	3 090

五、研究结论及政策建议

（一）研究结论

本文分别利用面板固定效应模型和门槛回归模型讨论了数字普惠金融水平对中国相对贫困县农业发展的影响，并进一步讨论了差异化县环境对上述影响的调节作用。研究发现，总体上数字普惠金融的发展显著提升了中国相对贫困县的农业发展水平。其中，数字普惠金融在中国的东部和西部地区对促进相对贫困县的农业发展发挥了更好的效果，而在中部地区的作用不显著，表现出“中部塌陷”特征；数字普惠金融在农业发展较好的相对贫困县，发挥了更好的促进作用，并且该县农业发展水平越高这种促进效果越好，但这种效果在农业发展水平较低的相对贫困县作用不显著，表现出一定的“马太效应”。笔者进一步分析发现，相对贫困县所处地区不断提高的市场化水平和良好的自然环境能够促进数字普惠金融支持农业发展的作用效果；但相对贫困县农业保险的发展会制约数字普惠金融对农业作用的发挥。

（二）政策建议

基于上述研究结论，本文提出以下政策建议：第一，通过多方宣传和政策引导不断提升相对贫困县数字普惠金融的普及率，充分利用数字普惠金融的积极作用使相对贫困县能够共享数字普惠金融发展所带来的红利；第二，继续加强互联网等数字化基础设施的建设，持续推进数字普惠金融的覆盖面和可得性，避免因数字化基础设施不足导致的“数字鸿沟”；第三，不断提高农村居民受教育水平和金融素养，通过增加农户的知识储备来提升数字普惠金融的利用率，缩小因农户自身知识储备不足引发的“数字鸿沟”；第四，不断提高相对贫困县所在地区的市场化水平，不断优化相对贫困县所在地区的化自然环境，进而提升数字普惠金融促进农业发展的效率，降低“马太效应”的影响；第五，发挥农业保险和数字普惠金融在相对贫困县农业发展中的协同作用。

参考文献：

[1] BURGESS R, PANDE R. Do rural banks matter? Evidence from the Indian social banking experiment [J]. American Economic Review, 2005 (3): 780-795.

［2］ DUPAS P， ROBINSON J. Savings constraints and microenterprise development：Evidence from a field experiment in kenya ［J］. American Economic Journal：Applied Economics，2013（5）：223-235.

［3］ 姚耀军，施丹燕. 互联网金融区域差异化发展的逻辑与检验：路径依赖与政府干预视角［J］. 金融研究，2017（5）：127-142.

［4］ 郭峰，王靖一，王芳，等. 测度中国数字普惠金融发展：指数编制与空间特征［J］. 经济学（季刊），2020，19（4）：1401-1418.

［5］ 陈宝珍，任金政. 数字金融与农户：普惠效果和影响机制［J］. 财政研究，2020（6）：37-47.

［6］ 周利，冯大威，易行健. 数字普惠金融与城乡收入差距："数字红利"还是"数字鸿沟"［J］. 经济学家，2020（5）：99-108.

［7］ WENWU XIE，TAO WANG，XUAN ZHAO. Does digital inclusive finance promote coastal rural entrepreneurship?［J］. Modern Finance and Economics-Journal of Tianjin University of Finance and Economics，2020（103）：240-245.

［8］ 何宗樾，张勋，万广华. 数字金融、数字鸿沟与多维贫困［J］. 统计研究，2020（10）：79-89.

［9］ 王小鲁，樊纲，胡李鹏. 中国分省份市场化指数报告（2018）［M］. 北京：社会科学文献出版社，2019.

数字普惠金融有助于缩小城乡收入差距吗?
——基于动态面板门限模型的再检验

程浩[1]　金春雨[2]

（1. 四川农业大学人文学院　2. 吉林大学商学院）

一、引言

党的十九大报告指出，中国特色社会主义进入新时代，我国社会主要矛盾已经转化为人民日益增长的美好生活需要和不平衡不充分的发展之间的矛盾。缩小城乡收入差距是新时期经济与社会发展的重要任务，能够助力于缩小总体收入差距、维护社会和谐与稳定、释放经济增长的新动能。可喜的是，2013年以来，我国城乡收入差距呈现出稳步下降的趋势，以可支配收入的口径测算，城乡收入比由2013年的2.81下降至2018年的2.69，这表明政府统筹城乡发展的举措取得了良好的效果。

囿于服务成本、实体网点覆盖和信用信息等因素，传统金融表现出明显的金融排斥，其服务对象多为大中型企业和高收入群体，表现出“嫌贫爱富”的特征。金融资本过多服务于城镇发展，并形成对农村地区的金融资源“虹吸效应”。与传统金融相比，普惠金融有着更加广泛的服务对象和更加丰富的产品，能延伸到传统金融难以触及的群体，这有利于促进社会公平和实现经济可持续发展。国务院2016年印发的《推进普惠金融发展规划（2016—2020年）》为我国数字金融发展做出了顶层设计和战略指引。借助大数据、云计算和移动互联网等数字技术，数字普惠金融凭借低成本、广覆盖、低门槛、高效率等优势快速发展。北京大学数字金融研究中心发布的指数显示，我国31个省级区域（不包含港澳台地区，下同）数字普惠金融指数的均值由2011年的40.00上升至2018年的300.21。

数字普惠金融被期望能够更好地服务实体经济和人民生活，助力于供给侧改革政策措施的落地。能否借助数字普惠金融破解金融排斥、缩小城乡收入差距，引起了学术界的关注。值得注意的是，已有学者对数字金融作用于城乡收入差距进行了量化研究，初步证实了数字普惠金融对于缩小城乡收入差距的积极意义，但现有研究成果中关于数字普惠金融缩小城乡收入差距作用的约束机制的探讨还不够充分，且罕有学者在城乡收入差距动态影响的视角下展开分析。为此，本文基于动态面板门限模型检验不同门限变量约束下数字普惠金融对城乡收入差距的作用，以期丰富和深化对数字普惠金融作用的认知，获得更为有益的政策启示。

二、文献综述

金融发展与收入差距的理论模型常与经济发展联系在一起，不完善的金融市场被认为是收入差距产生的重要成因。盖洛和泽拉（Galor & Zeira）的理论模型指出，不完善的金融市场限制人们的人力资本投资，解释了收入不平等与经济增长之间的负向关系。不完善的金融市场会抑制金融资源流向低收入群体，阻碍低收入群体的高回报投资，降低资源配置效率，扩大收入差距。巴纳吉等（Banerjee et al.）关注不同主体的职业决策和财富分布，将经济发展构建成一个制度转换过程的模型，由于资本市场的不完善，出现了职业分异和雇佣合同，加剧了不平等。格林伍德（Greenwood）等提出的理论模型证实，在经济发展的过程中金融发展和收入不平等之间存在非线性关系。在经济发展的早期阶段，富人更容易接触到金融市场服务并从中得益，进而加剧收入不平等，而在经济发展的更高阶段，随着更多的人进入金融市场，金融发展则有利于缩小收入差距。在实证检验层面，研究者检验得出的结论不尽一致。克拉克（Clarke）等基于91个国家1960—1995年面板数据的检验表明，金融部门的发展对基尼系数有显著的负向作用，有利于缩小收入差距。贝克（Beck）等认为金融市场不完善，如信息不对称、道德风险等，会将缺乏抵押品的低收入群体排除在金融市场之外，放宽信贷会使这部分人在更大程度上受益，并且可以缩小收入差距。贝克等的研究结果表明，金融发展对经济增长作用的40%可归因于收入差距的缩小。桑顿和托马索（Thornton & Tommaso）使用119个国家1980—2015年的数据检验金融发展和收入不平等的长期效应，证实在长期金融发展可以减小收入差距。而德恩哈和斯特姆（de Haan & Sturm）使用1975—2005年125个国家的面板数据研究金融发展、金融自由化和银行危机与收入不平等之间的关系，得出金融变量扩大收入差距的结论。比当古（Bittencourt）等以 1976—2011 年美国各州的水平数据建立面板数据模型，也得出了金融发展扩大收入差距的结论。

自联合国 2005 年在国际小额信贷年会上提出普惠金融这一概念，越来越多研究者们展开这方面的研究并逐渐深入并走向成熟。萨尔玛（Sarma）、阿罗拉（Arora）、古普特（Gupte）等以及北京大学互联网金融研究中心（2019）等关于普惠金融的测度指标体系与指数发布为普惠金融与收入差距关系的研究奠定了基础。派克和墨卡多（Park & Mercado）发现，亚洲发展中国家普惠金融的发展显著减少贫困水平、缩小收入差距。图雷加诺和赫雷罗（Turegano & Herrero）的实证分析表明，控制经济发展和财政政策等关键因素的影响，普惠金融对于缩小收入差距有着积极贡献。冯·芬特尔等（von Fintel et al.）结合南非税收记录估计财富和收入平等，确认了普惠金融与收入不平等之间的负向关系，发现普惠金融在提升中产阶层财富份额的同时会减少穷人的财富份额。奥马尔和伊纳巴（Omar & Inaba）使用 116 个发展中国家 2004—2016 年非平衡面板数据的研究表明，人均收入、互联网用户比例、通货膨胀和收入不平等显著影响发展中国家的普惠金融水平，普惠金融可以显著地降低贫困率和缩小收入差距。克林（Kling）等构建了普惠金融与收入不平等的理论模型，他使用 2011—2013 年中国家庭金融调查数据进行实证检验，发现普惠金融缩小了教育领域的投资差距，但这种影响主要由储蓄账户而非银行贷款推动，普惠金融对收入差距的影响好坏参半。

出于对城乡二元结构问题的持续关注和精准扶贫政策执行的实践需要，加之我国移动支付、大数据等技术的应用普及，数字普惠金融受到国内研究者的热切关注。郑美华总结出农村数字普惠金融的三种发展模式，并对典型案例进行了深度剖析。谢绚丽等将数字普惠金融指数与地区创业活跃度相匹配，证实了数字金融发展对创业具有显著促进作用，且对城镇化率低的省份鼓励创业的作用更为突出。陈丹和姚明明证实数字普惠金融对提升农村居民收入具有积极作用。任碧云和李柳颖利用结构方程模型从微观视角分析了数字普惠金融影响农村包容增长的机制。

数字普惠金融与城乡收入差距之间的关系也得到了广泛的探讨和研究，这些探讨和研究从不同的侧面对两者的关系进行了验证，大体得出了数字普惠金融有益于缩小城乡收入差距的结论。宋晓玲基于面板数据的实证分析表明，数字普惠金融的发展能够显著缩小城乡收入差距，城市化水平、对外开放程度等控制变量对城乡收入差距也具有显著的作用。周利等将中国数字普惠金融发展指数与中国劳动力追踪调查数据相匹配，使用基于分位数回归的 MM 分解，发现存在“数字红利”，且在低分位点数字普惠金融缩小城乡收入差距的边际效用更大，数字普惠金融通过增加金融可得性、降低门槛效应的机制缩小城乡收入差距。此外，面板门限模型已成为学者们探讨约束条件下数字普惠金融影响城乡收入差距的有力工具。梁双陆和刘培培以居民受教育程度为门限变量，使用静态面板门限模型检验了教育对数字普惠金融缩小城乡居民收入差距效力上的约束，认为存在着“数字鸿沟”。张贺和白钦先以城镇化率作为门限变量，使用静态面板门限模型也证实了数字普惠金融对缩小城乡收入差距的作用。赵丙奇以数字普惠金融指数为门限变量，认为在经济水平低的地区发展数字普惠反而会拉大城乡收入差距。

三、动态面板数据门限模型原理

动态面板数据门限模型及一阶差分广义矩估计方法（FD-GMM）克服了门限模型未在动态面板框架下建立、回归项或门限变量外生这两个局限，并通过渐近性分析和蒙特卡洛模拟实验证实估计方法有着良好的大样本性质和有限样本性质。动态面板门限模型设定形式为

$$y_{it} = [1 \quad x_{it}^T]\,\varphi_1 1\{q_{it} \leqslant \gamma\} + [1 \quad x_{it}^T]\,\varphi_2 1\{q_{it} > \gamma\} + \varepsilon_{it} \tag{1}$$

其中，被解释变量 y_{it} 是一个随机标量，x_{it} 是 $k_1 \times 1$ 维的解释变量向量，在动态面板门限模型的设定下，回归项包括被解释变量滞后一期和其他解释变量，$1\{\cdot\}$ 是一个示性函数，满足括号内条件取值为 1，否则取值为 0，q_{it} 是门限变量（也可称为转移变量）。γ 是未知的门限参数，φ_1 和 φ_2 是与不同区制（regimes）相联系的 $(k_1 + 1) \times 1$ 维解释变量系数，在方程（1）中通过门限变量划分出低、高两个区制。误差项 ε_{it} 包含了个体效应，即

$$\varepsilon_{it} = \alpha_i + v_{it} \tag{2}$$

其中，α_i 是不可观测的个体效应，v_{it} 是均值为 0 的随机干扰项。值得注意的是，模型允许回归项中变量或门限变量为内生变量，即 $E(q_{it}v_{it}) \neq 0$ 或 $E(x_{it}v_{it}) \neq 0$。α_i 被设定为固定效应，控制 α_i 可避免不可观测变量带来的混淆偏差。对方程（1）执行阿雷利亚诺和拜德（Arellano & Bond）提出的一阶差分变换可得

$$\Delta y_{it} = \beta^T \Delta x_{it} + \delta^T X_{it}^T 1_{it}(\gamma) + \Delta\varepsilon_{it} \tag{3}$$

其中，Δ 为一阶差分算子，$\beta = [\varphi_{1,2} \quad \cdots \quad \varphi_{1,k_1+1}]^T$ 是 $k_1 \times 1$ 维参数向量，$\delta = \varphi_2 - \varphi_1$ 是 $(k_1 + 1) \times 1$ 维的参数向量，并且

$$X_{it} = \begin{bmatrix} 1 & x_{it}^T \\ 1 & x_{i,t-1}^T \end{bmatrix}, \qquad 1_{it} = \begin{bmatrix} 1\{q_{it} > \gamma\} \\ -1\{q_{it-1} > \gamma\} \end{bmatrix}$$

令 $\theta = [\beta^T \quad \delta^T \quad \gamma]^T$，并定 $(2k_1+1) \times 1$ 维参数向量 θ 属于一个紧集 $\Theta = \Phi \times \Gamma \subset \mathbb{R}^k$，其中 $k = 2(k_1+1)$。

方程（3）直接执行 OLS 估计存在偏误，因为转换后的回归项与 $\Delta\varepsilon_{it}$ 相关。为了解决这一问题，我们可引入一个 $l \times 1$ 维的工具变量向量 $[z_{it_0}^T \quad \cdots \quad z_{iT}^T]^T$，$2 < t_0 \leqslant T$ 且 $l \geqslant k$，满足如下两个条件之一：

$$E(z_{it_0}^T \Delta\varepsilon_{it_0}, \ \cdots, \ z_{it_0}^T \Delta\varepsilon_{iT})^T = 0 \tag{4}$$

$$E(\Delta\varepsilon_{it} \mid z_{it}) = 0, \ t = t_0, \ \cdots, \ T \tag{5}$$

其中，z_{it} 包括解释变量和门限变量的滞后期，也可以引入额外的工具变量，在不同的时刻 t 工具变量的数量以不同。考虑如下 l 维样本矩条件列向量：

$$\bar{g}_n(\theta) = \frac{1}{n}\sum_{i=1}^{n} g_i(\theta) \tag{6}$$

其中，

$$g_i(\theta) = \begin{bmatrix} z_{it_0}\varepsilon_{it_0} \\ \vdots \\ z_{iT}\varepsilon_{iT} \end{bmatrix} = \begin{bmatrix} z_{it_0}[\Delta y_{it_0} - \beta^T \Delta x_{it_0} - \delta^T X_{it_0}^T 1_{it_0}(\gamma)] \\ \vdots \\ z_{iT}[\Delta y_{iT} - \beta^T \Delta x_{iT} + \delta^T X_{iT}^T 1_{iT}(\gamma)] \end{bmatrix} \tag{7}$$

假定参数值 θ 等于真实值 θ_0 时 $E[g_i(\theta)] = 0$，并且令 $g_i = g_i(\theta_0)$。假定 $\Omega = E(g_i g_i^T)$ 是一个正定矩阵。存在一个正定矩阵 W_n 依概率收敛于 Ω^{-1}，令

$$\bar{J}_n(\theta) = \bar{g}_n(\theta) W_n \bar{g}_n(\theta)^T \tag{8}$$

θ 的 GMM 估计通过最小化目标函数 $\bar{J}_n(\theta)$ 得到，即

$$\hat{\theta}_{GMM} = \arg\min_{\theta \in \Theta} \bar{J}_n(\theta) \tag{9}$$

由于目标函数关于 γ 不连续且模型对于任意 $\gamma \in \Gamma$ 都是线性的，我们可以采用格点搜索方法搜寻 γ 的估计值。对于一个固定的 γ，可以对 $\bar{g}_n(\theta)$ 进行分解，令

$$\bar{g}_{1n} = \frac{1}{n}\sum_{i=1}^{n} g_{1i}, \quad \bar{g}_{2n}(\gamma) = \frac{1}{n}\sum_{i=1}^{n} g_{2i}(\gamma),$$

其中，

$$g_{1i} = \begin{bmatrix} z_{it_0}\Delta y_{it_0} \\ \vdots \\ z_{iT}\Delta y_{iT} \end{bmatrix}, \quad g_{2i}(\gamma) = \begin{bmatrix} z_{it_0}[\Delta x_{it_0}, \ 1_{it_0}(\gamma)^T X_{it_0}] \\ \vdots \\ z_{iT}[\Delta x_{iT}, \ 1_{iT}(\gamma)^T X_{iT}] \end{bmatrix},$$

$$g_i(\theta) = g_{1i} - g_{2i}(\gamma)\begin{bmatrix} \beta \\ \delta \end{bmatrix} \tag{10}$$

给定 γ，很容易得到 β 和 δ 的 GMM 估计值。将上式代入目标函数公式

(9) 中，令一阶导数等于 0，可得

$$\begin{bmatrix}\hat{\beta}\\ \hat{\delta}\end{bmatrix} = [\bar{g}_{2n}(\gamma)^T W_n \bar{g}_{2n}(\gamma)]^{-1} \bar{g}_{2n}(\gamma)^T W_n \bar{g}_{1n} \tag{11}$$

如此，将 β 和 δ 的 GMM 估计值代入公式 (8) 可以得到 $\hat{J}_n(\gamma)$，通过格点搜索使得 $\hat{J}_n(\gamma)$ 最大，进而得到 $\hat{\gamma}$，即

$$\hat{\gamma} = \arg\min_{\gamma \in \Gamma} \hat{J}_n(\gamma) \tag{12}$$

模型设计者提供了两步最优化 GMM 估计的程序，使用第一步的残差构造最优化加权矩阵，执行第二步估计。并且在参数服从渐近分布证明的基础上，给出渐近协方差矩阵估计方法，用于判断估计参数的离散程度和执行显著性检验。

由于使用一阶差分变换，我们只能得到直接变换后的参数估计值 $\hat{\beta}$，$\hat{\delta}$ 和 $\hat{\gamma}$，可以基于德尔塔 (Delta) 法得到转换前参数的估计值及相应的渐近协方差矩阵估计，只是还存在一个不可识别的参数 $\varphi_{1,1}$。

四、变量选择和模型设定

(一) 假设的提出

数字普惠金融是金融市场在新技术驱动下不断完善的产物，可以破解传统金融的时空制约，通过大数据技术完成客户的征信画像，化解信息不对称、监控违约的风险，同时降低中低收入群体和农村居民获取金融服务的门槛，有利于减少金融排斥。数字普惠金融与传统金融之间的互补和竞争关系能提升金融市场的活力和资源配置的能力，更好地培育有活力的微观经济主体，激励人们通过教育投资塑造人力资本，获得更具竞争力的职业和薪酬，驱动农村消费获得包容性的经济增长进而增加农村居民的收入。据此，提出假设 1。

假设 1：数字普惠金融的发展可以缩小城乡收入差距。

我国各区域之间在经济社会发展水平、城镇化水平和产业结构等方面都存在巨大的差异，这有可能导致数字普惠金融与城乡收入差距之间的关系表现出异质性。城镇化水平越高，传统金融的网点覆盖率和服务能力就越强，数字普惠金融改善金融市场的空间也就越小，这会限制数字普惠金融发挥缩小城乡收入差距的作用。梁双陆和刘培培指出，受教育程度会制约数字普惠金融发挥缩小城乡收入差距的作用，受教育程度越高，数字普惠金融缩小城乡收入差距的作用越强。实际上，对个体而言，受教育程度越高，职业、薪酬和社会地位使其更容易被传统金融所包容，即受教育程度越高，个体对数字普惠金融的依赖

度越低。在产业结构变迁和经济增长动能转换的背景下，数字普惠金融从普惠性质、主要功能和资金规模上看都不足以构成产业升级的主要支撑，因此在产业结构高级化水平越低的区域，数字普惠金融改善金融市场资源配置的能力就越强，反之，则越弱。据此，我们提出假设 2 至假设 4。

假设 2：城镇化程度影响数字普惠金融缩小城乡收入差距的效果，城镇化程度越高，数字普惠金融对城乡收入差距的负向作用越小。

假设 3：居民受教育程度影响数字普惠金融缩小城乡收入差距的效果，地区居民受教育程度越高，数字普惠金融对城乡收入差距的负向作用越小。

假设 4：产业结构高级化水平影响数字普惠金融缩小城乡收入差距的效果，地区产业高级化程度越强，数字普惠金融对城乡收入差距的负向影响越小。

（二）变量选择与数据来源

本文的被解释变量为城乡收入差距，通过计算泰尔（Theil）指数获得。相较于城乡可支配收入比和基尼系数，泰尔指数既能反映城乡人口所占的比重，也能灵敏地反映两端收入的变化，因此更适用于我国城乡收入差距两端变化的特点。其计算公式为

$$\text{Theil}_{i,\ t} = \sum_{j=1}^{2}\left(\frac{p_{ij,\ t}}{p_{i,\ t}}\right)\ln\left(\frac{p_{ij,\ t}}{p_{it}}\Big/\frac{z_{ij,\ t}}{z_{i,\ t}}\right)$$

其中，j 取值 1 或 2，分别表示城镇和农村地区，i 表示相应的截面单元，p 为可支配收入，z 表示人口数量。样本横截面覆盖我国 31 个省级区域，选择的样本时间区间为 2013—2018 年，数据来自中国统计年鉴。2013 年，农村收入的统计口径从纯收入调整为可支配收入，这使得城乡收入可比、所计算的泰尔指数更能反映城乡收入差距的真实情况。

核心被解释变量为数字普惠金融发展水平（Diff）。本次研究的数据来自北京大学数字金融研究中心发布的数字普惠金融指数，两期指数覆盖了 2011—2018 年我国 31 个省级区域，同时北京大学数字金融研究中心还提供了数字金融覆盖广度、数字金融使用深度以及普惠金融数字化程度指数。

借鉴已有的文献，本文选择的控制变量包括：地区经济发展水平（Gdp），地区金融发展效率（Feffi），对外开放程度（Fdi）和政策偏向性因素（Assfi）。地区经济发展水平以人均国内生产总值（GDP）指代。根据库兹涅茨（Kuzents）假说，在一国的经济发展过程中，收入差距会呈现出先上升后下降的趋势，鉴于本文的数据样本区间较短，可能不足以捕捉二者之间的倒“U”形关系，因此未添加人均 GDP 的二次项。地区金融发展效率以金融中介效率

即金融机构存贷比衡量，计算公式为金融机构的贷款总额除以存款总额，存贷比越高，该地区金融机构的盈利能力和支持地方经济发展的力度越强，同时高存贷比也意味着资金压力和信贷风险。对外开放程度以实际利用外商直接投资占 GDP 的比重衡量，用于反映资本要素的开放程度。一方面，外资的项目多布局于城镇；另一方面，外国直接投资（FDI）及其溢出效应可促使农村人口向城镇转移，综合作用于城乡收入差距。政策偏向因素以固定资产投资（不含农户）占 GDP 的比重衡量，固定资产投资天然倾向于服务城市发展和连接城市，能反映国家和区域发展战略，会作用于地区城乡收入差距。以上原始数据主要来源于中国统计年鉴、中国金融年鉴、中国固定资产投资统计年鉴和各省级区域的统计年鉴。

为验证假设 2 至假设 4，选择的门限变量为城镇化率（Urban）、劳动力平均受教育程度（Edu）和产业结构高级化水平（Indad）①。

（三）实证模型设定

在运用动态面板门限模型研究数字普惠金融对我国城乡收入差距的非线性作用之前，构建一个基准的动态面板数据模型作为参照，并用于验证假设 1。模型的设定形式为

$$\text{Theil}_{it} = \rho\text{Theil}_{it-1} + \varphi_1\text{Diff}_{it} + \varphi_2\text{Gdp}_{it} + \varphi_3\text{Feffi}_{it} + \varphi_4\text{Fdi}_{it} + \varphi_5\text{Assfi}_{it} + \mu_i + v_{it}$$

分别以城镇化率、劳动力平均受教育程度和产业结构高级化水平作为门限变量，动态面板门限模型的设定形式为

$$y_{it} = [1 \quad x_{it}^T]\,\varphi_1 1\{q_{it} \leqslant \gamma\} + [1 \quad x_{it}^T]\,\varphi_2 1\{q_{it} > \gamma\} + \varepsilon_{it}$$

其中，y_{it} 为反映城乡收入差距的泰尔指数，向量 x_{it} 的第一行是被解释变量的滞后一期，即 Theil_{it-1}，向量 x_{it} 的第二行是解释变量普惠金融发展水平，第三行到最后一行是控制变量，门限变量 q 分别取城镇化率 Urban、劳动力平均受教育程度 Edu 和产业高级化水平 Indad。

五、实证检验过程与结果讨论

（一）基准回归分析

把控制变量逐一引入计量方程中，表 1 中计量模型（1）至模型（5）的结果显示，核心解释变量数字普惠金融发展水平对城乡收入差距存在负向影响，

---

① 城镇化率以城镇常住人口占总人口的比重衡量，数据来源于中国统计年鉴。劳动力平均受教育程度通过计算平均受教育年限得到，原始数据来源于中国劳动统计年鉴。产业结构高级化水平依据付凌晖提出的夹角余弦方法测算得出，三次产业结构原始数据来源于中国统计年鉴。

且均在1%的水平通过显著性检验，这表明发展数字普惠金融可以有效降低城乡收入差距，假设1成立。被解释变量的滞后一期对被解释变量当期值的影响系数介于0～1，说明所建立的模型具有稳定性，且城乡收入差距有着自我扩大的惯性，应妥善应对。控制变量中，地区经济发展水平对城乡收入差距的影响为负，同样均在1%的水平通过显著性检验。这在某种程度上意味着，整体而言我国经济的发展水平已经越过了库兹涅茨（Kuzents）假说中倒“U”形曲线的顶点，随着人均GDP的稳步提升，城乡收入差距逐步缩小，改革和发展的成果惠及农村低收入群体。

表1　数字普惠金融对城乡收入差距的影响（动态面板模型）

变量	Model（1）	Model（2）	Model（3）	Model（4）	Model（5）
Theil_lag	0.522 1*** （0.093 4）	0.361 4*** （0.084 5）	0.358 5*** （0.084 8）	0.244 3*** （0.082 2）	0.234 0*** （0.082 2）
Diff	-0.000 9*** （0.000 1）	-0.000 5*** （0.000 1）	-0.000 4*** （0.000 1）	-0.000 4*** （0.000 1）	-0.000 3*** （0.000 1）
Gdp		-0.036 8*** （0.007 2）	-0.038 5*** （0.007 6）	-0.033 5*** （0.006 7）	-0.033 0*** （0.006 8）
Feffi			0.000 1 （0.000 1）	0.000 0 （0.000 1）	0.000 0 （0.000 1）
Fdi				-0.005 0 （0.001 3）	-0.005 1 （0.001 3）
Assfi					0.000 0 （0.000 1）
常数项	0.254 4*** （0.017 8）	0.562 3*** （0.062 2）	0.566 6*** （0.062 3）	0.521 6*** （0.055 5）	0.509 0*** （0.062 0）
观测值数	155	155	155	155	155

（二）门限效应分析

表2列出了以城镇化率为门限变量的动态面板门限模型计量方程估计结果。为了避免数字金融发展与城乡收入差距之间互为因果造成潜在的内生性，我们将核心解释变量数字金融发展水平设置为内生变量，使用逐步添加控制变量的方式执行参数估计。模型（1）至模型（5）中，无论城镇化水平如何，数字普惠金融对城乡收入差距的影响总是负的，这再次证实假设1成立。未引入控制变量时，城镇化率的门限估计值为53.79%，引入控制变量后，城镇化率的门限参数估计值接近48%，这与张贺和白钦先静态面板模型第一个门限参数

估计接近。模型（5）的参数结果显示，城乡收入差距自我扩大的惯性随着城镇化水平的提升而减弱，实施新型城镇化战略、统筹城乡发展在缩小城乡差距方面有着积极意义。当城镇率低于 48% 时，数字普惠金融发展对城乡收入差距的影响系数为 -0.001 4，当城镇化率高于 48% 时，数字普惠金融的影响系数衰减为 -0.000 6，且两个区制的参数之差在1%的水平下通过水平显著性检验，假设2验证成立，即城镇化水平越高，数字普惠金融在降低金融市场摩擦、降低金融可得性门槛和缓解金融排斥方面的作用越小。控制变量中，金融发展效率、对外开放程度对城乡收入差距的作用受城镇化程度的制约，不同区制作用方向不同。当城镇化水平较低时，金融发展效率对城乡收入差距的影响显著为正，加剧了城乡收入二元结构；当城镇化水平较高时，金融发展效率越高越能惠及社会中的各个群体、减少信息不对称和实现金融创新驱动，降低城乡收入差距。当城镇化率较低时，对外开放程度对城乡收入差距的影响不显著；当城镇化水平较高时，对外开放程度对城乡收入差距的影响系数为 -0.003 9，且在5%的水平上显著。这表明在城镇化水平高的区域，对外开放和利用外资在吸纳农村剩余劳动力和促进农民增收方面有更强的溢出效应。当城镇化水平较低时，政策偏向性因素不利于缩小城乡收入差距；当城镇化水平较高时，政策偏向性因素扩大城乡收入差距的作用削弱，不具有统计意义，两个区制政策偏向对城乡收入差距的影响之差为 -0.008，在1%的水平下显著。

表2　数字普惠金融对城乡收入差距的影响（以城镇化率为门限变量）

变量	Model (1)	Model (2)	Model (3)	Model (4)	Model (5)
Theil_lag(Urban≤γ)	0.318 3*** (0.070 0)	-0.107 7 (0.077 4)	-0.146 8 (0.159 7)	-0.462 6 (0.370 5)	0.296 1* (0.152 3)
Diff(Urban≤γ)	-0.001 1*** (0.000 1)	-0.000 0 (0.000 2)	-0.000 3 (0.000 3)	-0.000 8* (0.000 5)	-0.001 4*** (0.000 4)
Gdp(Urban≤γ)		-0.228 2*** (0.032 3)	-0.128 3** (0.051 5)	0.000 4 (0.001 3)	0.024 5 (0.080 2)
Feffi(Urban≤γ)			0.000 2 (0.000 3)	0.001 9 (0.007 4)	0.002 9*** (0.000 8)
Fdi(Urban≤γ)				-0.005 0 (0.001 3)	0.000 9 (0.004 8)
Assfi(Urban≤γ)					0.000 9*** (0.000 3)

表2(续)

变量	Model (1)	Model (2)	Model (3)	Model (4)	Model (5)
Theil_lag(Urban>γ)	0.251 4*** (0.068 2)	0.276 0*** (0.061 4)	0.291 6*** (0.105 9)	0.516 3*** (0.127 5)	0.189 8 (0.139 0)
Diff(Urban>γ)	-0.000 7*** (0.000 1)	-0.000 5*** (0.000 1)	-0.000 4*** (0.000 1)	-0.001 4*** (0.000 3)	-0.000 6*** (0.000 2)
Gdp(Urban>γ)		-0.021 9** (0.010 4)	-0.020 4 (0.015 6)	0.019 7 (0.018 5)	-0.000 7 (0.007 8)
Feffi(Urban>γ)			0.000 0 (0.000 2)	-0.000 6*** (0.000 1)	-0.000 4*** (0.000 2)
Fdi(Urban>γ)				-0.002 1* (0.001 2)	-0.003 9*** (0.000 7)
Assfi(Urban>γ)					0.000 2 (0.000 1)
常数项之差	-0.107 2*** (0.020 0)	-2.114 5*** (0.275 5)	-1.140 9** (0.483 1)	-3.068 7** (1.408 2)	0.448 4 (0.905 7)
Theil_lag_δ	-0.066 9 (0.101 0)	0.383 7*** (0.126 0)	0.484 1*** (0.165 9)	0.978 9*** (0.380 0)	-0.106 3 (0.235 6)
Diff_δ	0.000 4*** (0.000 1)	-0.000 5*** (0.000 1)	-0.000 2 (0.000 6)	-0.000 5 (0.000 4)	0.000 7** (0.000 3)
Gdp_δ		0.206 3*** (0.028 1)	0.107 8** (0.046 4)	0.300 3** (0.128 7)	-0.025 2 (0.084 2)
Feffi_δ			-0.000 2 (0.000 2)	-0.001 0 (0.001 3)	-0.003 3*** (0.000 9)
Fdi_δ				-0.004 0 (0.008 5)	-0.004 8 (0.004 8)
Assfi_δ					-0.000 8*** (0.000 3)
门限值 (γ_urban)	53.794 0*** (3.991 2)	48.139 0*** (2.617 0)	47.960 0*** (8.108 0)	48.353 7*** (2.638 0)	48.139 0*** (2.718 3)
矩条件数	24	28	32	36	40

表3给出了以劳动力受教育程度为门限变量，将数字金融发展水平设置为内生变量，逐步添加控制变量执行动态面板门限模型的参数估计。门限值估计相对于引入控制变量与否不敏感，5个模型的门限估计参数处于［9.22，9.41］。

模型（1）至模型（5）中，无论劳动力受教育程度处于何种区制，数字普惠金融发展水平对城乡收入差距存在负向影响，至少在 5% 的水平通过显著性检验，两个区制的影响系数从统计意义和经济意义上看，不具有明显差别，由此可验证得出假设 3 不成立，即受教育程度未构成数字普惠金融发展的制约条件。根据北京贵士信息科技有限公司（QuestMobile）2019 年发布的数据，中国移动互联网月活跃用户规模达 11.38 亿，智能手机和移动互联网的普及构成了数字金融发展的基础设施，发达的电子商务技术、移动支付技术等培养了用户使用习惯，数字普惠金融的发展打破了教育对接受金融服务的约束，使得各个群体都可以享受数字普惠金融发展带来的红利。控制变量中，金融发展效率对城乡收入差距的作用受到劳动力受教育程度的制约。模型（3）至模型（5）显示，当劳动力平均受教育年限处于低区制时，金融发展效率会扩大城乡收入差距；反之，金融发展效率会缩小城乡收入差距。鉴于金融发展效率主要体现为传统金融中介的效率，未体现传统金融向数字化延伸的方面，因此这可以解释为传统金融的服务门槛和金融排斥。

表 3　数字普惠金融对城乡收入差距的影响（以劳动力受教育程度为门限变量）

变量	Model（1）	Model（2）	Model（3）	Model（4）	Model（5）
Theil_lag(Edu≤γ)	0.458 2** （0.180 6）	−0.165 4 （0.139 1）	−0.454 6*** （0.118 2）	0.274 3* （0.167 5）	0.312 4 （0.354 5）
Diff(Edu≤γ)	−0.000 6*** （0.000 2）	−0.000 6*** （0.000 2）	−0.000 7** （0.000 3）	−0.001 2*** （0.000 3）	−0.000 7*** （0.000 3）
Gdp(Edu≤γ)		−0.112 1*** （0.039 6）	−0.064 6*** （0.022 7）	−0.025 7 （0.038 3）	−0.090 7 （0.061 3）
Feffi(Edu≤γ)			0.001 4*** （0.000 4）	0.001 1** （0.000 5）	0.001 1** （0.000 5）
Fdi(Edu≤γ)				−0.013 6* （0.007 2）	0.005 2 （0.012 8）
Assfi(Edu≤γ)					−0.000 2 （0.000 4）
Theil_lag(Edu>γ)	0.233 3* （0.122 0）	0.257 5** （0.130 0）	0.443 5*** （0.071 7）	0.184 0* （0.095 5）	−0.112 5 （0.200 0）
Diff(Edu>γ)	−0.000 5*** （0.000 1）	−0.000 5*** （0.000 2）	−0.000 6** （0.000 3）	−0.001 2*** （0.000 1）	−0.000 8*** （0.000 3）

表3(续)

变量	Model (1)	Model (2)	Model (3)	Model (4)	Model (5)
Gdp(Edu>γ)		-0.016 5 (0.015 9)	-0.034 3** (0.009 7)	0.012 3** (0.006 2)	0.000 7 (0.015 4)
Feffi(Edu>γ)			0.000 0 (0.000 2)	-0.000 7** (0.000 3)	-0.000 4** (0.000 2)
Fdi(Edu>γ)				-0.001 8 (0.001 9)	-0.005 2 (0.003 8)
Assfi(Edu>γ)					0.000 0 (0.000 1)
常数项之差	-0.068 5 (0.046 7)	-1.076 4*** (0.295 7)	-0.308 2 (0.215 6)	-0.268 1 (0.384 8)	0.802 2 (0.562 7)
Theil_lag_δ	-0.225 0 (0.262 3)	0.428 9*** (0.069 5)	0.898 1*** (0.116 3)	-0.090 3 (0.245 2)	-0.424 8 (0.438 1)
Diff_δ	0.000 1 (0.000 1)	0.000 1 (0.000 1)	0.000 0 (0.000 2)	-0.000 0 (0.000 2)	0.000 0 (0.000 2)
Gdp_δ		0.095 6*** (0.028 9)	0.030 4* (0.018 0)	0.037 9 (0.037 3)	0.091 4 (0.056 5)
Feffi_δ			-0.001 4** (0.000 6)	-0.001 7*** (0.000 4)	-0.001 6*** (0.000 4)
Fdi_δ				0.011 7 (0.007 6)	-0.010 4 (0.013 8)
Assfi_δ					0.000 2 (0.000 5)
门限值（γ_edu）	9.250 5*** (0.543 7)	9.230 2*** (0.590 5)	9.220 0*** (0.474 2)	9.410 9*** (0.683 5)	9.240 3*** (0.750 3)
矩条件数	24	28	32	36	40

表4给出了以劳动力受教育程度为门限变量，将数字金融发展水平设置为内生变量，逐步添加控制变量执行动态面板门限模型的参数估计。模型（1）至模型（5）中，门限参数的估计值处于［6.50，6.86］，对于引入控制变量与否不敏感。从滞后被解释变量两个区制的影响看，滞后一期的城乡收入差距对当期的影响在产业结构高级化程度高区制明显低于低区制，且在模型（1）至模型（3）中都通过了显著性检验，这证实持续推进产业结构优化升级有助于削弱甚至打破城乡收入差距自我扩大的惯性，能助力于破除城乡二元结构的制约，释放经济发展新动能。

表 4　数字普惠金融对城乡收入差距的影响（以产业结构高级化水平为门限变量）

变量	Model（1）	Model（2）	Model（3）	Model（4）	Model（5）
Theil_lag(Indad≤γ)	0. 966 8*** (0. 155 1)	0. 657 0*** (0. 117 1)	0. 439 9*** (0. 096 3)	0. 004 9 (0. 085 9)	0. 215 7 (0. 228 9)
Diff(Indad≤γ)	−0. 001 7*** (0. 000 5)	−0. 001 1*** (0. 000 2)	−0. 001 1*** (0. 000 2)	−0. 001 6*** (0. 000 3)	−0. 000 7*** (0. 000 2)
Gdp(Indad≤γ)		−0. 063 5*** (0. 017 1)	−0. 024 5*** (0. 008 7)	0. 002 3 (0. 010 8)	0. 004 6 (0. 033 1)
Feffi(Indad≤γ)			0. 000 9 (0. 005 1)	0. 000 7* (0. 000 4)	0. 000 5 (0. 000 7)
Fdi(Indad≤γ)				−0. 001 5 (0. 001 7)	−0. 014 3*** (0. 003 7)
Assfi(Indad≤γ)					0. 000 6 (0. 000 5)
Theil_lag(Indad>γ)	0. 120 1 (0. 115 3)	0. 230 7*** (0. 047 4)	−0. 086 1 (0. 194 7)	−0. 278 5 (0. 271 9)	−0. 079 3 (0. 186 4)
Diff(Indad>γ)	−0. 001 3*** (0. 000 2)	−0. 000 9*** (0. 000 1)	−0. 000 8*** (0. 000 2)	−0. 000 9*** (0. 000 3)	−0. 000 5** (0. 000 2)
Gdp(Indad>γ)		−0. 017 8* (0. 010 4)	−0. 019 3 (0. 014 8)	−0. 054 8*** (0. 018 4)	−0. 045 1* (0. 025 1)
Feffi(Indad>γ)			−0. 000 9*** (0. 000 3)	−0. 001 6*** (0. 000 3)	−0. 000 6** (0. 000 2)
Fdi(Indad>γ)				0. 007 4** (0. 002 3)	0. 000 5 (0. 003 8)
Assfi(Indad>γ)					−0. 000 0 (0. 000 2)
常数项之差	0. 017 7 (0. 055 4)	−0. 475 4*** (0. 142 3)	−0. 009 1 (0. 144 5)	0. 701 1*** (0. 214 4)	0. 633 9 (0. 494 3)
Theil_lag_δ	−0. 846 7*** (0. 192 8)	−0. 426 3*** (0. 131 4)	−0. 526 0*** (0. 174 9)	−0. 283 4 (0. 281 5)	−0. 294 9 (0. 221 8)
Diff_δ	0. 000 4 (0. 000 4)	0. 000 2*** (0. 000 1)	0. 000 3*** (0. 000 1)	0. 000 6*** (0. 000 1)	0. 000 2 (0. 000 1)
Gdp_δ		0. 045 7*** (0. 013 6)	0. 005 2 (0. 011 9)	−0. 060 7*** (0. 021 6)	−0. 049 8 (0. 044 7)

表4(续)

变量	Model (1)	Model (2)	Model (3)	Model (4)	Model (5)
Feffi_δ			−0.000 9** (0.000 4)	−0.002 3*** (0.000 4)	−0.001 1 (0.000 7)
Fdi_δ				0.008 9*** (0.002 3)	0.014 8*** (0.005 1)
Assfi_δ					−0.000 6 (0.000 6)
门限值 (γ_*indad*)	6.504 6*** (0.105 9)	6.622 7*** (0.156 4)	6.791 3*** (0.161 3)	6.862 6*** (0.088 7)	6.651 8*** (0.208 7)
矩条件数	24	28	32	36	40

模型（1）至模型（5）中，核心解释变量数字惠普金融发展水平对城乡收入差距存在显著负向影响，尤其是当产业结构高级化水平处于低区制时，数字普惠金融缩小城乡收入差距的作用更大，随着产业服务化趋势的加强，数字普惠金融缩小城乡收入差距的作用衰减，在模型（2）至模型（4）中两区制影响系数之差都通过了 1% 的水平的显著性检验，证实假设 3 成立。从控制变量作用于城乡收入差距的表现看：产业结构高级化有助于放大经济发展缩小城乡收入差距的作用，在高区制经济发展收敛城乡收入差距的作用更强；产业结构高级化有助于促成金融发展效率对城乡收入差距的作用的方向转变，金融发展效率在低区制时会拉大城乡收入差距，而在高区制时会缩小城乡收入差距；无论是在低区制还是在高区制，深化对外开放都有助于缩小城乡收入差距。在产业结构高级化水平处于高区制时，对外开放会使缩小城乡收入差距的作用减弱。

（三）稳健性检验

为提高本文研究的可靠性与可信性，本文通过两种方式执行稳健性检验：第一种是替换变量法。鉴于泰尔指数在城乡收入差距测度上的优势，不替换被解释变量，将核心解释变量数字普惠金融指数替换为数字金融覆盖广度指数和数字金融使用深度指数，再次执行动态面板门限模型估计，考察其对城乡收入差距的作用。第二种是替换模型法。现有研究使用静态面板门限模型的比较多，动态面板模型理论推导和估计程序开发得较晚，且较静态面板模型更复杂，因而相较之下应用得不多。模型设计者提供了一阶差分 GMM 估计方法执行静态面板模型回归的命令，因此本文在不含和包含控制变量的情况下执行静态面板门限模型回归，考察数字普惠金融指数对城乡收入差距的作用。稳健性检验的结果如表 5 和表 6 所示。

表 5　稳健性检验：替换变量法

变量	数字金融覆盖广度指数			数字金融使用深度指数		
	Model (1) Urbarn	Model (2) Edu	Model (3) Indad	Model (4) Urbarn	Model (5) Edu	Model (6) Indad
Theil_ lag ($q \leq \gamma$)	−0. 146 2 (0. 352 9)	−0. 105 0 (0. 138 2)	−0. 330 2** (0. 152 9)	−0. 118 0 (0. 171 5)	−0. 258 2* (0. 157 5)	−0. 185 9** (0. 078 9)
Diff ($q \leq \gamma$)	−0. 001 0*** (0. 000 2)	−0. 001 2*** (0. 000 2)	−0. 000 3* (0. 000 2)	−0. 000 1 (0. 000 2)	−0. 000 6** (0. 000 2)	−0. 000 6*** (0. 000 2)
Theil_ lag ($q>\gamma$)	0. 340 0 (0. 220 1)	0. 015 5*** (0. 215 4)	−0. 133 3 (0. 406 6)	0. 614 4** (0. 289 8)	−0. 155 2 (0. 205 4)	0. 514 7 (0. 406 7)
Diff ($q>\gamma$)	−0. 000 4*** (0. 000 1)	−0. 000 8*** (0. 000 2)	0. 000 1 (0. 000 2)	−0. 000 3* (0. 000 2)	−0. 000 4* (0. 000 2)	−0. 000 4*** (0. 000 1)
Diff_ δ	0. 000 6*** (0. 000 2)	0. 000 4*** (0. 000 1)	0. 000 5** (0. 000 2)	−0. 000 2** (0. 000 1)	0. 000 2* (0. 000 1)	0. 000 2* (0. 000 1)
门限值	48. 103 2*** (2. 984 9)	9. 950 4*** (1. 129 8)	6. 855 7*** (0. 236 4)	56. 657 4*** (6. 706 7)	10. 350 0*** (1. 019 7)	6. 840 3*** (0. 203 4)
控制变量	yes	yes	yes	yes	yes	yes
矩条件数	40	40	40	40	40	40

注：为了节约篇幅，本表未报告控制变量的参数估计结果。

表 6　稳健性检验：替换模型法

变量	Model (1) Urban	Model (2) Urban	Model (3) Edu	Model (4) Edu	Model (5) Indad	Model (6) Indad
Diff ($q \leq \gamma$)	−0. 001 2*** (0. 000 4)	−0. 000 3 (0. 000 2)	−0. 000 9** (0. 000 4)	−0. 000 5 (0. 000 4)	−0. 001 0* * * (0. 000 4)	−0. 000 8** (0. 000 3)
Diff ($q>\gamma$)	−0. 000 8*** (0. 000 3)	−0. 000 0 (0. 000 1)	−0. 000 7* ** (0. 000 2)	−0. 000 7*** (0. 000 3)	−0. 000 6*** (0. 000 2)	−0. 000 5*** (0. 000 1)
Diff_ δ	0. 000 3 (0. 000 2)	0. 000 3* (0. 000 2)	0. 000 2 (0. 000 2)	−0. 000 3 (0. 000 2)	0. 000 4** (0. 000 2)	0. 000 2 (0. 000 3)
门限值	65. 533 7*** (13. 251 3)	49. 284 3*** (2. 784 6)	10. 301 7*** (1. 489 1)	9. 240 4*** (0. 434 8)	6. 755 3*** (0. 238 1)	6. 481 6*** (0. 104 2)
控制变量	no	yes	no	yes	no	yes
矩条件数	15	35	15	35	15	35

注：为了节约篇幅，本表未报告控制变量的参数估计结果。

以数字金融覆盖广度为核心解释变量，城镇化水平、劳动力受教育程度和产业结构高级化水平门限值与前文估计十分接近，数字金融覆盖广度对城乡收入差距影响的区制之间差异显著，在低区制时，数字金融覆盖广度缩小城乡收入差距的作用更为突出。以数字金融使用深度为核心解释变量，城镇化水平和劳动力受教育程度门限与前文估计差别较大，城镇化水平提高有利于数字金融使用深度缩小城乡收入差距功能的实现，劳动力受教育程度和产业结构高级化在低区制时数字金融使用深度缩小城乡差距的作用更明显。表 5 显示，无论是将核心解释变量替换为数字金融覆盖广度指数还是替换为数字金融使用深度指数，数字普惠金融的发展对缩小城乡收入差距的作用系数都为负，且大多数通过了显著性检验，证实了研究结论具有稳健性。

检验结果显示，引入控制变量之后，静态面板门限模型与前文动态面板数门限型的门限估计十分接近。以城镇化程度为门限变量，数字普惠金融指数缩小城乡收入差距的作用随着城镇化程度的提高而衰减。以劳动力受教育程度为门限变量，数字普惠金融指数对城乡收入差距存在负向作用，但区制间差异因控制变量是否引入方向有所不同。以产业结构高级化水平为门限变量，数字普惠金融指数对城乡收入差距的负向影响在两个区制显著为负，且影响效果在高区制小于低区制。表 6 中替换为静态面板模型的参数估计结果与前文动态情形中的结果几乎完全一致，再次证实研究结论的稳健性。

六、结论与政策启示

缩小城乡收入差距、打破城乡二元结构是新时期解决我国在发展过程中存在的不平衡、不充分问题的重要议题。数字普惠金融运用技术手段完善金融市场、降低进入门槛和服务成本，将更多人群尤其是农村居民和低收入群体纳入市场机制的调节过程中，共享金融领域的发展与创新成果。本文基于 2013—2018 年我国 31 个省级区域的数据，运用动态面板门限模型，检验了数字普惠金融对城乡收入差距的作用，通过分别引入城镇化程度、劳动力受教育程度和产业结构高级化程度三个门限变量，检验了二者之间的非线性关系，并通过替换变量和替换模型两种方式执行稳健性检验，确保研究结论具备可靠性与可信性。研究的主要结论与启示如下：

第一，城乡收入差距存在自我扩大的惯性。近年来，城乡收入差距的缩小并非自然状态下演化的结果，而是多种统筹城乡发展政策措施综合作用的结果。尽管 Kuzents 假说认为经济发展到一定阶段后收入不平等状况会改善，但我们不可过度寄期望于提高经济发展水平和实现人均收入增长自发地缩小甚至消解城乡收入差距。

第二，城镇化和产业结构高级化有助于削弱城乡收入差距自我扩大的惯性，在高区制滞后一期城乡收入差距对当期值的影响小于低区制。城乡二元结构是我国这样一个发展中大国在经济快速增长过程中形成的问题，是发展不充分的表现，需要在发展过程中着力解决。持续推进新型城镇化，以创新驱动制造业和服务业转型升级，实现产城融合，是发展过程中缩小城乡收入差距、打破城乡二元结构的重要手段和有效路径。

第三，数字普惠金融缩小城乡收入差距的作用再次得到验证，门限效应分析显示二者间负向关系存在非线性特征。在城镇化水平和产业结构高级化水平处于低区制时，数字普惠金融缩小城乡收入差距的作用更为突出，而在高区制时这种作用会减弱。数字技术是手段，普惠是价值主张，我们应明确和引导数字普惠金融的发展重点，在乡村振兴、支持创新创业和小微企业发展等方面发挥数字普惠金融的独特优势，通过产品和技术创新尽可能地覆盖被传统金融排斥的群体，更有效率地配置资源。

第四，金融发展效率的提升有助于缩小城乡收入差距，且在城镇化程度、劳动力受教育程度和产业结构高级化程度的高区制，金融发展效率对城乡收入差距的负向作用更加显著。本文中，金融发展效率在很大程度上反映了传统金融中介的效率，传统金融机构在技术和数据的支撑下实现数字化转型是改善金融市场的重要力量，未来将成为数字普惠金融发展的生力军，并凭借其规范性、有序性的优势，促进良好金融市场生态的形成。

第五，由于数字普惠金融在完善金融市场、缩小城乡收入差距方面的巨大作用，我们应当审慎对待数字金融的发展，执行严格的内部治理和外部管控，规范市场秩序，坚守“普惠”的价值主张。数字普惠金融快速发展是在金融科技发展的支撑下发现新市场，资本要素寻求利润回报驱动的结果，面对不断产生的新业态，难免会出现监管滞后、监管能力和监管技术的不足等情况，金融创新本身同时也是避开原有金融监管的一种方式。因此，应根据数字金融发展的特点，以金融监管规范和包容金融创新，促进数字普惠金融实现良性、健康和可持续发展。

参考文献：

[1] SEO, MYYUNG HWAN, SHIN, et al. Dynamic panels with threshold effect and endogeneity [J]. Journal of Econometrics, 2016, 195 (2): 169-186.

[2] ODED G, JOSEPH Z. Income distribution and macroeconomics [J]. The Review of Economic Studies, 1993, 60 (1): 35-52.

[3] 郑美华. 农村数字普惠金融：发展模式与典型案例 [J]. 农村经济, 2019 (3): 96-104.

[4] 谢绚丽, 沈艳, 张皓星, 郭峰. 数字金融能促进创业吗？来自中国的证据 [J]. 经济学（季刊）, 2018, 17 (4): 1557-1580.

[5] 陈丹, 姚明明. 数字普惠金融对农村居民收入影响的实证分析 [J]. 上海金融, 2019 (6): 74-77.

[6] 任碧云, 李柳颍. 数字普惠金融是否促进农村包容性增长：基于京津冀2114位农村居民调查数据的研究 [J]. 现代财经（天津财经大学学报）, 2019, 39 (4): 3-14.

[7] 宋晓玲. 数字普惠金融缩小城乡收入差距的实证检验 [J]. 财经科学, 2017 (6): 14-25.

[8] 周利, 冯大威, 易行健. 数字普惠金融与城乡收入差距："数字红利"还是"数字鸿沟" [J]. 经济学家, 2020 (5): 99-108.

[9] 梁双陆, 刘培培. 数字普惠金融、教育约束与城乡收入收敛效应 [J]. 产经评论, 2018, 9 (2): 128-138.

[10] 张贺, 白钦先. 数字普惠金融减小了城乡收入差距吗：基于中国省级数据的面板门槛回归分析 [J]. 经济问题探索, 2018 (10): 122-129.

[11] 赵丙奇. 中国数字普惠金融与城乡收入差距 [J]. 社会科学辑刊, 2020 (1): 196-205.

[12] 王少平, 欧阳志刚. 我国城乡收入差距的度量及其对经济增长的效应 [J]. 经济研究, 2007, 42 (10): 44-55.

数字普惠金融与农村居民福利：动态演进、空间溢出与时间异质性

王刚贞　陈梦洁

（安徽财经大学金融学院）

一、引言及文献综述

改革开放40多年来，国家致力于城乡统筹发展，我国经济得到了飞速发展，但城乡二元金融问题仍未完全解决，具体表现为金融资源向东部经济发达地区城市群集中，机构和资金从西部农村地区撤离，部分弱势群体被排斥到传统金融体系之外。经济发展必须兼顾公平与效率，但农村金融市场空间分布分散的高交易成本造成资源配置效率低下，严重制约着我国农村居民福利水平的提升。如何消除农村弱势群体的金融排斥影响并确保其福利水平能够进一步提高，已成为社会关注的重要问题。

普惠金融是联合国“2005年国际小额信贷年”提出的概念。普惠金融指出人人都有享受平等金融服务的权利，特别强调向农村贫困人口及低收入群体倾斜是金融机构在确保可持续发展的前提下必须承担的使命。普惠金融服务可以渗透农村贫困地区打通农村居民金融服务的渠道，就普惠金融发展能否增进农村居民福利水平，国内外学者基本都持肯定态度。国外学者通过对亚非拉贫困地区的金融发展和农户收入水平进行研究发现，普及金融信贷服务可以显著提升农民的收入及消费，增进农村居民福利。国内学者认为普惠金融服务的机构通过扩大金融服务覆盖广度、加快产品迭代速度、创新服务模式并推广电子银行业务的方式，可以有效提升居民的福利水平。由此可见，农村居民福利水平的提升逐渐成为衡量普惠金融发展成效的标准。随着互联网技术的快速兴起，互联网、区块链及人工智能等前沿数字技术与普惠金融进一步融合，数字普惠金融得以突破地理空间的限制，通过技术赋能有效弥补了农村金融的数据

断裂痛点，提高普惠金融业务在农村相对贫困地区的覆盖广度，使被传统金融排斥的弱势群体也拥有了获得金融产品和服务的权利。

关于数字普惠金融发展具有提升农村居民福利水平的问题，国内外研究较少涉及，学者们的着眼点多放在数字普惠金融发展能否刺激经济增长的效应或改善收入分配问题等方面。目前，学界亟须专注于数字普惠金融对农村居民福利影响方面进行定量研究的文章。本文在厘清数字普惠金融影响农村居民福利作用机制的基础上，以数字普惠金融的“空间集聚特征—动态演进规律—增强农村居民福利的空间溢出效应—提升农民福利水平的时间异质性”为主线展开研究。其边际贡献之处在于：一是从理论上揭示了数字普惠金融增强农村居民福利的作用机理，测算了我国农村居民的福利水平，衡量了数字普惠金融发展提升我国农村居民福利水平的福利效应。二是以中国31个省（自治区、直辖市，不含港澳台地区，下同）为研究单元，引进地理学中“胡焕庸线”这一概念，有助于科学把握数字普惠金融发展的空间分异格局。三是使用动态与静态空间杜宾面板模型综合考虑时空双维度数据，探究“胡焕庸线”两侧数字普惠金融增强农村居民福利效应的空间溢出效应与时间异质性，加深对其未来重点建设方向及建设周期的理解。

二、理论分析与研究假设

数字普惠金融拥有数字技术和普惠金融的双重优势，能够增强农村贫困群体的金融服务获得性，破除金融发展与减贫目标的双重矛盾，逐步提升农村居民福利。纵观国内外文献，笔者发现数字普惠金融提升农村居民福利水平的效应存在直接和间接两个作用机制：一是通过改善城乡收入分配并向农村低收入群体提供基础金融服务的直接机制，二是通过数字普惠金融的经济增长效应和收入效应进而实现增加农村居民福利水平效应的间接机制。首先从直接作用来看，数字普惠金融能降低农村贫困群体金融服务门槛，具有平滑城乡居民收入的能力。国外学者宾斯万格和坎德克（Binswanger & Khandker）验证了为印度农户提供正规金融借贷，能够在较大程度上提高贷款者的劳动生产率并改善城乡收入分配，进而提升农户的福利水平。胡宗义等指出，农村金融发展水平的提升有利于减轻城乡收入不平等，改善我国城乡居民收入分配不平等的现状。有学者对农户金融借贷的收入效应边际影响和福利效应边际影响进行估算，发现推行普惠的金融服务能有效增进农村居民的福利状况。从间接作用来看，数字普惠金融的发展有利于实现一国经济及收入增长效应，兼顾一国经济发展中的公平与效率。经济增长效应是指数字普惠金融可以拉动经济增长，发挥动员储蓄、基本子类、推动创新、优化配合以及风险管理等功效，其次数字普惠金融促进经济增长的“涓滴效应”有利于打造适宜农村经济增长的环境，使农村居民收入得到提升。还有学者通过研究发现，数字普惠金融可以通过促进家庭创业改善收入分配，进而提升农村居民福利水平。图1为数字普惠金融提升农村居民福利水平的作用机理。

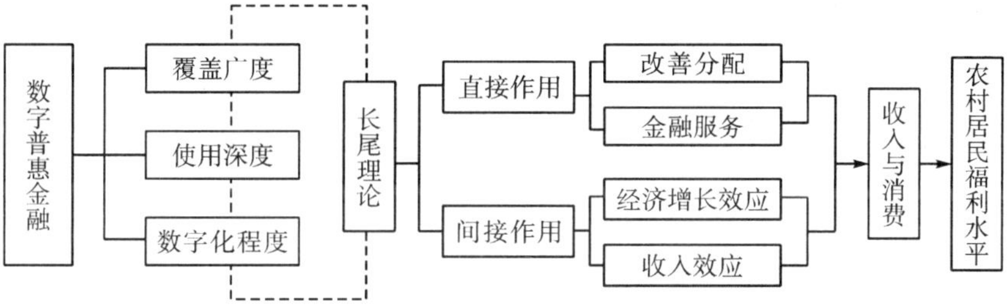

图1　数字普惠金融提升农村居民福利水平的作用机理

“胡焕庸线”是中国地理百年大发现之一，它为我国人口、经济分布不均匀的地理分割线，在学术界占有重要地位。由于“胡焕庸线”东部和西部地区的自然禀赋及经济基础存在差距，故东部地区城市群在很长一段时间内引领了我国经济的增长。2000年前后，“胡焕庸线”东侧占全国43.8%的国土面积，但占据了全国94.4%的人口和95.7%的GDP；“胡焕庸线”西侧约占全国57.1%的国土面积，仅占全国5.6%的人口和4.3%的GDP。随着数字普惠金融的不断发展，“胡焕庸线”东西两侧的差距大幅收窄，2019年“胡焕庸线”西部地区生产总值已占据全国总量的1/5。目前，学界有关数字普惠金融的研究较少涉及“胡焕庸线”。陈银娥等对我国普惠金融发展的动态分布及空间演变趋势进行探究，结果表明我国东部地区普惠金融发展逐渐发散，但中西部地区趋于收敛。王靖一研究了数字经济的发展规律，指出数字经济凭借其独特的地理渗透性推动“胡焕庸线”东西两侧地区的融合发展。不难发现，数字普惠金融水平较高的城市集中分布在“胡焕庸线”东南部，正逐渐从长三角区域向西部区域扩散。“胡焕庸线”两侧省市经济发展水平差异较大，科技发展水平也大相径庭，因而各省市的数字普惠金融化发展进程也不尽相同，其增进农村居民福利的时间同质性和空间同质性的假设可能存在缺陷。

数字普惠金融具有推进金融发展的“超地理特征”，使得西部欠发达农村地区也跨越了经济发展不均衡所造成的数字鸿沟，让金融资源快速、低成本地流入农村的相对贫困地区。国内学者对数字普惠金融减轻农村贫困率的异质性进行了探索，发现数字普惠金融具有显著的空间溢出减贫效应，即在不同地区减轻农村贫困的程度也不尽相同。另外，“胡焕庸线”以西地区的数字普惠金融在发展初期可以有效减缓贫困，但东部地区的数字普惠金融具有更为长期的减贫效应。造成该现象的可能原因在于，资本、信息、技术等要素可跨区域流动，数字普惠金融发展可能存在空间相关的情况。综合来看，由于地理因素与社会因素的双重作用结果，数字普惠金融发展水平较高的地区会通过反哺洼地地区培育自身竞争力，各省数字普惠金融发展存在关联性和溢出性。综上，本文提出假设 1 至假设 2。

假设 1：数字普惠金融的分布具有空间相关性并有趋同演变的特征，西部地区由负向空间聚集逐渐过渡到正向空间聚集，东部地区的正向空间聚集效应逐渐发散。

假设 2：数字普惠金融提升农村居民福利水平的效应存在空间溢出效应与时间异质性，即“胡焕庸线”东侧地区数字普惠金融的发展不仅提升了本区域的农村居民福利水平，还有可能辐射“胡焕庸线”西侧地区，但其长效提升农村居民福利水平的效应逐渐衰落。

三、农村居民福利水平测度

关于提升农村居民福利水平的研究一直是学术界的热点，尤其在福利水平量化方面，国内学者依据可行能力理论或生计资产建设理论对福利水平指数测度进行了大量研究。无论是以体现个人生活质量的收入为主要影响因子的单维度福利水平指数，还是森（Sen）可行能力理论提出后的多因素福利水平衡量，皆是对福利水平影响因子维度的探索。现有国内研究多凭借农民收入反映绝对福利水平，鲜有从社会均衡与社会公平层面来考虑的相对福利水平。以英国经济学家米香、美国经济学家伊斯特林（Easterlin）等为代表的相对福利学说学者认为，主观幸福感取决于相对收入而非绝对收入，个体的相对福利水平不仅受个体的绝对福利水平影响外，还与个体间的福利均衡效应有关。由此可见，相较于绝对水平福利，体现城乡居民福利差异的相对水平福利在衡量农村居民福利主观感受方面，有不可替代的作用。鉴于此，本文参考李彦龙学者的做法，从“生活水平”和“生活质量”两个维度来构建农村居民福利衡量指标体系，衡量 2011—2018 年我国 31 个省（自治区、直辖市）的农村居民福利水平。

笔者先选取衡量农村居民福利差异程度的指标，依据变异系数法确定指标权重，然后在考虑权重的基础上测度农村居民福利水平。变异系数是标准差与平均数的比值，再分别计算第 i 项指标的平均数 $\overline{x_i}$ 和标准差 δ_i（$i=1, 2, \cdots,$

n)，则其变异系数为 $V_i=\delta_i/\overline{x_i}$ ；然后，加总求其和 $\sum_{i=1}^{n} V_i$ ；由此，得到各指标的权重 $w_i=V_i/\sum_{i=1}^{n} V_i$， 选取的指标如表 1 所示。

表 1　农村居民福利水平的指标构建及权重

衡量维度	具体指标	指标描述	平均权重
生活水平	居民收入差距	农村居民人均纯收入/城镇居民可支配收入	0.26
	居民生活消费支出差异	农村居民人均消费支出/城镇居民人均消费支出	0.26
生活质量	居民文化教育差异	农村居民人均文化教育支出/城镇居民人均文化教育支出	0.24
	居民医疗保健差异	农村居民人均医疗保健支出/城镇居民人均医疗保健支出	0.24

计算农村居民福利水平 B，先将衡量 B 的四类子指标无量纲化处理。因为这四个指标均属于正向指标，按照公式计算出维度值 W_i 多个维度的福利指数：

$$W_i=\frac{A_i-\mathrm{MIN}_i}{\mathrm{MAX}_i-\mathrm{MIN}_i}(i=1,\ 2,\ 3,\ 4) \tag{1}$$

式中，A_i 为维度 i 的实际值，MIN_i 为维度 i 的低值，MAX_i 为高值；B 的计算公式则如下，其中 w_i 为维度 i 的权重，$0\leqslant w_i\leqslant 1$，：

$$B=\frac{\sqrt{(w_1-W_1)^2+(w_2-W_2)^2+(w_3-W_3)^2+(w_4-W_4)^2}}{\sqrt{w_1{}^2+w_2{}^2+w_3{}^2+w_4{}^2}} \tag{2}$$

B 值越大，则农村居民福利水平越高，反之越低。在确定各指标权重时，笔者首先运用“等权重法”将农村居民福利水平指数 B 的四个指标的权重均设为 1，然后运用“变异系数法”来判定等权重法的赋值是否合理，最后根据“变异系数法”的结果对等权重法的赋值进行合理性调整，指标体系及平均权重见表 1。

得到四个指标的平均权重后，笔者发现四个指标的平均权重都比较接近，所以本文采用“等权重法”设定权重比较合理，农村居民福利水平指数 W 的计算公式就可表示为

$$B=\frac{\sqrt{(w_1-W_1)^2+(w_2-W_2)^2+(w_3-W_3)^2+(w_4-W_4)^2}}{2} \tag{3}$$

经过计算，得到我国各省（自治区、直辖市）在 2011—2018 年的农村居

民福利水平指数及排序（见表2）。受篇幅所限，本文仅节选2011年和2018年农村居民福利水平指数 B 进行分析。

表2　2011和2018年我国各地区农村居民福利水平指数 B 及排名

2011年						2018年					
省份	指数	排名	省份	指数	排名	省份	指数	排名	省份	指数	排名
北京	0.574	2	湖北	0.327	31	北京	0.533	2	湖北	0.304	30
天津	0.410	15	湖南	0.395	18	天津	0.449	4	湖南	0.351	20
河北	0.330	30	广东	0.480	4	河北	0.323	26	广东	0.407	6
山西	0.410	16	广西	0.384	19	山西	0.403	8	广西	0.315	27
内蒙古	0.417	12	海南	0.426	6	内蒙古	0.348	22	海南	0.401	9
辽宁	0.448	5	重庆	0.418	11	辽宁	0.458	3	重庆	0.394	10
吉林	0.358	27	四川	0.367	24	吉林	0.354	19	四川	0.330	25
黑龙江	0.352	28	贵州	0.423	7	黑龙江	0.305	28	贵州	0.371	16
上海	0.577	1	云南	0.420	9	上海	0.580	1	云南	0.380	14
江苏	0.421	8	西藏	0.419	10	江苏	0.367	17	西藏	0.334	23
浙江	0.359	26	陕西	0.413	13	浙江	0.348	21	陕西	0.394	11
安徽	0.363	25	甘肃	0.371	22	安徽	0.295	31	甘肃	0.374	15
福建	0.375	21	青海	0.493	3	福建	0.355	18	青海	0.403	7
江西	0.330	29	宁夏	0.407	17	江西	0.331	24	宁夏	0.383	13
山东	0.379	20	新疆	0.410	14	山东	0.386	12	新疆	0.413	5
河南	0.369	23				河南	0.305	29			

由表2可知，从全国层面来看，2011年和2018年各地农村居民福利水平逐渐收敛，但绝大多数地区农村居民福利水平比较低，普遍在0.3~0.5。由此可见，城乡二元经济的发展确实在一定程度上拉大了城乡居民福利差距，故我们迫切要求健全制度，加快农村社会福利事业的发展。分析“胡焕庸线”东、西侧地区，笔者发现东侧省市中，上海、北京、广东、辽宁的排名始终位于前六名，说明这些省市在做大经济与财富蛋糕的同时坚持城乡统筹的发展路径。“胡焕庸线”西侧省市的排名总体比较落后，但值得关注的是，青海省农村居民福利水平位于全国前列，一方面由于青海省农村居民基数更大，另一方面青海省城乡居民最低生活保障制度不断完善致使其城乡差距较小，故农民主观幸福感较高。

四、模型、变量和数据说明

（一）计量模型设定

（1）空间权重矩阵。本文以全国 31 个省（自治区、直辖市）为研究对象，采用 Arcgis 软件生成球面距离空间权重矩阵，所用经纬度数据来自谷歌地图。设矩阵元素为 W_{ij}，并将矩阵标准化处理为

$$w_{ij}=\begin{cases}\dfrac{1}{d_{ij}}, & i\neq j\\ 0, & i=j\end{cases}$$

式中，d 代表省份 i 和省份 j 之间的直线距离。

（2）空间相关性检验。莫兰指数（Moran's I）可以用来考察指标的动态演进规律，Moran's I 表示为

$$\text{Moran's I}=\frac{\sum_{i=1}^{n}\sum_{j=1}^{n}w_{ij}(x_i-\bar{x})(x_j-\bar{x})}{S^2\sum_{i=1}^{n}\sum_{j=1}^{n}w_{ij}}$$

式中：$S^2=\dfrac{\sum_{i=1}^{n}(x_i-\bar{x})}{n}$ 为样本数据的方差；w_{ij} 为各空间权重矩阵元素（i，j）；$\sum_{i=1}^{n}\sum_{j=1}^{n}w_{ij}$ 为空间权重之和。Moran's I 一般介于［-1，1］，负值意味着负自相关，正值表示正自相关，若 Moran's I 趋近于 0 则表示无空间自相关性。

（3）空间计量模型。本文利用空间杜宾模型（SDM）衡量数字普惠金融提升的空间溢出性及时间异质性。

静态空间杜宾模型形式如下：

$$B_{it}=\delta\sum_{j=1}^{n}w_{ij}B_{it}+\beta_1\mathrm{IFI}_{it}+\theta_1\sum_{j=1}^{n}w_{ij}\mathrm{IFI}_{it}+\beta_2X_1+\theta_2\sum_{j=1}^{n}w_{ij}X_1+\mu_i+\lambda_t+\varepsilon_{it} \tag{1}$$

当 $\theta=0$ 时，模型（1）即简化为 SAR 模型；当 $\theta+\delta\beta=0$ 时，模型（1）即简化为 SEM 模型。B_{it} 为该模型被解释变量，表示 i 省在 t 年的农村居民福利水平；IFI_{it} 为核心解释变量，衡量 i 省在 t 年的数字普惠金融发展水平；X_1 为控制变量向量；μ_i 为个体固定效应；λ_t 为固定时间效应；ε_{it} 为随机扰动项；n 为样本数 31。δ、β_1、β_2、θ_1、θ_2 为待估参数，δ 为农村居民福利水平在各省间空间溢出效应强度；β_1、β_2 分别表示数字普惠金融发展水平和模型控制变量的直接效应系数；θ_1、θ_2 分别表示数字普惠金融发展水平和模型控制变量的空间溢出

效应系数。

动态空间杜宾模型则在静态空间模型的基础上纳入了研究变量在时间和空间上的滞后项，可以解决静态空间模型存在的内生性并考察各省市数据在时间上存在的异质性，令模型估计结果更加精确。模型设定如下：

$$B_t = \tau B_{t-1} + \eta \mathrm{W} \mathrm{B}_{t-1} + \delta \mathrm{W} \mathrm{B}_t + \beta X + \theta \mathrm{W} \mathrm{X} + v_t \tag{2}$$

其中，X 为 31×7 的向量，由核心解释变量（IFI）与 5 个控制变量（LNPGDP、GAP、CZH、GE、EDU）构成，参数 τ、η 代表被解释变量的一期滞后项对当期解释变量的直接影响和空间溢出影响系数，同时将解释影响分为短期效应和长期效应。模型（2）可改写为

$$\begin{aligned} B_t = &(E - \delta W)^{-1}(\tau E - \eta W) B_{t-1} + \\ &(E - \delta W)^{-1}(\beta X + \theta W X) + (E - \delta W)^{-1} v_t \end{aligned} \tag{3}$$

对 X 向量第 k 个解释变量对应的 B 被解释变量的期望值求偏导为短期效应：

$$\left[\frac{\partial E(B)}{\partial x_{1k}} \cdots \frac{\partial E(B)}{\partial x_{31k}}\right] = (E - \delta W)^{-1}[\beta_k E_{31} + \theta_k W] \tag{4}$$

其中，$(E - \delta W)^{-1}[\beta_k E_{31} + \theta_k W]^{\bar{d}}$（$\bar{d}$ 为该矩阵对角线元素均值），$(E - \delta W)^{-1}[\beta_k E_{31} + \theta_k W]^{\overline{rsum}}$（$\overline{rsum}$ 为该矩阵对角线元素行和均值）即短期直接效应与短期间接效应。

$$\begin{aligned} &\left[\frac{\partial E(B)}{\partial x_{1k}} \cdots \frac{\partial E(B)}{\partial x_{31k}}\right] = \\ &[(1 - \tau)E - (\delta + \eta)W]^{-1}[\beta_k E_{31} + \theta_k W] \end{aligned} \tag{5}$$

其中，$[(1 - \tau)E - (\delta + \eta)W]^{-1}[\beta_k E_{31} + \theta_k W]^{\bar{d}}$、$[(1 - \tau)E - (\delta + \eta)W]^{-1}[\beta_k E_{31} + \theta_k W]\overline{rsum}$ 分别表示长期直接效应和长期间接效应。

（二）变量说明

本文选取的相关变量信息及其描述性统计如表 3 所示。利用农村水平指数来衡量数字普惠金融的福利效应；核心解释变量 IFI 用来衡量各省份数字普惠金融的发展水平。考虑到解释变量对被解释变量影响的滞后效应，故将解释变量进行滞后一期处理。此外，引入 5 个控制变量以提高实证结果的精准度和完整性，数据来源为国家统计局及北京大学互联网金融研究中心。

表 3　相关变量信息及其描述性统计

变量名称	变量含义	构造方法	数据来源	平均数	标准差	最小值	最大值	观察值
B	农村居民福利水平指数	综合评价指标	国家统计局	0. 340 0	0. 060 0	0. 200 0	0. 580 0	217
IFI	数字普惠金融指数	综合评价指标	北京大学互联网金融研究中心	171. 483 6	77. 676 5	16. 220 0	336. 650 0	217
LNPGDP	经济发展水平	对数化人均国民生产总值	国家统计局	10. 813 3	0. 413 0	9. 888 9	11. 850 9	217
GAP	城乡收入差距	泰尔指数	综合评价指标	0. 100 23	0. 044 37	0. 020 0	0. 227 4	217
CZH	城镇化率	城镇人口占总人口比重	国家统计局	0. 555 4	0. 133 9	0. 227 1	0. 896 0	217
GE	财政支出规模	财政支出占 GDP 比重	国家统计局	0. 278 9	0. 211 9	0. 110 3	1. 379 2	217
EDU	受教育程度	各省份普通本专科招生数占全国比重	国家统计局	0. 141 4	0. 147 2	0. 011 2	0. 723 4	217

四、实证结果分析

（一）数字普惠金融的动态演进规律分析

为验证假设 1 是否成立，本文首先采用全局莫兰指数对数字普惠金融发展水平和农村居民福利水平的全局空间进行相关性检验，并且运用局部莫兰指数来探究数字普惠金融发展的“胡焕庸线”的动态演进规律。

（1）全局莫兰指数检验。本文运用 Arcgis 生成的空间权重矩阵和 stata 测算我国 2011—2018 年中国数字普惠金融发展水平和农村居民福利水平的莫兰指数，对其空间相关性进行莫兰检验，结果如表 4 所示。

表 4　全局莫兰指数统计值

变量	Moran's I	Z 统计量	P-value
B	0. 157 2	3. 389 0	0. 000 7
IFI	0. 386 0	8. 111 0	0

由表 2 得知，中国数字普惠金融发展水平及农村居民福利水平的莫兰指数均大于 0，具有全域范围内的正向空间集聚效应。在 1%的显著性水平上拒绝两变量不存在空间自相关的原假设，即可认为我国 31 个省（自治区、直辖市）的数字普惠金融和农村居民福利水平存在交互影响的现象。

（2）局部莫兰指数检验。本文通过局部莫兰指数和 LISA 聚集图来辨析“胡焕庸线”两侧数字普惠金融发展的空间分布特征演进，Moran's $I_i > 0$ 表示区域 i 的高（低）值被附近的高（低）值包围，对应在 LISA 聚集图位于第Ⅰ（Ⅲ）象限；Moran's $I_i < 0$ 表示区域 i 的高（低）水平被附近的低（高）水平包围，位于 LISA 聚集图的第Ⅱ（Ⅳ）象限。接下来，笔者以 2011 年和 2018 年为例进行分析。

由图 2 和图 3 可知，大多数省份都位于第Ⅰ、Ⅲ象限，二者大约占总样本的 79%。这说明我国数字普惠金融发展具有高水平集聚以及低水平集聚的特点，而且 2011 年和 2018 年高-高聚集区分布主要为北京、上海、江苏及浙江等“胡焕庸线”的东侧地区，低-低聚集区则为西藏、宁夏、甘肃等“胡焕庸线”的西侧地区。对比 2011 年与 2018 年的 LISA 聚集图也可以看出，“胡焕庸线”东、西两侧数字普惠金融指数的空间分布格局存在一定的变化，西部地区由负向空间聚集效应逐渐过渡到正向空间聚集效应，东部地区的正向空间聚集效应逐渐发散。综合全局莫兰指数、局部莫兰指数、LISA 聚集图分析可知，我国的数字普惠金融发展存在较为明显的空间集聚效应，且“胡焕庸线”东侧地区数字普惠金融发展较快，能辐射其周边省份的数字普惠金融发展；“胡焕庸线”的西侧地区数字普惠金融发育基础较差，其相邻省份指数也发展也较为缓慢。

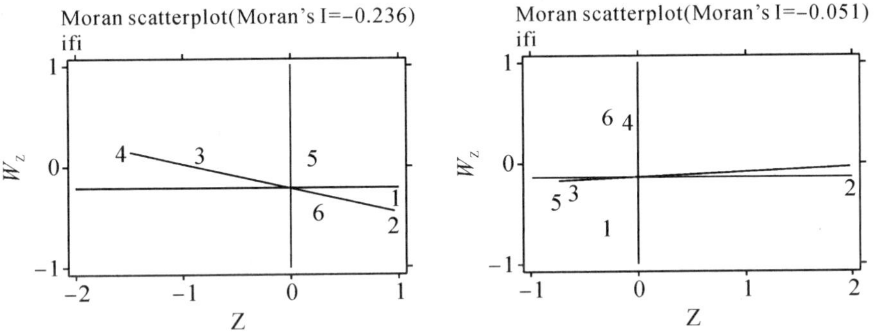

图 2　2011 年与 2018 年“胡焕庸线”西侧数字普惠金融指数 LISA 聚集

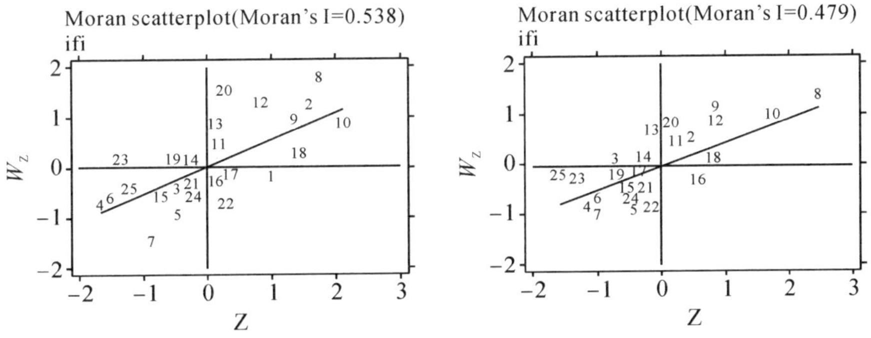

图 3　2011 年与 2018 年“胡焕庸线”东侧数字普惠金融指数 LISA 聚集

（二）数字普惠金融福利效应的分析

空间杜宾模型可以显示出数字金融提升农民福利水平的直接效应与溢出效应，溢出效应可用来衡量本省数字普惠金融对其他省份提升农民福利水平的影响，使用以省份为聚类变量的聚类稳健标准误，选择固定效应空间杜宾模型，模型设定检验结果如表 5 所示。

表 5　数字普惠金融福利效应模型设定检验结果

检验统计量	LM	R^2	Hausman
Spatial Durbin	183.616 8 (0)	0.813 8	37.10 (0)

全域空间杜宾模型的回归结果如表 6 所示，spatial rho 值显示选取的模型通过了显著性水平检验，使用空间计量模型能够充分考虑空间交互效应。根据表 6 中数字普惠金融与农民福利水平的总效应系数在 1%的水平下显著为负，表明数字普惠金融的发展具有提升农民福利水平的效果，并随数字普惠金融水平的提高而增强。直接效应与间接效应系数均为正值，说明伴随金融科技的迅猛发展，资本、信息、技术等生产要素跨区域流动，其流动效率与区域间距离无关的特性使得数字普惠金融跨越了地理的阻碍。稳健性检验使用的回归检验的方法包括：空间自回归模型（SAR）以及空间误差模型（SEM），被解释变量替换为低保人数占本省人口数比例的反比，具体结果见表 6。结果表明，数字普惠金融的福利效应在 5%的水平下仍然显著，且系数符号未改变，数字普惠金融的福利效应依然存在，因此本文的结果具有一定稳健性。

表 6　全域空间杜宾模型的回归结果

解释变量			分解效应		稳健性检验	
	总效应	空间和时间固定效应	直接效应	间接效应	SAR	SEM
IFI	0.000 4*** (−5.33)	0.000 2 (−1.15)	0.000 1 (−0.74)	0.000 3 (−1.51)	0.000 2*** (−3.88)	0.000 3*** (−4.14)
LNPGDP	0.008 9 (0.28)	−0.005 2 (−0.16)	0.012 6 (0.57)	−0.003 6 (−0.11)	0.030 4 (1.58)	0.031 5* (1.61)
GAP	0.570 6** (2.19)	0.607 6** (2.16)	−0.105 3 (−0.62)	0.675 6** (2.26)	0.424 0* (1.67)	0.487 0* (1.70)
CZH	0.249 7 (1.13)	0.101 0** (0.54)	0.106 9 (0.93)	0.142 7 (0.70)	0.077 5 (−0.42)	0.123 7 (−0.61)
GE	0.250 3* (1.71)	0.146 7 (1.11)	0.078 7 (1.07)	0.171 5 (1.19)	0.149 9 (1.03)	0.139 8 (0.88)
EDU	−6.263 0*** (−3.82)	−4.430 5*** (−3.68)	−1.151 8* (−1.82)	−5.111*** (−3.58)	−1.131 9*** (−1.77)	−0.981 9 (−1.46)
spatial rho	0.1 504*				−0.086 9	0.082 6***

注：*、**、*** 分别表示在 10%、5%、1%的显著性水平上拒绝原假设。

（三）数字普惠金融福利效应的空间溢出性分析

资源流动、地理禀赋都会使数字普惠金融发展水平不同的地区间具有关联性和溢出性，本文分样本空间杜宾模型进一步考虑了“胡焕庸线”东侧与“胡焕庸线”西侧的直接影响与相互的溢出影响，故接下来按照国际惯例将我国 31 个省份分为东侧（25 个省份：京、冀、浙、沪、粤、闽等）与西侧（6 个省份：新、藏、青、甘、宁、内蒙古）两个样本进行空间计量分析。分样本回归结果如表 7 所示。

表 7 “胡焕庸线”两侧分样本回归结果

解释变量	“胡焕庸线”西侧			“胡焕庸线”东侧		
	总效应	直接效应	间接效应	总效应	直接效应	间接效应
IFI	-0.000 1 (1.26)	0.001 1* (-1.71)	-0.001 3* (1.90)	0.000 2** (-1.95)	0.000 1 (0.79)	0.000 4* (-1.89)
LNPGDP	-0.360 8*** (-4.74)	0.015 1 (0.17)	-0.375 6*** (-3.86)	0.366 4* (1.62)	0.045 9* (1.91)	0.320 4 (1.51)
GAP	-1.754 4** (-2.26)	-1.064 763** (-1.97)	-0.689 6 (-0.69)	1.184 0*** (2.72)	-0.032 4 (-0.22)	1.216 8*** (3.02)
CZH	1.533 7*** (-3.88)	1.651 762** (-2.13)	0.118 0 (0.15)	2.248 0* (-1.61)	0.138 6 (1.12)	-2.386 7* (-1.81)
GE	-0.500 6** (2.56)	-0.398 5** (2.43)	-0.102 0 (0.53)	-0.402 1 (1.16)	-0.178 6* (1.84)	-0.223 4 (0.65)
EDU	73.389 1*** (2.67)	13.378 0 (1.33)	60.011 1** (2.24)	35.353 81*** (2.91)	-0.665 7 (-0.88)	36.019 2*** (3.10)
R^2	0.805 7			0.870 6		

注：*、**、*** 分别表示在 10%、5%、1%的显著性水平上拒绝原假设。

由“胡焕庸线”西侧 IFI 项直接效应系数为-0.001 3 可知，数字普惠金融可以直接提升农民福利水平，但其负面的溢出效应抵消了原本正面的福利效应。可能的原因是，经济发展程度相对落后的西侧区域面临的金融排斥更为严重，而金融资源具有稀缺性，西侧地区的竞争会更激烈，从而导致较高的金融资源损失及负外部性。

“胡焕庸线”东侧 IFI 项溢出效应系数为 0.000 4，说明数字普惠金融可以跨越地理条件的限制，提升其周边地区即“胡焕庸线”西侧的农民福利水平。可能的原因是，经济发展程度高的东侧地区获取金融资源的门槛较低，各省份对金融资源的竞争较为缓和，致使金融资源的损失及负外部性也更低，我们可以通过金融部门对资源的有效配置将资金投向西侧地区。

对于 5 个控制变量来说，东侧和西侧城镇化率的提高都具有显著的福利效应，说明交通便利程度的提升及人口流动带来的红利都能提升福利水平，而教育的普及会持续提升农民福利水平。政府支出的增加会在一定程度上降低农村居民福利水平，可能的原因是，政府支出的增多加剧了通货膨胀，导致粮油等生活必需品价格上涨，但政府投资的增加会改善数字普惠金融发展的环境产生“涓滴效应”的问题，故无法得出政府支出的增加会降低农村福利水平的结论。控制变量人均 GDP 和收入差距 GAP 对“胡焕庸线”东西两侧的福利效应各不相同：在东侧地区，人均 GDP 的提升及收入差距 GAP 的缩小会提升贫困群体的福利水平，但在西侧地区则会降低农民福利水平。

（四）数字普惠金融福利效应的时间异质性分析

动态空间杜宾模型同步考虑了农民福利水平的时间滞后项和空间滞后项，这不仅体现了模型变量的长期直接影响和间接影响，还估计了短期直接影响和间接影响。接下来，我们采用偏误修正的动态空间杜宾模型对样本数据重新进行估计，结果见表 8。其中，福利水平的时间一阶滞后项系数为 0.721 4 为正，且在 1%的水平下显著。由此可见，数字普惠金融的福利效应具有持续性，上一期福利水平也会对本期产生一定影响。

表 8　动态空间杜宾模型估计结果

项目	静态空间杜宾固定效应模型	动态空间杜宾固定效应模型
B_{t-1}		0.721 4*** (10.27)
$W*B_{t-1}$		−0.389 7 (−2.91)
IFI	0.000 4*** (−5.33)	−0.389 7 (0.27)
LNPGDP	0.008 9 (0.28)	0.040 9 (−2.02)
GAP	0.570 3** (2.19)	0.260 7** (1.36)
CZH	0.249 3 (1.13)	−0.016 7** (−2.07)
GE	0.250 5* (1.71)	0.032 2 (0.21)
TO	−6.263 5*** (−3.82)	0.103 8* (3.04)
EDU	0.079 2 (0.11)	−0.264 1 (−0.49)

表8(续)

项目	静态空间杜宾固定效应模型	动态空间杜宾固定效应模型
W * IFI	0.000 2 (1.53)	−0.000 2 (−0.34)
Sigma 平方	0.000 1***	0.000 0***
LogL	598.311 9	611.466 4

注：*、**、*** 分别表示在 10%、5%、1%的显著性水平上拒绝原假设。

将动态空间杜宾模型估计结果分解为短期效应和长期效应，分解结果如表 9 所示。

表 9　动态空间杜宾模型估计结果的分解效应

项目	短期			长期		
	直接效应	间接效应	总效应	直接效应	间接效应	总效应
IFI	0.000 074 6 (−0.15)	0.000 145 6 (−0.39)	0.000 220 2 (−1.29)	0.000 926 7 (−0.04)	−0.001 129 (0.01)	−0.000 2 (−0.58)
LNPGDP	−0.044 816 (1.06)	0.073 281 3 (0.02)	0.028 465 3 (0.71)	0.064 713 7 (0.14)	−0.024 982 (−0.08)	0.039 73 (0.30)
GAP	0.255 039 2** (2.30)	0.065 7** (−2.02)	0.320 747 8 (−0.71)	4.639 517 5 (0.11)	−4.086 21 (−0.11)	0.546 69 (−0.47)
CZH	−0.014 367 4** (−1.98)	−0.049 630 3 (−0.50)	−0.232 846 9* (−1.61)	−1.014 646 5 (−0.11)	1.063 609 2 (0.04)	0.048 96 (−0.29)
GE	0.049 745 1 (0.12)	0.193 675 8** (2.23)	0.354 045** (2.34)	−0.941 127 6 (−0.08)	1.517 506 5 (0.20)	0.423 621 (0.36)
EDU	0.416 756 7 (−0.36)	2.082 106** (−2.34)	− 2.857 87** (−2.32)	0.988 265 3 (0.04)	1.595 566 (−0.11)	2.583 83 (−1.16)

注：*、**、*** 分别表示在 10%、5%、1%的显著性水平上拒绝原假设。

如表 9 所示，虽然分解后的数字普惠金融指数福利效应的系数显著性并不高，但从数字普惠金融指数与福利指数之间的相关关系来看，数字普惠金融水平提高在长期和短期均可以直接增加本省农村居民福利，但其长期间接空间溢出效应逐渐萎缩，甚至对福利效应产生负面影响，可能的原因是各省份间数字普惠金融资源仍存在竞争关系。由于我国数字普惠金融的发展存在空间相关性，即发展水平低的区域会对周边区域产生不利影响，故出现间接效应不利于福利效应发挥。其可能原因是，中西部地区面积最为辽阔，其整体性贫困问题仍未完全破解导致空间溢出效应不利于东部省市的经济发展。

从控制变量来看，人均收入的增加、城乡收入差距的缩小以及教育水平的提升在长期均具有正向的福利效应，另外城镇化水平提高会带来人口红利进而提升农民福利水平。值得关注的是，教育水平项系数的短期总效应在5%的水平下显著为负，不利于福利效应的发挥。可能的原因是，短期来看教育费用对农村家庭而言是一笔较大的支出，但长远来看可以改善农村家庭的境况。

（五）稳健性检验

为了检验得出的结论是否具有稳定性，本部分通过替换被解释变量及回归方法进行了稳健性检验，以便最大程度上缓解可能由于回归方法或指标不同造成的结果差异。本文模型回归使用的是空间杜宾模型，通过 Husman 检验后确认应选用固定效应（FE）。本部分使用的回归检验的方法包括空间自回归模型（SAR）以及空间误差模型（SEM），被解释变量替换为农村居民家庭收入，具体结果见表10。结果表明，数字普惠金融项的系数符号不变 Z 检验均通过，数字普惠金融的福利效应依然存在。因此，本文的结果并不受回归方法及指标的影响。

表10　稳健性检验估计结果

变量	SAR	SEM	SDM
w	(1)	(2)	(3)
IFI	0.000 253 7*** (-3.88)	0.000 342 8*** (-4.14)	0.000 255 2* (-1.74)
LNPGDP	0.030 446 6 (1.58)	0.031 560 5* (1.61)	-0.043 182 2* (-1.67)
GAP	0.424 038 5* (1.67)	0.487 052 9* (1.70)	0.257 256 3* (1.64)
CZH	-0.077 520 6 (-0.42)	-0.123 759 7 (-0.61)	-0.263 815 6*** (-2.36)
GE	0.149 966 3 (1.03)	0.139 864 5 (0.88)	0.148 066 7 (1.59)
EDU	-1.131 937*** (-1.77)	-0.981 983 8 (-1.46)	0.079 274 7 (0.11)
样本数	217	217	217
Sigma 平方	0.000 232 9	0.000 238 8	0.000 105 9

五、结论与建议

本文利用全局和局部莫兰指数、LISA 聚集图、空间杜宾模型对我国 31 个省（自治区、直辖市）2011 年和 2018 年数字普惠金融的动态演进规律及其福利效应的空间溢出效应和时间异质性进行了深入分析，实证研究了数字普惠金融提升农民福利水平的正向空间溢出效应，并考察了数字普惠金融的“胡焕庸线”空间分异规律。研究发现：

（1）2011 年和 2018 年数字普惠金融发展水平具有较强的空间自相关性，数字普惠金融的全局空间自相关系数呈现阶段性上涨的发展趋势，具有明显的集聚趋势。

（2）数字普惠金融的分布具有空间相关性并有趋同演变的特征，西部地区由负向空间聚集逐渐过渡到正向空间聚集，东部地区的正向空间聚集效应逐渐发散。

（3）从全国层面来看，数字普惠金融能够提升农村居民的福利水平。分样本来看，数字普惠金融可以直接提升“胡焕庸线”西侧地区的农村居民福利水平，但其负面的溢出效应抵消了原本正向的福利效应；“胡焕庸线”东侧地区的数字普惠金融可以跨越地理条件的限制，间接提升“胡焕庸线”西侧的福利水平。

结合上述结论，本文主要提出以下建议：

（1）由于数字普惠金融的空间分布具有相关性，因此要以全局建设为着力点，树立区域一体化观念，加强“胡焕庸线”东西两侧的区域金融合作，统筹各省份数字普惠金融公平发展。对于东侧地区，需要攻克数字普惠金融发展的创新瓶颈，多举措推进数字普惠金融服务向纵深发展；对西侧地区而言，由于资源禀赋的限制及金融机会的缺乏，对其仅进行政策扶持而不进行底层建设无法实现数字普惠金融的可持续发展，故应做好顶层设计，增强其与东侧地区的金融联系和信息互通。

（2）由于数字普惠金融具有福利效应，因此要集合政府和社会的力量推动线上小额贷款、互联网金融、村镇银行手机客户端等数字普惠金融基础设施建设，使数字普惠金融下沉，更好地为“长尾人群”服务。应进一步加强数字普惠金融对“胡焕庸线”西侧贫困地区的倾斜，合理引导农村信贷资金流向农村地区。

（3）数字普惠金融福利效应的空间溢出作用对解决消除农村弱势的金融排斥现象并确保其福利水平进一步提高具有深刻的政策含义。①将空间溢出效应纳入扶持政策的制定过程中，采取更具针对性的区域政策组合对西侧农村地区进行精准帮扶，有助于减少我国贫富差距过大的问题。②建立健康的双向竞争机制，形成“胡焕庸线”两侧地区互利共赢的金融服务新格局。东侧地区需要积极寻求数字普惠金融创新渠道，激活空间溢出效应源；而西侧地区在接纳溢出效应的同时，也要积极寻求本地区数字普惠金融溢出渠道，促进本区域福利效应的顺利发挥。

参考文献：

［1］ KHANDKER S R, SAMAD H A, KHAN Z H. Income and employment effects of micro-credit programmes: Village-level evidence from Bangladesh ［J］. Journal of Development Studies, 1998, 35（2）: 96-124.

［2］ ALLERS M A, TOOLSEMA L A. Welfare financing: Grant allocation and efficiency ［J］. De Economist, 2014, 162（2）: 147-166.

［3］ 星焱. 普惠金融的效用与实现：综述及启示［J］. 国际金融研究, 2015（11）: 24-36.

［4］ 李超. 贵州省普惠金融发展对城乡居民福利差异影响研究［J］. 中国国际财经, 2017（8）: 40.

［5］ 黄益平，黄卓. 中国的数字金融发展：现在与未来［J］. 经济学（季刊）, 2018, 17（4）: 1489-1502.

［6］ 倪瑶，成春林. 普惠金融数字化对城乡居民福利差异影响的对比研究［J］. 金融发展研究, 2020（3）: 49-57.

［7］ 刘亦文，胡宗义. 农村金融发展对城乡收入差距影响的实证研究［J］. 山西财经大学学报, 2010（2）: 45-52.

［8］ 张勋，万广华，张佳佳，等. 数字经济、普惠金融与包容性增长［J］. 经济研究, 2019（8）: 71-86.

［9］ 龙在宇. 西部大开发二十年，跨越“胡焕庸线”：对话浙江大学中国西部发展研究院院长周谷平［J］. 廉政瞭望（上半月）, 2019（10）: 36-38.

［10］ 王靖一. 数字经济正在打破“胡焕庸线”［N］. 环球时报, 2019-09-27（15）.

［11］ 王刚贞，陈梦洁. 数字普惠金融减贫效应存在空间异质性吗？基于空间计量模型的实证分析［J］. 东北农业大学学报（社会科学版）, 2020, 18（3）: 10-18.

[12] 郑美华，陈梦洁. 数字普惠金融的减贫效应及空间异质性：基于省际面板数据的实证分析 [J]. 内蒙古农业大学学报（社会科学版），2020，22（4）：7-12.

[13] 刁述军，吴平. 基于森的功能和能力福利理论的农村社区居民福利水平评价：以成都市 10 个农村社区为例 [J]. 改革与战略，2014，30（5）：130-133.

[14] 李彦龙，张晓昱. 普惠金融能否有效缩小城乡居民福利差异？[J]. 金融发展研究，2016（9）：58-62.

四川农村绿色金融发展现状及其政策优化研究

夏晓兰　卿姣
（四川农业大学管理学院）

近年来，我国经济高速增长，城市化工业化快速发展，资源环境形势日益严峻，经济结构转型升级势在必行。为了实现经济的可持续发展，我国将绿色金融作为产业改革的重点。2015 年中共中央、国务院发布的《生态文明体制改革总体方案》首次提出了建立绿色金融体系；我国“十三五”规划提出“发展绿色金融，设立绿色发展基金”，将“绿色金融”纳入国民经济和社会发展五年规划和生态文明建设纲领性文件中，构建绿色金融体系已上升为我国的国家战略。

党的十九大报告提出“实施乡村振兴战略”，明确“产业兴旺、生态宜居、乡风文明、治理有效、生活富裕”的总要求，是金融系统推进农村金融服务工作的根本遵循。随着乡村振兴战略的逐步实施，可以预见，人才、土地、资本和技术等各类要素资源将逐步回流农村，并在城乡之间实现双向流动，促使农业现代化进程加速，新型乡村形态和结构将逐步建立。在此过程中，农业、农村、农民各类主体对金融需求的领域和范围不断延伸和扩大，金融需求将呈现多样化、多层次的特征。

为引导绿色金融规范化发展，从中央到地方，从宏观调控部门到微观金融主体，都制定、出台了一系列规划和相关政策。2019 年，中国人民银行等五部门联合发布《人民银行 银保监会 证监会 财政部 农业农村部关于金融服务乡村振兴的指导意见》这一纲领性文件，给予金融服务乡村振兴支持性政策指引，切实规范绿色金融投向。《关于构建绿色金融体系的指导意见》《四川省绿色金融发展规划》《四川省乡村振兴战略规划（2018—2022 年）》等文件，均强调创新、协调、绿色、开放、共享的发展理念，以金融服务来支持农村绿色发展的改造升级。因此，绿色金融在中国的实践与发展改变了当前的经济结构，为经济的可持续发展奠定了基础，对于乡村振兴战略的落实与促进金融机构的发展都具有重大意义。

一、文献综述

（一）绿色金融

绿色金融的概念在20世纪90年代被首次提出，其旨在降低由环境污染问题导致的金融风险，此后国内外诸多学者不断对绿色金融开展研究。绿色金融在早期的文献中被称为“环境金融”。萨拉查（Salazar）最先提出了环境金融的概念，他认为环境金融是在探寻环境保护路径下经济发展的金融创新，其引导资金流向环保产业促进环境保护，利用金融创新促进生态环境保护。从学科门类的角度，考恩（Cowan）则认为，环境经济学和金融学相交叉融合形成新的学科也就是环境金融，推行环境金融不仅能引导环境经济可持续发展，而且能在环境经济发展中获得更多收益。随着资源环境与经济发展的联系日益密切，史高顿斯（Scholtens）指出，绿色金融与可持续发展之间存在一定的关联，且通过运用绿色金融工具能有效打破存在于资源与环境的瓶颈。此时，绿色金融被认为是运用金融手段关照经济社会绿色发展的可持续金融。

在国内对绿色金融的研究讨论中，王军华从绿色金融与环境的角度讨论其内涵，认为绿色金融是指将“绿色”融入投资行为中并引导社会资源注重对生态环境的治理与保护的一种投融资活动，从而实现经济与生态和谐发展。潘岳把绿色金融作为执行环境经济政策的资本市场手段，主要包括绿色信贷、绿色保险。安伟从宏观经济政策的角度来讨论绿色金融，其认为绿色金融是一种通过产业基金、证券、信贷、保险等及其他衍生金融工具的运用，促进节能减排与经济环境协调发展的政策手段。

尽管学者的表述是多样化的，但他们有一个共识：“绿色金融”是为了应对气候变化，加强环境保护，促进绿色增长、提升绿色治理水平，强调经济、生态、环境的协调共生，创新运用金融工具为绿色发展提供资金投入的金融活动的总称。因此，2016年8月，中国人民银行等七部委发布的《关于构建绿色金融体系的指导意见》，首次对绿色金融进行官方定义，即为支持环境改善、应对气候变化和资源节约高效利用的经济活动，对环保、节能、清洁能源、绿色交通、绿色建筑等领域的项目投融资、项目运营、风险管理等所提供的金融服务。这一文件的发布确立了绿色金融今后的发展方向，为支持我国绿色金融进行更为深层次的实践探索奠定了政策基础。

（二）农村绿色金融

当前，学术界将焦点集中在绿色金融上并做出了有益探讨，但是大多学者集中在企业化、商业化等高端议题，相对而言专门研究农村接轨绿色金融的文献较少，即使部分研究涉及农村绿色金融也都主要偏向于理论与具体实践的探讨，对于农村绿色金融与乡村振兴战略的融合发展的研究相对缺乏。因此，对农村绿色金融领域的研究尚未形成体系。笔者仅结合当前有关于农村绿色金融的研究来看，当中国农村绿色金融处于起步阶段时，吴志远对中国农村绿色金融发展的基本模式与路径进行了前瞻性思考，他指出了中国农村绿色金融发展的基本逻辑，明确了绿色金融是我国农村金融发展的基本方向和路径，为农村绿色金融政策与改革实践做了理论指导；在以前面学者研究农村绿色金融基本发展路径的基础上，针对将绿色金融服务引入农村地区面临的实际问题，王劲屹做出了相应的探究分析，探索了中国农村构建绿色金融体系的路径；随着乡村振兴战略的逐步推进，农村绿色金融在促进农村经济增长与环境保护方面发挥着至关重要的作用，但也出现了相应的一些问题阻碍农村金融进一步发展，因此，陈仔浩等分析探讨了绿色金融助力乡村振兴战略的重要意义与实践过程中存在的难点，为绿色金融助力乡村振兴提供了切实可行的决策参考与有效措施。

综合以上研究，在乡村振兴视角下探究的绿色金融主要是指农村金融机构从农村长远发展与资源保护的角度出发，金融部门遵循人与自然和谐相处的基本原则，在乡村振兴战略“产业兴旺、生态宜居、乡风文明、治理有效、生活富裕”20 字方针的引导下，发挥资金导向作用，从贷款政策、贷款种类、贷款对象、贷款条件与方式这些方面，配合绿色债券、绿色保险、绿色基金等多种新型金融工具，采取优先支持农业绿色化、农村治理低碳化、农民绿领化的措施，保证农业绿色发展的相关领域资金的充足性及农业绿色项目融资便利性，来促进农业生产条件与农村生活环境改善达到农村的环保与经济协调发展。因此，在乡村振兴战略下讨论的绿色金融也可以称作是新要求、新形势下的农村绿色金融。

二、农村绿色金融的实践与发展

（一）国内农村绿色金融的总体发展情况

2017 年的政府工作报告已经提出，要加大绿色金融的发展力度，推进绿色金融创新性在实际工作中的落实。如今绿色金融已成为国家治理的重要方式并得到各地政府的积极响应。2017 年 6 月 14 日，在国务院总理李克强主持召开的国务院常务会议决定在广东、浙江、贵州、江西、新疆5省（自治区）设立绿色金融改革创新试点区，从地方层面开始逐步推进绿色金融在各省（自治区、直辖市）的发展，探索建立各地区相应的绿色金融发展模式。包括试点区所在的省级行政区，也开始积极出台和绿色金融相关的政策，更新绿色金融相关的配套措施，创新绿色金融工具，加大绿色金融宣传力度，加速推进当地的绿色金融的发展。

《关于金融服务乡村振兴的指导意见》是金融产业对乡村振兴支持的纲领性文件，文件明确指出要以“三农”绿色金融发展为核心，创新金融产品和服务方式，拓宽乡村振兴融资渠道，实现多样化融资需求。2020年中央一号文件对乡村振兴战略做出进一步的部署，提出农村普惠金融改革试点范围应由内向外逐步扩展，鼓励地方政府建立县域农户、中小企业信用等级评价机制，建立“银保监”共担风险的普惠金融服务体系，提供更多免抵押、低利率、免担保、可持续的普惠金融产品。

（二）四川绿色金融服务乡村振兴的实践探索

近年来，四川省在绿色金融支持“三农”领域做出了多项探索与实践，坚持经济建设与生态文明建设相协调，通过推动金融市场改革，建立绿色金融机制，促使经济可持续发展。

1. 绿色金融政策框架体系建立

2018年1月，四川省政府办公厅印发《四川省绿色金融发展规划》，做出了全川绿色金融发展的战略部署，构建出绿色金融“一核一带多点”的空间格局，逐步建立深层次、多元化、广覆盖的绿色金融创新体系和绿色金融市场体系，积极推动各市（州）开展绿色金融示范区建设。各地级市积极响应，纷纷出台指导性文件督促绿色金融工作落地。截至2019年6月30日，四川省共有17个地级市发布绿色金融综合性指导文件，7个县发布综合性指导文件，反映了绿色金融政策下沉落地的具体执行情况。

2018年，成都市、泸州市、广安市、泸州市泸县出台了将绿色信贷业绩纳入银行业存款类金融机构宏观审慎（MPV）考核的政策条款，加强了银行绿色信贷绩效管理，并依据评价结果实施激励或约束措施。

2. 绿色金融产品稳步发展

（1）绿色信贷增长趋势平稳。根据表1，从四川下列五市（州）的绿色信贷投放规模来看，信贷投放总额呈现稳步增长趋势，在各项贷款中的占比正逐渐上升。

表1　四川五市（州）绿色信贷情况统计表①

	统计时间	绿色贷款总额	其他说明
雅安	2018 年年末	绿色贷款余额达 197.69 亿元	在各项贷款中占比为 30.1%
甘孜藏族自治州	2018 年年末	环保项目及服务贷款余额为 199.32 亿元	比年初增加 13.74 亿元，增长 7.4%，占各项贷款余额的 56.37%
广元	2018 年 8 月末	绿色信贷余额 123.57 亿元	较年初增加 5.58 亿元
遂宁	2017 年 6 月末	7 家主要银行机构绿色信贷余额为 157.68 亿元	占各项贷款的 17.21%
阿坝藏族羌族自治州	2016 年年末	绿色贷款余额为 169.6 亿元	在各项贷款占比为 30.1%

各银行积极贯彻落实总行绿色信贷政策，其中清洁能源、生态保护、节能减排等绿色项目取得了较为显著的融资效果。比如，南充金融机构支持城市垃圾发电、广元金融机构的“秸秆发电”项目、宜宾金融机构的“经济林木（果）”林权抵押贷款、雅安的清洁能源水电项目贷款等。但是，从绿色信贷支持的项目来看，更多资金流向可以产生稳定现金流、具有成熟商业模式的项目，从严格意义上来讲，环保项目使用的贷款规模较小。2017 年 3 月，乐山市商业银行 40 亿元的绿色金融债券获批，资金主要投向绿色环保、清洁交通、清洁能源、生态保护等绿色项目，从而实现四川绿色债券零突破，进一步推动四川绿色债券的陆续发行。2018 年 11 月，四川省铁路产业投资集团有限责任公司申报获批的绿色公司债券在上交所成功发行。本期绿色公司债券是国内铁路行业首单、四川省内首单绿色公司债券。

（2）绿色基金与绿色保险方面各项政策措施正有序推进。绿色基金目前还处于初步探索与发展阶段，2012 年，四川省治理荒漠化基金会成立，2017 年四川省绿化基金会成立。目前，相关部门正在推进城乡绿色发展产业引导基金的成立，该基金将给予绿色产业发展重点支持。在绿色保险方面，绿色发展保障体系已初步形成，相关部门正在完善强制性环境污染责任保险和商业性环境污染责任保险相结合的保险市场机制。截至 2016 年年末，全省共有 21 个市州 350 家企业参保，风险保障金超过 3 400 亿元，涉及石化、危险化学品等行业。

① 数据来源于三农金融大数据平台。

（3）“三农”绿色金融供给增加。近年来，四川省委、省政府牢固树立绿色发展理念，在贯彻落实“五位一体”总体布局与乡村振兴战略过程中，先后出台了一系列政策意见，开展大规模绿化全川行动，辖区内金融机构积极发展农村绿色金融业务。不少金融机构对绿色金融服务乡村战略不断进行探索实践，目前已初现成效（见表2）。

表2　四川省绿色金融服务乡村振兴的部分实践

机构	实践措施
四川农村信用社联合社	建立绿色信贷管理机制，对资源综合利用、垃圾资源化利用、退耕还林等项目，开辟“绿色通道”，优先审查评估，增加信贷投入
巴中农商银行	依托农村特色资源，创新10余种绿色信贷产品，累计发放绿色信贷11.2亿元
宜宾金江农商银行	加大林权抵押贷款支持力度，激励林农和新型经营主体发展林业
中国邮政储蓄银行雅安市分行	开发设计了专门的“养牛贷”信贷产品；加强与当地农业信贷担保公司的沟通，充分发挥双方的合作优势，大力拓展农林牧渔业市场
中国农业银行四川分行	重点支持了成都周边、甘孜、广元生态旅游区的建设；支持乡村旅游经营升级与县域旅游规模企业发展
遂宁银行	对接遂宁市重点培育的船山区龙凤镇、安居区拦江镇等特色小镇和美丽新村的融资需求，促进现代生态田园城市的全域建设
成都银行	制定《成都银行绿色信贷发展指导意见》，对接世界银行贷款中国食品安全示范项目成都生猪养殖、监测、溯源系统性改造工程
中国人民财产保险公司宜宾分公司	与宜宾市政府共同探索非林地的入保模式，扩大政策性森林保险覆盖面，完善了“林权证+保单”的抵押贷款模式
乐山市商业银行	2017年发行绿色金融债券，资金投向绿色环保、生态保护、清洁能源等绿色项目
四川纳兴实业集团有限公司	2017年发行10亿元绿色债券，资金投向的绿色项目为泸州市纳溪区的林下经济综合利用开发
四川省绿化基金会	推进国土绿化、推动长江上游生态屏障建设与保护、建设生态文明

总体上，四川省虽不是试验区，但是其表现突出。中央财经大学绿色金融国际研究院推出的《地方绿色金融发展指数与评估报告（2019)》表明，2019年四川省绿色金融发展指数评价总分为58.94分，位居第三，位于第一梯队省区（大于37分），相较于2018年排名提升幅度尤其明显。其中，得分最多的是政策推动措施，相较于前两年的分数，2019年经济增长显著，主要原因是在2019年上半年四川省在省市层级均出台了大量绿色金融政策，有效加快绿色金融政策体系的完善，强有力推进政策实施并将绿色发展贯穿经济社会发展规划中。但是在市场效果得分不到15分，情况不理想。

（三）四川省绿色金融服务乡村振兴存在的问题

1. 农村绿色金融政策亟待完善

四川省金融机构一直在积极尝试创新多种绿色金融产品，但发展农村绿色金融推动乡村振兴内生力量依然欠缺，这与我国目前农村绿色金融政策不完善有紧密关系。缺乏明确的标准性文件指导，市场监管制度的不完善，导致农村绿色金融市场难以规范运作，农村金融机构稳步开展绿色金融也存在一定难度。2018年四川省人民政府办公厅印发了《四川省绿色金融发展规划》和《四川省乡村振兴战略规划（2018—2022年）》。但纵观中央政府和省政府层面的绿色金融与乡村振兴的各项政策，其中都还存在统一性和系统衔接性不够的问题。例如，四川省在实施细则中明确规定绿色信贷项目可申请财政贴息支持，大多贴息政策均是绿色信贷体系政策，而涉及债权贴息的条款相对较少，涉及绿色债券贴息条款的城市包括巴中市、成都市、雅安市、达州市，表明绿色债券的支持政策还不够。

2.“三农”主体绿色融资渠道狭窄

2018年年末，四川常住人口为8 341万人，总量位居全国第四，其中乡村人口3 979.5万人，城镇化率为52.29%，是典型的人口大省、农业大省，涉农主体融资需求量大。从实践来看，各大涉农金融机构虽然因地制宜推出了多类信贷产品，但从金融产品的提供机构来看，产品提供方主要以银行类金融机构提供的绿色信贷为主，环保资金渠道单一。此外，其他金融机构在开发设计绿色金融产品促进乡村振兴的过程中，滞后性更为明显，不能为绿色资金注入“三农”领域提供更好助益。主要表现在以下几个方面：

（1）绿色信贷产品覆盖范围不广。目前，四川金融机构依托地方农业产业特色，开发了具有自己特色与优势的信贷产品。比如，宜宾农商银行的“林权”抵押贷款、成都农商银行的农村承包土地的经营权贷款等。但是，目前各涉农金融机构在业务发展中推出各具特色的涉农绿色信贷产品主要围绕产业融资需要，大都集中在扶贫绿色信贷产品方面，如小额信用贷款、联保贷款、特惠贷等。在绿色发展的要求下，绿色金融服务的对象不仅局限于绿色产业融资，更要满足生态循环农业的资金需求，比如，秸秆回收、畜禽废弃物无害化处理、治理农业面源污染等。笔者通过信息搜寻发现，涉农的绿色金融产品主要还是以满足日常经营需要为主，废弃物循环利用、治理农业面源污染的绿色金融产品供给较少，从而使得绿色金融的发展受限。

（2）绿色保险发展较缓慢。当前，四川省绿色保险处于起步阶段面临专业性弱、技术含量低、品种单一等缺陷，绿色保险产品还有待开发。从四川省绿色金融服务乡村振兴的实践来看，截至 2019 年 6 月底，四川省绿色保险种类有农业大灾保险、环境污染责任保险、森林保险、蔬菜价格指数保险、生猪保险、养殖保险与病死畜禽无害化处理联动机制，绿色保险品种与满足多样化的“三农”主体保险需求相差甚远。同时，由于各地财力水平存在较大差异，各种补贴政策也不尽相同，一些特色农产品保险品种在经济水平落后的地区没有办法推行。比如，虽然四川省建立了农业保险中央补贴品种费率动态调整机制，并于 2018 年年初发布《关于调整农业保险部分保费补贴品种保险费率的通知》，下调中央补贴品种中小麦、马铃薯、森林保险的保险费率，并同时提高单位保险金额，但是其中却不包括与生猪、水果、蔬菜等相关的农产品保险险种。由此可见，很少农业保险能够享受财政补贴，所以绿色保险很难满足四川“三农”主体对绿色资金的需要。推广宜宾“林权+保单”抵押贷款模式，创新绿色金融产品，将绿色保险、绿色信贷结合起来使用，以达到降低或者控制农业经营主体所面对的各种风险的目的。

（3）其他绿色金融产品发展滞后。截至 2018 年 10 月底，四川绿色债券余额为 78 亿元。据 Wind 绿色债券概念板块统计，截至 2018 年 11 月 20 日，国内市场绿色债券余额为 6 620.4 亿元。四川省绿色债券余额仅为全国的 1.2%。同时，四川省的绿色基金项目较少，吸引社会资本进入绿色产业的效果不明显；绿色证券发行数量虽逐年增多，但其融资规模仍较小，而且市场经济主体对绿色债券的接受能力较差，缺乏权威数据的支持。从广元绿色金融试验区情况来看，尽管其已设立 1 家绿色金融事业部，但其绿色金融产品单一、期限错配，绿色债券、绿色基金等依然匮乏。

3. 涉农金融机构创新绿色金融产品的积极性不高

绿色产业涉及门类多，绿色金融需求具有多层次性和多样性的特征，需要金融机构在机构体系和产品创新方面予以满足。但目前许多农商银行、村镇银行并未开展绿色金融业务，许多农村地区的从业人员甚至不了解绿色金融，这从侧面反映出涉农金融机构在创新绿色金融产品方面缺乏积极性。这主要是因为农业生产的弱质性、保险体系不完善、缺失抵押担保、金融债权得不到很好保护、信用体系不健全等，使得提供绿色金融服务的涉农金融机构经济效益的增长远远低于其成本的增长，导致只有较少的金融机构主动对接绿色项目和绿色产业，更不要说其对金融产品进行创新。此外，四川省扶植“三农”绿色发展的绿色信贷支持政策以及相关激励政策、优惠政策尚未出台落实，同时农业生产资源化利用、农业面源污染治理等项目投资周期较长，并具有公益性质，进一步削弱了涉农金融机构为了乡村振兴而提供绿色金融服务的积极性。

4. 农户对绿色金融及政策缺乏了解

现有调查结果显示，大部分农户和企业只对绿色信贷和绿色保险有所了解，对绿色证券、绿色租赁和绿色基金几乎没有了解，对绿色金融相关优惠政策也并不了解。当农户有资金需求时，其融资渠道受到限制，导致其过分依赖民间借贷和银行贷款。同时，因缺乏银行抵押贷款的某些必备条件，使得农户的银行贷款能力受限，极大地制约农村企业、经济的持续发展。

三、四川省绿色金融服务乡村振兴的政策思考

（一）优化农村绿色金融法律政策环境，助力乡村振兴

1. 完善政策体系，保障农村绿色金融可持续发展

目前，我国绿色金融政策已经基本完成了顶层设计，并基本覆盖了绿色“信贷—债券—基金”操作政策，农村绿色金融政策却存在缺位的问题。相关绿色金融服务乡村振兴的法律体系应遵循效率与效益相结合，并促进农村可持续发展。因此，我们需要明确：第一，明确中国银行保险监督管理委员会四川监管局、中国证券监督管理委员会四川证监局根据相关法律要求履行的监管职责，建立和完善绿色金融领域的监管指标体系，提高监管成效。第二，强化农业企业、新型农业经营主体的社会责任和法律责任，强化各个主体的环保意识，将绿色金融理念落实到业务发展之中。第三，明确涉农金融机构开展绿色金融、服务乡村振兴的考核制度，奖优惩劣，追溯造成污染企业的责任，奖励环保企业及积极开展绿色金融的金融机构。

2. 逐步细化政府支持机制，提升农村绿色金融服务乡村振兴效率

从“财政、税收、利率”角度，制定金融机构开展农村绿色金融业务、

服务乡村振兴的支持政策。例如，在财税方面，我们可以通过财政贴息、投资补助、风险补偿等政策工具和手段，发挥财政政策支持绿色金融杠杆的作用，引导更多绿色信贷资金投向绿色农业、生态保护、农村污染防治等重点领域和薄弱环节。另外，对满足绿色低碳发展的产业项目实行绿色金融税收优惠政策，对农村金融机构绿色信贷业务营业收入给予所得税和增值税减免。比如，在利率方面，可以对积极配合与大力开展绿色金融业务的金融机构给予补贴，对通过实施绿色金融业务开展绿色农业产业化与乡村生态文明建设的相关机构进行奖励；同时，出台相关政策法规对金融机构开展的农村绿色金融服务进行考评，通过考核“三农”主体绿色金融业务以及开发创造涉农绿色金融产品的数量等量化指标对其进行考评，并给予惩罚与奖励。

3. 搭建绿色项目信息共享平台，实现资源合理配置

随着大数据、云计算、人工智能等信息技术的发展，用户的信息不再匮乏，现在的问题主要集中在信息维度多元、数据来源广泛以及精准信息获取的困难。目前，已经有九个省份搭建省市级绿色项目信息共享平台，成为支撑绿色金融服务绿色实体经济的载体、提供防范金融风险和绿色金融政策支持的平台。四川省政府部门应统筹各方的力量，利用互联网和大数据搭建统一共享的信息平台，将绿色金融的相关信息统一发布到一个绿色信息管理系统中，并制定信息标准，定期披露绿色信贷资金的资金走向，推进涉农金融机构与“三农”主体、企业部门、社会资本的信息互通，有效连接绿色农业项目的资金供求双方，降低绿色金融产品的成本，提高精准决策的效率。

4. 强化绿色金融的信贷环境风险防范与控制，保障绿色金融资产安全

在鼓励支持绿色金融发展的过程中，相关部门要完善信息披露机制，加强监管及风险防控体系建设，防范发生系统性金融风险。首先，强化对信息披露的要求，完善有关监管规则和标准，完善环保部门、金融监管部门、商业银行、投资机构、担保公司、第三方中介机构之间的信息共享机制，进一步提高企业环境信息监测的广度和深度；其次，建立农业风险补偿基金，政府可针对融资风险较高的新兴绿色能源项目成立相应的绿色担保基金，这些担保基金不仅对于此类高风险绿色能源项目起一定支撑缓冲作用，还可以在一定程度上化解农村金融机构风险；最后，创新农村金融担保模式，鼓励开展政府、农户、经济组织、财政部门等多方参与共建的联合担保模式，提升绿色企业的信用方便其申请银行贷款，也减轻金融机构本应承担的部分贷款风险。

（二）创新引领，拓宽“三农”主体绿色融资渠道

1. 由中国农业发展等政策性银行牵头，探索“小组互助”的绿色贷款模式

四川盆地地区，成都平原以外的大部分地区多山地，缺乏开展“工业化”现代农业的地理条件。根据国内外的经验，我们可借鉴孟加拉乡村银行“小组互助联保制度”的做法，在增加“小农业”种养者的绿色贷款成功率的同时实现金融机构的财务可持续。此外，尽管四川的丘陵山区无法开展“工业化”的现代农业，却可以与地方性的农业企业对接，接受农业企业的科学种养技术指导；以农业企业为桥梁，连接广阔的商品市场，构建“科学化、商品化”的现代农业生产体系。

因此，可尝试在四川探索“农户+企业”的小组互助绿色贷款模式，充分利用中国农业发展银行、国家开发银行等政策性银行的优势，助力四川地区的农村商业银行、农村信用合作社、邮政储蓄银行等涉农金融机构发展绿色金融。金融机构在投放信贷资金时优先满足绿色农业、循环农业、乡村休闲农业等绿色项目的资金需要，拒绝或严格控制向重污染企业发放贷款。通过“农户+企业”的形式组成贷款小组，拓宽资金的来源、增强贷款的信用等级、降低贷款风险。

2. 鼓励绿色金融产品创新，协同满足各类资金需求

在整合现有涉农信贷产品、探索“小组互助”信贷模式的基础之上，金融机构要以乡村绿色发展与生态保护为前提，形成以“农贷通”为服务平台的农村绿色金融产品线，以达到为“三农”主体提供一条龙金融服务和拓宽“三农”主体融资渠道的目的。

根据“绿水青山就是金山银山”的理念，我们在发展经济的同时要注重环境的治理，以大数据为基础发展农村绿色金融产品线，创新耕地质量提升基金、经济林木权抵押贷款、活禽抵押贷款等的方式方法满足农村经济发展的资金需要，也可以创新发展农业专业合作、土地股份合作等新型农业经营方式，大力发展新型农业经营主体和服务主体，培育农村金融的内生需求。此外，在传统抵押担保种类的基础上发展大型农机具等动产质押、土地经营权等权利质押以及探索排污权、碳排放权、用能权、水权等新型抵押质押担保贷款，满足乡村振兴中绿色项目、新型农业经营主体等融资担保抵押需求。并尝试与其他金融机构共同建立“绿色担保+绿色信贷+绿色保险”的联动机制，推出乡村绿色旅游废弃物处置中长期专项贷款、畜禽养殖废弃物处理和资源化专项信贷产品等，形成支持农村绿色发展的金融产品线，满足乡村振兴多样化的金融产品需求。

（三）内外变革，推动金融机构积极参与农村绿色金融业务

1. 涉农金融机构要回归本源，主动成为农村绿色金融供给主体

《关于金融服务乡村振兴的指导意见》指出，“健全适合乡村振兴发展的金融服务组织体系，积极引导涉农金融机构回归本源”。目前，我国相当大比例的农村金融机构没有设置专门的绿色金融服务组织，只是少许农商银行有一些业务的渗透。相关部门应当构建符合绿色金融发展需求的管理组织架构及管理方法，建议大型金融机构要建立专门从事绿色金融业务的部门，而中小型金融机构可以向第三方环境评估机构积极寻求帮助。农村金融机构的各个利益相关者，如股东、债权人，要制订长远的绿色金融计划，将节能减排、生态治理落实到农村金融机构各个业务当中，以促进社会可持续发展。

现在很多在乡镇金融机构服务工作的业务员，对于绿色金融了解得还不够深入和透彻。因此，不同类型的乡镇金融机构应当根据自身优势有目的地培养绿色金融人才。一方面，乡镇金融机构应挑选出一批信贷业务能力较强的人员进行绿色金融相关的专业培训，打造具备金融、环保、绿色产业等相关知识的复合型绿色金融人才队伍；另一方面，政府应加强对绿色金融人才引进的政策支持，对优秀高校毕业生去到乡镇金融机构就业给予补贴支持。

2. 加强绿色金融服务乡村振兴的国际合作，探索发展新模式

针对农村绿色金融供给排斥，涉农金融机构主动性不足的问题，笔者建议可以将四川作为全国乡村振兴绿色金融对外开放试点省。先是在凉山彝族自治州、阿坝藏族羌族自治州、甘孜藏族自治州以较为优惠的准入条件允许外资设立乡村振兴独资或合资金融机构，开展“三农”绿色金融业务，并逐步扩大试点范围至四川乡村全域，经相关部门评估、论证后，再向西南五省（自治区、直辖市）拓展乡村绿色金融对外开放试点。试点项目再次评估、论证具有推广价值后，可以纳入西部大开发的乡村绿色金融改革开放战略。同时我们可以尝试国际金融优势资源的反贫困计划与欠发达国家乡村振兴战略融合，积极地开展多边金融机构绿色交流与合作；支持一批成都金融机构和境外投资证券企业积极投资“一带一路”沿线的重点国家和地区，推动国际性的绿色项目投资，为绿色产业和绿色项目提供充足的资金动力。

四、结论与建议

近年来，在党和国家出台一系列促进乡村振兴与绿色金融的政策举措引导下，我们在绿色金融服务乡村振兴方面四川省各类机构进行了积极的探索与实践，有效推动了四川绿色金融的可持续发展。但在发展过程中也面临农村绿色

金融政策不完善，绿色资金融资渠道单一，金融机构创新绿色金融产品积极性不高等问题。因此，我们有必要制定农村绿色金融助力乡村振兴的策略进一步完善和规范绿色金融在农村地区的发展：

从宏观层面看，建立以农业绿色金融为核心的政策体系，明确“三农”主体绿色信贷、碳交易、绿色保险的法规的实施细则，细化政府支持机制，落实各部门的监管职责，以提高绿色金融资金配置效率。

从中观层面看，拓宽“三农”主体绿色融资渠道。涉农机构中的农发行等政策性银行应加大对绿色金融服务的支持力度，并牵头探索“小组互助”绿色贷款模式；多角度创新绿色金融产品形成多种绿色金融产品协同的绿色金融产品线，满足乡村振兴多层次的绿色资金需求。

从微观层面看，可以从金融机构入手，强化国内金融机构对农村绿色金融理念的认识，鼓励其积极参与拓展农村绿色金融业务；探索外资金融机构在四川乡村建设绿色金融业务改革开放试点，发挥聚焦效应在绿色金融领域的作用，也逐步实现绿色金融跨区域的合作，使得各个区域互通互鉴。

参考文献：

[1] SALAZAR J. Environmental finance：Linking two world [R]. Financial Innovations for Biodiversity Bratislava，1998 (1).

[2] COWAN E. Topical issues in environmental finance [R]. Asia Branch of the Canadian International Development Agency (CIDA)，1999 (1).

[3] SHOLTENS B. Finance as a driver of corporate social responsibility [J]. Journal of Business Ethics，2006，68 (1)：19-33.

[4] 王军华. 论金融业的“绿色革命” [J]. 生态经济，2000 (10)：45-48.

[5] 潘岳. 用经济政策解决环保问题 [J]. 中国新闻周刊，2007 (34)：84.

[6] 安伟. 绿色金融的内涵、机理和实践初探 [J]. 经济经纬，2008 (5)：156-158.

[7] 吴志远. 对我国农村绿色金融发展模式和路径的思考 [J]. 中国井冈山干部学院学报，2017，10 (5)：118-124.

[8] 王劲屹. 中国农村构建绿色金融体系路径探索 [J]. 现代经济探讨，2019 (1)：128-132.

[9] 陈仔浩，刘熙宇，冯晨，等. 乡村振兴战略下农村绿色金融发展的问题与路径研究 [J]. 湖北农业科学，2019，58（19）：174-177，219.

[10] 张承惠，谢孟哲，田辉，等. 发展中国绿色金融的逻辑与框架 [J]. 金融论坛，2016，21（2）：17-28.

政府主导型农地抵押贷款抵押物处置效果评价及其影响因素研究

——基于四川的调研

宋坤　蒋嘉坤

（四川农业大学经济学院）

一、引言

农地“三权分置”下的农地经营权抵押贷款，以土地经营权为抵押物，不仅补充了农户抵押贷款所需抵押物，有效缓解了新型农业经营主体的信贷约束（黎翠梅 等），还盘活了农村的土地资源。2019 年年初，新修订的《中华人民共和国农村土地承包法》正式施行，其条款中增加了农地经营权可以向金融机构融资担保等内容，基本消除了农地经营权抵押贷款的法律障碍。我国农地经营权抵押贷款模式因主导者的不同大概分为两种：一种是“自上而下”的政府主导型，另一种是“自下而上”的市场主导型。市场主导型模式由农户自发组织的土地合作社或贷款担保协会提供担保，利用群体组织实现信用增进，减轻信用风险。政府主导型模式由政府出台农地经营权抵押贷款相关政策，搭建土地流转平台，通过法制文件约束农户的违约行为，并为金融机构进行风险兜底，是一种强调政府参与的融资模式。政府主导型模式相较于市场主导型模式，运行流程更规范，信贷资源分配更有效率，金融机构承担的风险更小，相应地，其也更需要政府的政策及财政支持，可持续性更弱（杨丹丹 等）。目前，大部分试点地区都是采用的这种模式。从各试点地区的实行情况来看，政府主导型农地经营权抵押贷款的开展受到了制约。主要问题包括农地流转市场尚未完全成熟（王君妍 等）、土地评估失灵（王志彬 等）、金融机构借贷意愿不足（李国正）等，其中最突出的问题之一就是抵押物的处置问题（任鑫汇；曾秀云）。

对于违约率较高的试点地区，银行对开展农地经营权抵押贷款并不积极，供给意愿不强，主要掣肘为抵押物处置难度大，处置成本高且贷款清偿率低；对于违约率较低的试点地区，农地经营权抵押贷款的开展亦不顺利，许多地区都出现了“规模停滞”，主要掣肘为抵押物处置困难，抵押物处置机制缺失或可行性低。客户一旦违约，银行很可能因抵押物处置失败而承担损失，这让银行不敢贷、不愿贷，最终限制了农地经营权抵押贷款的发展。因此，本文突出问题导向，针对政府主导型农地经营权抵押物的处置问题进行了探索。由于鲜有文献针对农地经营权抵押物处置进行定量研究，而针对农地经营权抵押物处置困难原因的理论探索和实证分析更是稀缺，因此，有必要针对影响农地经营权抵押物处置效果的因素展开探索和实证研究。笔者通过剖析抵押物处置困难的形成原因，有的放矢地提出优化建议，以期因地制宜地优化农地经营权抵押贷款抵押物处置机制，有效激励金融机构参与该业务的动力，促进农地经营权抵押贷款的良性发展。首先，本文以政府主导的“成都模式”为例，对农地经营权抵押贷款抵押物处置现状进行了介绍，并且理论联系实际，选定影响抵押物处置效果的诸多因素，进行模型构建；其次，基于四川省内包括成都、眉山、广元在内的多个采用政府主导型农地经营权抵押贷款的实际调研数据，通过 CFA 测量模型进行信度、效度检验等，以验证实证的可行性；最后根据结构方程模型最终拟合的结果得出结论，确定影响抵押物处置效果的关键因素，基于实证结果，为设计完善的抵押物处置机制或风险处置机制提出可行性建议。

二、文献综述

抵押物处置是金融机构涉足农地经营权抵押贷款业务的最大难题之一。银行通过抵押取得经营权不是出于获得土地经营权的目的，而是希望能如期处置变现防范资金风险（许峻桦）。然而，一方面，我国金融机构尚缺乏健全的风险处置原则、程序和机制，履约监管存在一定困难，违约惩罚机制有所缺失，银行在不良资产的处置过程中困难重重（单建军；贾晋 等）；另一方面，农地属于薄市场（郭忠兴 等），流动性和变现性较差（温信祥），抵押农地价值低（罗兴 等），且处置农地花费的交易费用较高（姜美善 等）。抵押资产处置难以成为阻碍金融机构开展农地经营权抵押贷款业务的首要原因（王君妍 等），严重制约了该业务的发展（陈菁泉 等）。

虽然各试点地区农地处置模式存在较大差异（汪险生 等），但汇总起来抵押物处置主要有转让、变更和变现三种形式（马雪彬 等；王珏 等）。处置策略有贷前抵押物“预处置”（李伟 等）、组建新型农业经营主体协会作为抵押土地经营机构（仝爱华 等）、利用平台公司处置或委托专业中介机构流转（姜美善 等）、通过专业性农村产权收储公司进行收购处置（牛玉莲；纪秀江）、利用第三方组织基于熟人社会治理机制实现抵押农地的有效处置（陈东平 等；申云 等），以及多方合作共同处置（赵翠萍 等）等。然而许多试点地区抵押物处置效果不好。陈清源通过分析福建省南平市的案例，发现其农地流转体系的运转效率不高，平台交易不活跃，市场对流转平台认知度不高且抵押物价值评估缺乏权威性，抵押物处置机制有待进一步完善。刘伟对土右旗的农地经营权抵押贷款工作进行了调研和分析，发现抵押贷款违约后抵押权不易实现，土地租金交付方式不统一、评估方式不统一、相关法律制度缺位及土地流转市场不发达等问题仍影响着抵押物的处置效果。随着农地经营权抵押贷款法律风险的解除，贷款规模将逐步增大，第三方处置机构的介入会导致更大的潜在风险（邓晓）。

笔者梳理文献时发现，当前国内针对农地经营权抵押贷款风险处置或抵押物处置的研究不多，现有文献更鲜有对政府主导型模式的农地经营权抵押贷款抵押物处置的研究。且针对农地经营权抵押贷款抵押物处置的研究多集中于处置模式的探讨，研究多为现象描述或总结性描述，针对性不强，创新性不足，定性研究不多，定量研究更是鲜见，不能统筹解决抵押变现、价值评估、风险防控等问题，这些研究仍缺乏对农地经营权抵押物处置困难原因的理论探索以及影响抵押物处置关键因素的实证分析。鉴于此，本文结合文献和政府主导型模式下成都市的调研情况，从政策、价值评估等多个维度综合考虑，有针对性地分析抵押物处置效果的影响因素，并基于四川省多地的调研数据，利用结构方程模型对关键影响因素进行了实证研究，以期为解决农地经营权抵押物处置难题提供有价值的参考。

三、四川省农地贷款抵押物处置现状

（一）农地经营权抵押贷款开展情况

截至2018年2月底，广元市苍溪县累计发放农村承包土地的经营权抵押贷款2 013笔，5.1亿元；截至同年7月底，崇州市发放326笔、5.94亿元。截至2019年12月底，成都市温江区累计实现农地经营权贷款488笔、17.64亿元；截至同年12月底，眉山市彭山区累计发放农地经营权抵押贷款1 830笔、9.1亿元；截至同年12月底，乐山市井研县累计发放农地经营权抵押贷款179笔、1.77亿元。

（二）温江及崇州抵押物处置概况

作为四川省开展政府主导型农地经营权抵押贷款的典型地区，成都市温江区和崇州市做法鲜明，在抵押物处置方面有各自的特色和成效。因此，本文选取温江和崇州作为四川省的典型地区进行介绍。两地虽都隶属成都市，但在农地经营权抵押贷款抵押物处置方面存在着各自的特点，现比较其异同（见表1）。

表1　成都温江区和崇州市在农地经营权抵押贷款抵押物处置异同情况比较

项目	温江区	崇州市
风险基金	政府出资设立风险补偿基金，政府与银行按照7∶3的比例分担抵押物处置后的净损失	政府出资设立农地抵押融资风险基金，风险基金与银行按照8∶2的比例分担抵押物处置后的净损失
处置机构	花乡农盟花卉苗木专业合作社（简称花乡农盟） 三联融资担保有限公司	农村产权抵押融资担保公司 土地管理流转服务中心
价值评估	处置企业牵头联系专家组进行评估鉴定	由评估机构出具评估报告或银行与借款人协商进行价值认定
处置模式	"借款人+土地经营权及地上附着物+处置企业+金融机构"的特色市场化处置模式	搭建"抵押担保收储三大平台、一套农村信用体系、多项农村金融产品"的"3+1+*N*"农村金融创新模式，采用"借款人+土地流转服务中心+金融机构"的处置模式
处置流程	以市场化处置为例：对抵押物的价值进行重新评估，若可以覆盖债权，则由花乡农盟名下各企业进行内部处置，若80天内仍未完成处置，则由花乡农盟先行承担贷款清偿工作，同时银行将债权转让给花乡农盟。若无法覆盖债权，银行无法有效处置抵押资产时，银行可向温江三联公司提出债权转让和抵押资产转让，并通过温江政府设立的风险补偿基金进行兜底，减少自身损失	违约后的抵押农地经营权可以通过土地流转服务中心进行挂牌再流转，无法立刻流转的抵押农地，则由土地流转服务中心组织耕种。抵押农地经营权的处置净损失，可利用风险基金进行补偿
政府主导	均为政府主导型模式；抵押形式均为"土地经营权+地面附着物"	
土地流转	均建立土地收储机构，拥有农地流转平台	
农业保险	均设置有政策性农业保险，利用保险分担金融机构的违约风险	
处置问题	两地的抵押物均不易变现，处置难度大，且由于担忧抵押物处置效果不佳，两地的农地经营权抵押贷款业务规模均出现停滞	

（三）理论分析及研究假设

1. 影响农地经营权抵押物处置的政策因素

（1）国有担保公司。在办理农地抵押贷款时，不少银行会选择与融资担保公司合作，此类担保公司大多由政府出资设立（吴一恒 等），围绕着当地政策变化而变化，通常承担着抵押农地的监管责任和违约债务的代偿责任。一旦当地政府政策发生变化，担保公司亦会随之变化，当地政府关于农地抵押贷款的政策落实程度越低，出资补助力度越小，担保公司对农地贷款将更加审慎，参与程度则越低。随着担保公司参与度的降低，抵押农地的监管和处置都将受到影响，贷款的清偿将愈加困难。

（2）政策性农业保险。政策性农业保险是政府通过补贴和保费等措施，为农业经济损失提供的直接物化成本保险（李丹 等）。2017 年以来，我国农业保险发展迅速，保险种类也愈加丰富（肖宇谷 等）。邛崃市在全国首次实行农村土地流转履约保证保险，为抵押农地的流转提供了保障（蒋远胜 等），崇州政府则要求参加农地抵押贷款的农户参保政策性农业保险或农业风险互助保险（朱婷 等）。江西省安义县推出“农地经营权抵押贷款+农业保险+企业担保”业务，受益人为担保企业，政策保险赔付率为 300 元/亩①，缓解了抵押农地处置后的贷款清偿风险。因此，政策性农业保险可以影响抵押农地的最终处置效果，也从一定程度上反映出政府政策的支持力度。

（3）风险补偿基金。风险补偿基金实质上是依赖政府进行兜底，政府出资建立风险补偿基金，当农地经营权抵押贷款无法收回时，由风险补偿基金进行代偿（林一民 等）。成都市温江区政府出资 500 万元设置了风险补偿基金，分担农地经营权抵押物处置后净损失的七成，提升了抵押物最终处置后的效果（刘钰 等）。政府出资设立风险补偿基金，支持力度越大，出资数额越多，申领基金流程越简便，风险补偿基金实际能发挥的作用则会越大，违约贷款的最终清偿效果就会越好，但无疑也会增加财政负担。

无论是政府的政策支持（如投资成立融资性担保机构）、资金支持（出资设立风险补偿基金、政策性农业保险），还是政府的法律援助（如法院接受上诉并帮助处置），都会对抵押物的处置产生影响，而具体的影响方向和程度，则取决于政府的实际支持力度。因此，本文提出研究假设 1。

---

① 1 亩≈666.67 平方米。

假设1：政府的实际支持力度对农地经营权抵押贷款抵押物的处置效果具有正向影响。

2. 影响农地经营权抵押物处置的经济因素

（1）抵押物价值评估。当前开展的农地抵押贷款中，各地银行针对特色种植产业推出了针对性的贷款产品，但是农地附着物的估值问题却阻碍了贷款产品的进一步推进，评估价值和最终的清算价值可能存在很大的差异（牛荣等）。宋坤等对成都农地经营权抵押贷款信用风险的影响因素进行了研究，发现作物估值对信用风险有着负向效应，作物价格波动对信用风险有着正向效应，抵押农地及作物的价格波动愈大，愈可能造成评估价值与实际变现价值的偏离，进而影响抵押物处置变现，同时影响信贷员的处置意愿。

因此，本文提出研究假设2、假设3。

假设2：抵押物价值评估相关情况对农地经营权抵押贷款抵押物的处置效果具有正向影响；

假设3：抵押物价值评估相关情况对信贷员的处置意愿具有正向影响。

（2）农地流转市场。农地流转市场直接涉及土地的流入和流出，当前的农地流转市场尚缺乏良好的交易平台、交易方式、规范的交易程序和监管措施（封玫 等）。在流转方面，金融机构选择的处置方式不同，抵押农地的流转方式和价值评估标准则可能不同，处置效果也会存在差异；在市场配置方面，交易平台的参与度会影响抵押农地的流转效率和估值准确性，最终影响处置效果；在市场监管方面，对农村土地的监管是否严格，对流入主体生产经营活动的跟踪是否到位，土地流转是否有效率，体现了土地市场机制的成熟度，影响着抵押农地的处置效果。

因此，本文提出研究假设4、假设5。

假设4：农地流转市场成熟度对农地经营权抵押贷款抵押物的处置效果具有正向影响；

假设5：农地流转市场成熟度对抵押物价值评估相关情况具有正向影响。

（3）处置意愿。在信贷制度下，金融机构的信贷员对是否发放农地贷款具有一定的自主决策权，同时也要承担收回贷款的责任，大部分信贷员认为违约后难以收回抵押农地经营权，难以完成处置和清偿工作，因此积极性不高（林建伟）。导致处置意愿不强的原因大致有三个方面：首先，抵押农地价值不高，且缺乏统一的评估标准，影响信贷员处置积极性；其次，银行的风险管理制度和土地流转流程均不完善，信贷员对实际处置流程较不熟悉；最后，农地流转市场尚不规范，二级流转市场尚不完善，市场化处置不利。信贷员对实际处置流程的生疏会导致其积极性不高，从而影响相关政策的执行和落实，影响担保机构参与处置的程度。信贷员的处置意愿不高，亦可能导致抵押农地的搁置和监管失位，从而增加银行的时间成本和其他费用，影响处置清偿。

因此，本文提出研究假设 6、假设 7。

假设 6：处置意愿对农地经营权抵押贷款抵押物的处置效果具有正向影响；

假设 7：处置意愿对政府的实际支持力度具有正向影响。

3. 影响农地经营权抵押物处置的其他因素

从调研情况来看，若一个借款人的经济收入中有很大比例源于农地，那么该借款人对抵押农地的依赖程度就会较高，一旦经营失败，借款人可能不会配合银行处置抵押农地用于清偿贷款。这会增加处置的难度，影响地方政府相关政策的落实，从而间接影响处置效果。此外，房地产行业对抵押地上附着物的变现具有一定影响，调研地区的地上附着物多以花木、水果、蔬菜等作物为主。一方面，房地产业不景气会导致用于景观、园林、市政建设所需的造型植物、普通花木的需求量减少，影响花木价值及价值评估；另一方面，房地产行业价格波动会带动餐饮零售业的起伏，进而影响水果、蔬菜等农作物的需求。

因此，本文提出研究假设 8、假设 9。

假设 8：借款人及其他因素对抵押物价值评估相关情况具有正向影响；

假设 9：借款人及其他因素对政府的实际支持力度具有正向影响。

四、模型假设及变量选取

（一）理论模型

为厘清各维度之间的关系，分析五大影响因素对处置效果的影响效应，本文基于结构方程模型的建模标准，并结合上文的研究假设，构建理论模型如图 1 所示。

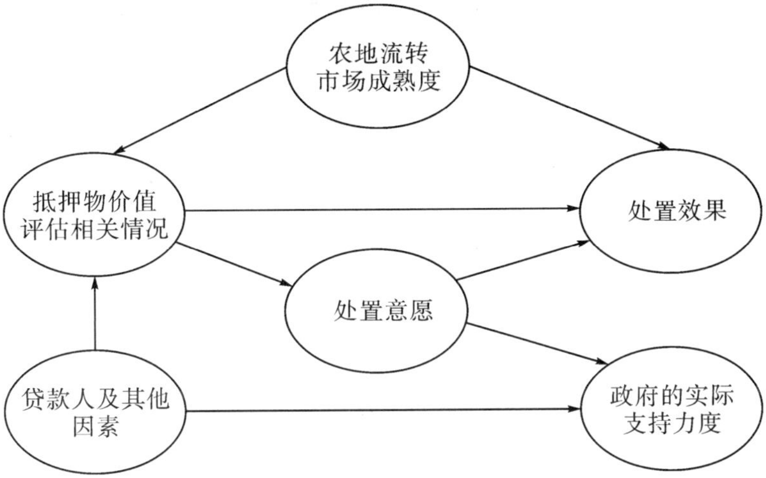

图 1　农地经营权抵押贷款抵押物处置效果影响因素的假说模型

（二）变量选定

本文的因变量是农地经营权抵押贷款抵押物的处置效果（disposal effect），由于处置效果不易直接观察，故选取抵押物处置所得对贷款本息的清偿程度、抵押物处置的难易程度、对抵押物处置的满意程度三个观察指标来表示处置效果，清偿程度越高，处置越容易，对处置结果越满意，则表示抵押物的处置效果越好。抵押资产的处置效果往往受到多种因素的影响，且受各因素影响的方向、程度不同。本文选取了五个影响政府主导型农地经营权抵押贷款抵押物处置效果的潜变量作为自变量，分别为政府的实际支持力度（government support，GS）、农地流转市场成熟度（land market，LM）、抵押物价值评估相关情况（valuation of collateral，VC）、处置意愿（disposition intention，DI）、借款人及其他因素（borrowers and others，BO）。每个潜变量由 3～5 个观测指标测量，并使用五级 likert 量表法为指标进行赋值，观察指标共计 22 个，具体潜变量及观察变量的内容如表 2 所示。

表 2　模型变量

潜变量	指标	赋值	均值	标准差
政府的实际支持力度（GS）	GS1：国有担保公司的参与程度	1=非常不好；2=不好；3=一般；4=好；5=非常好	2.67	0.73
	GS2：法院的处置效果	1=非常不好；2=不好；3=一般；4=好；5=非常好	2.64	0.70
	GS3：农业保险的购买率	1=极低；2=较低；3=一般；4=较高；5=极高	2.41	0.77
	GS4：风险补偿基金的实际作用	1=作用极小；2=作用不大；3=一般；4=作用较大；5=作用巨大	2.82	0.93
农地流转市场成熟度（LM）	LM1：抵押农地的处置方式	1=政府兜底； 2=收储公司处置； 3=银行直接或上诉法院后处置； 4=交予第三方公司处置； 5=其他	2.77	1.12
	LM2：监管力度	1=无任何措施； 2=极少或没有实地巡查； 3=银行全权委托监管机构监管，但监管力度不强； 4=银行或监管机构，不定期巡查，严格把控状况； 5=银行或委托的处置机构派遣专人专盯、定期巡查。 使用多种方式，严格把控抵押资产价值	3.09	1.17
	LM3：跟踪服务	1=非常不严格；2=不严格；3=一般；4=严格；5=非常严格	3.04	0.92
	LM4：专业第三方组织的参与程度	1=极低；2=较低；3=一般；4=较高；5=极高	3.21	1.07
	LM5：产权交易所的参与程度	1=极低；2=较低；3=一般；4=较高；5=极高	2.63	0.95
	LM6：农地流转效率	1=极低；2=较低；3=一般；4=较高；5=极高	2.33	0.88
抵押物价值评估相关情况（VC）	VC1：估值准确度	1=非常不精准；2=较不精准；3=一般；4=比较精准；5=非常精准	2.75	0.93
	VC2：价值评估的难易程度	1=非常困难；2=较困难；3=一般；4=较容易；5=非常容易	2.37	0.80
	VC3：作物价格波动幅度	1=非常大；2=较大；3=一般；4=较小；5=非常小	2.38	0.82
处置意愿（DI）	DI1：信贷员对处置此业务的积极性	1=极低；2=较低；3=一般；4=较高；5=极高	2.78	1.04
	DI2：处置流程的复杂程度	1=非常烦琐；2=复杂；3=一般；4=简便；5=非常简便	2.09	0.78
	DI3：信贷员对流程的熟练程度	1=极低；2=较低；3=一般；4=较高；5=极高	2.45	0.87

表2(续)

潜变量	指标	赋值	均值	标准差
借款人及其他因素（BO）	BO1：借款人对抵押农地的依赖程度	1=非常高；2=较依赖；3=一般；4=较不依赖；5=非常低	2.36	0.74
	BO2：房地产对农地附着物销售的影响	1=影响巨大；2=影响较大；3=有一定影响；4=影响较小；5=毫无影响	2.41	0.69
	BO3：借款人配合度	1=非常不配合，刁难；2=大部分不配合；3=配合，少量不配合；4=正常配合，不拖沓；5=积极接待，非常配合处理	2.31	0.71
处置效果（DE）	DE1：抵押物处置所得对贷款本息的清偿程度	1=无清偿，处置失败；2=小部分清偿；3=有所清偿，但仍有缺口；4=较好清偿，几乎无缺口；5=完全清偿且有结余	2.68	0.71
	DE2：抵押物处置的难易程度	1=非常困难；2=较困难；3=一般；4=较容易；5=非常容易	2.22	0.70
	DE3：对抵押物处置的满意程度	1=不满意；2=较不满意；3=一般；4=较满意；5=满意	2.64	0.86

（三）数据来源

本研究使用的数据来源于课题组 2020 年 1 月—2020 年 7 月在四川省成都市的温江区和崇州市、乐山市的井研县、广元市等多个地区的问卷调查和实地访谈。调研对象主要是各银行的工作人员，包括客户经理，部门主任等，还包含部分经办过农地经营权抵押贷款业务的第三方组织负责人及部分专家学者，共发放问卷 214 份，回收问卷 203 份，去除无效问卷 3 份，有效问卷共计 200 份，问卷有效回收率为 93.46%。

五、实证分析

（一）结构方程模型

结构方程模型（structural equation modeling，SEM）是通过对变量协方差进行关系建模的多元统计方法，能同时处理潜变量及观察变量。SEM 一般可以分解为两个部分：测量方程、结构方程。

测量方程：

$$X = \Lambda_x \xi + \sigma \tag{1}$$

$$Y = \Lambda_\gamma \eta + \varepsilon \tag{2}$$

方程（1）中的 X 是 ξ 的观察变量，ξ 代表外生潜变量，Λ_x 表示外生潜变量与可观察变量之间关系的因子负荷矩阵，σ 是 X 的测量误差；方程（2）中的 Y 是 η 的观察变量，η 代表内生潜变量，Λ_γ 表示内生潜变量与其可观察变量之间关系的因子负荷矩阵，ε 是 Y 的测量误差。

结构方程：

$$\eta = B\eta + \Gamma\xi + \zeta \tag{3}$$

方程（3）中的 η 代表内生潜变量，ξ 代表外生潜变量，B 为内生潜变量间的关系，Γ 为外生潜变量对内生潜变量的影响的回归系数，ζ 是 η 的测量误差。

考虑到本文所涉及的农地经营权抵押贷款抵押物处置的影响因素难以直接观测，而采用其他传统模型进行实证分析又有较大难度，因此本文选取了结构方程模型。

（二）验证性因素分析

验证性因素分析（confirmatory factor analysis，CFA），亦被称作测量模型（measurement model），是 SEM 的重要组成部分。本文采用了 Mplus8 软件进行 CFA 分析。

1. 收敛效度

对六个潜变量一一进行检验，如表 4 所示，所有标准化估计值均在 0.5 以上，且因素载荷量均显著，说明各观察指标对各维度的解释能力较好，所有指标都可接受，无须删改。对于组成信度 CR，除了潜变量 BO 的 CR 为 0.642，其他潜变量的 CR 均在 0.7 以上，表明组合信度较好。两个潜变量的平均变异抽取量 AVE 值达到了 0.5 以上，解释能力较好，另外四个潜变量的 AVE 在 0.36 以上，属于尚可接受。由表 4 可知，所有潜变量均符合标准，具有一定程度的组成信度与聚合效度。

表 4　信度与收敛效度

Dim.	Item	Parameters of significant test				Item Reliability	Composite Reliability	Convergence validity
		Estimate	S.E.	Est./S.E.	P-Value	R-square	CR	AVE
LM	LM1	0.838	0.030	21.734	***	0.702	0.852	0.494
	LM2	0.740	0.039	18.821	***	0.548		
	LM3	0.671	0.046	14.697	***	0.450		
	LM4	0.734	0.039	18.762	***	0.539		
	LM5	0.678	0.044	15.275	***	0.460		
	LM6	0.517	0.057	9.010	***	0.267		
DI	DI1	0.778	0.051	15.283	***	0.605	0.773	0.533
	DI2	0.753	0.051	14.670	***	0.567		
	DI3	0.654	0.054	12.101	***	0.428		

表4(续)

Dim.	Item	Parameters of significant test				Item Reliability	Composite Reliability	Convergence validity
		Estimate	S.E.	Est./S.E.	P-Value	R-square	CR	AVE
BO	BO1	0. 621	0. 078	7. 986	***	0. 386	0. 642	0. 376
	BO2	0. 663	0. 079	8. 351	***	0. 440		
	BO3	0. 550	0. 075	7. 294	***	0. 303		
VC	VC1	0. 820	0. 074	11. 130	***	0. 672	0. 704	0. 450
	VC2	0. 616	0. 068	9. 003	***	0. 379		
	VC3	0. 545	0. 068	8. 002	***	0. 297		
GS	GS1	0. 615	0. 060	10. 163	***	0. 378	0. 742	0. 419
	GS2	0. 606	0. 060	10. 078	***	0. 367		
	GS3	0. 625	0. 059	10. 689	***	0. 391		
	GS4	0. 736	0. 054	13. 505	***	0. 542		
DE	DE1	0. 588	0. 061	9. 697	***	0. 346	0. 753	0. 512
	DE2	0. 652	0. 059	10. 962	***	0. 425		
	DE3	0. 875	0. 061	14. 432	***	0. 766		

注：*** 表示系数在 1‰的水平下显著。

2. 区别效度

区别效度主要是用来判断各个维度之间有无明显的区分，本文利用 AVE 与皮尔森相关对各维度的区别效度进行了分析。如表 5 所示，AVE 的开根号值基本大于其他相关构面的相关值，表明各潜变量之间具有一定程度的区别效度。

表 5　区别效度分析

	AVE	LM	DI	BO	VC	GS	DE
LM	0. 494	0. 703					
DI	0. 533	0. 208	0. 730				
BO	0. 376	0. 178	0. 338	0. 613			
VC	0. 450	0. 399	0. 626	0. 534	0. 671		
GS	0. 419	0. 255	0. 477	0. 488	0. 634	0. 647	
DE	0. 512	0. 406	0. 490	0. 570	0. 714	0. 805	0. 716

（三）模型修正

在经过CFA分析之后，本研究需要对前文构建的理论模型进行检验和修正，本文利用Mplus8软件构建结构方程模型进行拟合。初步拟合后，各拟合度指标均很理想，但假设4的路径系数为仅为-0.066，相应的显著性概率P值=0.545>0.05，所以拒绝原假设，即“处置意愿对农地经营权抵押贷款抵押物的处置效果具有正向影响”不成立，删除路径“处置意愿→处置效果”。信贷制度下，信贷员在发放贷款后，往往还承担着收回已发放贷款的责任（林建伟），如贷款无法收回，信贷员就可能面临抵押物处置的问题。由于抵押的农地经营权是一种较为特殊的抵押物，处置过程存在诸多问题，可能需要较长的处置周期，故信贷员的处置意愿就可能影响最终抵押物的处置效果。但从成都、乐山等地的调研情况来看，即便信贷员处置意愿增强，受限于政策、农地流转、三方参与等客观情况，其也无法直接提升最终的清偿程度和处置效果，所以“处置意愿→处置效果”路径并不显著。

经过进一步的拟合和检验，最终得到修正后的结构方程模型路径图（见图2）。

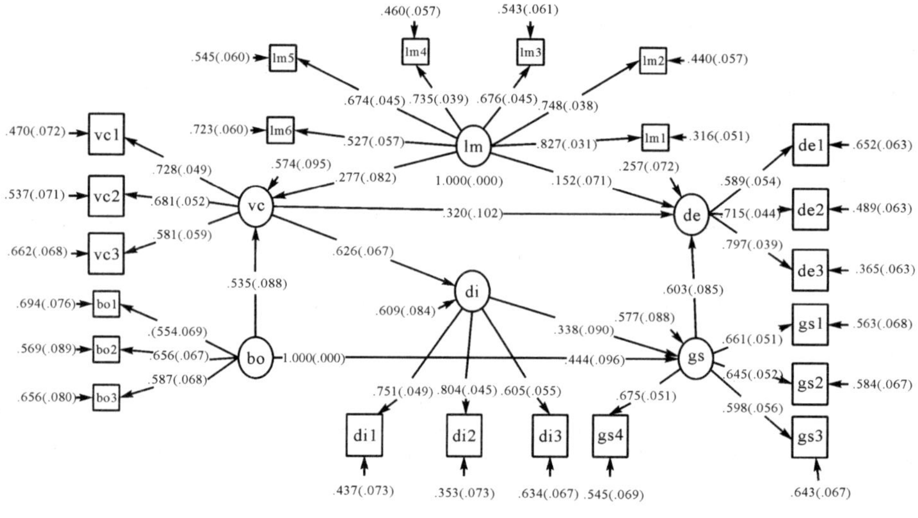

图2 修正后的结构方程模型路径

（四）模型检验

在经过模型修正并得到标准化的路径图后，还需对模型的适配度进行检验，因此本文选取了五个拟合度指标来评价模型适配度的理想与否。拟合度指标主要包括：卡方与自由度的比（χ^2/DF）、比较拟合指数（CFI）、Tucker-Lewis指数（TLI）、近似误差均方根（RMSEA）、标准化残差均方根

（SRMR）。如表6所示，各项指标的数值均在标准范围内，表明修正后的模型整体适配度较为理想，拟合度较好。

表6 模型拟合及估计

拟合度指标	关键值（建议值）	模型指标	模型适配度
χ^2	愈小愈好	338.027	
Df	愈大愈好	200	
χ^2/DF	1<χ^2/DF<3	1.690	理想
CFI	>0.9	0.907	理想
TLI	>0.9	0.893	可接受
RMSEA	<0.08	0.059	理想
SRMR	<0.08	0.061	理想

（五）路径关系分析

图2中的作用关系见表7。“DE←LM”的 P 值小于0.05，说明路径系数仅在5%的水平下显著，预期假设仍然成立，而其他所有路径关系的 P 值均小于0.01，说明路径系数在1%的水平下达到了显著，所有假设路径均成立。如表7所示，抵押物价值评估相关情况（VC）对处置意愿（DI）具有正向的影响，作用系数为0.626；农地流转市场成熟度（LM）、借款人及其他因素（BO）对抵押物价值评估相关情况（VC）具有正向效应，作用系数分别为0.277和0.535；处置意愿（DI）、借款人及其他因素（BO）对政府的实际支持力度（GS）具有正向的影响，作用系数分别为0.338和0.444；农地流转市场成熟度（LM）、政府的实际支持力度（GS）、抵押物价值评估相关情况（VC）对处置效果（DE）具有直接的正向效应，作用系数分别为0.152、0.603、0.320。

此外，抵押物价值评估相关情况（VC）、农地流转市场成熟度（LM）、借款人及其他因素（BO）、处置意愿（DI）对处置效果（DE）分别存在着不同的间接影响。利用bootstrap估计法对间接效应进行了检验，其中，DI对DE的标准化间接效应在5%的水平下显著；BO对DE的标准化间接效应在5%的水平下显著；VC对DE的标准化间接效应在5%的水平下显著；LM对DE的部分标准化间接效应在5%的水平下显著，即存在一定的间接效应。

表 7　研究模型假设分析

路径关系	Estimate	S.E.	Est./S.E.	P-Value	R^2	Hypo
DI←VC	0.626	0.067	9.306	***	0.391	Support
VC←LM	0.277	0.082	3.364	***	0.426	Support
VC←BO	0.535	0.088	6.090	***		Support
GS←DI	0.338	0.090	3.773	***	0.423	Support
GS←BO	0.444	0.096	4.646	***		
DE←LM	0.152	0.071	2.138	*	0.743	Support
DE←GS	0.603	0.085	7.068	***		
DE←VC	0.320	0.102	3.140	**		

注：*、**、***分别表示路径系数在5%、1%、1‰的水平下显著。

（六）结果分析

基于以上的数据分析，本文得出了直接或间接影响农地经营权抵押贷款抵押物处置效果的各因素，并对各因素之间的路径关系进行了研究。

政府的实际支持力度（GS）直接影响着抵押农地的处置效果，正向效应高达0.603，是最重要的影响因素，其中风险补偿基金的实际作用（GS4）为关键指标，而后依次是农业保险的购买率（GS3）、国有担保公司的参与程度（GS1）、法院的处置效果（GS2）。以温江为例，温江政府出资设立了风险补偿基金，并规定当农地抵押融资债务履行期届满30天后，抵押人未能清偿，也未能通过市场化方式有效处置抵押物从而归还借款的，金融机构可申请风险基金对抵押资产进行收购。然而根据调研情况来看，信贷员很少利用风险补偿基金这一政策，一是基金申请和审批程序复杂，很难及时清偿银行损失；二是风险补偿基金资金较少，而多笔农地贷款涉及金额较大，兜底效果预计不佳；三是银行因为自身绩效等原因，不愿轻易向政府申请资金补偿。政策性农业保险的购买率反映了政策的落实情况，GS3这一观察指标对GS的作用系数达到了0.625，影响显著，政策性农业保险购买率越高，经营失败的借款人越可能获得赔付，抵押物的处置和贷款的清偿效果可能越好。国有担保公司受当地政府影响较大，担保公司的参与程度反映了当地政府的支持力度和政策的落实程度，国有担保公司的参与度越深，对抵押农地的监管就越好，银行自身承受的违约风险、处置风险就越小，抵押物的处置和债务的清偿效果可能越好。法院常常通过拍卖的方式来处理抵押物，然而抵押农地一般会涉及多家农户，极可能发生纠纷，从而增加土地流转的难度，且目前尚缺乏抵押农地的具体处理规章和规范的处置流程，处置手段有限，这都可能影响贷款的清偿效果。

抵押物价值评估相关情况（VC）直接或间接地正向影响着抵押资产的处置效果，直接效应的标准化路径系数为0.320，间接效应的标准化路径系数为0.128，其总效应为0.448，是重要的影响因素。由表4可知，估值准确度（VC1）对抵押物价值评估相关情况（VC）的作用系数高达0.820，是影响抵押物评估和最终变现效果的关键指标，而后按重要程度依次是价值评估的难易程度（VC2）、作物价格波动幅度（VC3），对VC的作用系数分别为0.616、0.545。抵押农地经营权及地上附着物是一种较为特殊的抵押资产，土地价值不易评估，而且地上附着物的价格也常常受到很多因素的影响，价值评估的准确与否，往往可以直接影响变现和资金清偿程度。抵押物价值评估相关情况还直接影响着处置意愿和农地流转市场成熟度，正向效应分别为0.623和0.386。价值评估的复杂程度和准确度会在相当程度上影响信贷员的处置积极性和熟练度，是其较为重要的影响因素，通过这种方式，又会间接对最终的处置效果产生一定的影响；抵押资产的价格波动幅度以及评估的准确度，亦会对金融机构的监管力度、处置方式的选择产生一些影响，不过影响稍弱。

农地流转市场成熟度（LM）直接或间接地正向影响着抵押农地的处置效果，直接效应的标准化路径系数为0.152，间接效应的标准化路径系数为0.089，其总效应为0.241，是较为重要的影响因素。由表4可知，抵押农地的处置方式（LM1）对农地流转市场成熟度（LM）的解释程度最高，作用系数高达0.838。选择的处置途径不同，方式不同，处置效果也会不同，故LM1是重要影响指标。土地经营权是一种特殊的抵押物，银行往往难以对抵押农地实施有效监管。笔者在调研过程中发现许多银行极少派信贷员进行实地巡查，监管力度不高，若出现借款人擅自变卖农作物的情况，那么抵押农地的处置效果将更加糟糕，银行也将遭受损失。而那些与专业第三方组织有合作的银行，通常会委托第三方机构进行定期或不定期的实地巡查，严格把控土地状况，积极与农户沟通，监管力度较强，处置抵押农地的过程往往也更为顺利。

处置意愿（DI）对政府的实际支持力度具有直接的正向影响，作用系数为0.338，影响偏弱，其中信贷员对处置此业务的积极性（DI1）为关键解释指标。在实际调研中，即使部分信贷员对办理农地抵押贷款业务和处置抵押物具有很高的积极性，受限于政策不完善、评估标准不统一或处置机制效果不佳等，通常也无法有效处置抵押物，故DI对抵押物处置效果的间接影响较弱。

借款人及其他因素（BO）对抵押物价值评估相关情况、政府的实际支持力度分别有着0.535和0.444的正向效应。三个观察指标对BO的解释程度由大到小依次是房地产业对农地附着物销售的影响（BO2）、借款人对抵押农地的依赖程度（BO1）、借款人配合度（BO3）。房地产的波动可能导致土地附着物如花木的销售情况出现波动，影响抵押物的价格，从而增加评估难度，借款人的配合与否更是会影响抵押物价值评估的难度，故借款人及其他因素是抵押物价值评估相关情况的重要影响因素。借款人的配合度会影响政策的执行，配合度越低的借款人，农业保险的购买率通常也越低，其他相关政策的落实效果亦较差。由前文分析可知，借款人对抵押农地的依赖程度在一定程度上决定了处理抵押资产时法院的处置效果。由此可见，BO会直接影响政府的实际支持力度。而通过影响抵押物价值评估、农业保险的购买、法院的处置、其他政策的落实，BO又会在一定程度上间接影响抵押物的处置效果，是影响处置效果的重要间接因素。

六、研究结论及建议

（一）研究结论

本文基于四川省成都市温江区、崇州市等多地的实际调查数据，运用结构方程模型探讨影响农地经营权抵押贷款抵押物处置的主要因素，经过实证分析得出：政府的实际支持力度对抵押资产的处置效果有直接的正向影响，其中风险补偿基金的实际作用（GS4）是最关键的影响因素；抵押物价值评估相关情况对抵押资产的处置效果有直接和间接的正向影响，其中估值准确度（VC1）是关键影响因素；农地流转市场成熟度对抵押资产的处置效果有直接和间接的正向影响，其中抵押农地的处置方式（LM1）是关键影响因素；处置意愿和借款人及其他因素对抵押资产的处置效果有间接的正向影响，后者间接效应更显著。根据综合影响系数，政府的实际支持力度是影响抵押物处置效果的最重要的因素，政府出资设立的风险补偿基金越优化，农业保险购买率越高，配套政策的执行、落实情况越好，政府实际的支持力度则越大，抵押物的处置效果就会越好，越容易清偿贷款本息。借款人及其他因素是影响抵押物处置效果的最重要间接因素，抵押物价值评估相关情况和农地流转市场成熟度是影响抵押物处置效果的较重要因素，处置意愿对抵押物处置效果有间接影响，但影响较弱。

（二）建议

为解决农地经营权抵押贷款抵押物处置难题，促进农地贷款的进一步发展，本文基于上述研究，并结合实际调研过程中各个信贷员的建议反馈，提出建议如下：

（1）在政府主导型模式下，政府的做法尤为重要，当地政府理应担负起农地经营权抵押贷款的推动责任，不仅要保证政策的支持力度，还要考虑到实际执行情况，不断修改完善。相关部门应出台相关政策明确法院等司法机关对农地抵押贷款案件的处理章程，法院要认可抵押农地经营权这种新型抵押物，并保障银行等金融机构作为债权人的权益，重视抵押物的处置问题，公平判决，不和稀泥。针对农业保险，首先，政府应尽快完善农业保险相关法规，明晰责任主体；其次，规定参与农地抵押贷款的农户必须购买一定额度的相关农业保险；再次，不仅仅利用政策性农业保险，还要引入商业保险公司，提供多种相关农业保险，提升农户购买积极性；最后，政府通过税收优惠和保险补贴的方式提升保险公司与农户参保的意愿，逐步健全农业保险体系。在风险补偿基金方面，为补充资金来源，一方面应广泛吸纳社会资本，引入多方利益主体如担保公司、保险公司等，专门为农地抵押贷款提供风险补偿；另一方面，利用好财政拨款和处置其他业务所得资金，定期向风险补偿基金注入一定比例资金，并设置专门的管理机构，通过资本运作的方式，保障基金的长期可持续运作。为提高使用效率，一方面，应坚持补偿机制的市场化运行；另一方面，政府应设置统一的补偿标准，金融机构和第三方公司共同参与完善补偿方案，建立起规范且精炼的基金申请、审批及使用流程，并通过培训等方式保证金融机构及第三方公司相关客户经理对基金使用流程、使用标准的知悉，提升基金使用效率。

（2）相关部门应加强对农户的教育培训，提升农户的生产技能，拓宽收入渠道，减少对农地的依赖，促使农户合理分散地利用借款资金，改善经营状况。在农户贷款时，银行应公开贷款流程规定，并对违约后的个人征信问题、抵押物处置问题进行说明，而在处置抵押物的过程中，银行应积极与借款农户保持沟通，必要时还可联系当地村委会，以期提升借款人的配合度。另外，若当地农地附着物的价格波动情况、销售情况受房地产波动影响较大，银行则需进一步关注当地的房地产市场，以期更准确地把控抵押物价值，提升抵押物的处置效果。

（3）当地政府应积极建立和引入第三方农地价值评估机构，建设以粮食、水果、花木等作物为对象的资产评估机构，利用税收优惠等措施引导更多专业资产评估公司发展涉农资产评估业务，并规范农村资产评估准则，定期考核检验评估机构的信息搜集能力、价格评定能力等。吸纳具有评估资质的专业人才，并开展农地价值评估的培训班，培养和提升评估人员对不同种类农作物的辨认能力、对农地和作物价值的估量能力。利用科学的评分估价指标构建规范的农地价格标准，把控市场波动情况，不定期对价格标准进行更新完善。

（4）银行应加强与专业第三方组织的合作程度，推行市场化的处置模式。与民营专业机构展开合作，一方面，让专业机构直接面对农户，可以加强对农户生产经营活动的跟踪和对抵押土地的监管；另一方面，专业机构能收集到更多土地流转方面的信息，对抵押农地的处置更有经验，可以更灵活地对抵押土地进行处理，从而在一定程度上提升抵押物的处置效果。与担保机构展开合作，客户一旦发生违约，抵押物处置困难，银行可以找担保机构进行清偿，如此可以有效缓解银行因农户违约而产生的抵押资产处置压力。

参考文献：

[1] 季俊霖，杨易，陈虹瑶，等. 葡萄酒品牌忠诚影响因素的结构方程分析：以胶东地区为例 [J]. 中国酿造，2020，39（5）：216-220.

[2] 黎翠梅，徐清. 农地经营权抵押贷款试点对信贷约束的缓解效应研究：基于倾向得分匹配法的实证分析 [J]. 武汉金融，2020（4）：81-85，88.

[3] 牛荣，闫啸. 农地经营权抵押贷款中的农作物价值评估 [J]. 华南农业大学学报（社会科学版），2020，19（2）：96-107.

[4] 林一民，林巧文，关旭. 我国农地经营权抵押的现实困境与制度创新 [J]. 改革，2020（1）：123-132.

[5] 刘钰，宋坤. 政府主导型农地经营权抵押贷款履约机制研究：成都温江花乡农盟例证 [J]. 金融理论与实践，2019（10）：111-118.

[6] 刘屹轩，闵剑，刘忆. "三权分置"下农地经营权抵押融资风险辨识与评价：基于结构方程模型的实证研究 [J]. 宏观经济研究，2019（1）：158-175.

[7] 张珩，罗剑朝，王磊玲. 农地经营权抵押贷款对农户收入的影响及模式差异：实证与解释 [J]. 中国农村经济，2018（9）：79-93.

［8］王君妍，宋坤，唐海春. 政府主导型农地经营权抵押贷款风险预警研究：基于四川省成都市的调研数据［J］. 武汉金融，2018（9）：71-77.

［9］曹璨，罗剑朝. 农户农地经营权抵押贷款影响因素研究［J］. 财经问题研究，2017（7）：118-123.

［10］曹锋，刘卫柏. 农村土地经营权抵押贷款满足农户融资需求的实证研究［J］. 系统工程，2016，34（12）：80-86.

［11］宋坤，张馨予. 农户分化视角下农地经营权抵押贷款信用风险因素识别与评估：基于四川成都的调研数据［J］. 四川农业大学学报，2020，38（3）：365-372.

数字经济与农业现代化和新型城镇化耦合协调分析

——以成都市为例

胡树林　朱玉琴
（西南科技大学经济管理学院）

一、引言

在大数据时代背景下，数字技术的蓬勃发展推动着整个经济体系数字化转型，数字要素价值日益凸显，催生了继农业经济、工业经济之后的一种新社会经济发展形态——数字经济。2016 年，20 国集团（G20）杭州峰会发布的《二十国集团数字经济发展与合作倡议》对数字经济的定义是：以使用数字化的知识和信息网络作为重要载体、以信息通信技术的有效使用作为效率提升和经济结构优化的重要推动力的一系列经济活动。数字经济作为一种新经济形态，表现出共享及时性、无限指数性、跨界均衡性、多样精准性等与传统经济不同的特征。而农业始终是我国国民经济的基础，农业现代化是我国农业发展的一个重要趋势。农业现代化是通过现代科学技术和现代工业技术来装备农业，用现代经济科学技术来管理农业，促进农业规模化、集约化发展，从而提升农业产出效率。新型城镇化是一种“以人为本”的城镇化战略，它不以牺牲农业和粮食、生态和环境为代价，实现城乡基础设施一体化和公共服务均等化，促进区域经济协调发展。农业现代化和新型城镇化既有区别又有联系。那么，数字经济与农业现代化和新型城镇化建设有什么关系？如何推动数字经济与农业现代化和新型城镇化的协调发展关系？应遵循什么样的发展路径？这将是本文试图要解决的问题。

本文可能的边际贡献主要表现在以下几个方面：第一，国内学者对数字经济的研究主要是从普惠金融、经济高质量发展、全球投资及金融业风险识别角度出发，国内学者们很少把数字经济与农业现代化和城镇化放在一起研究，并且数字经济与农业现代化的研究基本是理论机制分析，鲜有实证分析。第二，部分学者在研究农业现代化和新型城镇化过程中运用了耦合协调度模型，实证结果表明二者之间存在动态耦合协调机制。本文引入数字经济，研究数字经济与农业现代化和新型城镇化的动态耦合，发现数字经济在二化过程中分别实现了与两系统的协调演进。第三，大部分文献在运用耦合协调度模型时，选择两个系统来研究这两个系统的耦合协调变动特征。而本文找到了第三个系统，研究此系统与其他两个系统的耦合协调度。一方面，运用第三个系统的研究能够与以前的研究形成对比；另一方面，本文研究运用了类似于计量模型中中介效应模型的思想，因此处理方式具有一定的创新性。

二、文献综述

党的十九大报告谈到经济取得巨大成就时，提出了发展数字经济等新兴产业，在谈到建设创新型国家时，提出了建设数字中国的目标。数字农业和智慧城市是数字经济的重要组成部分，也是数字中国的主要内容。通过“乡村振兴”“城乡统筹”“城乡发展一体化”等一系列战略的转变，我国城镇化建设进入高质量发展阶段，农业、农村经济发展也取得了历史性成就。然而“三农问题”和城乡发展不平衡问题依然存在，要实现农业现代化和新型城镇化，建设农业强国和智慧城市离不开数字经济的发展和应用。

数字经济发展在农业现代化建设过程中发挥了基础资源和创新引擎作用，加速农业、农村数字化、智能化转型，加速形成以数据为关键要素的数字农业经济体系。刘海启提出，现代化农业发展过程中要加快推进数字农业建设，为农业农村现代化增添新动能。随着精准农业这一概念的提出，刘海启又进一步指出，精准农业是现代化农业数字化转型的动力和载体，现代农业数字化转型为数字农业发展提供关键生产要素和技术支撑。农业现代化发展需要数字经济注入动力，提供资源和技术，融合多种要素，真正实现农业现代化。崔凯指出，全球数字经济高速增长，各国农业农村数字化转型日趋深入，在“数字革命化”背景下，数字经济与农业农村经济融合发展能多方位促进农业升级、农村进步和农民发展。

此外，数字经济的发展在城镇化建设过程中也发挥了重要作用。首届中国县域数字经济高峰论坛暨 2019 县域新型智慧城市发展论坛指出，成立中国信息界县域数字经济研究院，做好顶层设计，汇聚全国多方力量，推动我国县域地区的数字经济发展。数字经济在国民经济中的地位稳步提升，已经成为我国经济增质提效，实现高质量发展的新动能、新机遇。大数据、区块链、云技术等一系列数字技术的发展，为新型城市的建设提供了动力和服务，使得城镇化过程融合了更多信息化、绿色化、生态化要素。

中国是一个农业大国，解决好“三农”问题是实现乡村振兴必不可缺的一个环节。在全面脱贫攻坚、全面建成小康社会的过程中，协调好农村和城市发展是重要一环。而农业现代化和新型城镇化是农业和城市发展的路径，两者既有区别又有联系。在城乡发展问题上，已经形成较为系统的研究成果。国外学者研究较早，刘易斯的“二元结构理论”、弗里德曼的“核心边缘理论”到“次级城市发展战略”，都强调城市对乡村的经济辐射和带动作用。目前，大部分学者着眼于城乡融合、城乡联系的视角，探寻城乡协调均衡发展的规律。闫玉科等运用主成分分析法选取测度指标，计算耦合协调度，得出新型城镇化对农业现代化具有正向的拉动作用。冯雪彬等指出，新型城镇化与农业现代化建设具有正向耦合关系，二者的发展具有正向的互相促进作用。徐维详等分析了乡村振兴与新型城镇化动态演进及驱动机制，得出各驱动因素呈现层级带状分布。

总结前人研究成果发现，关于农业现代化和新型城镇化两个领域，学者们做了大量研究，基本达成了统筹城乡融合发展的共识。而数字经济与农业现代化和新型城镇化领域的研究还停留在指标构建、理论分析阶段。虽然学者们提出了“数字农业”“智慧农村”和“智慧城市”等概念，倡导数字经济服务农村、服务城市，但是目前学者们并没有把数字经济和农业现代化、新型城镇化放到一起探讨它们的发展关系，也没有实证测度数字经济分别与农业现代化和新型城镇的协调指数，因此，把三者放到一起，探讨三者的互动演变特征能够弥补现有文献的不足。

本文在现有文献的基础上，选取成都市 2011—2018 年时间序列为样本，构建数字经济、农业现代化和新型城镇化的测度指标体系，利用熵值法确定各指标权重，并进一步计算三系统综合指数，计算数字经济分别与农业现代化和新型城镇化的耦合协调度，并得出本文的研究结论。本文通过进一步对比分析，以期为我国农业现代化、新型城镇化过程中，数字经济发挥更好协调作用提供理论参考。

三、研究设计

（一）数据来源

本文选取成都市 2011—2018 年时间序列为样本数据，研究数字经济与农业现代化和新型城镇化的耦合协调关系，数据来源于中国统计年鉴、成都统计年鉴、中国农村统计年鉴和中国城市统计年鉴。

（二）指标构建

本文选取数字经济、农业现代化、新型城镇化作为三大系统，根据已有文献研究以及考虑数据可获得性后，分别构建了各子系统指标评价体系，见表 1。其中，数字经济包括信息传输、计算机服务和软件业从业人员，信息传输、计算机服务和软件业总产值，邮电业务总量，电子信息制造业产值，移动电话用户，互联网宽带接入用户数 6 个指标；农业现代化包括农村劳动力初中文化程度以上占比，第一从业人员占比，第一产业占 GDP 比重，第一产业劳动生产率，农村居民人均可支配收入，农村居民人均生活消费支出，农村用电量，农村机播机耕面积，农业机械总动力，农用化肥使用量 10 个指标；新型城镇化包括城市化率，城镇就业人口占比，第三产业占 GDP 比重，第三产业劳动生产率，城镇全部就业人员平均工资，城镇居民人均可支配收入，城镇居民人均消费支出，城镇用水普及率，城镇用气普及率，人均公园绿地面积，每万人卫生技术人员，每万人医院、卫生院床位数 12 个指标。

表 1　三大系统指标评价体系及其权重

目标层	子系统	评价指标	权重
数字经济、农业现代化、新型城镇化协调发展系统	数字经济（U1）	信息传输、计算机服务和软件业从业人员	0.157 7
		信息传输、计算机服务和软件业总产值	0.181 9
		邮电业务总量	0.198 5
		电子信息制造业产值	0.119 6
		移动电话用户	0.117 2
		互联网宽带接入用户数	0.225 1
		农村劳动力初中文化程度以上占比	0.099 7
		第一从业人员占比	0.071 9
		第一产业占 GDP 比重	0.102 1
		第一产业劳动生产率	0.089 5

表1(续)

目标层	子系统	评价指标	权重
数字经济、农业现代化、新型城镇化协调发展系统	农业现代化(U2)	农村居民人均可支配收入	0.078 4
		农村居民人均生活消费支出	0.087 1
		农村用电量	0.165 4
		农村机播机耕面积	0.097 5
		农业机械总动力	0.073 2
		农用化肥使用量	0.135 2
	新型城镇化(U3)	城市化率	0.068 1
		城镇就业人口占比	0.123 6
		第三产业占 GDP 比重	0.100 7
		第三产业劳动生产率	0.085 0
		城镇全部就业人员平均工资	0.083 3
		城镇居民人均可支配收入	0.077 2
		城镇居民人均消费支出	0.087 8
		城镇用水普及率	0.054 6
		城镇用气普及率	0.068 4
		人均公园绿地面积	0.123 7
		每万人卫生技术人员	0.076 0
		每万人、医院卫生院床位数	0.051 7

(三) 研究方法

1. 熵值法

为了解决多指标变量间信息重叠和人为确定权重存在主观性的问题，本文运用熵值法确定各指标变量的权重。熵值法是通过指标的信息熵值来判断该指标的有效性，适合对多系统、多变量、多元指标进行综合评价。信息熵值是用来描述某项指标的指标值之间的差异程度，差异程度越大，该项指标的权重也应越大；反之，差异程度越小，权重也应越小。该法通过各指标的差异程度确定其权重，能够较为客观地评价各指标的重要程度。

熵值法确定各指标权重的具体过程主要分为六步。

第一步：数据标准化处理。

由于各系统指标量纲不一致，我们需要对数据进行标准化处理，使得各指标取值范围为［0，1］。消除各指标量纲对测算结果的影响，因此我们在计算综合指标之前，要把各项指标化为同质的指标，并且分为正相关指标和负相关指标两类。对于正相关指标，其标准化公式为

$$x_{ij}' = 0.9 \times \frac{x_{ij} - \min x_j}{\max x_j - \min x_j} + 0.1 \tag{1}$$

对于负向相关指标，其标准化公式为

$$x_{ij}' = 0.9 \times \frac{\max x_j - x_{ij}}{\max x_j - \min x_j} + 0.1 \tag{2}$$

式（2）中，x_{ij}' 表示第 i 年第 j 指标的标准化值，x_{ij} 表示第 i 年第 j 项指标的原始值，$\max x$ 和 $\min x$ 分别表示第 j 项指标的最大值和最小值，$i = 1, 2, \cdots, n$ 为评价年数，$j = 1, 2, \cdots, m$ 为各系统指标数。

第二步：计算第 j 项指标在第 i 年占该指标的比重。

$$p_{ij} = \frac{x_{ij}'}{\sum_{i=1}^{n} x_{ij}'} \tag{3}$$

式(3) 中，p_{ij} 表示第 i 年第 j 项指标的比重。

第三步：计算第 j 项指标的熵值。

$$e_j = - k \sum_{j=1}^{m} p_{ij} \ln p_{ij}$$

式(4) 中， $k > 0$，$k = 1/\ln(n)$，$e_j \geqslant 0$，e_j 表示第 j 项指标的熵值。

第四步：计算第 j 项指标的差异系数。

$$g_j = 1 - e_j \tag{5}$$

式(5) 中，g_j 表示第 j 项指标的差异系数，当 g_j 值越大，第 j 项指标在综合评价体系中表现得越重要。

第五步：计算第 j 项指标的权重。

$$w_j = \frac{g_j}{\sum_{j=1}^{m}} = \frac{1 - e_j}{\sum_{j=1}^{m} - e_j} \tag{6}$$

式(6) 中，w_j 表示第 j 项指标的权重，$0 \leqslant w j \leqslant 1$，且 $w_j = \sum_{j=1}^{m} w_{=} 1$。

第六步：计算综合指数。

$$u_k = \sum_{j=1}^{m} w_{ij} x_{ij} (k = 1, 2, \cdots) \tag{7}$$

式(7) 中， u_k 表示第 k 个子系统的综合指数。

2. 耦合协调度模型

目前，耦合在经济学领域已有大量研究，涉及多个子系统内各因素的分析。本文借鉴以往学者对耦合模型的研究成果，构建如下模型：

$$C = \sqrt{\frac{u_1 \cdot u_2}{\left(\frac{u_1 + u_2}{2}\right)^2}} = 2\frac{\sqrt{u_2 \cdot u_2}}{u_1 + u_2}$$

其中，u_1 表示数字经济系统的综合评价指数，u_2 表示农业现代化和新型城镇化的综合指数，C 表示数字经济分别与农业现代化和新型城镇化的耦合度，耦合度 CÎ[0，1]，C 值越大，说明系统之间的耦合效应越强。

但是耦合度模型仅能反映两个系统之间的相互影响程度，并不能测度系统之间是良性影响还是恶性影响。为了更真实客观地反映两系统之间协调发展水平，本文构建了数字经济分别与农业现代化和新型城镇化的耦合协调度模型：

$$D = \sqrt{C \cdot T}$$

$$T = \alpha u_1 \cdot \beta u_2$$

其中，D 是耦合协调度，取值范围为[0,1]；C 为耦合度，取值范围为[0,1]；T 为 数字经济分别于与农业现代化和新型城镇化的综合指数，α 和 β 分别为数字经济与农业现代化或者新型城镇化的贡献系数，由于本研究中数字经济和农业现代化或者新型城镇化具有相当的重要性，且 $\alpha+\beta=1$，所以 $\alpha=\beta=0.5$。借鉴已有研究成果，耦合协调度评价标准如表 2 所示。

表 2　耦合协调度评价标准

耦合协调度取值	协调等级	耦合发展阶段
$0.00 \leq D < 0.10$	极度失调	低水平耦合协调阶段
$0.10 \leq D < 0.20$	严重失调	
$0.20 \leq D < 0.30$	中度失调	
$0.30 \leq D < 0.40$	轻度失调	颉颃阶段
$0.40 \leq D < 0.50$	濒临失调	
$0.50 \leq D < 0.60$	勉强协调	磨合阶段
$0.60 \leq D < 0.70$	初级协调	
$0.70 \leq D < 0.80$	中级协调	高水平耦合阶段
$0.80 \leq D < 0.90$	良好协调	
$0.90 \leq D < 1.00$	优质协调	

四、实证结果

（一）综合指数分析

本文运用熵值法测算出了 2011—2018 年成都市数字经济、农业现代化和新型城镇化发展的综合指数，其结果如表 3 所示，三系统综合指数变化图如图 1 所示。

表 3　三系统综合指数

年份	2011	2012	2013	2014	2015	2017	2017	2018
数字经济（U_1）	0.100 0	0.154 1	0.274 3	0.336 2	0.454 3	0.627 4	0.796 1	1.000
农业现代化（U_2）	0.413 4	0.371 0	0.339 9	0.384 9	0.376 8	0.695 3	0.729 6	0.746 3
新型城镇化（U_3）	0.279 3	0.371 4	0.427 7	0.615 7	0.635 9	0.572 0	0.604 5	0.830 7

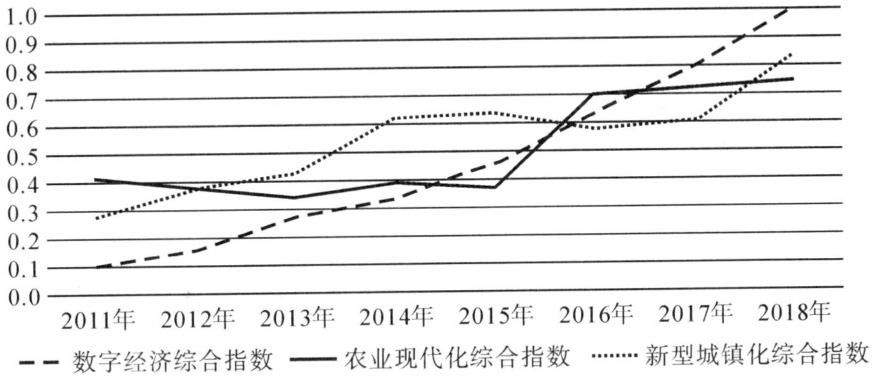

图 1　三系统综合指数变化

从表 3 可以得出，2011—2018 年三系统综合指数总体呈现上升趋势，尤其数字经济综合指数一直呈现上升趋势，且增速最快，农业现代化和新型城镇化综合指数也取得了相对较快的增长。综合三系统来看，2011—2014 年，数字经济综合指数最小，表现为数字经济发展滞后型；而 2015 年和 2018 年，农业现代化指数最小，表现为农业现代化发展滞后型；而 2016 年和 2017 年，新型城镇化指数最小，表现为新型城镇化发展滞后型。此外，就数字经济系统来看，从 2011 年的 0.1 上升到 2018 年的 1，增速非常快，几乎每年都保持很高的增速。尤其近几年，其发展速度非常迅速。就农业现代化系统来看，综合指数在 2011—2013 年处于下降阶段，而 2014 年稍稍回升了一些，2015 年稍微降低了一点，而 2016 年则大幅增长，从 0.376 8 上升到 0.695 3，增长了

84.53%。可见这一年期间，农业现代化取得迅速发展，2017 年和 2018 年也是保持了一个平稳的发展水平。从新型城镇化系统来看，2011—2015 年综合指数从 0.279 3 上升到 0.632 9，可以看出这几年城镇化水平取得了很好的发展，而 2016 年新型城镇化综合指数呈现稍微下降趋势，而 2017 年和 2018 年又取得快速发展。通过以上分析，我们可以看出城镇化发展速度快的时候，农业现代化发展呈现下降趋势，比如 2011—2015 年，而农业现代化快速发展的时候新型城镇化又呈现下降趋势，比如最明显的 2016 年。但是从 2016 年以后，农业现代化和新型城镇化则都呈现稳步增长趋势。最后，从表 3 我们还能发现，农业现代化和新型城镇化综合指数的交叉点分别在 2012 年和 2016 年，刚好在 2012 年中央经济工作会议提出了积极稳妥推进城镇化，着力提高城镇化质量，为城镇化发展提供了支持。而 2015 年中央一号文件主题确定为“进一步深化农村改革加快推进农业现代化”，这一文件的发布促进了农业的发展。可以看出，2015—2016 年是农业现代化指数的一个转折点，进一步明确在我国发展农业离不开政策的支持。

（二）耦合协调度分析

通过对数字经济、农业现代化和新型城镇化综合评价体系的构建，运用熵值法测算出三系统综合评价指数，并采用耦合协调度模型分别计算成都市数字经济与农业现代化和数字经济与新型城镇化的耦合度及耦合协调度，并对其进行分析和评价，数据计算结果分别如表 4 所示。

表 4　数字经济与农业现代化耦合度及耦合协调度

年份	耦合度	耦合协调度	耦合阶段
2011	0.792 0	0.450 9	濒临失调阶段
2012	0.910 8	0.489 0	濒临失调阶段
2013	0.994 3	0.552 6	勉强协调磨合阶段
2014	0.997 7	0.599 7	勉强协调磨合阶段
2015	0.995 6	0.642 3	初级协调阶段
2016	0.998 7	0.812 7	良好协调阶段
2017	0.999 0	0.873 0	良好协调阶段
2018	0.989 4	0.929 5	优质协调阶段

由表 4 可知，数字经济与农业现代化的耦合度一直很高，并且达到了接近 1 的水平，处于高度耦合阶段；二者的耦合协调度也表现为逐年增长，从 2011 年的 0.450 9 上升到 2018 年的 0.929 5，实现了较大的提升，从濒临失调过渡到了勉强协调，进一步过渡到初级协调，然后到良好协调，最后实现了优质协调。

同样由表 5 可知，数字经济与新型城镇化的耦合度一直很高，并且达到了接近 1 的水平，处于高度耦合阶段；二者的耦合协调度也表现为逐年增长，从 2011 年的 0.408 8 上升到 2018 年的 0.954 7，实现了较大的提升，从濒临失调过渡到了勉强协调，进一步过渡到初级协调，然后到中级协调，再到良好协调，最后实现了优质协调。

表 5　数字经济与新型城镇化耦合度及耦合协调度

年份	耦合度	耦合协调度	耦合阶段
2011	0.881 2	0.408 8	濒临失调阶段
2012	0.910 6	0.489 1	濒临失调阶段
2013	0.975 8	0.585 2	勉强协调磨合阶段
2014	0.955 9	0.674 5	初级协调阶段
2015	0.986 4	0.732 3	中级协调阶段
2016	0.998 9	0.774 0	中级协调阶段
2017	0.990 6	0.832 9	良好协调阶段
2018	0.995 7	0.954 7	优质协调阶段

综上，评价两系统的协调发展水平，不能只关注耦合度，尽管达到高度耦合阶段，但还要进一步计算和分析二者的耦合协调度，进而分析两系统是高水平相互促进的良性发展还是恶性发展。因而，本文计算了数字经济与农业现代化和数字经济与新型城镇化的耦合协调度。

图 2 中 D1 代表数字经济与农业现代化的耦合协调度，D2 代表数字经济与新型城镇化的耦合协调度，可以看出 D1 和 D2 的变动趋势整体上呈现一致性，说明数字经济与农业现代化和新型城镇化之间都是一个良性的相互促进过程。大体来看，2011—2015 年，数字经济与新型城镇化的耦合协调度增长水平高于数字经济与农业现代化耦合协调度增长水平，2016 年是一个转折点，之后 D1 和 D2 的增长水平大体趋于一致。另外，单独看数字经济与农业现代化的耦合协调度，我们发现有明显的折点出现，这也说明二者之间相互影响的度变

化较大，具体对应就是2015—2016年，明显地划分了二者的耦合协调度，刚好这一年也是数字经济和农业现代化综合指数增长最快的一年，而后两年，两系统耦合协调度也保持了一个相对较快的增长水平。从耦合协调阶段来看，前面是连续的过渡，而2015—2016年，直接由初级协调过渡到良好协调，并没有经过中间的中级协调阶段。然而，单独看数字经济和新型城镇化耦合协调度D2，发现并没有折点出现，反而是相对比较平滑的曲线，这说明在数字经济和城镇化建设过程中，两系统相互促进发展的协调度相对达到了一个动态平衡。从耦合协调阶段来分析，数字经济和新型城镇化耦合阶段呈现连续的过渡，进一步说明两系统的耦合协调关系是稳步增长的。

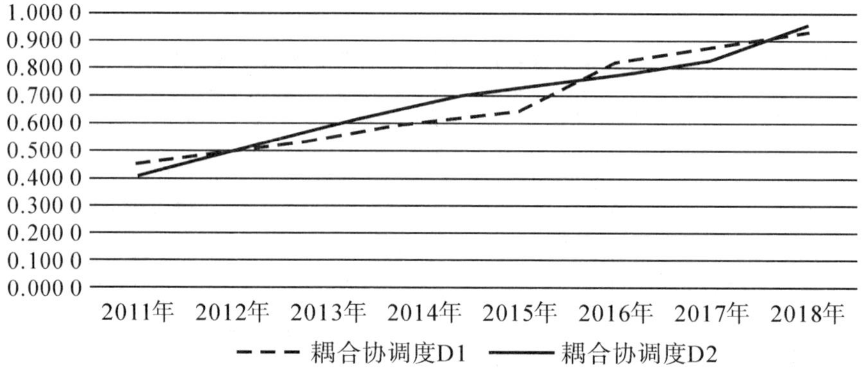

图2　数字经济分别于农业现代化和新型城镇化耦合协调度

五、结论与建议

（一）结论

本文以成都市为研究对象，选取以2011—2018年数据为样本数据，在现有文献研究的基础上，再结合数据可获得性原则，分别构建数字经济、农业现代化和新型城镇化三系统的测度指标，利用熵值法计算各测度指标的权重，进一步计算出三系统综合指数，然后分别计算出耦合度及耦合协调度，最后得出了以下两点结论：

第一，从综合指数角度来看，数字经济、农业现代化和新型城镇化综合指数总体呈现上升趋势，但各有差异。对于数字经济，其综合指数一直是正向增长水平；而农业现代化和新型城镇化综合指数变化各出现了负向增长，且二者变动略显相反方向。同时，2011—2014年，新型城镇化综合指数总体较好，而农业现代化综合指数有所波动，数字经济综合指数最低，表现为数字经济滞后型；而2015年和2018年，农业现代化指数相对最低，表现为农业现代化发展滞后型；而 2016 年和 2017 年。则是新型城镇化发展水平最低，呈现新型城镇化建设滞后型。

第二，从耦合协调角度来看，根据本文测算结果，数字经济一发展起来，就与农业现代化和新型城镇化具有高度的耦合关系，这也进一步说明数字经济是农业农村城市城镇发展的新动力。而高的耦合度不一定是良好优质的协调，本文在进一步计算耦合协调度时，发现数字经济和农业现代化还有新型城镇化都具有很好的动态协调关系。2011—2013 年耦合协调度相对不高，处于 0.6 水平以下，初步由濒临失调过度到了勉强协调阶段，之后几年耦合协调度增长较快，实现了由初级协调到良好甚至优质协调。2012—2015 年，数字经济与新型城镇化的耦合协调度要高于数字经济与农业现代化的耦合协调度，但 2016 年数字经济与农业现代化耦合协调度超越了数字经济与新型城镇化的耦合协商度。之后，其耦合协调度基本都达到了 0.8，甚至达到 0.9 以上，实现了高度耦合的良好协调关系。同时，我们也可以看出，2016 年农业现代化水平发展很快，进而实现由初级协调到良好协调的跳跃式发展。

（二）建议

1. 建立健全数字经济服务体系

数字经济在农业农村及城镇发展过程中具有正向推动作用，建立健全数字经济服务体系，促进资源优化合理配置，为统筹城乡融合发展发挥正向积极作用。

2. 加强数字现代农业建设

政府要加强农村数字网络建设，制定针对性鼓励政策，如补贴减税等，鼓励企业和农民参与数字业务领域，推动数字金融更好地服务农村现代化建设，提升农业质量，提高农民收入，为实现乡村振兴创造条件。

3. 加强数字智慧城市发展

数字技术是强化城镇化经济集聚效应、提高城市人口集聚效率的新型动力。城镇化建设过程中，利用数字平台，提高资源整合的便利性和有效性，实现数据信息共享，突破经济要素空间配置的阻碍，更好地助推新型城镇化，加强智慧城市建设。

构建城乡良好互动的合作机制。新型城镇化建设离不开农业的发展，农业现代化也离不开城市化的支撑。一方面，农业现代化能为城镇化建设提供必要的劳动力、生活资料等方面支持，有助于加速资本原始积累，进而加速城镇化建设；另一方面，城镇化是转移农村剩余劳动力，提升农业全要素劳动生产率的核心，通过集约化规模化生产，带动了农业产量的增加，提升了农民收入，助推了农业现代化发展。因此，坚持城乡融合发展，统筹设计制定包容性社会民生政策，缩小城乡差距，能够助推城乡一体化发展。

参考文献：

[1] 钟真，胡珺祎，曹世祥. 土地流转与社会化服务："路线竞争"还是"相得益彰"？——基于山东临沂 12 个村的案例分析 [J]. 中国农村经济，2020 (10)：52-70.

[2] 陈建平. 以实施乡村振兴战略为载体 大力推动农村一二三产融合发展 [J]. 新农村，2020 (10)：11-12.

[3] 赵涛，张智，梁上坤. 数字经济、创业活跃度与高质量发展：来自中国城市的经验证据 [J]. 管理世界，2020，36 (10)：65-76.

[4] 冯雪彬，张建英. 农业现代化与新型城镇化耦合协调路径研究 [J]. 农业经济，2020 (10)：23-25.

[5] 崔凯，冯献. 数字乡村建设视角下乡村数字经济指标体系设计研究 [J]. 农业现代化研究，2020 (6)：899-909.

[6] 叶兴庆，程郁，赵俊超，等. "十四五"时期的乡村振兴：趋势判断、总体思路与保障机制 [J]. 农村经济，2020 (9)：1-9.

[7] 闫玉科，陈哲，梁瀚元，等. 广东新型城镇化与农业现代化协调发展研究 [J/OL]. (2020-09-19) [2021-08-08]. http://kns.cnki.net/kcms/detail/22.1376.S.20200918.1755.002.html.

[8] 徐维祥，李露，周建平，等. 乡村振兴与新型城镇化耦合协调的动态演进及其驱动机制 [J]. 自然资源学报，2020，35 (9)：2044-2062.

[9] 章艳涛，王景新. 脱贫攻坚、乡村振兴和新型城镇化衔接的策略、经验与问题：顺昌县洋墩乡响应国家"三大战略"案例研究 [J]. 农村经济，2020 (8)：52-59.

[10] 王勇. 高质量发展视角下推动乡村旅游发展的路径思考 [J]. 农村经济，2020 (8)：75-82.

[11] 王玥，罗信，黄玉浩. 城镇化异质路径下失地农户家庭发展能力评价与比较：基于湖北省 402 份农户问卷调查 [J]. 农村经济，2020 (1)：120-127.

[12] 首届中国县域数字经济高峰论坛暨 2019 县域新型智慧城市发展论坛在丰县召开 [J]. 中国信息界，2019 (6)：65-66.

普惠金融、产业融合与城乡收入差距[①]

——基于中介效应的检验

马彧菲　徐云瑞　熊德平
（云南财经大学金融学院）

一、引言

孔子在《论语·季氏》中的“不患寡而患不均”思想，强调了均等化的重要性。近年来，随着我国经济的快速发展，城乡二次结构发展带来的人力、财力、物力等资源不断流向城镇，使城镇经济持续快速增长，而资源匮乏的农村经济只能依靠基本的第一产业生产实现相对稳定的发展，导致城乡收入差距不断扩大，居民贫富差距的持续恶化，对社会稳定和经济可持续发展造成严重的威胁。如何在确保经济持续增长的条件下，有效缩小城乡收入差距，实现经济发展的效率与公平同趋，为此政府提出了乡村振兴战略。在乡村振兴战略下，政府大力推行普惠金融、产业融合等可以兼顾效率与公平的金融改革和产业发展模式，以快捷、有效、低成本、高产出的方式带动农村居民（弱势群体）实现自主可持续生产经营，获得更多的可支配收入，从而缩小城乡收入差距。

近年来，普惠金融的实践探索与理论研究，过于强调如何提高居民所需金融服务的深度和广度，使他们能够以最低门槛、最高便利获得金融服务的“输血”式发展，而忽略了居民运用金融服务的能力和效率问题。普惠金融发

① 基金项目：本文获得国家自然科学基金面上项目“中国农村普惠金融发展的市场竞争机制、生成条件与政策创新——基于金融市场竞争溢出效应和门槛效应及其影响因素的实证”（71873118）和云南省基础研究计划项目“云南省科技金融发展研究”（2018FD064）的支持。

展想要转“输血”为“造血”功能，实现可持续发展，就必须将居民所获得的金融服务运用到具有生产力、创造力、价值增值力的产业生产发展中，实现“金融+实体”的深度融合发展，使居民获得的金融服务能够实现其“普惠”的政策目标。产业融合发展有其自身的环境和政策优势，对于实现乡村产业兴旺和农民收入增长具有重要意义。自 2015 年以来，中央一号文件相继指出，建立农村第一、二、三产业融合发展，促进农业增效、农民增收和农村繁荣，加快推动农村第一、二、三产业融合发展是当前及未来一段时期内我国农业经济工作的重心之一。在现实中，产业扶贫是实现贫困人口稳定脱贫的根本途径，全国有 92%的贫困户参与到了产业发展之中，已脱贫人口中主要通过产业帮扶实现脱贫的占 67%。

在乡村振兴背景下，产业融合发展对普惠金融提出新的要求。2015 年前后，普惠金融和精准扶贫成为国家重点推行的解决“三农”问题的重要政策。利用普惠金融信贷的资金优势，参与产业融合、农业产业化、产品供应链的建设等项目，能有效实现农业经营主体、小微企业、金融机构以及地区经济四者间的协同发展。实践中，普惠金融与产业融合的结合发展已经有许多探索，如国家农村产业融合发展示范园项目的建设、农民合作社产业合作、信用合作的发展等，但相关的理论研究却较为滞后，主要局限于农业方面展开研究。农业产业化与普惠金融存在相同趋势的协调发展；普惠金融的发展可以通过提高农业全要素生产率来缩小城乡居民的收入差距；部分地区通过组织银企融资对接会、开展土地经营权抵押贷款和农民合作社内部信用合作等方式，为农村新型经营主体提供融资渠道，对于农村产业发展具有明显的促进作用；同时，现代农业产业融合和农业产业链的形成，为农业农村金融带来了新的发展机遇，使供应链金融与产业链金融应运而生，为解决中小企业和新型经营主体以及农户的融资难问题提供了新的途径。

基于此，本文提出发展基于产业融合的普惠金融体系，其意义在于：普惠金融的支持能够带动产业发展，产生更多的增值收益和就业岗位，吸纳更多的弱势群体，基于产业链金融的引导作用和“外溢效应”，可以将更多的小农户引入现代农业和产业融合发展中，提高农户收入，加快农业现代化和产业融合的进程；在健全利益联结机制的前提下，普惠金融有效支持产业融合的发展，对于帮助小农户等弱势金融需求主体，将具有更大的空间和更小的风险。

本文的贡献主要有以下几方面：第一，普惠金融对城乡收入差距具有基于产业融合的中介效应作用机制，是对“普惠”效应的进一步探索，在一定程度上可以为后续研究打开思路；第二，本文针对基于产业融合的中介效应做了较为全面的检验，包括按居民收入来源差距拆分、按普惠金融不同维度和分东、中、西部地区的检验，从作用机制和区域差异两个方面进行了梳理；第三，重新对普惠金融与产业融合的内涵进行了梳理与定义，构建了基于产业融合的普惠金融发展体系理论框架，可为我国在乡村振兴战略中，大力促进普惠金融和产业融合的发展提供理论依据和支撑。

二、内涵界定与理论分析

（一）内涵界定

1. 普惠金融

普惠金融由时任联合国秘书长安南在 2003 年 12 月首次使用。2005 年联合国宣传“国际小额信贷年”时正式提出，并将其定义为“能以可负担的成本，平等、有效、全方位地为所有社会阶层和群体成员提供金融服务，尤其为小微经济体提供一种与其他客户平等享受现代金融服务的机会和权利”。世界银行将普惠金融定义为“一种能够使社会所有阶层和群体广泛、无障碍地享受金融服务的金融体系”。国务院发布的《推进普惠金融发展规划（2016—2020 年）》将普惠金融定义为“立足机会平等要求和商业可持续原则，以可负担的成本为有金融服务需求的社会各阶层和群体提供适当、有效的金融服务”。目前，众多学者基于以上定义，从不同角度对普惠金融中的“普”与“惠”进行了不同角度的剖析，尹志超等从字面意思解释了“普惠”，认为“普”意味着普及，关注金融服务覆盖程度，“惠”意味着优惠，强调金融服务成本可负担、质量有保障。李建军等从佛教用语角度认为“普惠”是对广大人群施以仁德，而非提供便宜、低廉的金融服务，并从内涵、目的、理念和度量等四个角度对比了传统金融与普惠金融发展的区别。普惠金融发展的重点是金融服务的广度，就是要让各社会阶层、各地区都能享受到现代社会中价格合理的基础性金融服务，即金融消费者获得金融服务的可能性。但本文认为以上定义均属于狭义的普惠金融，其认为普惠金融的最终目标是确保社会中的所有个体均能享受到正规金融服务，解决的是“金融非自主排斥”问题。

而从根本上来说，普惠金融应该是既关注效率，也关注公平的包容性增长——如果某种因素对收入的增长影响为正，同时相对贫穷的人从该因素获益更多，那么该因素就带来了包容性增长。实现机会均等下的高效率包容性增长，改善贫富极化、缩小收入差距，才是普惠金融发展的最终目标和根本任务。消除“金融排斥”并不必然导致“包容性增长”，现有研究均过于强调普惠金融的“普惠性”，而忽视了其“包容性”。本文从广义的角度出发，将能实现“包容性增长”（inclusive growth）的金融统称为普惠金融。

2. 产业融合

产业融合的概念最早可以追溯到美国学者罗森伯格（Rosenberg）对机械工具产业研究的技术融合。1978 年麻省理工学院尼古拉·尼葛洛庞帝（Nicolas Negroponte）研究了计算机业、出版印刷业和广播电影业的圆圈相互重叠交叉进而趋于融合的动态产业融合过程，为产业融合的理论研究奠定了基础。20 世纪 70 年代，以美国为代表的信息技术革命爆发促使产业融合得以从理论邻域延伸到实践。随着实践的深入，与产业融合的相关概念被逐渐提出，1997 年欧洲委员会将产业融合定义为“产业的联盟与合并、技术网络平台和市场等三个角度的融合”。植草益将产业融合界定为“通过技术革新和放宽管制来降低行业间的壁垒，加强行业企业间的竞争合作关系，从而导致产业界限的模糊化甚至重划产业界限”；2006 年，于刃刚和李玉红将产业融合界定为“不同产业之间的传统产业边界趋于模糊、甚至消失的现象”。近年来，诸多学者综合前人的研究将产业融合定义为“不同产业之间或同一产业的不同行业之间相互渗透、交叉、重组的一个动态的缓慢过程到最后就融为一体，并且慢慢形成了一种或多种新型的产业形态”。

以上定义并未对参与产业融合的主体、范围、模式等具体信息进行限定，是一个较为广义的概括性定义，本文将产业融合的参与主体限定为第一、二、三产业，将范围限定于国家层面，将模式限定为不同产业间的相互渗透、交叉和重组的外部横向融合，将产业融合定义为：由于新兴技术的改革、行业管制的放松、商业竞争的增大、资源配置的极化和专业技术的高度分化，使得一国范围内的第一、二、三产业在发展过程中既存在高度的行业分工，又存在产业之间的相互渗透、交叉和重组，这种相互依赖、不断耦合的过程就是第一、二、三产业的产业融合过程。

（二）理论框架与研究假设

1. 普惠金融对城乡收入差距的影响

目前，国内外学者关于普惠金融与城乡收入差距的研究主要形成了以下两种观点：先扩大后缩小的倒“U”形关系和负相关关系，近年来的观点大多偏向于后者。对于居民而言，普惠金融发展能够缓解偏远地区的金融排斥，降低获得金融服务的成本，改善参与主体间的信息不对称，进而通过刺激消费、促进创业就业、缓解信贷约束、降低人力资本、均衡金融资源配置等机制，提高居民特别是农村居民的金融可得性和资产管理能力，使城乡居民间的储蓄、理财及金融投资所得差距不断减小，使农村居民手中持有的工资性、经营性和财产性收入比以前获得更多的增值收益，最终缩小城乡收入差距。对于组织机构而言，普惠金融发展能够改变正规金融机构“趋利性”的商业布局、“嫌贫爱富”传统服务观念和“精英俘获”的农贷市场弊端，使城乡之间金融资源供给的配置趋于均衡，带来城乡经济发展的机会均等，进而缩小城乡收入差距。基于以上分析，本文提出研究假设1。

假设1：普惠金融对缩小城乡收入差距具有显著的促进作用。

2. 普惠金融对产业融合的影响

在基本生产函数中金融代表了主要的“资本投入”对产业生产起决定性作用，“实体+金融”的产融结合——实体与金融企业通过参股、持股、控股和人事参与等方式而进行的内在融合，是最具代表性的实践与理论研究证明。现有国内外研究表明，产业资本和金融资本的深度融合，不仅能够缓解实体产业中企业的融资约束、降低信息不对称带来的交易成本、共享金融机构广泛的信息资源和专业的人才、技术支持，而且还能扩大企业生产规模、提高企业的经营绩效及竞争优势，可概括为“融资约束假说”及“市场竞争假说”。我们认为普惠金融对产业融合发展同样具有上述作用机制。基于以上分析，本文提出研究假设2。

假设2：普惠金融对产业融合发展具有显著的促进作用。

3. 普惠金融、产业融合对城乡收入差距的影响

新兴技术的改革、行业管制的放松、商业竞争的增大、资源配置的极化和专业技术的高度分化，使得我国范围内的第一、二、三产业在发展过程中既存在高度的行业分工，又存在产业之间的相互渗透、交叉和重组。产业融合的发展关乎国家政府、社会组织和居民个体，乡村振兴战略是建设现代化经济强国的重大战略之一，而发展产业融合是实现乡村振兴的重要路径；我国产业融合发展包括单一产业的内部融合与多产业的横向和纵向外部融合，参与主体主要通过以“权益共享、风险共担、互惠共赢”为主的利益联结机制分享产业融合发展带来的经营性增值收入、工资性增值收入、财产性增值收入和转移性增值收入。任何的金融发展，只有服务实体经济建设才能够创造更多的价值，将普惠金融融入产业融合中，实现更广泛意义上的“实体+金融”深度融合，不仅能够缓解产业融合生产者特别是农村“个体户”“贫困户”“小微企业”等弱势群体的融资约束、提高市场竞争力及经营效益，最终实现可持续盈利，使雇主获得更多的经营性收入，使受雇者获得更多的工资性收入；还能够使普惠金融

发展在降低交易成本和信贷风险的同时，实现“造血”式发展，从而提高服务效率。这样生产函数中“资本要素”和“劳动力要素”都得到了优化，也将大大提高经济增长和收入分配的效率。基于以上分析，本文提出研究假设 3。

假设 3：普惠金融对城乡收入差距的影响主要是通过融入产业融合中实现的。

三、普惠金融、产业融合指数测算与计量模型构建

（一）普惠金融指数（IFI）的构建

参考国内外相关研究，结合我国普惠金融发展实践的基础，本文从金融服务渗透性、金融服务可获得性、金融服务相对质量及数字普惠金融发展水平四个维度，对 2008—2017 年的普惠金融发展指数进行测度，构建我国普惠金融指标体系。其中，衡量普惠金融的指标选取如表 1 所示。

表 1　合成普惠金融指数的指标选取①

衡量维度	具体指标	衡量维度	具体指标
金融服务渗透性	每万平方千米的银行业金融机构网点数/个	金融服务相对质量	每万人中参加养老保险的人数
	每万平方千米的银行业金融从业人员数/个		农业保险保费收入与财产保险保费收入的比值/%
	每万人拥有的银行业金融机构网点数/个		涉农贷款余额与各项贷款余额的比值/%
	每万人拥有的银行业金融机构从业人员数/人		
金融服务可获得性	人均存款占人均GDP的比重/%	数字普惠金融发展水平②	覆盖广度
	人均贷款占人均GDP的比重/%		使用深度
	保险深度：保费收入与 GDP 的比重/%		数据化程度
	保险密度：保费收入/人口数量/(元·人$^{-1}$)		

① 表 1 中指标的数据来自中国区域金融运行报告、中国统计年鉴、中国区域经济统计年鉴、国家统计局、统计年鉴分享平台、中国经济社会大数据研究平台、国泰安（CSMAR）数据库以及 2019 年北京大学数字金融研究中心发布的《北京大学数字普惠金融指数（2011—2018 年）》。

② 其具体指标参照 2019 年北京大学数字普惠金融中心发布的《北京大学数字普惠金融指数（2011—2018 年）》。三个数字普惠金融发展水平分指标中缺少 2008—2010 年的数据由 2011 年的数据以四年为限等额缩减得到，个别缺失的指标数据用均值法或回归法计算得到。

本文采用主成分分析法合成普惠金融指数。首先使用 KMO 检验对数据的有效性进行检验，检验结果发现“每万人拥有的银行业金融机构从业人员数”与“农业保险保费收入/财产保险保费收入”两个指标所对应的 KMO 小于 0.5，将其舍弃后，重新进行检验，每一个指标的 KMO 值均大于 0.5，且总的 KMO 值为 0.7470，继续进行主成分分析。计算过程不再赘述，本文抽取了 2008 年、2013 年和 2017 年的普惠金融指数的计算结果绘制成折线图，如图 1 所示。

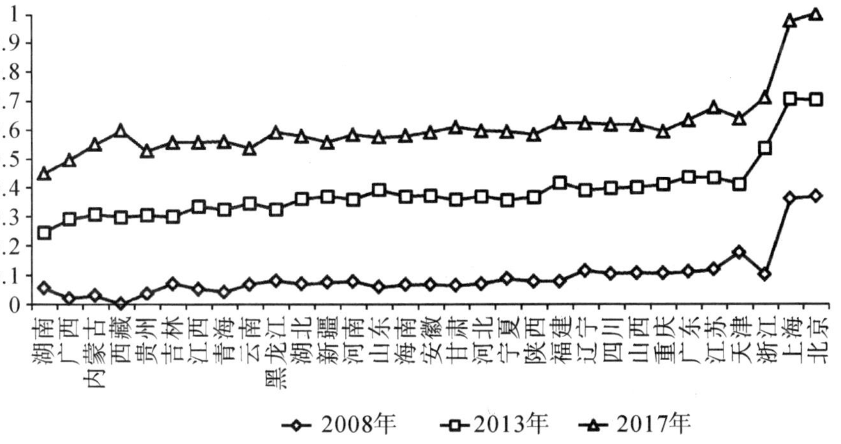

图 1　2008 年、2013 年和 2017 年普惠金融指数情况

依据图 1 可知，全国 31 个省、自治区、直辖市（不含港澳台地区）的普惠金融发展水平都有所增长，北京、上海和浙江三个地区的普惠金融发展水平排名前三，属于较高水平，湖南、广西和内蒙古三个地区的普惠金融发展水平较落后，最高水平与最低水平之间存在较大的差异。由此可知，普惠金融的发展在各省份之间仍然存在较大差异。

（二）产业融合指数（IC）的构建

综合对产业融合的现有相关研究，本文对第一、二、三产业融合的指标选择如表 2 所示。

表 2　合成产业融合指数的指标及相关权重

衡量维度	具体指标	计算方法	指标性质	指标权重
第一产业	第一产业增加值	第一产业增加值/亿元	+	0.129
	农业劳动生产率	农林牧渔业总产值/第一产业从业人数的比值/(元·人$^{-1}$)	+	0.084
	农业机械化水平	农业机械总动力 gn 农作物耕种面积的比值(千瓦时/公顷)	+	0.366
	水利设施优化度	农作物有效灌溉面积/农作物耕种面积/%	+	0.287
	农村恩格尔系数	居民食品支出/居民生活总支出/%	-	0.135
第二产业	第二产业增加值	第二产业增加值/亿元	+	0.140
	工业化水平	工业增加值与地区生产总值的比值/%	+	0.239
	工业劳动生产率	工业增加值与第二产业就业人数的比值/%	+	0.264
	建筑业水平	建筑业增加值/地区生产总值/%	+	0.219
	建筑业劳动生产率	按建筑业总产值计算的建筑业企业劳动生产率/(元·人$^{-1}$)	+	0.138
第三产业	第三产业增加值	第三产业增加值/亿元	+	0.083
	零售业商品销售总额	零售业商品销售总额/亿元	+	0.079
	住宿业营业额	零售业商品销售总额/亿元	+	0.087
	餐饮业营业额	餐饮业营业额/亿元	+	0.075
	国内旅游总收入	国内旅游总收入/亿元	+	0.062
	交通便利程度	公路与铁路里程/行政区域面积/(千米·平方千米$^{-1}$)	+	0.292
	第三产业从业人员率	第三产业从业人员与总就业人数的比值/%	+	0.166
	第三产业投资效果额	GDP 增加值与第三产业固定资产投资额的比值/%	+	0.155

表2中所涉及的18个第一、二、三产业融合分指标来自各省（自治区、直辖市）统计年鉴、中国电子信息产业统计年鉴、中国区域经济统计年鉴、中国人口和就业统计年鉴等统计年鉴和国家统计局、统计年鉴分享平台、中国经济社会大数据研究平台、国泰安（CSMAR）数据库，个别缺失的指标数据用均值法、回归法或插值法计算得到。

参照已有研究，本文运用熵值法与系统耦合协调度模型的方法，构建2008—2017年的产业融合发展指数，测量第一、二、三产业各系统之间相互影响、相互作用的协同程度。具体步骤为：先运用熵值法确定具体指标权重（结果见表2），再用系统耦合协调度模型进行第一、二、三产业融合的指数计算。本文抽取了2008年、2013年和2017年的产业融合指数绘制成折线图，如图2所示。

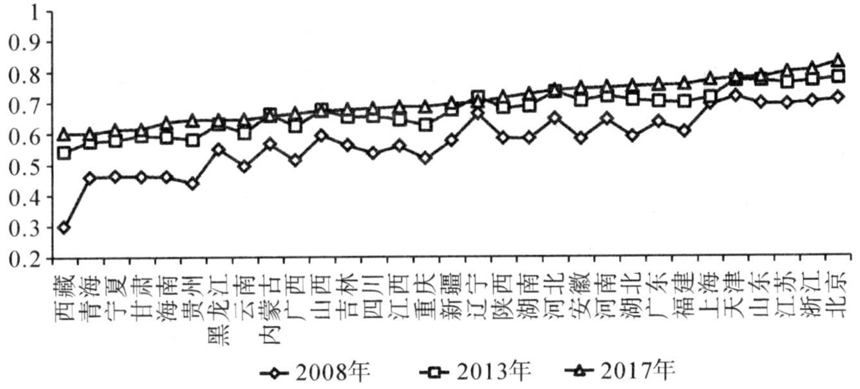

图2　2008年、2013年、2017年产业融合指数情况

依据图2可知，全国31个省、自治区、直辖市（不含港澳台地区）的三产融合度都有所增长，2008年大多数省份处于轻度失调①与勉强协调阶段之间，到2017年全部省份已经处于初级协调阶段，有1/3的省份已经处于中级协调阶段，产业融合发展总体上有了明显的提升。其中耦合协调度最优的北京和浙江已经跨过了中级协调阶段，刚刚处于良好协调阶段，而耦合协调度最差的西藏和青海才刚刚处于初级协调阶段，各省份之间仍然存在较大差异。

① 参照已有学者的研究，本文将耦合协调度分为以下十种类型：$D\in$［0，0.1）时为极度失调，$D\in$［0.1，0.2）时为严重失调，$D\in$［0.2，0.3）时为中度失调，$D\in$［0.3，0.4）时为轻度失调，$D\in$［0.4，0.5）时为濒临失调，$D\in$［0.5，0.6）时为勉强协调，$D\in$［0.6，0.7）时为初级协调，$D\in$［0.7，0.8）时为中级协调，$D\in$［0.8，0.9）时为良好协调，$D\in$［0.9，1］时为优质协调。

（三）其他变量选取及描述性统计

本文的被解释变量为城乡收入差距。目前，学者对城乡收入差距的衡量通常有三种方法：城镇居民人均可支配收入与农村居民人均可支配（纯）收入之比、基尼系数、泰尔指数。相较于城乡居民收入比和基尼系数，泰尔指数既考虑了城乡居民人口规模不同对城乡收入差距造成的影响，又克服了基尼系数衡量总体收入差距，对中间阶层收入变化比较敏感，对两端变化并不敏感的问题。因此，本文选用泰尔指数衡量城乡收入差距。参照王少平等的做法，泰尔指数的计算公式为

$$\mathrm{GAP}_{i,\ t} = \sum_{j=1}^{2}\left(\frac{S_{i,\ j,\ t}}{S_{i,\ t}}\right)\cdot \mathrm{Ln}\left(\frac{S_{i,\ j,\ t}}{S_{i,\ t}}\bigg/\frac{r_{i,\ j,\ t}}{r_{i,\ t}}\right)$$

其中，$j=1$，2 分别代表城镇、农村。$\mathrm{GAP}_{i,\ t}$ 代表省份 i，t 时期的泰尔指数。$S_{i,\ j,\ t}$ 表示 i 省份，t 期城镇或农村地区的人均可支配收入（可进一步拆分为：人均工资性收入、经营性收入、财产性收入和转移性收入）；$S_{i,\ t}$ 表示 i 省份，t 期城镇和农村居民人均可支配收入之和。$r_{i,\ j,\ t}$ 代表 i 省份，t 期城镇或农村地区的人口总数；$r_{i,\ t}$ 代表 i 省份，t 期总人口数。泰尔指数越大，则城乡收入差距越大。

另外，参考相关文献，本文选取了对外开放程度（各地区进出口总额/该地区 GDP）、政府支出（地方政府支出/GDP）、传统金融发展程度（金融机构存贷总额/GDP）、人力资本水平（小学学历人口比重×6+初中学历人口比重×9+高中学历人口比重×12+大专及以上学历人口比重×16）和固定资本投资水平（固定资产投资额/地区 GDP）作为控制变量。数据均来源于中国统计年鉴、各省（自治区、直辖市）统计年鉴、国家统计局和 WIND 数据库。本文使用的数据为 2008—2017 年的省际面板数据。变量的描述性统计如表 3 所示。

表 3　变量的描述性统计

变量	指标代表	样本数	平均值	标准差	最小值	最大值
被解释变量	城乡收入差距(GAP)	310	0.147	0.144	0.000 03	0.794
	城乡工资性收入差距(GAP1)	310	0.385	0.127	0.111	0.710
	城乡经营性收入差距(GAP2)	310	0.029	0.045	0.000 01	0.222
	城乡财产性收入差距(GAP3)	310	0.314	0.220	0.000 08	0.776
	城乡转移性收入差距(GAP4)	310	0.422	0.199	0.037	0.873

表3(续)

变量	指标代表	样本数	平均值	标准差	最小值	最大值
解释变量	普惠金融指数(IFI)	310	0.334	0.201	0.000	1.000
	金融服务渗透性(Depth)	310	0.268	0.168	0.000	1.000
	金融服务可获得性(Availability)	310	0.204	0.151	0.000	1.000
	金融服务相对质量(Quality)	310	0.416	0.213	0.000	1.000
	数字普惠金融发展水平(DIFI)	310	0.374	0.292	0.000	1.000
	产业融合指数(IC)	310	0.651	0.082	0.298	0.825
控制变量	对外开放程度(OP)	310	0.399	0.716	0.017	7.448
	政府支出(GE)	310	0.268	0.208	0.087	1.426
	传统金融发展程度(FIN)	310	2.870	1.136	0.846	7.540
	人力资本水平(HC)	310	1.528	0.197	1.052	1.961
	固定资本投资水平(FIX)	310	0.752	0.258	0.004	1.507

(四)计量模型的构建

本文借鉴温忠麟等的研究方法,通过中介效应模型检验普惠金融、产业融合与城乡居民收入差距间的作用机制和影响,模型构建如下:

$$GAP_{it} = \alpha_0 + \alpha_1 IFI_{kit} + \alpha_2 Control_{it} + \mu_i + \lambda_t + \varepsilon_{it} \quad (1)$$

$$IC_{it} = \beta_0 + \beta_1 IFI_{kit} + \beta_2 Control_{it} + \mu_i + \lambda_t + \varepsilon_{it} \quad (2)$$

$$GAP_{it} = \gamma_0 + \gamma_1 IFI_{kit} + \gamma_2 IC_{it} + \gamma_3 Control_{it} + \mu_i + \lambda_t + \varepsilon_{it} \quad (3)$$

其中,GAP_{it} 为被解释变量泰尔指数(GAP、GAP1、GAP2、GAP3、GAP4);IFI_{kit} 为解释变量普惠金融指数(IFI)或普惠金融分维度指标(Depth、Availability、Quality、DIFI);IC_{it} 为产业融合指数;$Control_{it}$ 表示控制变量;μ_i、λ_t 和 ε_{it} 分别表示各省(自治区、直辖市)各年城乡收入差距的异质性和随机扰动项。

另外,中介效应的大小由 $\beta_1 \cdot \gamma_2 = \alpha_1 - \gamma_1$ 来衡量,在 α_1 显著的情况下,若 β_1 与 γ_2 中有一个不显著则应该做 Sobel 检验。Sobel 检验统计量为 $Z = \frac{\hat{\beta}_1\hat{\gamma}_2}{S_{\beta_1\gamma_2}}$($\hat{\beta}_1$ 和 $\hat{\gamma}_2$ 分别表示 β_1 和 γ_2 的估计量,$S_{\beta_1\gamma_2} = \sqrt{\hat{\beta}_1{}^2 S_{\hat{\gamma}_2}{}^2 + \hat{\gamma}_2{}^2 S_{\hat{\beta}_1}{}^2}$,其中 $S_{\hat{\beta}_1}$ 和 $S_{\hat{\gamma}_2}$ 分别表示 $\hat{\beta}_1$ 和 $\hat{\gamma}_2$ 的标准误)。

四、实证检验分析

（一）总体考察普惠金融对城乡居民收入差距的影响

实证检验均基于 stata15 软件分析，对模型（1）进行逐步回归，检验的是普惠金融对城乡居民收入差距影响的整体效应，对模型（1）VI 至模型（3）进行的是普惠金融基于产业融合的中介效应检验。各式在 *F* 检验与 Hausman 检验的基础上，得到个体时点固定效应回归结果见表 4。

表 4　普惠金融对城乡居民收入差距的影响

模型(1)	直接效应					中介效应		
	I	II	III	IV	V	VI	模型(2)	模型(3)
因变量	GAP	GAP	GAP	GAP	GAP	GAP	IC	GAP
IFI	-0.303*** (0.043)	-0.307*** (0.043)	-0.261*** (0.047)	-0.283*** (0.062)	-0.359*** (0.064)	-0.298*** (0.062)	0.212*** (0.022)	-0.099** (0.056)
IC								-0.937*** (0.197)
OP		0.010* (0.005)	0.010* (0.005)	0.009* (0.005)	0.009** (0.005)	0.007* (0.004)	-0.000 1 (0.001)	0.007* (0.004)
GE			-0.361*** (0.091)	-0.421*** (0.097)	-0.421*** (0.097)	-0.283** (0.107)	0.315*** (0.074)	0.012 (0.113)
FIN				0.013** (0.020)	0.017** (0.020)	0.016*** (0.017)	-0.021 (0.004)	-0.004 (0.018)
HC					-0.200** (0.099)	-0.171*** (0.084)	0.027 (0.030)	-0.146** (0.070)
FIX						-0.117*** (0.040)	0.048*** (0.017)	-0.072** (0.033)
_cons	0.250*** (0.014)	0.247*** (0.014)	0.329*** (0.018)	0.315*** (0.036)	0.635*** (0.163)	0.625*** (0.142)	0.478*** (0.052)	1.073*** (0.174)
样本量	310	310	310	310	310	310	310	310
R^2	0.607 0	0.612 0	0.640 2	0.643 4	0.683 3	0.730 7	0.852 8	0.785 5
F 值	48.65	25.15	43.44	33.27	33.05	28.32	81.89	76.37

注：*、**、*** 分别表示在 10%、5%、1%的水平下显著；括号内为对估计系数的基于聚类的稳健标准误，下同。

逐一改变模型（1）中的控制变量得到表 4 中 I~VI 的估计结果，模型中各变量的符号均符合研究预期，普惠金融指数、政府支出、人力资本水平和固定资产投资水平与城乡收入差距均呈负相关关系；传统金融发展程度和对外开放程度与城乡收入差距呈正相关关系。在6个模型中，普惠金融指数参数估计值均能在1%的显著性水平下通过检验，普惠金融发展对城乡收入差距具有显著的、稳健的负向影响。普惠金融指数每提升1个单位，城乡收入差距将缩小0.298个单位。

由模型（2）可得，普惠金融的发展能够在1%的显著水平下正向促进产业融合的发展，普惠金融发展每提高1个单位，产业融合发展就能提高0.212个单位；由模型（3）可得，普惠金融和产业融合均在1%的显著水平下对城乡收入差距存在负向影响，普惠金融和产业融合每提升1个单位，城乡收入差距将分别减少0.099个和0.937个单位。综合模型VI、模型（2）和模型（3）可得，基于产业融合的普惠金融对城乡收入差距的中介效应大小为-19.90%，而普惠金融对城乡收入差距的总效应为-29.8%，由此得中介效应占总效应的66.78%，即普惠金融对城乡收入差距的缓解作用有将近70%来自产业融合的中介作用，这说明将普惠金融发展融入产业融合中确实能够显著提高其对经济增长和收入分配的效率。

（二）分维度考察普惠金融对城乡收入差距的影响

接下来，本文进一步探讨普惠金融分维度指标中哪些因素影响了城乡收入差距的变化，用金融服务渗透性（depth）、金融服务可获得性（availability）、金融服务相对质量（quality）和数字普惠金融发展水平（DIFI），分别替换普惠金融指数进行中介效应的实证检验，检验结果如表5所示。

表5　分维度的普惠金融对城乡收入差距的影响

分维度指标	金融服务渗透性			分维度指标	金融服务可获得性		
被解释变量	GAP	IC	GAP	被解释变量	GAP	IC	GAP
Depth	-0.197 (0.239)	0.206 (0.174)	0.072*** (0.022)	Availability	-0.196** (0.084)	0.101*** (0.072)	-0.075 (0.148)
IC			-1.221*** (0.177)	IC			-1.197*** (0.173)
Control	Yes	Yes	Yes	Control	Yes	Yes	Yes
中介效应	-			中介效应	完全的中介效应		
分维度指标	金融服务相对质量			分维度指标	数字普惠金融发展水平		
被解释变量	GAP	IC	GAP	被解释变量	GAP	IC	GAP
Quality	-0.294*** (0.055)	0.191*** (0.026)	-0.096** (0.046)	DIFI	-0.155*** (0.029)	0.101*** (0.012)	-0.060** (0.027)

表5(续)

分维度指标	金融服务相对质量			分维度指标	数字普惠金融发展水平		
被解释变量	GAP	IC	GAP	被解释变量	GAP	IC	GAP
IC			-1.039*** (0.207)	IC			-0.943*** (0.203)
Control	Yes	Yes	Yes	Control	Yes	Yes	Yes
中介效应	中介效应=-19.85%			中介效应	中介效应=-9.52%		
	中介效应/总效应=67.52%				中介效应/总效应=61.45%		

注：为节省篇幅，我们用 Control 表示 OP、GE、FIN、HC 和 FIX 等控制变量，下同；文中未标明样本量的所有回归样本量均为 310，未标明回归类型的所有的回归均采用个体时点固定效应。

由上述实证结果得知，普惠金融四个分维度中除金融服务渗透性外，金融服务可获得性、金融服务相对质量和数字普惠金融发展水平，均对城乡收入差距存在显著的直接或间接负效应。金融服务可获得性对城乡收入差距的缓解作用均来自产业融合的中介作用，存在完全的中介效应，这说明普惠金融的可获得性需要融入产业融合中才能对缩小城乡收入差距产生效应。金融服务相对质量和数字普惠金融发展水平对缩小城乡收入差距既存在着直接作用也存在着基于产业融合的中介作用，中介效应占比分别为 67.52%和 61.45%。

（三）分收入来源考察普惠金融对城乡收入差距的影响

为了进一步探索具体的作用机制，本文将城乡居民差距分为城乡工资性收入差距（GAP1）、城乡经营性收入差距（GAP2）、城乡财产性收入差距（GAP3）和城乡转移性收入差距（GAP4），检验结果如表 6 所示。

表 6　普惠金融对分收入来源的城乡收入差距的影响

被解释变量	GAP1	IC	GAP1	被解释变量	GAP2	IC	GAP2
IFI	-0.228*** (0.030)	0.212*** (0.022)	-0.167*** (0.044)	IFI	-0.205*** (0.040)	0.212*** (0.022)	-0.015*** (0.043)
IC			-0.290** (0.151)	IC			-0.896*** (0.179)
Control	Yes	Yes	Yes	Control	Yes	Yes	Yes
中介效应	中介效应=-6.14%			中介效应	中介效应=-19%		
	中介效应/总效应=26.93%				中介效应/总效应=92.68%		
被解释变量	GAP3	IC	GAP3	被解释变量	GAP4	IC	GAP4
IFI	0.362*** (0.109)	0.212*** (0.022)	0.587*** (0.123)	IFI	0.982 (0.641)	0.212*** (0.022)	0.986 (0.637)

表6(续)

被解释变量	GAP3	IC	GAP3	被解释变量	GAP4	IC	GAP4
IC			-1.061*** (0.467)	IC			0.238*** (0.833)
Control	Yes	Yes	Yes	Control	Yes	Yes	Yes
中介效应	中介效应=-22.5%			中介效应	-		
	中介效应/总效应=-62.15%				-		

由上述检验结果得知，普惠金融对工资性收入差距和经营性收入差距存在显著的直接和间接负相关关系。普惠金融对城乡工资性收入差距的中介效应仅占总效应 26.93%，则说明直接效应占比在 70%以上。普惠金融对城乡经营性收入差距的中介效应占总效应的 92.68%，说明普惠金融对城乡经营性收入差距的作用主要来源于产业融合的中介效应。普惠金融对财产性收入差距存在显著的正相关关系，笔者在考察中介效应发现，总效应中还存在-62.15%的中介效应，说明普惠金融的发展不仅会直接扩大，而且还会通过产业融合的中介效应扩大城乡财产性收入差距。这一结果可能与城乡居民之间的投资性资产持有量相关，当获得相同的金融服务水平时，城镇居民将拥有的可投资性资产（储蓄、房产、车产等）用于投资的比率远大于农村居民，由此带来了城镇居民财产性收入大于农村居民财产性收入，当进一步发展普惠金融时，就会加剧城乡居民财产性收入的差距。普惠金融发展对转移性收入差距的影响不显著。

根据以上实证结论，可得出：普惠金融通过产业融合对缩小城乡收入差距的影响，主要来自对城乡居民经营性收入差距的缩小。

（四）分区域考察普惠金融对城乡收入差距的影响

考虑到来自城乡差距中不同收入来源和普惠金融发展中不同维度之间的相互关系，本文进一步探索基于产业融合的普惠金融对城乡收入差距影响的区域异质性。因此，将全样本按中国卫生统计年鉴中东中西部划分标准分区域讨论，检验如表 7 所示。

表 7　分区域的普惠金融对城乡收入差距的中介效应检验

地域	东部			中部			西部		
被解释变量	GAP	IC	GAP	GAP	IC	GAP	GAP	IC	GAP
IFI	-0.143*** (0.040)	0.105*** (0.021)	-0.069 (0.053)	-0.403*** (0.034)	0.266*** (0.057)	-0.333** (0.067)	-0.533*** (0.063)	0.282*** (0.019)	-0.347*** (0.092)
IC			-0.705** (0.255)			-0.264 (0.257)			-0.662** (0.297)

表7(续)

地域	东部			中部			西部		
被解释变量	GAP	IC	GAP	GAP	IC	GAP	GAP	IC	GAP
Control	Yes	Yes	Yes	Yes	Yes	Yes	Yes	Yes	Yes
样本量	120	120	120	80	80	80	110	110	110
Sobel 检验	完全的中介效应，无须 Sobel 检验			Z=1.108>0.97，中介效应显著			各变量均显著，无须 Sobel 检验		
中介效应	中介效应=100%			中介效应=-31.98%			中介效应=-18.67%		
	—			中介效应/总效应=79.35%			中介效应/总效应=35.03%		

由以上实证结果得知，普惠金融对东中西部的城乡收入差距均有显著的缓解作用，且基于产业融合的普惠金融对缩小城乡收入差距的中介效应为东部地区>中部地区>西部地区，再综合普惠金融指数排名和产业融合指数排名，可以看出普惠金融、产业融合在经济发展越好的地方发展程度越高，普惠金融对城乡收入差距的缩小作用中，基于产业融合的中介效应也越强。

（五）稳健性检验

为检验模型的稳健性，本文将泰尔指数代表的城乡收入差距更换为：城镇居民人均可支配收入与农村居民人均可支配收入之比（GAP5），采用两种方法再次对普惠金融、产业融合与城乡收入差距的影响进行实证检验：方法一是用当期的 GAP5 与当期的解释变量和控制变量进行回归，方法二是用当期的 GAP5 与滞后一期的解释变量和控制变量进行回归，得到如表 8 所示的结果。

表 8　稳健性检验实证结果

方法一	中介效应			方法二	中介效应		
	模型(1)	模型(2)	模型(3)		模型(1)	模型(2)	模型(3)
	GAP5	IC	GAP5		GAP5	IC t-1	GAP5
IFI	-1.252^{***} (0.234)	0.212^{***} (0.022)	-0.584^{*} (0.216)	IFI_{t-1}	-1.327^{***} (0.235)	0.233^{***} (0.023)	-0.423^{**} (0.204)
IC			-3.160^{***} (0.701)	IC_{t-1}			-3.887^{***} (0.559)
OP	-0.008 (0.026)	-0.000 2 (0.001)	-0.008 (0.025)	OP_{t-1}	0.002 (0.024)	-0.001 (0.002)	-0.001 (0.020)
GE	-0.826 (0.545)	0.315^{***} (0.074)	0.169 (0.473)	GE_{t-1}	-0.972^{*} (0.361)	0.342^{***} (0.069)	0.359 (0.308)

表8(续)

方法一	中介效应			方法二	中介效应		
	模型(1)	模型(2)	模型(3)		模型(1)	模型(2)	模型(3)
	GAP5	IC	GAP5		GAP5	IC t-1	GAP5
FIN	0.146*** (0.043)	−0.021*** (0.004)	0.081* (0.002)	FIN_{t-1}	0.161*** (0.046)	−0.023*** (0.004)	0.072 (0.044)
HC	−0.297 (0.319)	0.027 (0.030)	−0.213 (0.290)	HC_{t-1}	−0.510 (0.326)	0.041 (0.029)	−0.351 (0.303)
FIX	−0.382** (0.139)	0.048*** (0.017)	−0.232* (0.121)	FIX_{t-1}	−0.411*** (0.142)	0.041** (0.016)	−0.253** (0.116)
_cons	3.776*** (0.535)	0.478*** (0.052)	5.287*** (0.654)	_cons	4.072*** (0.552)	0.456*** (0.049)	5.843*** (0.624)
样本量	310	310	310	样本量	279	279	279
	中介效应=−66.8%				中介效应=−90.4%		
	中介效应/总效应=53.35%				中介效应/总效应=68.12%		

由以上实证结果中两个模型（1）对应的结果可知，普惠金融对缩小城乡收入差距具有显著的直接效应；由两种方法对模型（1）至模型（3）的组合的检验得出的中介效应的结果均显著可知，普惠金融对缩小城乡收入差距具有显著的基于产业融合的中介效应。故基于产业融合的普惠金融对居民收入影响的效应模型检验具有稳健性。

五、结论与建议

本文采用主成分分析法构建普惠金融发展指数，在熵值法确定权重的基础上利用系统耦合模型构建产业融合指数，来测算 2008—2017 年我国各省（自治区、直辖市）的普惠金融和产业融合发展程度，并以此构建中介效应模型，实证检验普惠金融对城乡居民收入差距的影响，得出以下结论。第一，在总体上，普惠金融缩小城乡收入差距具有直接作用机制和基于产业融合的中介效应作用机制。研究发现，中介效应与总效应的比率接近 70%，证明发展基于产业融合的普惠金融具有较强的城乡收入均衡效应。第二，在作用机制上，普惠金融对缩小城乡收入差距的直接效应，主要来源于“金融服务相对质量”和“数字普惠金融发展水平”，而中介效应主要来源于“金融服务可获得性”；按不同收入来源差距检验得出，普惠金融缩小城乡收入差距的直接效应和中介效应主要作用于居民的“工资性收入差距”和“经营性收入差距”，且后者在中介效应中起决定作用。第三，区域异质性上，基于产业融合的普惠金融对缩小城乡收入差距的中介效应，存在东部地区>中部地区>西部地区的不同影响。

基于以上研究结论，本文提出以下政策建议：

第一，建立多方位的普惠金融发展战略。在发展普惠金融的过程中，我们不仅应考虑如何进一步发展直接普惠金融体系，也应该注重发展基于产业融合的普惠金融体系，“授人与鱼”的同时也注重“授人与渔”的发展。提升普惠金融发展水平时，政府应该引导金融机构在符合借贷关系的前提下，主动将资金贷给产业链、产业化中的小微企业、合作社、个体经营者等。政府部门还应出台相关的政策，引导社会资本投资建设农村落后地区的金融基础设施；引导专业人才主动服务于对金融服务有需求的弱势群体；引导农村居民主动学习先进知识，改变“等、靠、要”的腐朽思想，真正做到扶贫先扶智与志。

第二，实施针对性的普惠金融与产业融合发展策略。产业融合的普惠金融体系对城乡居民收入差距的影响，存在着东部>中部>西部的区域异质性，因此，在乡村振兴战略中我们应该大力发展普惠金融与产业融合，发展过程中应该考虑城镇与农村的差异、东部地区与中西部地区的差异，针对不同的区域，就普惠金融与产业融合进一步发展存在的问题制定与自身情况发展相符合的发展策略，中西部发展落后的地区应该积极主动向东部地区学习，在学习其先进技术、管理模式和发展理念的同时，要因地制宜，结合自身的实际情况，发展属于自己地域的特色产业，进而带动当地居民的收入增长。

第三，提高普惠金融服务的可得性、服务质量和数字化水平。在产业融合发展中，金融服务的可获得性起到了至关重要的作用，为了提高产业融合参与主体的金融服务可得性，政府应引导信用社、商业银行、合作银行等金融机构在建设弱势群体信用信息的基础上，探索推行“一次核定、随用随贷、余额控制、周转使用、动态调整”的信贷模式，提高弱势的信贷可得性；鼓励保险机构建立健全乡级保险服务体系，配合政府基层工作人员加大地区农业保险产品的宣传和推广力度，继续推动农产品目标价格保险、“保险+期货”试点等新型产品的发展，进一步提高保险密度与保险深度的占比以及金融服务质量；加大数字普惠金融发展的扶持力度，提高偏远地区数字化普惠金融的普及率和使用率；同时，政府基层人员应进一步宣传和推广扶贫信贷政策、普惠金融服务宗旨和产业融合发展策略，把专业的知识普及给更多的弱势群体，深化居民对针对性政策的掌握程度，逐渐引导其在认识上主动参与到生产经营的借贷活动中，提高其借贷的积极性。

参考文献：

［1］彭建刚，徐轩. 农业产业化与普惠金融的耦合关系及协调发展：以湖南省为例［J］. 财经理论与实践，2019（5）：19-26.

［2］邹克. 普惠金融、农业 TFP 变动与城乡收入不平衡：基于普惠金融结构性问题视角［J］. 金融经济学研究，2019（2）：41-53.

［3］葛新权，和龙. 促进我国农村产业融合发展的政策取向［J］. 经济纵横，2017（5）：80-85.

［4］SWAMY V, DHARANI M. Analyzing the agricultural value chain financing: Approaches and tools in India［J］. Agricultural Finance Review, 2016（2）：211-232.

［5］尹志超，彭嫦燕，里昂安吉拉. 中国家庭普惠金融的发展及影响［J］. 管理世界，2019，35（2）：74-87.

［6］李建军，彭俞超，马思超. 普惠金融与中国经济发展：多维度内涵与实证分析［J］. 经济研究，2020，55（4）：37-52.

［7］张勋，万广华，张佳佳，等. 数字经济、普惠金融与包容性增长［J］. 经济研究，2019（8）：71-86.

［8］植草益. 信息通讯业的产业融合［J］. 中国工业经济，2001（2）：24-27.

［9］周立，王彩虹. 由双重脱嵌到双重回嵌：乡村振兴中的产业融合分析［J］. 行政管理改革，2019（6）：44-53.

［10］李牧辰，封思贤. 数字普惠金融与城乡收入差距：基于文献的分析［J］. 当代经济管理，2020（7）：84-91.

［11］王修华，傅勇，贺小金，等. 中国农户受金融排斥状况研究：基于我国 8 省 29 县 1 547 户农户的调研数据［J］. 金融研究，2013（7）：139-152.

［12］丁杰，李悦雷，曾燕. 网络贷款具有贫民属性吗？谁在嫌贫爱富？基于“人人贷”的实证证据［J］. 国际金融研究，2018（6）：86-96.

［13］温忠麟，侯杰泰，张雷. 调节效应与中介效应的比较和应用［J］. 心理学报，2005（2）：268-274.

农村金融绩效

农业保险发展、门槛效应与农业生产效率提高

刘福星　贺娟

（华中农业大学经济管理学院）

一、引言及文献回顾

中国的农业用地资源相对稀缺，耕地面积仅占世界总耕地面积的7%，却要满足大约20%的世界人口的粮食需求。因而提高生产效率不仅是农业可持续发展的基本要求，而且对保障国家粮食安全尤为关键。然而，农业属于弱质产业，面临各种各样的自然灾害。据统计，我国每年的农田受灾面积达0.34亿公顷（1公顷=10 000平方米，下同），造成经济损失占国内生产总值（GDP）的1%~3%。此外，农业生产经营易受市场风险的影响，造成谷贱伤农、增产不增收等现象。因此，分散农业生产过程中的风险、减少经济损失，对稳定农业生产意义重大。

作为一种政策性支农手段，农业保险不仅具有转移农业生产风险的职能，而且能够作为抵押凭证，发挥融资功能。自中央政府进行财政补贴以来，我国的农业保险已经取得了令人瞩目的成绩。根据中国统计年鉴数据，2007—2017年，我国的农业保险保费收入由52亿元增长到了479亿元，保险赔付也由30亿元增长到了333亿元，农业保险的市场规模扩大了近10倍。为进一步发挥农业保险的政策功能，2019年5月中央深改委第八次会议审核通过了《关于加快农业保险高质量发展的指导意见》，将高质量发展作为新阶段的重要改革目标。可见，农业保险政策的实施效果事关农业可持续发展、国家粮食安全，因而探讨农业保险对农业生产效率增长的影响具有重要的现实意义。

从理论的发展历史来看，农业保险与农业生产效率属于金融发展与经济增长的研究范畴，始于麦金龙等（Mckinnon et al.）提出的金融深化论和金融抑

制论。目前，已有不少学者对金融发展与生产效率之间的关系进行了研究。国外方面，卡尔德龙等（Calderón et al.）在研究金融发展与经济增长的因果关系时发现，金融深化通过资本积累和生产率提高促进了经济增长，并且生产率提高的作用更加明显；库姆巴卡尔等（Kumbhakar et al.）的研究发现，在发展中国家，金融发展促进了生产率的提高；塔德斯（Tadesse）的研究则表明，金融发展对不同国家工业部门的技术进步、实际成本降低率和生产效率提高的影响存在差异。在国内方面，张军等认为，金融深化与全要素生产率之间呈显著的正相关关系；姚耀军则认为，金融发展与全要素生产率之间存在长期均衡关系；李健等的研究发现，民间金融发展通过技术效率提升效应而非技术进步效应影响全要素生产率；余泳泽等的研究则表明，金融集聚对工业生产率提升有空间外溢效应。

此外，保险是金融市场的重要组成部分，有关保险发展与生产效率的研究也取得了一定的进展。例如，赵健宇等选取 A 股非金融业上市公司 2007—2015 年的数据开展研究，实证分析的结果表明养老保险缴费比例的提高会降低企业生产效率；胡务等的研究发现，2011 年政府对《工伤保险条例》的修订显著降低了工伤风险高的企业全要素生产率的增长速度。也有少数学者探讨了农业保险发展对农业生产效率的影响。例如，陈俊聪等认为农业保险发展促进了农业生产效率的提高。但马述忠等的研究发现，农业保险发展对农业生产率具有显著的抑制效应。王悦等则从空间相关性的角度进行了研究，结果表明农业保险发展对农业生产效率具有显著的正向影响，且存在空间溢出效应。

综上所述，关于农业保险发展对农业生产效率影响的研究取得了一定的成果，为本文接下来的探讨提供了有价值的借鉴和启示，但仍存在两方面的局限：一是在研究内容上，大多数研究基于经济内生增长理论，将农业保险作为一种生产要素投入，研究其对农业生产效率的影响，忽略了农业保险与其他要素之间的替代关系；二是在研究方法上，现有研究主要分析农业保险与农业生产效率之间的线性特征，而忽略了两者之间的非线性特征。鉴于此，本文从微观角度分析农业保险影响生产要素配置的作用机制，进一步运用面板门槛模型，讨论农业保险发展与农业生产效率之间的非线性特征。

二、理论基础与作用机制

分析农业保险对农业生产效率的作用机制，重点在于分析农户参保后对农业生产要素的配置。本文根据微观经济学基本理论，进行假设：①农户是“理性经济人”，其目标是实现效用（收入）最大化。②农户的收入分为农业收入和非农业收入。具体分析如下：

（一）分散风险、激励效应与提高生产效率

由于参保后农户的目标是实现家庭收入最大化，因此当农业收入高于非农业收入时，作为“理性经济人”的农户会增加农业生产要素的投入，提高农业生产效率。农业保险对粮食产出具有激励效应，能够显著地提高农业生产水平。已有研究证实，与未购买农业保险的种植户相比，购买农业保险的种植户在每英亩（1 英亩≈4 046.86 平方米，下同）土地的氮肥施用量多 19%，农药支出多 21%，除草剂和杀虫剂的施用面积也更大（7%和 63%）；农业保险能够分散生产过程中的风险，使得农户扩大种植面积；农业保险和农业信贷相结合能够促进农户对新技术的采用。

（二）道德风险、挤出效应与降低生产效率

由于道德风险的存在，因此当农业收入低于非农业收入时，农户为了实现家庭收入最大化，会减少农业生产要素的投入，而将更多的物质资料投入非农业生产，降低了农业生产效率。农业保险对粮食产出具有挤出效应，严重的道德风险问题使得农业保险保障与补偿对农业产出具有反向作用。相关研究表明，参加农业保险的农户会减少资本和劳动力的投入；购买农业保险的种植户在每公顷土地上会减少 5 美元（1 美元≈6.397 元人民币）的氮肥投入；参加农业保险的地块，其农药的施用次数显著少于未参加农业保险的地块。

综上，本文基于农户的视角，构建了农业保险对农业生产效率影响的微观作用机制，如图 1 所示。

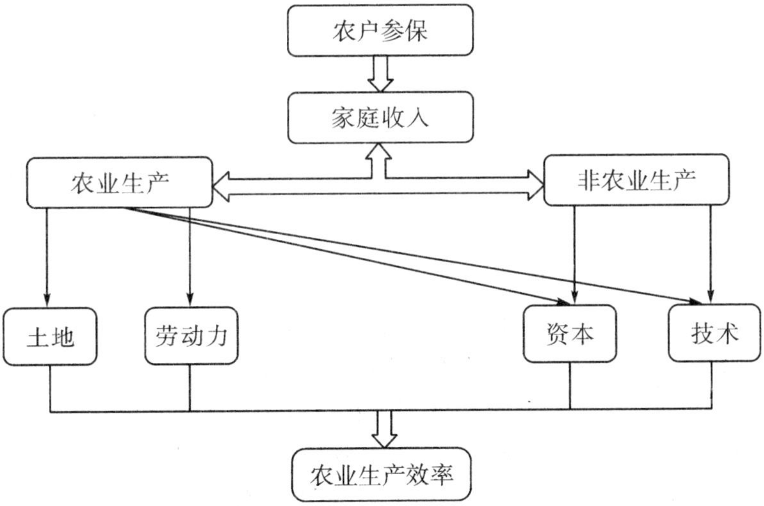

图 1　农业保险对农业生产效率影响的微观作用机制

三、数据、模型与变量

（一）数据来源

本文选取2004—2017年我国31个省（自治区、直辖市）的数据开展研究。各地区农业保险的保费收入数据和赔款支出数据均来源于中国保险年鉴；各地区农作物播种面积，农林牧渔业总产值，农药、化肥、农膜、农用柴油的使用情况，农业机械总动力和农作物受灾面积等的原始数据均来源于中国农村统计年鉴；各地区社会固定资产投资（包括农林牧渔业）、各地区GDP、各地区年末人口数和各地区进出口总额等的原始数据均来源于中国统计年鉴；各地区农林牧渔业从业人员的原始数据来源于各省（自治区、直辖市）的统计年鉴。其中，对于个别缺失的原始数据，采用插值法予以补齐处理。

（二）模型设定

为分析政策性农业保险对农业生产效率的影响，在参考已有文献的基础上，本文构建如下面板计量模型：

$$Y_{it} = \alpha + \beta \mathrm{AI}_{it} + \delta X_{it} + \mu_{it} \tag{1}$$

其中，Y表示农业生产效率；AI表示农业保险发展水平；X表示其他控制变量；α表示常数项；β和δ均表示待估系数；μ表示随机误差项；下标i和t分别表示地区和时间。

为进一步分析政策性农业保险与农业生产效率之间的非线性特征，本文借鉴汉森（Hansen）的研究，在模型（1）的基础上，构建以下面板门槛模型：

$$\begin{aligned} Y_{it} = \alpha &+ \beta_1 \mathrm{AI}_{it} I(g_{it} \leqslant \gamma_1) + \beta_2 \mathrm{AI}_{it} I(\gamma_1 < g_{it} \leqslant \gamma_2) + \cdots + \\ &\beta_n \mathrm{AI}_{it} I(\gamma_{n-1} < g_{it} \leqslant \gamma_n) + \beta_{n+1} \mathrm{AI}_{it} I(g_{it} > \gamma_n) + \delta X_{it} + \varepsilon_{it} \end{aligned} \tag{2}$$

其中，g表示门槛变量；γ表示具体的门槛值；$I(\cdot)$表示指数函数；$\varepsilon_{it} \sim iidN(0, \sigma^2)$表示随机扰动项。

（三）变量选取

1. 被解释变量

本文的被解释变量为农业生产效率（Y）。在测算农业生产效率时，需要设定相关的投入变量和产出变量。投入变量包括土地、劳动力和资本。其中，土地投入指标为农作物播种面积（单位：千公顷）；劳动力投入指标为农林牧渔业从业人员（单位：万人）；资本投入指标包括农药、化肥、农膜、农用柴油的折纯量（单位：万吨）和农业机械总动力（单位：万千瓦）。产出变量为农林牧渔业总产值（单位：亿元）。本文使用数据包络分析（DEA）方法，并借鉴托恩等（Tone et al.，2003）提出的考虑投入产出松弛度的松弛模型

（SBM）来测算农业生产效率，农业生产效率值是基于 DEA-Solver Pro 5.0 软件测算得出的。SBM-DEA 模型的一般形式如下：

$$\min \rho^* = \frac{1 - \frac{1}{m}\sum_{i=1}^{m} S_i^- / X_{i0}}{1 + \frac{1}{s}\sum_{r=1}^{s} S_r^+ / Y_{r0}} \tag{3}$$

$$\text{s.t. } X_0 = X\lambda + S^-；Y_0 = Y\lambda - S^+；\lambda \geqslant 0，S^- \geqslant 0，S^+ \geqslant 0$$

式中，ρ^* 表示农业生产效率值，且 $0 \leqslant \rho^* \leqslant 1$；$m$ 和 s 分别表示投入和产出要素的个数；X_{i0} 和 Y_{r0} 分别表示投入和产出的值；λ 为权重向量。

2. 核心解释变量

本文的核心解释变量为农业保险发展水平（AI）。目前，关于农业保险发展水平并没有统一的衡量指标，以往学者大多用保险密度、保险深度、保费收入和保险赔付四个指标来衡量。因此，本文使用熵值法，用上述四个指标对农业保险的发展水平进行综合评价。具体步骤如下：

第一步，数据标准化处理。按年份对 31 个省（自治区、直辖市）的农业保险的四个指标（保险密度、保险深度、保费收入和保险赔付）进行标准化处理。具体公式为

$$Y_{ij} = \frac{X_{ij} - \min(X_i)}{\max(X_i) - \min(X_i)} \tag{4}$$

式中，X 为农业保险的四个指标；Y 为标准化后的数值；下标 i 和 j 分别为指标和地区；max 和 min 分别代表最大值和最小值。

第二步，按年份计算四个指标的信息熵。具体公式为

$$E_i = -\ln(n)^{-1}\sum_{i=1}^{n} P_{ij}\ln P_{ij} \tag{5}$$

式中，$P_{ij} = Y_{ij} / \sum_{i=1}^{n} Y_{ij}$；$n = 31$；其中，若 $P_{ij} = 0$，则信息熵赋值为 0；E_i 为信息熵。

第三步，按年份计算各指标的权重。具体公式为

$$w_i = \frac{1 - E_i}{k - \sum E_i} \tag{6}$$

式中，k 为指标个数，$k = 4$；w_i 为权重。

第四步，按年份计算各地区的农业保险发展水平综合得分。具体公式为

$$z_j = \sum_{i=1}^{k} X_i \cdot W_i \tag{7}$$

3. 控制变量

①受灾程度（AD）。农业是一种高风险低收益的产业，产出水平容易受自然灾害的影响。文中的受灾程度以各地区农作物受灾面积与农作物播种面积的比值来衡量。②财政支农力度（FS）。财政支农力度主要用来反映政府对农业生产的支持力度。其目的在于，提高农业生产效率，促进农业经济发展。文中的财政支农力度用各地区农林牧渔业固定资产投资占全社会固定资产投资的比重来表示。③人力资本（EDU）。改造传统农业生产方式、提高生产效率离不开人力资本的积累，人力资本水平越高，农业生产效率越高。文中的人力资本用各地区高中及以上学历占总人口的比重来衡量。④经济发展水平（ED）。经济发展水平主要用来反映经济的活跃程度，一般来说，经济发展水平越高的地方，农业生产效率越高。文中的经济发展水平用各地区人均 GDP（单位：万元）来表示。⑤开放程度（OPEN）。对外开放可以吸收国外先进的农业生产技术和经验，从而提高农业生产效率。文中的开放程度用各地区进出口总额占 GDP 的比值表示。

4. 门槛变量

结合前文的微观理论，我们发现农业保险对农业生产效率的影响与农户的收入结构有关。参考李晓龙等的研究思路，本文选择代表省际异质性因素的经济结构（STR）作为门槛变量，用各地区的农林牧渔业总产值占 GDP 的比重来度量，主要反映农业生产性收入占当地总收入的比重，以此衡量各地区农户收入结构的差异。变量的描述性统计如表 1 所示。

表 1　变量的描述性统计

变量	样本数	均值	标准差	最小值	最大值
Y	434	0.346	0.176	0.092	1.000
AI	434	4.060	2.384	-4.335	7.380
AD	434	0.219	0.146	0.009	0.936
FS	434	0.036	0.022	0.000	0.139
EDU	434	0.252	0.102	0.030	0.669
OPEN	434	0.032	0.057	0.000	0.309
ED	434	3.628	2.386	0.430	12.904
STR	434	0.191	0.094	0.010	0.549

四、实证检验与结果分析

本文的核心目标是分析农业保险发展对农业生产效率的影响。首先，本文使用面板模型进行估计，从整体上分析农业保险发展对农业生产效率的作用；其次，考虑到农业保险发展与农业生产效率之间可能存在互为因果的内生性问题，本文使用工具变量，通过两阶段最小二乘法（2SLS）进行处理；最后，为考察农业保险发展与农业生产效率之间的非线性特征，本文运用面板门槛模型进行进一步分析。

（一）农业保险发展对农业生产效率的作用分析

回归估计结果如表2所示，模型（2）是面板随机效应模型（RE）的估计结果，模型（3）是面板固定效应模型（FE）的估计结果。同时，为了方便比较，表2中的模型（1）报告了普通最小二乘法（OLS）的估计结果。比较模型（2）的随机效应模型（RE）和模型（3）的固定效应模型（FE），从拟合度（R-squared）的值中可以看出，模型（3）的值大于模型（2）的值（$0.8250>0.7418$）。且由Hausman检验可知，P值为0.097 2，在10%的统计水平上拒绝原假设。这说明，考虑个体效应可以提高模型的拟合优度，使得模型更具有解释力度。可见，模型（3）的固定效应模型（FE）的估计结果是分析农业保险发展对农业生产效率影响的最优选择。

由模型（3）可知，农业保险发展水平（AI）的估计系数为0.005 8，在5%的统计水平上显著。同时发现，模型（1）中的农业保险发展水平（AI）的系数为0.009 1，在1%的统计水平上显著。模型（2）中的农业保险发展水平（AI）的系数为0.008 4，在1%的统计水平上显著。这说明农业保险发展对农业生产效率有显著的正向影响，农业保险的发展能够促进农业生产效率的提高。

在其他控制变量方面：①人力资本（EDU）对农业生产效率在1%的统计水平上存在显著的正向作用。其原因可能在于，受教育水平越高的地区，农户在投入生产要素时越理性，并且越愿意采纳先进的生产技术和手段，从而提高了生产效率。②经济发展水平（ED）对农业生产效率在1%的统计水平上存在显著的正向影响。其原因可能是，经济越发展水平越高的地区，市场化程度越高，农业资源配置效率越高，因此农业生产效率越高。③经济结构（STR）对农业生产效率在1%的统计水平上存在显著的正向影响，即农林牧渔业总产值在GDP中所占比例越大的地区，农业生产效率越高。基本解释是，农林牧渔业总产值在GDP中所占比重越高的地区，生产越趋向于规模化和专业化，所以农业生产效率越高。由于农业生产效率与上述控制变量之间的关系不是本文讨论的重点，因此此处不对其进行过多的解释。

表 2　回归估计结果

变量	模型（1） OLS	模型（2） RE	模型（3） FE	模型（4） 2SLS
AI	0.009 1***	0.008 4***	0.005 8**	0.016 5*
	(0.002 4)	(0.002 1)	(0.002 3)	(0.009 20)
AD	-0.074 3**	-0.054 9**	-0.041 1	-0.031 5
	(0.031 6)	(0.025 6)	(0.026 1)	(0.029 2)
FS	-0.959 0***	-0.333 0	-0.335 0	-0.074 7
	(0.241 0)	(0.241 0)	(0.253 0)	(0.288)
EDU	0.129 0*	0.350 0***	0.480 0***	0.331**
	(0.075 0)	(0.114 0)	(0.133 0)	(0.164)
OPEN	0.165 0*	0.148 0	0.765 0	1.028
	(0.093 5)	(0.224)	(0.545)	(0.684)
ED	0.063 4***	0.059 4***	0.058 9***	0.059 4***
	(0.004 1)	(0.003 6)	(0.003 9)	(0.006 13)
STR	0.673 0***	0.451 0***	0.342 0***	0.743***
	(0.069 1)	(0.107 0)	(0.127 0)	(0.199)
Constant	-0.036 1	-0.058 5	-0.080 9*	-0.187***
	(0.026 2)	(0.039 4)	(0.046 3)	(0.062 6)
Observations	434	434	434	372
R-squared	0.760 0	0.741 8	0.825 0	0.797 4

（二）内生性问题的处理

在进一步的分析之前，需要解决农业保险发展与农业生产效率之间可能存在的内生性问题。因此，本文参照寻找工具变量的一般思路，将农业保险发展水平的滞后项和经济发展水平的滞后项两个变量作为农业保险发展水平的工具变量。一方面，农业保险发展水平不仅与其滞后项相关，而且与各地的经济发展水平的滞后项相关；另一方面，滞后项已经产生，与当期的误差项不相关。如表 2 所示，模型（4）是两阶段最小二乘（2SLS）法的回归结果。从模型（4）的结果可以看出，农业保险发展对农业生产效率依旧具有正向影响，且在 10%的统计水平上显著。因此，前文的分析具有较强的稳健性。此外，需要对工具变量的有效性进行检验。首先，不可识别检验显示，LM 统计量的 *P* 值为 0，强烈拒绝不可识别的原假设；其次，弱工具变量检验的 Cragg-Donald Wald F 统计量显示，P 值在 10%的统计水平上拒绝弱工具变量的原假设（19.93>19.066）；最后，过度识别检验显示，P 值为 0.827 1，接受所有工具变量都是外生的原假设。上述检验的结果表明本文的工具变量是合适的，进一步证明了前文的分析是可信的。

（三）农业保险发展对农业生产效率影响的门槛效应分析

上述分析表明，农业保险发展能够显著地提高农业生产效率，但这种作用可能会因各地区的经济结构不同而有所区别。因此，本文使用面板门槛模型，进一步考察不同门槛值时，农业保险发展对农业生产效率影响的差异程度。

首先，需要对门槛的个数进行判断，以便确定门槛模型的形式。我们利用自助抽样法（Bootstrap Method）进行检验，结果如表 3 所示。单一门槛和双重门槛均在 1%的统计水平上显著，而三重门槛没有通过显著性检验，因此，本文接下来选择双重门槛模型进行分析。

表 3　门槛效应检验结果

门槛变量	门槛类型	F 统计量	P 值	临界值		
				1%	5%	10%
STR	单一门槛	46.055***	0.000	19.381	11.357	9.332
	双重门槛	27.783***	0.000	18.377	11.995	8.117
	三重门槛	10.008	0.150	59.265	23.899	13.563

注：表 3 中的 P 值和临界值均通过自主抽样法（Bootstrap），由 300 次反复抽样得到。

其次，从表 4 中可以看出，第一个门槛的估计值为 0.186，对应的 95%的置信区间为［0.160，0.191］；第二个门槛的估计值为 0.251，对应的 95%的置信区间为［0.242，0.252］。为了更加直观地表现两个门槛的估计值和置信区间的构造过程，我们绘制了相应的似然比函数图，如图 2 和图 3 所示。同时，我们根据两个门槛的估计值，将各个地区按经济结构划分为农业收入占比低的地区（STR≤0.186）、农业收入占比中等的地区（0.186<STR≤0.251）和农业收入占比高的地区（STR>0.251）三个类型。

表 4　门槛的估计值与置信区间

	估计值	95%的置信区间
门槛值 $\hat{\gamma}_1$	0.186	［0.160，0.191］
门槛值 $\hat{\gamma}_2$	0.251	［0.242，0.252］

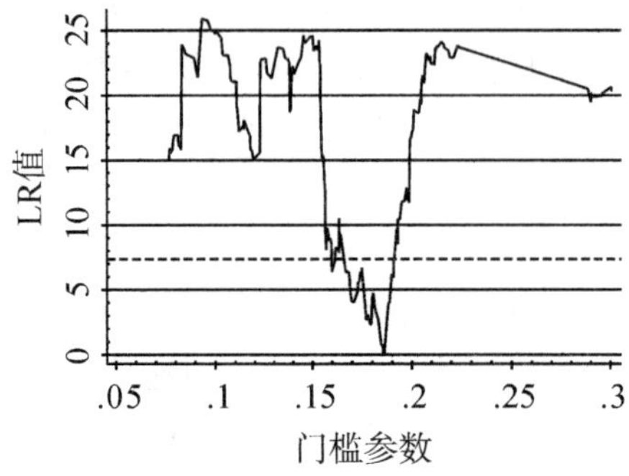

图 2　第一个门槛的估计值与置信区间

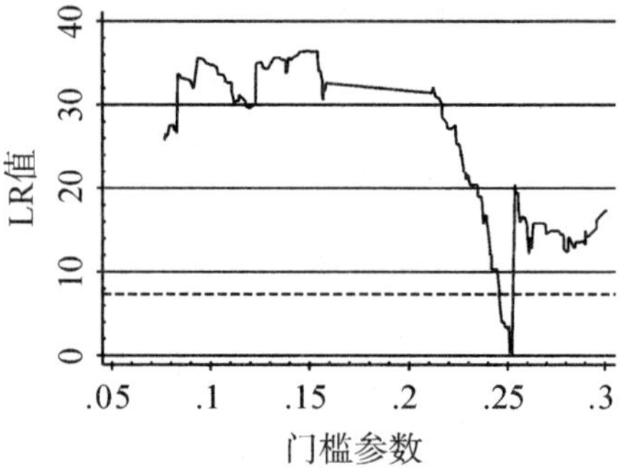

图 3　第二个门槛的估计值与置信区间

最后，进行面板门槛模型的参数估计，结果如表 5 所示。表 5 中同时报告了同方差假定下的 t 值（t_{ols}）和异方差假定下的 t 值（t_{white}）。

表 5　面板门槛模型的参数估计结果

变量	系数估计值	t_{ols}	t_{white}
AD	-0. 045 9	(0. 024 3) *	(0. 024 2) *
FS	0. 120 0	(0. 229 0)	(0. 454 0)
EDU	0. 402 0	(0. 124 0) ***	(0. 174 0) **
OPEN	0. 589 0	(0. 495 0)	(0. 582 0)
ED	0. 067 3	(0. 003 9) ***	(0. 011 6) ***
AIa	-0. 010 9	(0. 002 2) ***	(0. 003 5) ***
AIb	0. 002 6	(0. 002 2)	(0. 003 8)
AIc	0. 012 0	(0. 002 1) ***	(0. 005 0) **
Constant	-0. 009 7	(0. 028 4)	(0. 036 7)
R-squared	0. 849 0		

注：表中 AIa 、AIb、AIc 分别代表农业收入占比低、中、高的地区的农业保险发展水平。

其中，AIa 的系数估计值为-0. 010 9，且都在 1%的统计水平上显著。AIb 的系数估计值为 0. 002 6，但在统计水平上都不显著。AIc 的系数估计值为 0. 012，分别在 1%和 5%的统计水平上显著。从以上的估计结果可以看出，农业保险发展对农业生产效率的影响存在双重门槛效应，呈现出负效应-不显著-正效应的“U”形特征。

在农业收入占比低的地区，即 STR≤0. 186 的地区，农业保险发展与农业生产效率负相关，这说明农业保险发展对农业生产效率起着显著的抑制作用。其原因可能在于，农业保险市场面临严重的道德风险问题。在这些农业收入所占比重较小的省份，第二、三产业较为发达，非农业收入远远高于农业收入。农户参加农业保险后，更倾向于兼业从事非农工作，在农业生产方面，会减少生产要素的投入，往往表现为消极生产，从而降低了农业生产效率。在农业收入占比高的地区，即 STR>0. 251 的地区，农业保险发展与农业生产效率正相关，这说明农业保险发展对农业生产效率具有显著的促进作用。其原因可能是，农业保险政策对农户的生产行为的激励效应显著。在这些农业大省，农业生产占据重要的地位，农业保险政策的推行能够有效地鼓励农户进行农业生产。农户参加农业保险后，更加愿意扩大生产规模，采用更加先进的生产技术，往往表现为积极生产，进而促进农业生产效率的提高。在农业收入占比中等的地区，即 0. 186<STR≤0. 251 的地区，农业保险与农业生产效率正相关，但在统计上不显著。基本的解释是，在这些农业收入占比中等的地区，农业保险政策所产生的积极效应和消极效应相互抵消，导致农业保险对农业生产效率的促进作用不明显。

五、结论与建议

本文在梳理了农业保险发展对农业生产效率作用机制的基础上，运用 2004—2017 年我国 31 个省、自治区、直辖市（不含港澳台地区）的相关数据，实证分析了农业保险发展对农业生产效率的影响。结果表明：一是整体来看，农业保险发展能够显著地提高农业生产效率。二是在考虑各省份的经济结构差异的基础上，农业保险发展对农业生产效率的影响存在双重门槛效应，呈现出负效应-不显著-正效应的“U”形特征。

根据研究结论，本文提出如下政策建议：首先，从整体上讲，政府应继续加大农业保险政策的推行力度，鼓励农业保险市场的产品创新，提高农业保险市场的发展水平，充分发挥农业保险对农业生产效率的促进作用；其次，政府应进行资源的有效配置，适当加大对农业大省的财政补贴扶持力度，减轻农业大省农户的负担，提高农业保险的参与率，从而有效发挥农业保险对农业生产的激励作用；最后，政府应建立有效的反欺诈监测机制，完善农业保险体系建设，从而降低对农业生产效率的负面影响，可以借鉴国际先进经验，利用大数据等手段进行监测，降低道德风险和解决逆向选择的问题，推动农业保险市场的高质量发展。

参考文献：

[1] 杨桐彬，朱英明，王毅. 土地集约、技术进步与农业生产效率 [J]. 农业经济与管理，2020 (1)：54-65.

[2] 桑婧，郝璐. 近30年中国主要农业气象灾害典型场时空格局分异特征 [J]. 中国生态农业学报，2018，26 (9)：1302-1314.

[3] 罗小锋，秦军. 农户生产技术应用风险的处理策略研究 [J]. 中南民族大学学报（人文社会科学版），2012，32 (2)：134-137.

[4] 王向楠. 农业贷款、农业保险对农业产出的影响：来自2004—2009年中国地级单位的证据 [J]. 中国农村经济，2011 (10)：44-51.

[5] 庹国柱，张峭. 论我国农业保险的政策目标 [J]. 保险研究，2018 (7)：7-15.

[6] 贺娟，肖小勇，谭偲凤，等. 大数据背景下的农险反欺诈检测：国际经验与技术选择 [J]. 保险研究，2019 (7)：53-66.

[7] 张军，金煜. 中国的金融深化和生产率关系的再检测：1987—2001 [J]. 经济研究，2005 (11)：34-45.

[8] 姚耀军. 中国金融发展与全要素生产率：基于时间序列的经验证据 [J]. 数量经济技术经济研究，2010，27 (3)：68-80，161.

[9] 李健，卫平. 民间金融和全要素生产率增长 [J]. 南开经济研究，2015 (5)：74-91.

[10] 余泳泽，宣烨，沈扬扬. 金融集聚对工业效率提升的空间外溢效应 [J]. 世界经济，2013，36 (2)：93-116.

[11] 陈俊聪，王怀明，张瑾. 农业保险发展与中国农业全要素生产率增长研究 [J]. 农村经济，2016 (3)：83-88.

[12] 马述忠，刘梦恒. 农业保险促进农业生产率了吗：基于中国省际面板数据的实证检验 [J]. 浙江大学学报（人文社会科学版），2016，46 (6)：131-144.

四川藏族聚居区 牦牛保险减贫绩效微观视角分析

——以红原县为例

魏诗颖　黄雅兰　贺雅婷　黄雨　臧敦刚

（四川农业大学经济学院）

一、引言

2019年年初，中央一号文件《中共中央 国务院关于坚持农业农村优先发展做好“三农”工作的若干意见》的出台进一步强调了农业保险助脱贫、防返贫的重要性。2019年政府工作报告中再次强调了农业保险的重要性。报告指出，要通过扩大政策性农业保险改革试点，完善农业支持保护体系，健全粮食价格市场化形成机制。

牦牛保险作为新型农业保险的一种，在转移和分散藏族聚居区农牧民游牧生产风险方面发挥了不可或缺的作用，极大地保障了农牧民的生活质量，提高了农牧民的收入水平，同时促进了农业保险行业的稳定健康发展。红原县由于环境条件极度恶劣，并且受到农业生产的弱质性限制，因此一直以来，当地的牦牛养殖不仅面临来自生产养殖方面的威胁，还面临牦牛市场波动的威胁。这些威胁对四川藏族聚居区以牦牛养殖为主要收入来源的农牧民的生产和生活造成了极大的影响。因此，政府投入大量财政资金，鼓励当地农牧民购买牦牛保险以降低风险，稳定收入，防止返贫。

政府对牦牛保险进行补贴是为了降低牦牛生产的风险，降低生产成本，增强农户收入的稳定性。那么，对于藏族聚居区农户来说，牦牛保险是否提高了他们的收入？藏族聚居区农户在生活习惯和宗教信仰等方面具有特殊性，对他们来说，牦牛保险是否是有效的呢？因此，本文将基于农户角度对牦牛保险的绩效进行评价，分析牦牛保险对增加农户收入的有效性和农户对牦牛保险效用的主观认识，并通过普通最小二乘（OLS）法分析农户及农户的家庭特点，找出影响牦牛保险减贫绩效的因素，进一步提出提高牦牛保险效率的建议。

二、文献综述

（一）关于农业保险及农业扶贫相关研究

1. 四川藏族聚居区农业保险的相关研究

牦牛养殖业作为四川藏族聚居区的支柱性产业，长期以来面临自然和市场的双重风险，其自身的脆弱性影响着藏族聚居区农牧民收入的稳定性。虽然四川省藏族聚居区在2020年顺利完成了现行标准下全域绝对脱贫的摘帽任务，但农牧民因灾返贫、因病返贫的现象仍十分严重。因此，只有探寻一个长效的金融扶贫模式才能够提升贫困人口脱贫致富的能力，由“输血”向“造血”转化。而农业保险作为助力乡村振兴战略的“稳定器”和“安全阀”，可以有力规避风险、稳定农业生产、保障农民收益，是解决此问题的有效手段。

当前，我国四川藏族聚居区的农业保险以政策性保险为主，主要依靠政府财政支出运行，农业的双重风险使得商业保险机构大多不愿进驻农业保险领域，农业保险的发展后劲不足。目前，现有保险公司提供的保险产品，经济补偿作用不明显，在新形势下无法做到与农业风险管理新需求相匹配，并且农业保险自身存在覆盖面窄、保险深度不够，在发展过程中面临资金短缺、人才匮乏、技术薄弱的问题。就制度而言，农业保险还存在政策目标不明确、管理体系不健全、法律法规亟待完善等问题。同时，农牧民由于风险管理意识的缺乏和对保险工具了解不够而对农业保险产生排斥，地方政府仅将农业保险简单地等同于兜底式的保障机制并加以利用，这使得现有保险政策的减贫效果大打折扣。

2. 关于农业保险减贫相关研究

作为现代金融的重要组成部分，农业保险是世界范围内普遍推崇的最有效的农业风险管理工具，也是进行产业扶贫的重要工具，其落实主要依赖于农业保险补贴。保险机制可以有效放大保费补贴资金的效用，实现农业保险的全覆盖。政策性农业保险可以减小自然灾害对农业生产的影响，增加农民收入，促进农业和农村经济的发展。国外学者认为，具有政府转移支付性质的农业保险财政补贴可以促进农村经济健康发展，缩小贫富差距，从而提高整个社会的经济福利水平；国内学者也普遍认为农业保险财政补贴不仅有助于提高粮食产出水平，促进农民增收，还能挖掘社会潜在经济福利，有助于将农户的潜在需求转化为有效需求，使社会的经济福利水平得到进一步提高。同时，继2020年完成全面“摘帽”后，我国正处于脱贫攻坚和乡村振兴的有效衔接时期。从国家宏观层面来看，乡村振兴以产业兴旺为重中之重，而农业保险可促进农业产业化、保持农民收入稳定、实现支农性国民收入再分配、给经济带来有利的乘数效应、实现国民收入总量的增加或分配均等化；从农户个体微观层面来看，国外有学者认为农业保险会刺激农民在农业方面的生产性投资，从而提高农村贫困人口自主脱贫的积极性；国内也有学者发现政策性农业保险对农户具有显著的平滑消费、规避农业风险的福利效应，有利于提高农户个体的农业产出水平，具有反贫困的福利意义。

（二）文献评述

综上所述，农业保险扶贫作为近年来的关注热点，国内外学者围绕农业保险的扶贫效应、农业保险补贴对减贫的福利功效等内容展开了大量研究，成果丰硕。然而，在实践过程中，对于四川藏族聚居区这种深度贫困地区来说，农业保险的扶贫功能是否真正得到高效利用、农业保险的减贫效应是否显著，尚未得到验证，相关研究相对较少，几乎处于空白状态。因此，本文从农户角度出发，研究四川藏族聚居区以牦牛保险为代表的农业保险的减贫绩效，并分析其影响因素，有利于巩固国家的扶贫政策，防范当地脱贫人口返贫，对实现乡村振兴有着重要的理论及现实意义。

三、理论分析

牦牛保险减贫绩效，是指牦牛保险在起到分散牧民风险和补偿牧民损失等作用时产生的对社会经济、文化、基础设施建设等的社会总体发展有利的效应。其包括福利功效、风险分散功效、信贷提高功效。

（一）牦牛保险的福利功效

经济学家庇古的《福利经济学》以效率和公平为标准，认为国民收入增加和国民收入均等化都有助于社会福利水平的提高。由此，牦牛保险的福利功效则表现为降低牧民的经营风险，从而提高牧民的收入，在实现国民总收入稳定增长的同时使收入分配也趋于均等化。

由于红原地区独特的地理自然条件，低温冻害、狼害仍然是影响牦牛养殖业产出的不利因素。牦牛产业是红原县的支柱性产业，牦牛养殖也是红原县养殖户的最主要的经济来源，所以稳定了牦牛养殖业的生产风险，就相当于稳定了养殖户的收入。而贫困养殖户相较于非贫困养殖户而言，收入来源更为单一，对牦牛养殖业的依赖性更强，抗风险能力更弱，因而在遇到牦牛损失过多的情况时被迫减少、甚至中断生产的可能性更大。

然而，这种情况在牦牛保险引入后得到了改善。由于牦牛保险可以起到损失弥补的作用，因此贫困养殖户通过保险公司赔付，都弥补了损失，虽然缴纳保费会降低高收入人群的总收入，但保险赔付则会最大限度地减小牧民的损失，从而增加牧区养殖户的总收入，提高当地的福利水平。吉内等（Gine et al.）的研究发现，印度南部安德拉邦农户在购买暴雨保险后，收入增加了。张小东等对全国31个省、自治区、直辖市（不含港澳台地区）分析后发现，从整体来看，农业保险对农民的农业经营收入具有积极的作用，且越早推广农业保险的省份，促进作用就越大。进一步地，霍西尼等（Hosseeini et al.）、安灼拉（Enjolras）指出农业保险不仅可以提高农民的收入水平，还可以平滑农民的收入曲线，从而减小收入的波动。这一方面稳定并增加了贫困养殖户的收入，另一方面保证了其生产不会被中断，抑制了返贫现象。

（二）牦牛保险的风险分散功效

风险分散理论实际上解决的是在完美市场的假说之下，风险在不同对象之间实现最优的帕累托分配的问题。随着跨地区、跨时间风险分散理论的不断兴起与进步，新的风险管理技术和手段也不断得到应用。理论与技术的发展为保险公司承保风险提供了理论与技术支持。保险公司具有跨期分散风险的功能，在金融市场中扮演风险管理、风险分散与风险转移的中介角色。

牧户面临的风险，是指牧户未来可能面临的养殖牦牛的风险和生活方面的意外变化，导致牧户的收入或支出不稳定，从而使脱贫牧户重新陷入生活的困境。我国藏族聚居区牧民的收入来源单一，牦牛养殖收入占家庭总收入的比重大，而牧业是一种弱质性产业，受自然风险与市场风险的双重冲击。因此，牦牛保险的减贫效应还可以通过风险分散机制发挥作用。

牦牛保险可以通过风险分散机制将牧户的牦牛养殖风险转移给保险公司。一方面，牦牛保险可以稳定牧户收入。牧户在购买牦牛保险的前提下，当牦牛发生意外事故时，牧户可以得到相应的财务上的补偿，这使得牧户不会因为某一次的自然灾害而陷入贫困。另一方面，牦牛保险可以增加牧户收入。牦牛保险的风险分散机制可以减少牧户的担忧，使得牧户能够更加积极地再投入牦牛养殖生产，产量的增加使得牧户增加收入，从而远离贫困。

（三）牦牛保险的信贷获得功效

在红原县，当地主要有农村信用合作社和中国农业银行两大金融机构。当地养殖户在过去主要通过农村信用合作社进行资金贷款，这是因为牦牛养殖的弱质性、其家庭自身不具备较好的财力支持、信用评级一般较低，所以这些养殖户较难以中国农业银行为渠道进行贷款。但牦牛保险很好地解决了这个问题。

牦牛保险可以通过风险分散机制将一部分信贷公司的农业信贷风险转移给保险公司。一方面，牦牛养殖具有高风险的特点，使得当地金融机构缺乏参与牧业信贷的热情，但牦牛保险可以分散和降低这种高风险，减小损失，所以参与牦牛保险的牧户，可以提高金融机构对自己的信任度，进而改善信贷环境。另一方面，牦牛保险可以充当抵押品，提高牧户的信用等级。所以，牦牛保险有利于牧户获得信贷资金支持，并将其投入生产生活，进一步远离贫困。

红原地区存在一种贷款机制，即养殖户先在保险公司为自己的牦牛购买保险，并获得保单；然后在中国农业银行申请贷款时，以所保的活牦牛的保单作为质押物进行贷款，获取资金。若贷款到期时，养殖户履行了贷款合同，则质押物归还；但若贷款到期时，养殖户没有履行贷款合同，银行就会按照协议收取质押物。在后一种情况中，若牦牛出现死亡或其他意外情况，银行就可以凭借保单向保险公司索取赔偿金以弥补损失。通过这套机制，养殖户的信用水平得到提升，获取资金的渠道和额度增加了。而对于贫困养殖户，其将拥有更多的资金用于牦牛养殖的扩大再生产。

四、实证结果及分析

（一）数据来源

本文使用的数据来源研究组于 2019 年 7 月对四川省阿坝州红原县的牦牛养殖户和中航安盟保险公司的实地调查，调查范围包括邛溪镇、龙日乡、麦洼乡、色地镇、阿木乡、下哈拉玛村、刷金寺镇、安曲镇、瓦切镇等十个乡镇。研究组在每个样本乡镇下随机选取 1~2 个样本村，并在每个样本村随机选择 10~20 个样本农户。问卷内容涉及当地农牧民家庭的基本特征、近五年购买牦牛保险的情况和意愿、农业风险和农业保险的认知、保险公司有关农业保险的保费与赔付等方面。研究组共发放调查问卷 300 份，收回有效问卷 281 份，实际回收率为 93.67%。本文将使用 Deap 2.1 软件，根据 281 户家庭的调查数据，得到 281 个决策单元的牦牛保险减贫效率值，再运用 OLS 模型，在控制地区固定效应的基础上分析农户家庭的各种因素对牦牛保险减贫效率的影响。

（二）实证分析

1. 基于 DEA 模型的牦牛保险减贫效率测算

（1）模型设定。DEA（数据包络分析）模型是以输入或输出作为相对绩效而发展起来的评价决策单元相对有效性的非参数方法。DEA 模型在处理多目标决策问题时，具有优越性，并在不同的评价场景下产生了多类衍生模型。其中，班克等（Banker et al.）通过放宽规模报酬不变的假设条件，构建了规模报酬可变的 DEA-BCC 模型。具体模型解释如下：

假设决策单元对应的输入、输出数据分别为

$$x_j = (x_{1j}, x_{2j}, x_{3j}, x_{4j}, \cdots, x_{mj})T, j = 1, 2, 3, 4, \cdots, n$$

$$y_j = (y_{1j}, y_{2j}, y_{3j}, y_{4j}, \cdots, y_{sj})T, j = 1, 2, 3, 4, \cdots, n$$

其中，$x_j \in E^m$，$y_j \in E^s$，$x_j > 0$，$y_j > 0$，$j = 1, 2, 3, 4, \cdots, n$

则 BCC 模型可表示为

$$\begin{cases} \min\theta = V_{D,} \\ \text{s. t.} \ \sum_{j=1}^{n} x_j\lambda_j + s^- = \theta x_0, \\ \sum_{j=1}^{n} y_j\lambda_j - s^+ = y_0, \\ \sum_{j=1}^{n} \lambda_j = 1, \\ s^- \geqslant 0, \ s^+ \geqslant 0, \ \lambda_j \geqslant 0, \ j = 1, 2, 3, 4, \cdots, n \end{cases}$$

式中，s^+、s^- 是松弛变量，λ_j 是第 j 个决策单元的权重，θ 是决策单元的效率指数，λ_j 使各个有效点连接起来并形成有效前沿面，θ 则表示决策单元（DMU）离有效前沿面或包络面的径向距离。

若计算得出效率指数 $\theta = 1$，且松弛变量 s^+、s^- 均为 0，则表示决策单元（DMU）有效；若松弛变量 s^+、s^- 不为 0，则表示决策单元（DMU）弱有效。若 $\theta < 1$，则表示决策单元（DMU）非有效，即在生产过程中，投入过多或产出不足。

（2）指标选取及说明。基于数据可得性和相关理论分析，本文选取 3 个投入变量和 2 个产出变量以测算四川藏族聚居区牦牛保险的减贫绩效。

在投入方面，本文从土地投入、劳动力投入和风险保障投入三个角度出发，构建牦牛保险相关的 DEA 投入指标体系。对于土地投入，采用牧民家庭的牦牛养殖面积来衡量；对于劳动力投入，通过牧民家庭中从事牦牛养殖的劳动力人数来估计；对于风险保障投入，则直接以家庭为规避牦牛养殖风险所支出的保费来度量。

在产出方面，为了更好地衡量牦牛保险的减贫绩效，本文选取了收入和贫困状况两个指标。一方面，牦牛保险作为一种农业保险产品，具有规避风险和保值增收的基本性质；另一方面，牦牛保险通过保障收入稳定，减小可能面临的自然风险和市场风险，能起到一定的减贫效果，帮助牧民实现脱贫。主要的投入产出指标及说明如表 1 所示。

表 1　投入产出指标说明

指标	指标名称	指标说明
投入	家庭养殖面积/亩	牧民家庭对牦牛养殖的土地投入
	家庭劳动力数/人	牧民家庭对牦牛养殖的劳动力投入
	家庭保费支出/元	牧民家庭对牦牛养殖的风险保障投入
产出	收入/元	家庭人均年收入
	贫困状况	是否为贫困户（是=1，否=2）

（3）结果分析。将数据代入 Deap 2.1 软件进行测算，可得到红原县牦牛保险减贫绩效值，根据效率值的大小划分区间范围，可得到如表 2 所示的结果。其中，综合技术效率从质和量两个方面综合反映规模投入情况和技术有效性，均值为 0.478，表明红原县的牦牛保险减贫绩效较低，处于 DEA 低效状态。从具体的家庭情况来看，仅有 22.19%的牧民家庭实现了 DEA 完全有效，而 53.64%的牧民家庭的牦牛保险减贫绩效值都在 0.5 以下，说明总体来看，牦牛保险减贫绩效不太理想，仍存在一定的问题。纯技术效率反映的是政府部门或金融机构在应用和管理牦牛保险时的高效性和准确性，均值为 0.76，总体上处于有效状态，并有 50.33%的牧民家庭实现了 DEA 完全有效，这说明红原县在牦牛保险的应用和发展方面取得了一定效果，在一定程度上发挥了牦牛保险规避风险、减贫增收的作用。规模效率反映的是资金或项目规模投入方面的情况，其均值为 0.604，这说明资金或项目规模投入基本处于有效状态，但效率也较低。且从具体的分析数据可知，有 23.84%的牧民家庭的规模效率在 0.5 以下，近半数的家庭处在 0.5~0.8，这说明大部分家庭的牦牛保险规模投入情况不佳，牦牛保险还需要更多的推广使用。

表 2　牦牛保险减贫绩效测算结果

效率值	综合技术效率/%	纯技术效率/%	规模效率/%
1.0	22.19	50.33	27.48
0.8~1.0	0.66	1.32	0.99
0.5~0.8	23.84	48.68	48.01
<0.5	53.64	0.00	23.84
均值	47.8	76.0	60.4

注：表格中，后三列的数据为各效率值区间内家庭数的占比。

另外，在考虑规模报酬情况时，综合技术效率值低于 1 的家庭中有超过半数的家庭的规模报酬水平提升，虽然目前的牦牛保险未达到有效状态，但效率值总体上是递增的，说明牦牛保险正处于发展过程中，并且有助于牧民提高收入、提升风险保障水平和减轻贫困。总体来说，从目前来看，牦牛保险的减贫绩效不高甚至处于较低状态，但是牦牛保险在应用方面却表现出了一定的高效性，说明其低效的减贫现状主要归咎于其规模投入不够和牧民应用的普遍程度不高，仍需政府部门和金融机构大力发展推广，使其得到更为广泛合理的应用。

2. 基于 OLS 模型的牦牛保险减贫效率的影响因素分析

（1）模型设定。为了进一步探讨牦牛保险减贫效率的影响因素，本文构建了多元线性回归模型（OLS）来进行实证分析，具体的模型构建如下：

$$Z_i = \beta_T X_i + C + \varepsilon_i$$

其中，Z_i 为被解释变量，指代四川省红原县的 10 个乡镇、281 户家庭的牦牛保险减贫的综合技术效率值（$i=1, 2, 3, \cdots, 281$），X_i 为所选取的一系列解释变量，用以分析牦牛保险减贫效率的影响因素，β_T 为待估参数，T 为解释变量的个数，C 为常数项，ε_i 为随机误差项。

（2）变量选取及描述性统计。结合现有文献研究和理论分析，本文以前文中测算的牦牛保险减贫绩效的综合技术效率作为被解释变量，同时从户主基本特征、家庭基本特征、牦牛养殖风险和主观效用评价四个维度中选取有关的 11 个解释变量。在户主基本特征方面，本文考虑了学历和年龄对牦牛保险减贫效率的影响；在家庭基本特征方面，从保费、政治关系、牦牛经营情况等多个角度进行衡量，选取家庭草场面积、家庭劳动力数、家庭保费支出和是否为村镇干部四个变量；在牦牛养殖风险方面，将牦牛购买是否进行了借贷、非正常牦牛损失和牦牛损失风险程度纳入指标体系；在主观效用评价方面，为体现牧民对牦牛保险的满意度和未来期望值，从损失降低效用和规模扩大期望两个角度来考量。变量选取及描述性统计如表 3 所示。

表 3　变量选取及描述性统计

指标	变量	解释	均值	标准差	最小值	最大值
牦牛保险减贫效率	牦牛保险减贫效率	牦牛保险减贫绩效的综合技术效率	0.478	0.305	0.1	1
户主基本特征	学历	没上过学=1，没上小学但能读写=2,小学=3,初中=4,高中=5，大专=6，本科及以上=7	2.440	1.226	0	7
	年龄	单位：岁	42.417	10.677	21	85
家庭基本特征	家庭草场面积	单位：亩	1 093.275	892.141	0	7 000
	家庭劳动力数	家中从事牦牛养殖的劳动力数	2.060	0.927	1	5
	家庭保费支出	用于牦牛保险的保费/元	2 063.556	1 884.924	52	9 360
	是否为村镇干部	是=1，否=0	0.219	0.414	0	1
牦牛养殖风险	牦牛购买是否进行了借贷	是=1，否=0	0.391	0.489	0	1
	非正常牦牛损失	在2014—2018年是否遭遇过非正常牦牛损失（野兽侵害、火灾等）：是=1，否=0	0.548	0.499	0	1
	牦牛损失风险程度	您认为明年遭遇非正常牦牛损失的风险大吗？	3.031	0.968	0	5
主观效用评价	损失降低效用	您认为当前的牦牛保险是否起到了降低灾害损失的作用？	3.725	0.954	1	5
	规模扩大期望	您有没有扩大牦牛养殖规模的打算：有=1，没有=0	0.636	0.482	0	1

（3）结果分析。将所选取变量的相关数据代入模型，并利用stata15.0软件进行回归分析，可得到如表4所示的回归结果。

表 4　牦牛保险减贫效率的影响因素的实证结果

指标	变量	估计系数	标准差	t 值
户主基本特征	学历	−0.017*	0.010	−1.72
	年龄	−0.002*	0.001	−1.65
家庭基本特征	家庭草场面积	0.000	0.000	0.20
	家庭劳动力数	−0.217***	0.012	−18.27
	家庭保费支出	0.000***	0.000	−6.32
	是否为村镇干部	−0.049*	0.028	−1.76
牦牛养殖风险	牦牛购买是否进行了借贷	−0.013	0.027	−0.48
	非正常牦牛损失	−0.013	0.025	−0.51
	牦牛损失风险程度	0.016	0.012	1.25
主观效用评价	损失降低效用	−0.030**	0.013	−2.25
	规模扩大期望	0.010	0.025	0.42

注：***、**、* 分别代表在 1%、5%和 10%的统计水平上显著。

由表 4 可知，在户主基本特征方面，学历和年龄均对牦牛保险减贫效率形成显著负向影响。学历越高，牦牛保险减贫效率越低，且学历每增加 1 个单位，牦牛保险减贫效率就降低 1.7%。这可能是因为学历越高的人一般会选择从事对知识素养有更高要求的工作，而不太偏向于从事养殖等传统农业领域的工作。在调研中，我们发现一些家庭由于受教育程度较高，除了进行牦牛养殖外，还从事其他工作，如开餐馆、开酒店等，对家中饲养的牦牛疏于照料，导致牦牛养殖的收入占比较低，对牦牛保险的需求较小，从而使得牦牛保险呈现较低的减贫效率。此外，年龄每增加 1 个单位，牦牛保险减贫效率就降低 0.2%。这可能是因为年龄越大，农户在牦牛的养殖和牦牛保险的运用上有一定的劣势，从而降低了牦牛保险减贫效率。

在家庭基本特征方面，家庭劳动力数显著负向影响牦牛保险减贫效率。家中进行牦牛养殖的人数每增加 1 个单位，牦牛保险减贫效率就下降 21.7%。这可能是因为牦牛养殖人数的增多增加了家庭应对牦牛养殖的风险，从而降低了牦牛保险减贫效率。这说明家庭从事牦牛养殖的人数不是越多越好，不能将家庭收入来源完全寄托在牦牛养殖上，应合理分配家庭劳动力。家庭成员可从事不同的工作，以分散风险，实现减贫增收。而家庭保费支出每增加 1 个单位，牦牛保险减贫效率就提高 0.005%，这说明对牦牛保险投入越多，牦牛保险减贫效率就越高。此外，是否为村镇干部这一变量在1%的统计水平上对牦牛保险减贫效率呈现显著负向影响。这可能是因为村镇干部受其政治关系和职位性质的影响，更倾向于通过财政补贴等政府性手段推动减贫，从而使得牦牛保险这类金融减贫工具没有充分发挥减贫增收的效果。

在主观效用评价方面，损失降低效用显著抑制了牦牛保险减贫效率，且其损失降低效用每提高1个单位，牦牛保险减贫效率就会降低3%。这说明当前的牦牛保险虽然在一定程度上起到了减小灾害损失的功效，但是并未发挥减贫作用，仅仅从防范自然风险的角度出发，使牧民实现收入稳定和风险规避，但其贫困境况并未得到显著改善。

五、结论与建议

（一）结论

本文对红原县农业保险精准扶贫绩效进行了深入研究，通过农业保险精准扶贫的微观视角对绩效进行评估，得出以下结论：

第一，牦牛保险减贫效率在总体上处于较低状态，仍需进一步提升。通过调研，我们发现多数参保农户都能从牦牛保险中获益，但是通过实证分析发现，并不是所有农户都能够从牦牛保险中获得最大化的收益。因此，为了使牦牛保险辐射所有的农户，现行的牦牛保险在规模投入等方面还有待改进。

第二，学历、年龄、家庭劳动力数、是否为村镇干部和损失降低效用对牦牛保险减贫效率有显著负向影响，而家庭保费支出能显著提高牦牛保险减贫效率。牦牛保险对以牦牛养殖为主要产业的地区来说，在乡村振兴和减小农户风险方面有着不可或缺的作用，但是其作为一个新型险种仍然有较多需要改进的地方，以提高其减贫效率。

（二）建议

本文从农户角度出发，以微观视角研究牦牛保险减贫绩效，并根据得到的结论提出以下牧民在进行牦牛养殖时的建议：合理分配家庭劳动力，家庭成员可分散从事不同的工作，降低家庭由于养殖牦牛而带来的收入风险；农户应合理评估自身能力，不盲目扩大草场面积和牦牛养殖规模，使草场和资源得到最有效的利用；农户应努力提高自身教育水平，即使实证分析得到受教育程度与牦牛保险减贫效率呈负相关关系的结论，但更高的教育水平对牧民解决在牦牛养殖过程中遇到的问题及促进牧民经济的发展都具有极其重要的作用。

另外，针对政策性牦牛保险，本文提出如下政策建议：

一是提高政策性保险的各险种覆盖率。现阶段，我国的政策性保险的险种太少，我们应当积极鼓励保险公司在政府的积极配合下研发更多可供不同类型人群自主选择的政策性保险。为了防止返贫的出现，我们建议保险公司和政府合作，为农户提供“基础保险+额外保险”的险种，充分分担风险。

二是加强牦牛保险政策的宣传推广。本文对农业保险需求影响因素的分析结果表明，农户对保险的了解程度直接影响其对农业保险的投保需求。为了增强农户的保险意识，对牦牛保险扶贫政策的大力宣传与推广是必不可少的。在这个过程中，地方政府也应积极配合，参与进来，加大牦牛保险的宣传力度，加深农户对牦牛保险政策的了解。

三是健全农业保险立法。我国农业保险的相关法律一直处于缺失状态，农业保险的发展缺乏法律约束及保障。由于农业的弱质性存在，以及保险公司因财力有限而面临较高风险，因此政府更需要建立政策性的农业保险，依靠财政税收优惠和补贴来支持其发展。农业保险的这些现状进一步对农业保险立法提出了要求，政府应逐步建立和完善政策性农业保险制度，立法机关应确立与之相配的法律法规体系，为农业保险的发展提供有效法律保障。

四是构建具有区域特色的农业保险财政补贴制度。藏族聚居区农户在牦牛养殖过程中面临的风险及拥有的家庭财产等方面都存在差异，所以其农业保险补贴政策也应具备差异化特征。财政保费补贴应覆盖所有农户，根据其是否为建档立卡贫困户，面临的不同风险水平、保险赔付率、费用率等予以科学地弹性界定，提供精准到位的风险管理服务，针对不同性质的农户采取分开投保、勘察、定损、理赔等措施，减小农业灾害损失，减少农户的逆向选择，构建更具灵活性的补贴结构。

参考文献：

[1] KARLAN D，DSEI R，OSEIAKOTOI D. Agriculturai decisions after relaxing credit and risk constraints [J]. The Quarterly Journal of Economics，2014，129 (2)：597-652.

[2] S R KHANDKER，G B KOOLWAL. How has microcredit supported agriculture? Evidence using panel data from Bangla-desh [J]. Agricultural Economics，2016，47 (2)：157-168.

[3] 裴光. 农业保险助力乡村振兴 [J]. 中国金融，2020 (13)：66-68.

[4] 周才云，李伟，张毓卿. 精准扶贫视阈下我国农业保险扶贫困境与创新路径 [J]. 广西社会科学，2017 (8)：147-151.

［5］钟甫宁. 从供给侧推动农业保险创新［J］. 农村工作通讯，2016（15）：35.

［6］温庆锋. 保险业构筑贫困地区精准扶贫风险保障网络分析［J］. 现代国企研究，2017（8）：151.

［7］冯文丽，苏晓鹏. 农业保险助推乡村振兴战略实施的制度约束与改革［J］. 农业经济问题，2020（4）：82-88.

［8］粟芳，方蕾. 中国农村金融排斥的区域差异：供给不足还是需求不足：银行、保险和互联网金融的比较分析［J］. 管理世界，2016（9）：70-83.

［9］黄薇. 保险政策与中国式减贫：经验、困局与路径优化［J］. 管理世界，2019（1）：135-150.

［10］张伟，黄颖，谭莹，等. 灾害冲击下贫困地区农村金融精准扶贫的政策选择：农业信贷还是农业保险［J］. 保险研究，2020（1）：21-35.

［11］郑军，王仲秋. 农业保险补贴的精准扶贫效应：一个文献综述［J］. 长春理工大学学报（社会科学版），2017（6）：103-107.

［12］李文瑶，姜雨飞. 保险和期货融合模式的探讨［J］. 经贸实践，2017（17）：87.

市场竞争对农村商业银行经营绩效的影响研究

——基于中间业务的路径检验

王文莉　冯聪　张琦

（西安理工大学）

一、引言

2006年年底，银监会调整放宽了农村地区银行业金融机构的准入政策，随后国有商业银行、股份制银行等迅速地在县域布局网点。伴随着利率市场化的加快推进，中国银行业的净息差不断缩小，县域银行的业务竞争日趋激烈，迫使农村商业银行开始进行业务转型，大部分农村商业银行选择通过扩张中间业务来增加非利息收入，以弥补利息收入减少带来的损失。然而，经济发展水平不同的地区，其农村商业银行的中间业务发展水平差距较大，对经营绩效的影响效果可能也不同。因此，基于扩大开放的农村金融市场背景，农村金融市场竞争的加剧是否有利于农村商业银行经营绩效的提升？农村金融市场的竞争程度是否会通过影响农村商业银行的中间业务发展水平进一步影响其经营绩效，其具体的作用路径是什么？对于经济发展水平不同的地区的农村商业银行，其中间业务产生的中介效应是否存在差异？这些问题都值得进一步探讨研究，这对农村商业银行合理选择中间业务规模，加强中间业务品种研发，合理控制中间业务风险，进而确保绩效目标的实现具有重要的理论和现实意义。

现有文献主要围绕市场竞争与商业银行经营绩效之间的直接关系进行研究，主要有三种不同的实证结论。大部分学者通过实证发现市场竞争对银行业的绩效提升具有促进作用；也有学者通过研究发现总体上我国银行业市场竞争度的提升降低了银行收益和银行效率；少数学者通过研究发现市场集中度与银行绩效之间不存在显著相关性。

农村商业银行相关领域的研究主要集中于市场竞争对银行经营绩效的直接影响效果，缺少市场竞争对农村商业银行经营绩效影响的作用路径的实证研究。基于此，本文选择农村商业银行作为研究对象，将全国48家农村商业银行作为样本，探析市场竞争通过中间业务发展水平对农村商业银行经营绩效产生影响的作用路径。

相较于已有文献，本文的创新点主要体现在以下两个方面：第一，本文利用中介效应模型分析市场竞争对农村商业银行经营绩效产生影响的作用路径，首次验证了市场竞争对农村商业银行经营绩效影响的传导路径；第二，本文按国内生产总值（GDP）将农村商业银行所处地区分为发达地区和欠发达地区，分析了市场竞争对农村商业银行经营绩效的影响及中间业务发展水平的中介效应可能存在的异质性，丰富了已有研究的内容。

二、文献回顾

（一）市场竞争与银行绩效的关系

1. 关于市场竞争与银行绩效的关系的理论解释

市场竞争与银行绩效的关系主要有两种理论解释：一种是结构-行为-绩效假说（SCP），另一种是效率-结构假说（ESH）。

结构-行为-绩效假说（SCP），提出在集中度高的市场中，银行能够通过降低存款利率和提高贷款利率来获取垄断租金。这种观点认为，银行对市场结构的衡量，包括对市场集中度的衡量，而市场集中度是衡量银行竞争强度的指标。市场竞争的强度会影响金融服务的价格，进而影响银行的利润（绩效）。银行的市场集中度越高，金融服务的价格就越高，银行的利润也就越高，反垄断有利于整个社会。

效率-结构假说（ESH）的因果关系恰好与SCP的理论解释相反。ESH认为，有效率的银行有能力获得更多的利润，有实力扩大规模和提升市场份额，导致市场份额持续增长或市场集中度进一步提高，禁止银行之间兼并使整个社会为之付出成本。

2. 关于市场竞争与银行绩效的关系的实证分析

国内外学者关于市场竞争与银行绩效的关系的实证分析结论不一致，相关研究主要有三种观点。国外学者莫德斯（Maudos）等基于欧盟10个银行1993—1996年的数据，实证发现市场集中度对银行业提升绩效具有促进作用。斯莫劳克（Smirlock）基于美国银行业市场的有关数据，实证发现银行业的市场集中度与银行绩效无显著关系。赵旭等基于中国银行业1994—1998年的数据，从市场份额和市场集中度层面入手，发现市场份额的提升对利润率的提高有积极作用，而市场集中度对利润率的提高作用不显著。

3. 关于市场竞争对农村商业银行绩效影响的相关研究

已有文献中，关于市场竞争对农村商业银行绩效影响的研究结论不一。多数学者发现农村金融的健康长远发展依赖多元化的竞争格局和良好的市场环境，支持竞争可以激励金融机构经营管理水平提升的观点。黄惠春等以中国江苏省农村信用社为研究对象，发现垄断的市场结构及较高的经营效率可以提高其绩效水平。但也有学者研究发现银行业的市场竞争对农村商业银行的绩效有显著的负向影响，即银行业的市场竞争越激烈，农村商业银行的绩效越低。

（二）中间业务与商业银行绩效的关系

对于中间业务与商业银行绩效关系的研究，国内外的研究结论主要有以下两种观点：

一种观点认为，开展中间业务可以提高商业银行的非利息收入占比，对商业银行的绩效产生显著正效应。奇奥拉佐（Chiorazzo）等基于意大利商业银行的样本数据，分析得出增加商业银行非利息收入可以减小风险，有效提高商业银行的经营绩效。陈一洪采用静态面板数据模型，研究国内 23 家城市商业银行，认为国内城市商业银行可以采取多元化经营策略，带动整体盈利水平的提高。

另一种观点认为，开展中间业务不一定会提高商业银行的收入，由于中间业务的收入波动性较大，风险较高，因此可能会对商业银行的盈利产生不利的影响。有学者（Stiroh）通过分析美国银行控股公司非利息收入的相关数据，发现非利息收入的提高降低了银行的净资产收益率，使得银行面临更大的收入波动和风险。2006 年，Stiroh 通过对比利润变异系数，进一步发现多元化经营能够给银行增加一定的收入，但由于中间业务产生的非利息收入低于存贷业务产生的利息收入，而其风险远高于存贷业务，因此优势抵消。娄迎春通过分析国内 12 家商业银行的经营数据，发现非利息收入的增加并没有显著提高商业银行的盈利水平，反而造成费用成本的增加，降低了银行利润。郜越越等通过分析国内 90 家中小银行的经营数据，发现当中间业务收入超过一定水平时，可能会降低银行绩效。

（三）关于市场竞争、中间业务与银行绩效三者之间关系的研究

对于市场竞争、中间业务与银行绩效三者关系的研究，申创等借助高斯混合模型（GMM）动态面板广义矩阵估计的研究方法，发现我国银行业的市场竞争程度负向影响其利润水平。基于目前的竞争环境，非利息收入可以提高银行利润。银行的竞争存在一定的调节作用，即竞争越激烈，非利息收入对银行

收益的边际效应的影响就越小。杨扬等使用门槛模型，将利率市场化作为关键变量，将非利息收入作为门槛变量，研究分析上市银行的经营情况，在利率市场化的背景下，非利息收入的变化与银行绩效之间存在阈值转换效应，并且转换效应因银行类型的差异而有所区别。

总体而言，已有研究主要存在三点不足：一是国内外学者关于市场竞争与银行绩效的研究不够全面。已有研究主要针对市场竞争与银行绩效之间的直接关系展开，未深入考虑市场竞争对农村商业银行绩效的具体影响机制及路径；二是已有研究大多数分别研究了市场竞争、中间业务水平与银行绩效的关系，较少把这三者联系起来并进行研究，未有学者考虑中间业务在市场竞争对其绩效的影响中可能产生的中介效应；三是较少有研究将样本按照所处地区经济发展水平的不同进行分类，忽略了经济发展水平不同地区的农村商业银行间可能存在异质性。

三、机制分析与假设

（一）市场竞争与农村商业银行经营绩效

农村金融机构在选择贷款对象（涉农贷款或非农贷款）时，会因市场环境的变化而做出不同的决策。以农村商业银行为例，其所在的市场如果竞争激烈，那么贷款对象的选择将受约束，竞争激烈的贷款市场将促使农村商业银行增加其对农户市场的贷款数额。同时，农村商业银行自身的产品定价权，如贷款利率及贷款条件也受市场竞争程度的影响。竞争激烈使得其贷款定价权被削弱；反之对于垄断市场，金融机构通过自身强大的市场势力及操纵力，能够拥有较高的垄断利润。金融机构应对环境变化的创新行为也会有所不同。市场竞争越激烈，金融机构为了增强竞争力与提高经营绩效水平，可以借助开展多元化业务、企业兼并等诸多方式提升自身经营能力。但在垄断性的市场中，金融机构不仅组织形式较为单一，还欠缺改革的动力。市场竞争影响农村商业银行经营绩效的作用机制如图 1 所示。

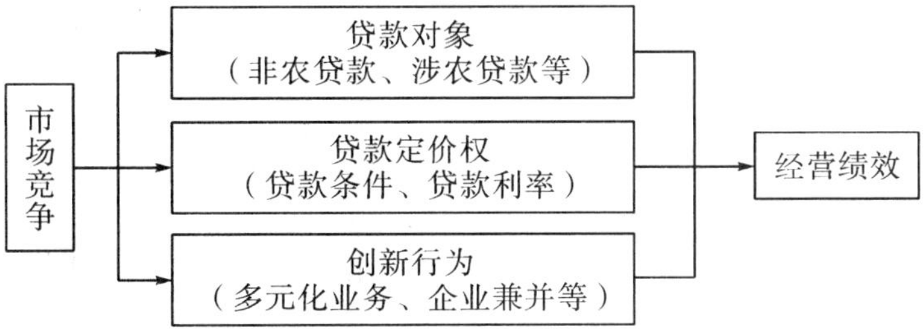

图 1　市场竞争影响农村商业银行经营绩效的作用机制

相较于城区有政府的监管，我国的农村金融市场则更为复杂。一方面，不同地区的经济发展水平的差异会对农村金融市场造成影响；另一方面，由于一些历史及环境因素，农村商业银行依靠其特有的区位优势，凭借垄断地位，能够调整存贷利率，扩大存贷利差，实现超额收益目标，因此市场竞争的加剧可能会动摇农村商业银行的垄断地位，从而对其传统利差业务产生一定的挤出效应，使其难以通过市场势力获得较高的超额利润，导致经营绩效水平有所下降。在竞争度较高的情况下，农村商业银行会缺乏动力去开展关系型贷款业务，“信息租金”的缺失可能造成其经营绩效水平的下降。此外，地处不同经济发展水平地区的农村商业银行，其面临的环境及自身的改制情况存在较大差异，在日益激烈的竞争环境下，其难以依靠自身经营管理能力应对当前的环境压力。因此，市场竞争的加剧很可能降低农村商业银行当前的经营绩效。因此，本文提出假设 1 和假设 2。

假设 1：在发达地区，市场竞争加剧会降低农村商业银行的经营绩效。

假设 2：在欠发达地区，市场竞争加剧会降低农村商业银行的经营绩效。

（二）市场竞争与农村商业银行中间业务水平

阮等（Nguyen et al.）认为基于市场竞争带来的机遇和压力，为了拓展自身的业务规模，形成市场势力，银行有更强劲的动力来开展多元化的业务，进而实现更多收益。许坤基于我国 112 家商业银行的非平衡面板数据，研究得出如果银行的垄断地位越突出，则其市场势力越强大，市场竞争度就会更低，那么银行利用手续费及佣金业务来弥补利息业务损失的动力会减小。申创等的研究指出，激烈的竞争能够提高商业银行的非利息收入占比。此外，相较于大型的银行，中小型银行对市场竞争度的变化更为敏感，其将更加主动、积极地扩大非利息收入业务的规模和范围。因此，对于中国金融市场，市场竞争的加剧对银行中间业务水平的提升有积极影响。在市场化的背景下，银行业的竞争格局逐渐显现，随着资本市场的迅速扩张，农村商业银行中间业务水平已呈现迅速提高的态势。因此，本文提出假设 3 和假设 4。

假设 3：在发达地区，市场竞争加剧可以提高农村商业银行中间业务水平。

假设 4：在欠发达地区，市场竞争加剧可以提高农村商业银行中间业务水平。

市场竞争影响农村商业银行中间业务水平的作用机制如图 2 所示。

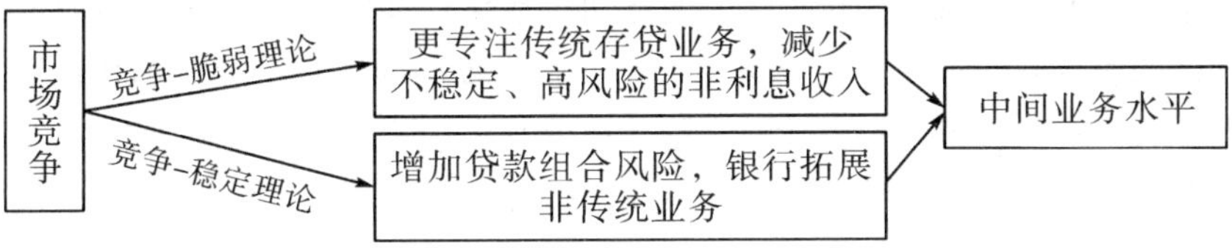

图 2　市场竞争影响农村商业银行中间业务水平的作用机制

（三）中间业务水平与农村商业银行经营绩效

在金融创新理论中，交易成本理论认为追求高额的收益是金融机构尤其是农村商业银行的商业化经营目标，这便激励金融机构积极开展金融创新。通过创新，具有较低交易成本的农村商业银行，可以获得更高的利润。诸多研究也证实了上述的理论观点。约束诱导理论认为，过度严格的内部控制和外部监管，会迫使农村商业银行依靠金融创新探索新的经营模式，从而提高经营绩效。因此，中间业务成为各大农村商业银行进行金融创新，进而突破束缚的一种新的选择。范围经济理论也认为对于银行业来说，多样化的业务和产品能够降低其费用成本，使得农村商业银行的边际成本下降或提高其边际收入水平。

中间业务水平影响农村商业银行经营绩效的作用机制如图 3 所示。

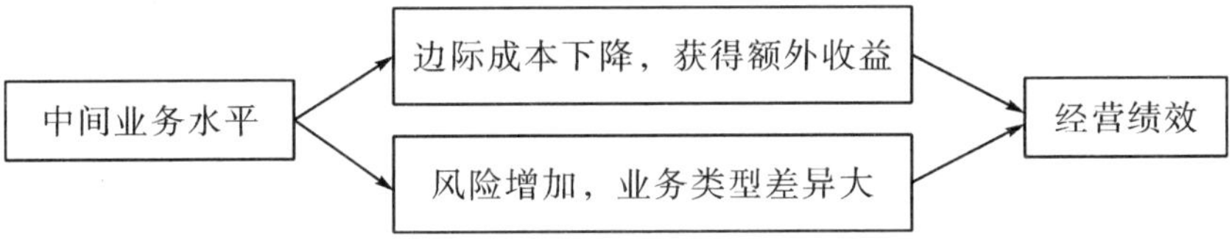

图 3　中间业务水平影响农村商业银行经营绩效的作用机制

对于农村商业银行而言，适度的开展中间业务可以使农村商业银行在激烈的竞争环境中，寻找适合自身经营的新的盈利增长模式和机会，减小当前被动不利经营的影响。然而，过度扩大中间业务规模，反而会影响其拥有自身优势的传统存贷业务。同时，在发展初期，农村商业银行由于依然存在缺乏中间业务管理经验的情况，会进一步加大管理风险的难度，阻碍其经营发展。除此之外，虽然中间业务所产生的非利息收入有利于农村商业银行分散业务经营风险，但是较大的收入波动反而会抵消其积极作用。持续增加的非利息收入的边际收益也会开始减小，最终导致边际收益低于边际成本的情况，从而降低农村商业银行绩效水平。此外，由于农村商业银行的地域经济条件及客户对象资源等诸多方面都存在较大的差异和鲜明的特色，其中间业务的种类和数量也不同。经济发展水平较高的地区，中间业务多以投资交易类为主，农村商业银行可能由于开展更高风险的投资交易业务而导致绩效水平下降。相反，地处欠发达地区的农村商业银行，可能更易于开展风险较小的银行卡业务和代理业务，进而扩大存贷款规模，提升绩效水平。地处较发达地区的农村商业银行，其中间业务水平相对较高，因此随着非利息收入的不断增加，其绩效水平可能降低。因此，本文提出假设5和假设6。

假设5：在较发达地区，农村商业银行中间业务占比的提高会降低其经营绩效水平。

假设6：在欠发达地区，农村商业银行中间业务占比的提高会提升其经营绩效水平。

（四）中间业务水平对市场竞争与农村商业银行经营绩效关系的中介效应

对银行业来说，市场竞争的加剧会促使其寻求新的经营模式，在已有的规模优势的基础之上不断提高经营绩效水平，同时被迫寻找新的利润增长方式和机会，通过开展中间业务抵御市场环境变化所带来的不利影响。近年来，外资银行的进入、利率市场化、互联网金融的发展、民营银行和村镇银行的建设等多项改革使中国农村金融竞争环境发生了巨大的变化。在市场竞争加剧的同时，农村商业银行中间业务同样出现了巨大的改变，传统的银行存贷业务开始受到冲击，寻求新的发展模式刻不容缓。这也迫使农村商业银行纷纷开设新的业务类型，扩大业务范围，进而提高当前的经营绩效。基于前文的理论分析，笔者提出假设7和假设8。

假设7：在发达地区，中间业务水平在市场竞争对农村商业银行经营绩效的影响中存在中介效应。

假设8：在欠发达地区，中间业务水平在市场竞争对农村商业银行经营绩效的影响中存在中介效应。

市场竞争通过中间业务水平影响农村商业银行经营绩效的作用机制如图4所示。

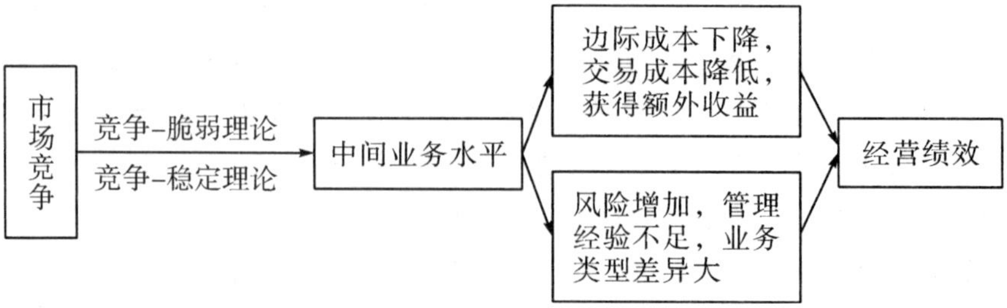

图4　市场竞争通过中间业务水平影响农村商业银行经营绩效的作用机制

四、研究设计与描述性统计

（一）样本选取与数据来源

本文通过手工搜集2012—2018年的中国48家农村商业银行年报披露的有效数据，结合2012—2018年中国及各省（自治区、直辖市）的统计年鉴，以及中国人民银行统计年鉴，共获取336个样本，剔除两个异常数据，共得到334组有效数据，基于地区经济发展情况对样本进行分类研究。数据分析借助excel软件，统计分析借助stata15.0软件和spss 24.0软件。

（二）变量选择

1. 被解释变量

被解释变量选取农村商业银行经营绩效。在市场竞争程度的衡量方面，度量方法主要有结构法与非结构法两种。基于农村商业银行数据的可得性及非结构法的准确性，本文选择经效率调整的勒纳（Lerner）指数来度量市场竞争程度，借助stata15.0软件完成分析。经效率调整的Lerner指数区间是［0，1］，结果为1说明市场处于完全垄断的状态，结果为0则说明市场处于完全竞争的状态，因此Lerner指数与市场竞争程度呈反向关系。

2. 解释变量

解释变量选取市场竞争程度。对农村商业银行来说，经营绩效作为一个综合评价指标，是对农村商业银行一段时间内的经营成果的综合评估。基于此，结合农村商业银行自身的特征，本文采用因子分析法，选用盈利性、流动性、安全性、成长性及服务“三农”水平五大维度的相关指标（具体指标选取见表1），综合评价农村商业银行的经营绩效。利用2012—2018年的全国48家农村商业银行的样本数据进行评价，使用spss 24.0软件来处理数据，得到农村商业银行的经营绩效。

表1　指标体系构建

一级指标	二级指标	指标类型
盈利性指标	资产收益率	正向指标
	每股收益	正向指标
	成本收入比	负向指标

表1(续)

一级指标	二级指标	指标类型
流动性指标	资产负债率	适度指标
	存贷比	适度指标
	流动性比率	适度指标
	现金资产比率	适度指标
安全性指标	拨备覆盖率	正向指标
	不良贷款率	负向指标
	资本充足率	适度指标
成长性指标	存款增长率	正向指标
	总资产增长率	正向指标
	净利润增长率	正向指标
服务“三农”水平指标	涉农贷款占比	正向指标

3. 中介变量

本文的中介变量选用农村商业银行中间业务水平。农村商业银行中间业务是指农村商业银行经营的中间业务和非传统信贷业务，这些业务可以为银行带来非利息收入，主要涵盖银行卡业务、代理业务、结算业务及投资交易业务等。而对于农村商业银行来说，中间业务水平主要可以通过非利息收入的占比（NIIr）情况来反映，因此本文使用非利息收入占比表示中介变量。

4. 控制变量

对影响农村商业银行经营绩效的因素来说，它不仅受市场竞争这个方面的影响，还受到其他银行自身的特征和宏观经济水平的影响。因此，本文的控制变量主要选择农村商业银行的权益资产比、资本充足率、货币供给增速、所在地 GDP 水平。具体变量定义如表 2 所示。

表 2　变量定义

类型	名称	符号	具体定义
被解释变量	银行经营绩效	Perf	因子分析法计算的综合得分
解释变量	市场竞争程度	Elerner	经效率调整的 Lerner
中介变量	中间业务水平	NIIr	非利息收入占营业收入的比重

表2(续)

类型	名称	符号	具体定义
控制变量	权益资产比	EA	年末所有者权益占年末总资产的比重
	资本充足率	CAR	资本净值占表内外风险加权资产期末总值的比重
	货币供给增速	M2	M2 增速
	所在地 GDP 水平	LNGDP	当地国民生产总值的对数

(三) 模型构建

本文基于前文的理论分析，以农村商业银行为研究对象，构建模型 1：检验市场竞争对农村商业银行经营绩效的直接影响和作用；构建模型 2：检验市场竞争对中间业务水平的直接作用；构建模型 3：检验中间业务水平对农村商业银行经营绩效的作用；将中间业务水平这一变量引入模型 1 中，建立模型 4：检验中间业务水平的中介效应。

模型 1：$perf = \alpha_0 + \alpha_1 Elerner + \alpha_2 control + \varepsilon$

模型 2：$NIIr = \alpha_0 + \alpha_1 Elerner + \alpha_2 control + \varepsilon$

模型 3：$perf = \alpha_0 + \alpha_1 NIIr + \alpha_2 control + \varepsilon$

模型 4：$perf = \alpha_0 + \alpha_1 Elerner + \alpha_2 NIIr + \alpha_3 control + \varepsilon$

其中，Elerner 为解释变量，表示农村商业银行的市场竞争度；NIIr 为中介变量，衡量中间业务水平；control 是控制变量。α_0 为截距，α_1、α_2、α_3 为各变量的系数。实证中，本文通过使用索贝尔（Sobel）方法检验中间业务水平在市场竞争和农村商业银行经营绩效间的中介作用。

五、实证结果分析

(一) 描述性统计分析

通过 stata15.0 软件对变量进行处理后，本文得到市场竞争、中间业务水平、经营绩效和控制变量等变量的描述性统计结果（见表 3）。

表 3　变量的描述性统计

				$N=334$，$n=48$，$T=7$
变量	平均值	标准差	最小值	最大值
perf	1.116 175	0.580 647 2	0.194 048 2	5.060 21
Elerner	0.319 802	0.071 697 8	0.101 993	0.560 827 4
NIIr	0.201 495 6	0.168 240 8	0.002 814 7	0.829 631 3
EA	0.080 884 3	0.020 767 4	0.006 873 7	0.175 257 7
CAR	0.142 810 4	0.024 233 7	0.102	0.270 7
M2	0.114 904 2	0.022 868 5	0.081	0.138
LNGDP	8.727 062	0.875 157 3	6.051 854	10.394 52

被解释变量经营绩效（perf）的平均值为 1.116 175，最大值为 5.060 21，最小值为 0.194 048 2，两者差异较大，且标准差为 0.580 647 2，反映出不同地区农村商业银行的经营绩效差异很大。

解释变量市场竞争（Elerner）的平均值为 0.319 802，最大值为 0.560 827 4，最小值为 0.101 993，两者差异较大，但标准差为 0.071 697 8，反映出农村商业银行的竞争程度虽然极端值差异较大，但标准差差异不大。

中介变量银行非利息收入占比（NIIr）的平均值是 0.201 495 6，最大值为 0.829 631 3，最小值为 0.002 814 7，标准差为 0.168 240 8，反映出农村商业银行中间业务水平各异。不同地区不同时期的农村商业银行中间业务水平有较大差距。

在控制变量中，权益资产比（EA）的平均值为 0.080 884 3，标准差为 0.020 767 4，差异不大，整体情况较好。资本充足率（CAR）的平均值是 0.142 810 4，标准差为 0.024 233 7，反映出农村商业银行的资本充足率在整体上差异不大，水平较高。货币供给增速（M2）的平均值为 0.114 942，最大值为 0.138，最小值为 0.081，标准差为 0.022 868 5，整体来看增速较为平稳。地方经济发展水平（LNGDP）的平均值为 8.727 062，标准差为 0.875 157 3，说明各个地区的经济发展水平也存在显著差距。

（二）相关性分析

在实证分析中，对模型所需的变量进行相关性分析是必要的，用于判断各变量之间多重共线性问题的严重程度。结果如表 4 所示。

表 4　变量的皮尔逊（Pearson）相关系数检验

	perf	Elerner	NIIr	EA	CAR	M2	LNGDP
perf	1						
Elerner	0.456***	1					
NIIr	−0.078	−0.218**	1				
EA	0.193**	0.259**	−0.043	1			
CAR	−0.011	0.039	−0.051	0.006	1		
M2	0.263**	0.304**	−0.218**	0.063	−0.079	1	
LNGDP	−0.212**	−0.007	−0.181**	−0.262**	0.057	−0.160**	1

注：***、**、*分别表示在1%、5%、10%的统计水平上显著。

从表4的结果可知，各解释变量间的Pearson系数都保持在0.5以下。因此，本文所需的变量之间并没有严重的多重共线性问题。

（三）回归模型选择

检验多元回归前，应当首先明确需要使用何种回归模型。本文首先借助*F*检验对选择个体效应回归模型还是选择混合效应回归模型进行初步判断，然后以豪斯曼（Hausman）检验进一步判定采用个体固定效应模型还是个体随机效应模型。检验结果如表5、表6、表7所示。

表 5　全样本 *F* 检验：模型 1~模型 4

F 检验	自由度	*F* 统计值	*P* 值
模型 1	(47，281)	3.98	0
模型 2	(47，281)	4.15	0
模型 3	(47，281)	4.02	0
模型 4	(47，280)	4.11	0

表 6　发达地区样本 *F* 检验：模型 1~模型 4

F 检验	自由度	*F* 统计值	*P* 值
模型 1	(29，175)	3.11	0
模型 2	(29，175)	6.06	0
模型 3	(29，175)	3.26	0
模型 4	(29，174)	3.09	0

表 7　欠发达地区样本 F 检验：模型 1~模型 4

F 检验	自由度	F 统计值	P 值
模型 1	（17，101）	4.57	0
模型 2	（17，101）	1.71	0.052
模型 3	（17，101）	5.16	0
模型 4	（17，100）	4.88	0

从表 7 中可以看出，所有模型的 F 检验的 P 值小于 0.1，因此都拒绝原假设，所有模型都应当使用个体效应模型。

本文对模型进行 Hausman 检验，进而判定应当使用个体固定效应模型还是个体随机效应模型。检验结果如表 8、表 9、表 10 所示。

表 8　全样本 Hausman 检验：模型 1~模型 4

Hausman 检验	Chi2①（n）	P 值
模型 1：Chi2（5）	16.10	0.006 6
模型 2：Chi2（6）	9.31	0.097 5
模型 3：Chi2（5）	18.19	0.002 7
模型 4：Chi2（6）	19.27	0.003 7

表 9　发达地区样本 Hausman 检验：模型 1~模型 4

Hausman 检验	Chi2（n）	P 值
模型 1：Chi2（5）	13.55	0.018 7
模型 2：Chi2（6）	8.30	0.140 7
模型 3：Chi2（5）	15.88	0.020 9
模型 4：Chi2（6）	13.40	0.037 1

表 10　欠发达地区样本 Hausman 检验：模型 1~模型 4

Hausman 检验	Chi2（n）	P 值
模型 1：Chi2（5）	8.13	0.149 4
模型 2：Chi2（6）	2.85	0.722 9

① Chi2 表示卡方统计量，下同。

表10(续)

Hausman 检验	Chi2 (n)	P 值
模型 3：Chi2 (5)	10.33	0.066 4
模型 4：Chi2 (6)	1.12	0.980 7

由表 8、表 9、表 10 中的 Hausman 检验的结果可以得出，全样本和发达地区样本的模型 2 及欠发达地区样本的模型 1、2、4 使用个体随机效应模型，其余的模型应使用个体固定效应模型。

（四）回归结果分析

1. 市场竞争影响农村商业银行经营绩效的实证检验

基于前文的假设与模型，本节首先对解释变量市场竞争与被解释变量农村商业银行经营绩效的关系进行检验，结果如表 11 所示。

表 11　市场竞争影响农村商业银行经营绩效的实证检验结果

模型 1：被解释变量农村商业银行经营绩效（perf）			
变量名称	全样本	发达地区	欠发达地区
Elerner	3.565*** (4.78)	3.562*** (14.97)	3.233** (2.59)
EA	−0.959 (−0.39)	−6.402*** (−6.92)	−0.012 (0.00)
CAR	11.056*** (14.41)	9.434*** (13.65)	12.304*** (4.86)
M2	−2.978*** (−5.65)	−2.688 (−1.54)	2.606* (1.98)
LNGDP	−0.898*** (−5.04)	−0.698** (−2.77)	−0.300 (−1.36)
F 值/Wald chi2 (n)	17 175.26	5 063.24	76 588.41
R-sq	0.522 6	0.525 9	0.474 7
Observations	334	210	124

注：***、**、* 分别表示在 1%、5%、10%的统计水平上显著。

从整体样本来看，解释变量 ELerner 指数与农村商业银行经营绩效（perf）在 1%的统计水平上显著正相关，说明市场竞争越激烈反而越会降低农村商业银行经营绩效。控制变量中，权益资产比（EA）负向影响被解释变量，即农村商业银行权益资产比越高会使银行经营绩效越低，但是作用效果不显著。资本充足率（CAR）与农村商业银行经营绩效（perf）在1%的统计水平上显著正相关，说明资本充足率的提高会提升农村商业银行经营绩效。货币供给增长速度（M2）与农村商业银行经营绩效（perf）在1%的统计水平上显著负相关，说明货币供给增长速度越快，农村商业银行经营绩效越低。地方经济发展水平（LNGDP）在5%的统计水平上负向影响农村商业银行经营绩效，即地方经济发展水平的提升会降低农村商业银行经营绩效。

从分类样本来看，本文进一步研究了不同经济发展水平地区的市场竞争对农村商业银行经营绩效的影响情况。本文按照所在地国民生产总值（GDP）的水平，将样本区分为较发达地区农村商业银行和欠发达地区农村商业银行。对于较发达地区农村商业银行和欠发达地区农村商业银行，ELerner指数与经营绩效（perf）分别在1%和5%的统计水平上显著正相关，说明无论是在发达地区还是在欠发达地区，市场竞争程度的提高都会降低农村商业银行经营绩效。此外，较发达地区和欠发达地区的Elerner指数的估计系数分别为3.562、3.233，较发达地区的Elerner指数的估计系数大于欠发达地区，可以得出在市场竞争程度提高的过程中，较发达地区的农村商业银行经营绩效水平受到的影响较大，欠发达地区的农村商业银行经营绩效所受冲击相对较小，这验证了假设1和假设2。

2. 市场竞争影响中间业务水平的实证检验

市场竞争影响中间业务水平的实证检验结果如表12所示。

表12　市场竞争影响中间业务水平的实证检验结果

模型2：被解释变量中间业务水平（NIIr）			
变量名称	全样本	发达地区	欠发达地区
Elerner	−0.379*** (−3.17)	−.750*** (−4.86)	−0.044 (−0.62)
EA	0.558 (1.52)	0.873 (1.03)	0.053 (0.05)
CAR	−1.000** (−5.07)	−1.734*** (−6.62)	−0.635 (−1.06)
M2	−1.482*** (−6.50)	−1.879*** (−8.60)	−1.433*** (−7.31)

表12(续)

模型 2：被解释变量中间业务水平（NIIr）			
变量名称	全样本	发达地区	欠发达地区
LNGDP	−0.040*** (−5.84)	−0.079 (−1.25)	−0.062 (−1.68)
F 值/Wald chi2（n）	3 310.23	833.02	979.5
R-sq	0.112 3	0.147 2	0.103 3
Observations	334	210	124

注：***、**、* 分别表示在 1%、5%、10%的统计水平上显著。

对于整体样本、发达地区样本，解释变量 Elerner 指数在 1%的统计水平上与农村商业银行中间业务水平（NIIr）显著负相关，这说明市场竞争程度越高，农村商业银行中间业务占比越大，中间业务水平较高，市场竞争加剧可以提高农村商业银行中间业务水平，验证了假设 3。在控制变量中，权益资产比（EA）正向影响农村商业银行中间业务水平，即权益资产比越高，农村商业银行中间业务水平越高，但作用效果不显著。在全样本和发达地区样本中，资本充足率（CAR）分别在 5%、1%的统计水平上显著负向影响农村商业银行中间业务水平，这说明资本充足率越高，中间业务水平越低。在所有样本中，货币供给增长速度（M2）在 1%的统计水平上与农村商业银行中间业务水平（NIIr）显著负相关，这说明较快的货币供给增长速度会显著降低农村商业银行中间业务水平。对于全样本的农村商业银行，地方经济发展水平（LNGDP）在 1%的统计水平上负向影响农村商业银行经营绩效，即在全样本中，地方经济发展水平的提升会降低农村商业银行中间业务水平。

而对于欠发达地区样本，解释变量 Elerner 指数与农村商业银行中间业务水平（NIIr）负相关，这说明市场竞争加剧可以提高农村商业银行中间业务水平，但效果不显著，结论不能验证假设 4。

3. 中间业务水平影响农村商业银行经营绩效的实证检验

本文进一步检验农村商业银行中间业务水平对其经营绩效的影响。本文将中间业务水平、权益资产比、资本充足率、货币供给增速及地区经济发展水平指标引入模型 3，对农村商业银行经营绩效进行回归分析。结果如表 13 所示。

表 13　中间业务水平影响农村商业银行经营绩效的实证检验结果

模型 3：被解释变量农村商业银行经营绩效（perf）			
变量名称	全样本	发达地区	欠发达地区
NIIr	0.186* (2.61)	−0.204** (−2.48)	0.563*** (4.67)
EA	0.202 (0.09)	−5.088*** (−6.3)	3.155 (1.01)
CAR	12.708*** (22.47)	9.772*** (8.41)	13.481*** (14.86)
M2	−0.503 (−0.23)	−1.881 (−0.55)	0.174 (0.10)
LNGDP	−1.069* (−3.47)	−0.835 (−1.85)	−1.718*** (−4.38)
F 值/Wald chi2（*n*）	514.41	467.97	18 277.11
R−sq	0.431 6	0.401 2	0.530 0
Observations	334	210	124

注：***、**、* 分别表示在 1%、5%、10%的统计水平上显著。

从整体样本来看，解释变量中间业务水平（NIIr）对农村商业银行经营绩效（perf）在 10%的统计水平上显著正相关，这说明中间业务水平的提升会使得农村商业银行经营绩效得到提高。从分类样本来看，对于较发达地区的农村商业银行，中间业务水平（NIIr）在 5%的统计水平上与农村商业银行的经营绩效（perf）显著负相关，这说明中间业务占比越高，则中间业务水平越高，较发达地区的农村商业银行经营绩效越差，假设 5 成立。在控制变量中，权益资产比（EA）在 1%的统计水平上与经营绩效显著负相关，这说明权益资产比的提高降低了农村商业银行经营绩效。资本充足率（CAR）则在 1%的统计水平上与农村商业银行经营绩效正相关，这说明农村商业银行资本充足率指标数值越高，经营绩效水平越高。对欠发达地区的农村商业银行来说，中间业务水平（NIIr）在 1%的统计水平上与农村商业银行经营绩效（perf）显著正相关，这说明中间业务占比越高，则中间业务水平越高，可以有效提升欠发达地区的农村商业银行经营绩效，即假设 6 成立。在控制变量中，资本充足率（CAR）在 1%的统计水平上与农村商业银行经营绩效正相关，这说明农村商业银行资本充足率指标数值越高，则经营绩效水平越高。地区经济发展水平（LNGDP）在 1%的统计水平上与农村商业银行经营绩效负相关，这说明地区经济发展水平的提升反而降低了农村商业银行经营绩效。

4. 中间业务水平对市场竞争与农村商业银行经营绩效关系的中介检验

从前面的检验结果来看，假设 1 至假设 3 均成立，假设 4 未得到验证。本文将市场竞争和中间业务水平放在一个模型中，得到模型 4，检验了解释变量市场竞争对被解释变量农村商业银行经营绩效的影响作用，并对市场竞争是否会间接通过中间业务水平对农村商业银行经营绩效产生影响进行分析。

对于检验模型中的中介变量，本文基于温忠麟等的研究说明并使用建议的 Sobel 中介效应检验方式，进一步检验作为中介变量的农村商业银行中间业务水平。假设 X 表示自变量，Y 表示因变量，考虑存在一个中间变量 M。如果自变量 X 借助对中间变量 M 的作用而进一步去作用因变量 Y，那么这个中间变量 M 就被称作中介变量。其原理如图 5 所示。

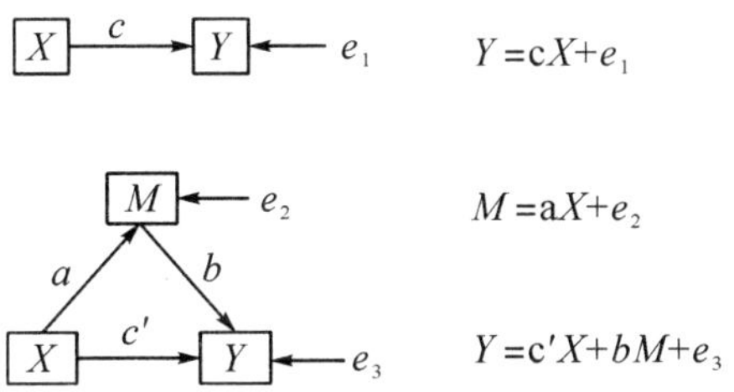

图 5　中介变量原理

图 5 中，a、b、c、c' 分别为上述三个方程各自对应的回归系数；e_1、e_2、e_3 则为各个回归方程中的随机误差项。检验中介作用的前提是因变量 Y 和自变量 X 显著相关。在此基础上才可以检验 M 的中介效应。本文对农村商业银行中间业务水平的中介效应进行检验。检验过程如图 6 所示。

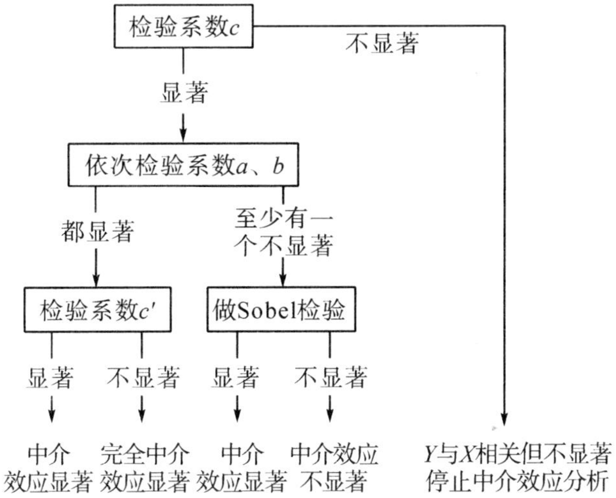

图 6　中介效应检验过程

前述实证回归检验的结果显示，无论是全样本的农村商业银行，还是较发达地区、欠发达地区的农村商业银行，市场竞争度的提高都会显著降低农村商业银行经营绩效水平，即 c 是显著的；对于全样本和发达地区的农村商业银行，市场竞争度的提高会提升农村商业银行中间业务水平，即 a 是显著的。欠发达地区的农村商业银行的市场竞争程度与中间业务水平的关系不显著，即 a 不显著。那么，接下来需要验证系数 c' 和 b。因此，本文依据模型 4 进行进一步的回归分析，实证结果如表 14 所示。

表 14　中间业务水平影响市场竞争与农村商业银行经营绩效的实证结果

模型 4：被解释变量农村商业银行经营绩效（perf）			
变量名称	全样本	发达地区	欠发达地区
Elerner	3.688*** (4.83)	3.607*** (14.57)	3.299** (2.57)
NIIr	0.334*** (4.45)	0.053 (1.18)	0.490** (2.59)
EA	−1.206 (−0.50)	−6.450*** (−6.90)	−0.097 (−0.03)
CAR	11.478*** (14.44)	9.542*** (14.54)	12.660*** (5.35)
M2	−2.698*** (−4.28)	−2.626 (−1.49)	3.185* (2.38)
LNGDP	−0.920*** (−5.24)	−0.699** (−2.79)	−0.2884 (−1.10)
F 值/Wald chi2（n）	8476.54	3367910.77	2324554.47
R-sq	0.5300	0.5263	0.4755
Observations	334	210	124

注：***、**、* 分别表示在 1%、5%、10%的统计水平上显著。

对于全样本的农村商业银行来说，系数 b 在 1%的统计水平上显著为正，不需要接受 Sobel 检验。系数 c'在 1%的统计水平上显著为正，这说明全样本的农村商业银行中间业务水平的中介效应显著。

从分类样本来看，对于发达地区的农村商业银行来说，系数 b 不显著，则应当接受 Sobel 检验。如果检验的结果（z 值）超过临界值，那么表明该变量所起的中介效应是显著的，否则不显著。Sobel 检验统计量的计算公式是 $z=$

$a\times b/(s_a\times s_b)$，其中，$s_a$、$s_b$ 是 a、b 各自对应的标准误差数值。查阅 z 值临界值表，其在显著性水平为1%时所对应的临界值是2.58。本文将相关变量代入Sobel检验统计量的计算公式，对于发达地区的农村商业银行来说，以中间业务水平为中介时，$z=-5.7154$，绝对值大于临界值（2.58），这说明在发达地区的市场竞争下，农村商业银行中间业务水平的中介效应在1%的统计水平上显著。

对于欠发达地区的农村商业银行来说，系数 b 在5%的统计水平上显著为正，系数 a 不显著，则应当接受Sobel检验。根据计算公式 $z=a\times b/(s_a\times s_b)$，得到 $z=-1.593$，绝对值小于在显著性水平为5%时所对应的临界值（1.96）。这说明在欠发达地区的市场竞争下，农村商业银行中间业务水平的中介效应不显著。

综上，对于全样本和发达地区样本，中间业务水平是市场竞争作用于农村商业银行经营绩效的中介变量，并且该变量在两者关系中产生的中介效应是显著的，假设7成立。农村商业银行市场竞争度的提升，能够通过中间业务水平来进一步影响农村商业银行经营绩效情况。但在欠发达地区的市场竞争下，农村商业银行中间业务水平的中介效应不显著，这未能验证假设8。

六、结论与建议

（一）研究结论

本文通过手工搜集的农村商业银行数据，基于2012—2018年的全国48家农村商业银行的有效数据，实证研究了市场竞争对农村商业银行经营绩效的影响情况，同时分析了其具体的作用路径，得出以下结论：

（1）整体来看，市场竞争程度显著负向影响农村商业银行经营绩效，即市场竞争程度的提高会导致农村商业银行经营绩效的下降。在分样本中，无论是对地处较发达地区的农村商业银行来说还是对地处欠发达地区的农村商业银行来说，市场竞争程度的提高均会降低农村商业银行经营绩效。此外，在市场竞争程度提升的过程中，与欠发达地区相比，发达地区的农村商业银行经营绩效被降低的程度更高。

（2）对于全样本和发达地区样本的农村商业银行，其市场竞争程度与中间业务水平显著正相关，即市场竞争越激烈，农村商业银行中间业务占比越大，中间业务水平越高。但在欠发达地区，市场竞争程度与中间业务水平的正向关系不显著。

（3）对于全样本和欠发达地区样本的农村商业银行，中间业务水平与经营绩效显著正相关，即中间业务水平的提高可以有效提升欠发达地区的农村商业银行经营绩效。然而，对于发达地区的农村商业银行来说，中间业务水平与经营绩效显著负相关。这说明中间业务占比越大，则中间业务水平越高，发达地区的农村商业银行经营绩效越差。

（4）对于全样本和发达地区样本的农村商业银行，中间业务水平是市场竞争作用于农村商业银行经营绩效的中介变量，并且中介效应显著。农村商业银行市场竞争度的提升，能够通过中间业务水平进一步影响农村商业银行的经营绩效。但在欠发达地区，中间业务水平的中介效应不显著。这可能是由于对欠发达地区而言，市场竞争程度的提升未能有效激励样本农村商业银行扩大中间业务规模。

（二）对策建议

1. 完善农村金融市场竞争机制

随着农村金融市场准入条件的放宽，民间借贷规范也逐步出台，各种金融组织机构纷纷涌入，竞争格局的多元化、市场竞争主体的积极性及业务种类的复杂性使得我国农村金融市场在深化改革中逐渐扩大规模，市场竞争日益激烈，各金融机构面临的压力也逐步增加。市场竞争的加剧会降低农村商业银行的经营绩效水平。因此，我们可以通过完善农村金融市场竞争机制的方式来制约。

2. 合理开展中间业务

市场竞争能通过农村商业银行的中间业务而作用于其经营绩效。同时，地处不同经济发展水平地区的农村商业银行开展中间业务对其经营绩效的影响也不同。发达地区的农村商业银行中间业务水平的提升降低了农村商业银行的经营绩效，而在欠发达地区农村商业银行中间业务水平的提升可以有效提高农村商业银行的经营绩效。因此，在面临日趋激烈的市场竞争时，要合理提出开展中间业务的对策建议。农村商业银行应当依据自身水平选择中间业务的规模，加强中间业务品种的研发，同时要高度重视、合理控制中间业务风险，促进自身的多元化发展。

3. 营造良好的外部政策环境

要完善农村金融市场竞争机制，合理开展农村商业银行的中间业务，提高其自身的经营绩效，农村商业银行外部政策环境的改善也十分重要。坚持走市场化的道路，尊重市场发展的内在规律，避免延续曾经的监管措施“一刀切”

风格，要保持监管制度与措施的适度弹性，制定政策性金融相关法律法规，出台关于政策性银行的法律政策。通过立法，进一步明确农村地区政策性银行的职能特点、业务范围及其自身的法律定位等。制定非正规金融相关法律法规，进一步对经营行为进行规范。

4. 优化自身管理体系

农村商业银行作为农村金融改革的产物，致力于服务农村市场，也是农村金融市场的佼佼者。新形势下，农村商业银行必须优化和完善自身的管理体系，从而进一步提升综合竞争力与服务能力。

参考文献：

[1] 蒋远胜，张磊，徐丽娟. 市场竞争对农村商业银行经营绩效的影响：以浙江32家农商行为例［J］. 农村经济，2018（10）：64-71.

[2] MAUDOS J，PASTOR J M，PEREZ F，et al. Cost and profit efficiency in European banks［J］. Journal of International Financial Markets，Institutions and Money，2002（12）：33-58

[3] 王方宏. 银行市场竞争与银行绩效：对美国各州银行市场的分析［J］. 世界经济，2003（12）：45-52，80.

[4] 应展宇，张夏晗. 双重竞争约束下中国商业银行绩效变化研究［J］. 中央财经大学学报，2020（7）：31-47.

[5] 赵旭，蒋振声，周军民. 中国银行业市场结构与绩效实证研究［J］. 金融研究，2001（3）：59-67.

[6] 申创，赵胜民. 市场竞争度、非利息收入对银行收益的影响研究［J］. 南开经济研究，2018（1）：50-66.

[7] 谭鹏万. 中国银行业的市场结构与银行绩效关系研究：基于33家商业银行面板数据的实证检验［J］. 南方经济，2006（12）：70-83.

[8] 黄惠春，褚保金，张龙耀. 农村金融市场结构和农村信用社绩效关系研究：基于江苏省农村区域经济差异的视角［J］. 农业经济问题，2010，31（2）：81-87.

[9] 娄迎春. 基于4P营销变量的商业银行经营绩效研究［J］. 国际金融研究，2008（6）：27-33

［10］邰越越，王相宁. 手续费及佣金收入与中小银行绩效［J］. 金融论坛，2016，21（4）：54-65.

［11］杨扬，时丹丹. 利率市场化、非利息收入与商业银行经营绩效：基于非利息收入门限效应的实证分析［J］. 哈尔滨商业大学学报（社会科学版），2018（3）：49-58.

［12］黄惠春，杨军. 县域农村金融市场结构与农村信用社绩效关系检验：基于GMM动态面板模型［J］. 中国农村经济，2011（8）：63-71.

县域视角下河北省农业保险扶贫效率评价
——基于三阶段DEA效率模型

赵婧姝　赵君彦　李文
（河北农业大学）

一、引言与研究进展

2016年5月中国保监会、国务院扶贫开发领导小组办公室共同印发《中国保监会 国务院扶贫开发领导小组办公室关于做好保险业助推攻坚工作的意见》，对保险业如何参与精准扶贫提出全面、具体的要求。保险由于自身的机制优势，在扶贫中发挥过重要作用，河北省阜平县"金融扶贫保险先行"模式在全国率先示范，然而农业保险扶贫在整体上面临机制不稳定等问题，亟须进行科学的定量评价，从而为机制完善提供依据。

国内外学者一直关注贫困与反贫困问题。阿玛蒂亚·森认为贫困不仅是由低收入造成的，更多的是由于贫困人口基本能力的缺失。在反贫困角度，金融扶贫被认为是有效的治理手段。纳赛尔等（Naceur et al.）从金融渠道、有效性、稳定性、自由化四个方面构建模型，认为金融发展对区域收入不平等有改善作用，但也可扩大落后地区的收入差距。贾利良（Jalilian et al.）以经济增长为中介，研究了发展中国家的金融反贫困效应，证实金融机构的政策与项目对减少贫困有一定作用。国务院扶贫办提出我国的致贫因素包括疾病（占40%）和灾害（占20%），而保险机制的重要功能就是减小疾病与灾害等外在因素对家庭资产积累不足的冲击，弥补家庭因资产不足而造成的抗风险能力弱的缺陷，进而达到防止返贫的目的。

农业保险在农业生产方面发挥着重要作用，保险的保障功能能有效解决农业生产经营发展与改革面临的风险事故与经营压力等问题，能有效提高农业生产者的收入水平，提升抗风险能力，进而改善贫困农户的生产生活条件。农业保险通过提供风险保障与支付农业保险赔款来促进农业生产。

随着农业保险扶贫实践的推进，效果究竟如何？是否能够达到预期目标？因此，对农业保险扶贫效率进行科学评价，对农业保险扶贫深入推进具有重要的导向和指导作用。农业保险扶贫效率的研究重点在于指标构建。在相关领域，国内学者一般从投入和产出两个角度进行构建，运用多种计量方法进行绩效评估。

评价方法不大相同。张建等将保险精算理论与多重均衡模型相结合，构建基于农业风险-农业保险的多重均衡模型，讨论在一定政府补贴比例下，农业保险扶贫效率的影响。景鹏等基于资产积累模型，分析保险对贫困家庭和不同资产量家庭脱贫脆弱性的影响，指出应设计不同保障层次的保险产品，以供贫困家庭、边缘贫困家庭、稳定贫困家庭选择。廖朴等基于多重均衡模型，对比研究信贷、保险、“信贷+保险”三类金融产品的扶贫效果，结果表明仅仅依赖保险无法解决深度贫困问题，“信贷+保险”可在一定程度上缓解深度贫困问题。

在指标设计层面，国内学者一般从投入和产出两个角度进行构建。在投入指标上，大多数学者从保险规模的角度切入，投入指标一般为农业保险收入、农业保险深度、保险补贴数额、农业自缴保费、政府保费补贴；也有学者基于要素角度进行构建，黄渊基等选取参保农户、保险金额、受益农户、已决赔款、政府保费补贴作为投入指标，而将产出指标认定为农业保险收入。韩胜男从金融资本、实物资本、人力资本、经营管理费用、技术因素五方面构建投入指标。郑伟等基于两个调研案例，从核心目标、空间维度、时间维度、内部效应、外部效应五个维度构建保险项目评估框架。在产出指标上，有的学者基于农业保险业务对整个社会产生的效应做出衡量，即产出指标为农业保险赔付支出、农业保险交易额、农民人均可支配收入、农户人均家庭经营收入。有的学者基于农业保险业务从保险公司的微观层面进行衡量，指标为农业保险收入、营业利润、转移支付率。

从已有的研究看，目前的研究角度偏宏观与中观，主要为国家与省级维度，而各省既包括贫困县也包括非贫困县，因此现有研究无法厘清财政投入、保险服务和收入增长之间的内在因果关系。现有研究的方法不大相同，数据包络分析（DEA）为主要的效率评价方法，而传统的 DEA 模型没有考到环境变量与随机因素的影响，但农业生产对自然条件、经济结构、社会分工等存在一定依赖，因此采用三阶段 DEA 模型更能客观评价效率。在指标选择方面，现有研究对农村生产能力考虑不足，而农业保险扶贫应借助保险的保障功能，培养贫困者摆脱贫困的能力。因此，本文的创新点在于，以河北省62个贫困县为研究样本，充分考虑外部环境对扶贫效果的影响，采用三阶段DEA模型，以农业生产能力为产出方向，在原县级贫困县层面构建一套完整的农业保险扶贫绩效评价体系，为政府制定规划与决策提供依据。

二、研究方法与变量选取

（一）评价方法的选择

评价方法主要有参数方法与非参数方法，其根本差异是非参数方法不需要规定效率前沿函数的具体形式。由于农业保险扶贫是一个复杂的决策单元，其投入产出并非线性，我们难以用数学关系描述其内部机制，难以求解具体函数关系，因此本文选择非参数方法评价效率。数据包络分析（DEA）作为一种常用的非参数方法，适用于多投入多产出的情况下相对效率的评价，本文运用DEA方法在原贫困县层面测算农业保险扶贫效率，利用不同决策单元的相同阶段的投入产出指标数据进行建模，得出各决策单元的效率值，进行对比研究。考虑到传统的DEA方法无法剔除环境变量与随机因素的影响，而农业保险扶贫效率较容易受到外界因素的影响，如政府对扶贫资金的投入与自然环境的变化等，若各地区的投入受到外部环境的影响，那么对于内部管理无差异的贫困县而言，在不同外在环境下的效率值也就不同，以至于农业保险扶贫水平不能得到真实体现，因此本文运用弗里德（Fried）等提出的三阶段DEA模型对河北省的原62个贫困县的农业保险扶贫效率进行测算。

（二）模型构建

本文运用三阶段DEA模型分析农业保险扶贫效率，其具体模型如下：

第一阶段：初步评价投入、产出变量的初始效率。本阶段的目的是对河北省的原贫困县的农业保险扶贫效率进行初步测算。由于在本研究中投入较产出更容易调整，因此第一阶段采用投入导向型的BCC模型。BCC模型假定规模报酬可变，将技术效率（TE）分解为纯技术效率（PTE）与规模效率（SE），且TE=PTE×SE。其中，TE可代表既定产出下投入最小的数值，因此依据此模型我们可得到实际投入与最佳效率下的投入之间的差额，即松弛变量。该差值会受到环境变量与随机变量的影响。若效率值=1，则决策单元（DMU）在当前水平下最有效率。在该模型中，PTE可以被解释为由管理因素造成，包括农业保险本身的运行机制、农业保险扶贫的管理机制、政府财政补贴机制等。

SE 可以被解释为农业保险投入规模是否有效，包含农业保险的险种、保障水平和覆盖率等。

第二阶段：应用随机边界模型（SFA）调整松弛变量。借助 SFA 回归，本文将第一阶段得到的投入松弛分解为管理无效率、环境、统计三种效应。随机边界模型可以表述为

$$S_{ni}=f(Z_i;\ \beta_n)+\nu_{ni}+\mu_{ni};\ i=1,\ 2,\ \cdots,\ I;\ n=1,\ 2,\ \cdots,\ N$$

其中，S_{ni} 是第 i 个决策单元的第 n 项的投入松弛；Z_i 是环境变量，β_n 是环境变量的系数，$f(Z_i;\ \beta_n)$ 表示环境变量对投入冗余的影响，$\nu_{ni}+\mu_{ni}$ 是混合误差项，ν_{ni} 表示随机干扰对农业保险扶贫投入松弛变量的影响，μ_{ni} 表示管理无效率对投入松弛变量的影响。一般认为，无效率项服从半正态分布。特别地，$\gamma=\frac{\sigma_{\mu n}^2}{\sigma_{\mu n}^2+\sigma_{vn}^2}$，$\gamma$ 为管理无效率方差占总方差的比重。若 γ 趋近于 1，则农业保险扶贫投入产出效率低下的原因主要是管理无效，若 γ 趋近于 0，则农业保险扶贫投入产出效率低下的原因是随机因素的影响。

第三阶段，评价调整后的投入、产出变量的最终效率。笔者将初始的产出值与调整后的投入值再次代入模型中，评价各个决策单元的效率。此时的效率已经剔除环境因素和随机因素的影响，是相对科学准确的。

（三）变量与指标选取

1. 投入与产出变量

遵循数据的科学性、可得性与相关性原则，本文从农户、政府、保险公司三个角度设计投入产出变量。

（1）投入指标的选取。本文将农业保险保费收入作为投入变量。农业保险保费收入是指保险公司为了履行保险合同义务，向农业保险的投保人收取的对价。由于扶贫的农业保险险种一般都有财政补贴，通过转移支付的功能对农民的收入进行调节。因此，从经济意义来说，农业保险保费收入代表了国家与农户对农业保险的资金投入。

（2）产出指标的选择。农业保险的风险分散和经济补偿功能，激励农户扩大农业生产规模，增加农业产量，提高收入，进一步推动农业发展。因此，农业保险扶贫产出指标应包括农业生产、农民收入和农业发展三方面，因此本文选择农作物播种面积、农民可支配收入、农林牧渔业增加值作为产出指标。

2. 环境变量

环境变量应选择对农业保险扶贫效率产生影响并且非样本主观可控范围内

的指标。考虑到农业保险扶贫项目的特点及数据可得性，本文从现代农业产业化水平、人力资本、经济发展水平的三个角度提出影响农业保险扶贫效率的环境变量。

（1）农业产业化经营率。该指标反映了现代农业的生产与经营情况，衡量了一个地区的农业产业化程度。农业产业化经营率的提高，有助于拉长农业产业链条，提高农业整体效益，是实现农民增收的主要渠道。

（2）年末乡村农林牧渔业从业人员比重。该指标反映人力资本要素的投入水平。农村劳动力的增加，影响居民收入，扩大了农业保险扶贫政策的覆盖范围。

（3）地区 GDP。该指标是指按国家市场价格计算的一个国家（或地区）所有常驻单位在一定时期内生产活动的最终成果，反映了一个地区的经济实力与市场规模。

三、数据分析与实际模拟

（一）数据来源

本文以 2018 年为研究节点，采用河北农村统计年鉴、中国县域统计年鉴、保险公司的数据。

（二）第一阶段 DEA 分析结果

本文运用 Deap 2.1 软件，利用河北省的原 62 个贫困县的农业保险扶贫投入产出数据建立 DEA 模型。此时的初始效率包含了环境变量与随机变量的影响，分析结果如表 1 所示。

表 1　2018 年第一阶段各贫困县的 DEA 分析结果

地区	技术效率	纯技术效率	规模效率	规模报酬	地区	技术效率	纯技术效率	规模效率	规模报酬
广平县	1	1	1	—	承德县	0.388	0.408	0.951	drs
尚义县	1	1	1	—	围场县	0.381	1	0.381	drs
平泉市	0.994	1	0.994	drs	涿鹿县	0.377	0.382	0.987	drs
涞水县	0.917	0.922	0.995	drs	望都县	0.369	0.407	0.906	drs
赞皇县	0.884	0.886	0.998	drs	南和县	0.365	0.568	0.642	drs
康保县	0.829	1	0.829	drs	怀安县	0.36	1	0.36	drs
鸡泽县	0.824	1	0.824	drs	南皮县	0.333	0.476	0.7	drs

表1(续)

地区	技术效率	纯技术效率	规模效率	规模报酬	地区	技术效率	纯技术效率	规模效率	规模报酬
唐县	0.786	0.79	0.995	drs	阜城县	0.322	0.443	0.727	drs
青龙县	0.752	1	0.752	drs	饶阳县	0.307	0.366	0.839	drs
滦平县	0.718	0.721	0.995	drs	灵寿县	0.305	0.306	0.995	drs
顺平县	0.678	0.68	0.997	drs	宣化区	0.304	0.317	0.959	drs
平乡县	0.676	0.777	0.869	drs	临西县	0.3	0.425	0.706	drs
东光县	0.669	0.894	0.748	drs	故城县	0.297	0.441	0.673	drs
大名县	0.663	1	0.663	drs	任县	0.296	0.329	0.899	drs
易县	0.656	0.659	0.996	drs	沽源县	0.294	0.452	0.652	drs
魏县	0.609	1	0.609	drs	内丘县	0.268	0.308	0.869	drs
兴隆县	0.593	0.598	0.992	drs	平山县	0.254	0.255	0.998	—
献县	0.546	0.748	0.73	drs	丰宁县	0.245	0.328	0.748	drs
巨鹿县	0.532	0.616	0.863	drs	行唐县	0.242	0.307	0.787	drs
枣强县	0.519	0.673	0.771	drs	孟村县	0.241	0.263	0.918	irs
肥乡区	0.514	1	0.514	drs	盐山县	0.233	0.267	0.872	drs
赤城县	0.512	0.514	0.996	drs	新河县	0.214	0.215	0.993	irs
吴桥县	0.506	0.631	0.801	drs	张北县	0.189	0.301	0.629	drs
博野县	0.505	0.508	0.992	drs	崇礼区	0.18	0.219	0.822	irs
武邑县	0.494	0.704	0.702	drs	海兴县	0.173	0.179	0.97	drs
广宗县	0.48	0.486	0.988	irs	涞源县	0.169	0.277	0.611	irs
馆陶县	0.456	0.552	0.827	drs	万全区	0.169	0.172	0.982	irs
蔚县	0.42	0.512	0.821	drs	武强县	0.13	0.136	0.957	drs
隆化县	0.419	0.622	0.673	drs	临城县	0.116	0.145	0.8	irs
曲阳县	0.412	0.412	0.999	—	阜平县	0.107	0.11	0.97	irs
阳原县	0.411	0.442	0.93	drs	均值	0.456	0.559	0.838	
威县	0.388	0.504	0.771	drs					

注：—、irs、drs 分别表示规模报酬不变、递增、递减。

1. 结果分析

（1）整体效率评价。在不考虑随机因素与环境变量影响的情况下，2018年河北省62个贫困县的农业保险投入产出效率并不乐观，广平县和尚义县处于农业保险扶贫生产前沿面。平均来看，技术效率为0.456，纯技术效率为0.559，规模效率为0.838。纯技术效率低于规模效率。由此可知，河北省农业保险扶贫效率主要受纯技术效率的制约，且规模效率仍需提高。纯技术效率可用管理水平解释，规模效率则可用投入规模解释。因此，河北省应从管理因素与投入规模两个角度来提升效率水平。从地区来看，技术效率高于均值的贫困县有27个，其中处于技术效率前沿面的有2个。纯技术效率高于均值的贫困县有26个，其中处于纯技术效率前沿面的有11个。规模效率高于均值的贫困县有33个，其中处于规模效率前沿面的有2个。若效率值为1，则该决策单元的效率达到最高水平，即该县处于效率前沿面。

（2）各县效率评价与分类。为了更精准地表述2018年河北省贫困县的农业保险扶贫效率的分布情况，本文根据第一阶段与第三阶段的实证数据呈现规律，以各阶段效率均值为分界线，从纯技术效率与规模效率两个角度划分贫困县的扶贫效率类型，即纯技术效率高于0.559为高效率，反之为低效率；规模效率高于0.838为高效率，反之为低效率。由此，扶贫效率类型可分为四类，如图1所示。

纯技术效率高、规模效率高(12个县)	纯技术效率低、规模效率高(21个县)
赞皇县、肥乡区、馆陶县、临城县、任县、南和县、巨鹿县、广宗县、威县、涞水县、涞源县、望都县	顺平县、宣化区、康保县、阳原县、涿鹿县、赤城县、崇礼县、承德县、兴隆县、平泉县、隆化县、丰宁县、东光县、南皮县、吴桥县、献县、枣强县、武邑县、武强县、故城县、阜城县
行唐县、灵寿县、平山县、青龙县、大名县、广平县、鸡泽县、魏县、内丘县、新河县、平乡县、临西县、阜平县、唐县、易县	曲阳县、博野县、张北县、沽源县、尚义县、蔚县、怀安县、万全县、滦平县、围场县、海兴县、盐山县、孟村县、饶阳县
纯技术效率高、规模效率低(15个县)	纯技术效率低、规模效率低(14个县)

图1　扶贫效率类型分布情况

第一类是纯技术效率与规模效率均超过均值的“双高型”。此类型表明纯技术效率与规模效率均较高，包括赞皇县、肥乡区、馆陶县等12个县。

第二类是纯技术效率高于均值，规模效率低于均值的“高低型”。此类型表明农业保险扶贫效率的低效率主要来自规模效率，包括行唐县、灵寿县、平山县等15个县。

第三类是纯技术效率低于均值，规模效率高于均值的“低高型”。此类型表明农业保险扶贫效率的低效率主要来自纯技术效率，包括顺平县、宣化区、康保县、阳原县等21个县。

第四类是纯技术效率与规模效率均低于均值的“双低型”。此类型表示纯技术效率与规模效率均有待提高，包括曲阳县、博野县、张北县、沽源县等14个县。

经处理，我们发现，河北省的农业保险扶贫效率以“低高型”为主。此类型共有21个县，占比为33.87%。由于第一阶段没有考虑环境变量的影响，会影响效率的准确性，因此本文进行第二阶段似随机前沿分析（SFA）回归，以消除环境变量与随机因素的影响。

2. 原因分析

从第一阶段的分析结果中得知，2018年河北省62个贫困县之间在农业保险扶贫效果上存在一定差异。从区域上分析，各地经济发展水平、政府履职绩效、政府扶贫工作进度的不同导致贫困县的政府扶贫效率产生相对差异性。因此，各地应依据地区差异性，确定农业保险扶贫政策。纯技术效率较低大多为管理效率低所致，即管理制度不够完善、管理人员培训不足、管理层到执行层的传递效率低下导致。规模效率较低可能由保险扶贫产品对接贫困户不充分、不精准，农业保险产品宣传不到位，缺少符合当地农业保险需求的保险产品导致。

（三）环境变量对农业保险精准扶贫效率的影响

经第一阶段评估初始效率后，我们可得出投入目标值与原始投入值的差额，即松弛变量。本文将松弛变量作为因变量，将国内生产总值（GDP）、农业产业化经营率、年末乡村农林牧渔业从业人员比重作为自变量，进行随机边界分析，采用Frontier 4.1软件计算，结果如表2所示。

表 2　SFA 回归估计结果

自变量	因变量
	农业保险保费收入
常数项	289. 546 79
GDP	−0. 000 22
农业产业化经营率	−0. 809 26
年末乡村农林牧渔业从业人员比重	−2. 558 62
sigma-squared	1 493 980. 9
gamma	0. 999 99
log likelihood function	−0. 487 39
LR test of the one-sided error	0. 250 54

本文设定自由度为 3，通过似然比 LR 检验，即表示使用 SFA 回归合理，环境变量会对农业保险精准扶贫效率产生影响。通过随机边界分析，本文发现自变量对投入冗余产生影响，即处于较好外部环境的贫困县的农业保险扶贫效率可能会被高估，反之处于较差外部环境的贫困县的农业保险扶贫效率可能被低估。在表 2 中，GDP、农业产业化经营率与年末乡村农林牧渔业从业人员比重系数为负，表明三者与投入指标的冗余程度负相关，增加投入会增大模型效率值。因此，环境效率干扰了第一阶段测量结果的准确性，我们需对投入变量进行调整，再次进行效率测量。

原因分析如下：GDP 代表了一个地区的劳动产出，在一定程度上表现为劳动人口的增加与生产力的提高。GDP 通过稳定农民就业与提升生产技术，有利于农村人均收入的提高。农业产业化经营的发展，扩大了农产品的供给规模，带动农业的区域化布局，刺激了农业保险的需求。年末乡村农林牧渔业从业人员比重代表一个地区的劳动力规模，有利于扩大保险扶贫的规模。

（四）调整后农业保险对精准扶贫的效率

根据第二阶段 SFA 回归分析，本文将各县置于相同的外部环境下，剔除环境变量与随机变量的影响之后，再次运用 Deap 2. 1 软件对效率进行计算，结果如表 3 所示。

表 3　第三阶段效率及效率变化情况

地区	技术效率	纯技术效率	规模效率	规模报酬	地区	技术效率	纯技术效率	规模效率	规模报酬
广平县	1	1	1	—	望都县	0.404	0.444	0.91	drs
康保县	1	1	1	—	威县	0.395	0.557	0.709	drs
尚义县	1	1	1	—	承德县	0.392	0.484	0.809	drs
鸡泽县	0.962	1	0.962	drs	曲阳县	0.387	0.396	0.977	drs
赞皇县	0.899	0.957	0.939	drs	南和县	0.386	0.609	0.634	drs
涞水县	0.856	0.99	0.865	drs	围场县	0.386	1	0.386	drs
平泉市	0.827	1	0.827	drs	涿鹿县	0.385	0.41	0.937	drs
平乡县	0.778	0.813	0.958	drs	任县	0.384	0.39	0.986	drs
大名县	0.758	1	0.758	drs	临西县	0.381	0.455	0.837	drs
唐县	0.742	0.859	0.864	drs	沽源县	0.377	0.494	0.763	drs
青龙县	0.714	1	0.714	drs	故城县	0.368	0.467	0.788	drs
顺平县	0.657	0.722	0.91	drs	枣强县	0.347	0.39	0.891	drs
滦平县	0.638	0.735	0.867	drs	内丘县	0.336	0.349	0.963	drs
东光县	0.612	0.903	0.678	drs	饶阳县	0.327	0.437	0.75	drs
博野县	0.608	0.617	0.986	drs	灵寿县	0.318	0.368	0.865	drs
易县	0.606	0.693	0.874	drs	孟村县	0.306	0.334	0.918	irs
武邑县	0.567	0.753	0.754	drs	盐山县	0.289	0.29	0.997	irs
兴隆县	0.565	0.676	0.836	drs	宣化区	0.285	0.309	0.925	drs
魏县	0.556	1	0.556	drs	行唐县	0.254	0.367	0.691	drs
广宗县	0.546	0.586	0.933	irs	丰宁县	0.253	0.36	0.704	drs
吴桥县	0.531	0.749	0.71	drs	新河县	0.251	0.261	0.962	irs
巨鹿县	0.529	0.69	0.767	drs	崇礼区	0.244	0.297	0.822	irs
赤城县	0.528	0.601	0.878	drs	张北县	0.236	0.334	0.707	drs
阳原县	0.524	0.525	0.998	drs	平山县	0.227	0.24	0.946	drs
肥乡区	0.519	1	0.519	drs	海兴县	0.222	0.225	0.986	irs
献县	0.503	0.765	0.658	drs	涞源县	0.208	0.341	0.611	irs
蔚县	0.485	0.49	0.99	drs	万全区	0.195	0.215	0.909	irs

表3(续)

地区	技术效率	纯技术效率	规模效率	规模报酬	地区	技术效率	纯技术效率	规模效率	规模报酬
馆陶县	0.465	0.61	0.763	drs	武强县	0.165	0.168	0.984	irs
隆化县	0.422	0.668	0.632	drs	临城县	0.149	0.189	0.784	irs
怀安县	0.421	1	0.421	drs	阜平县	0.122	0.144	0.849	irs
阜城县	0.409	0.478	0.856	drs	均值	0.478	0.592	0.827	
南皮县	0.406	0.504	0.807	drs					

注：—、irs、drs 分别表示规模报酬不变、递增、递减。

1. 结果分析

（1）在整体层面。根据表3，剔除环境变量与随机变量的影响后，河北省农业保险扶贫效率存在轻微变化。技术效率均值由0.456上升至0.478，纯技术效率均值由0.559上升至0.592，规模效率均值由0.838下降至0.827，规模效率大范围呈递减状态。这表明河北省农业保险扶贫规模受到重视，但远低于1，仍有改善空间。河北省农业保险扶贫机制在实际运行中存在诸多问题，导致资源使用不合理。规模效率的高低与财政收入有关，因此道德风险、贪污腐败等外在因素可导致规模效率降低，工作人员有可能存在利益侵占、资金挪用等情况。从地区来看，技术效率高于均值的贫困县有27个，处于技术前沿面的县城有3个。说明这3个县的保险扶贫效应得到充分发挥，农业保险扶贫投入起到了较好的作用，资源配置合理。纯技术效率高于均值的贫困县有29个，其中处于纯技术效率前沿面的贫困县有11个。规模效率高于均值的贫困县有36个，其中处于规模效率前沿面的有3个。

对比分析第一阶段与第三阶段的效率结果，如表4所示。调整前后，技术效率值集中在0.1~0.6，最集中的区间为0.3~0.4，纯技术效率值集中在0.3~0.5与1，规模效率值集中在0.7~1。河北省农业保险扶贫效率在调整前后，效率变化不大。康保县在调整后，技术效率与规模效率由0.829上升为1，并达到前沿水平。

表 4　第一阶段与第三阶段的效率值分布区间

效率值区间	第一阶段						第三阶段					
	TE		PTE		SE		TE		PTE		SE	
	贫困县/个	比例/%	贫困县/个	比例/%	贫困县/个	比例/%	贫困县/个	比例/%	贫困县/个	比例/%	贫困县/个	比例/%
0.1~0.2	8	12.90	5	8.06	0	0.00	4	6.45	3	4.84	0	0.00
0.2~0.3	10	16.13	6	9.68	0	0.00	10	16.13	6	9.68	0	0.00
0.3~0.4	13	20.97	9	14.52	2	3.23	15	24.19	11	17.74	1	1.61
0.4~0.5	7	11.29	10	16.13	0	0.00	7	11.29	9	14.52	1	1.61
0.5~0.6	8	12.90	7	11.29	1	1.61	10	16.13	4	6.45	2	3.23
0.6~0.7	6	9.68	6	9.68	8	12.90	5	8.06	8	12.90	6	9.68
0.7~0.8	3	4.84	5	8.06	11	17.74	4	6.45	5	8.06	13	20.97
0.8~0.9	3	4.84	2	3.23	13	20.97	3	4.84	2	3.23	15	24.19
0.9~1	2	3.23	1	1.61	25	40.32	1	1.61	3	4.84	21	33.87
1	2	3.23	11	17.74	2	3.23	3	4.84	11	17.74	3	4.84

从表 5 可知，河北省农业保险扶贫效率以规模报酬递减为主，调整后，规模报酬递增的贫困县增加到 11 个，占比为 17.74%。剔除环境变量与随机变量的干扰后，扶贫效率的规模报酬有一定的提升。

表 5　规模报酬变化情况

规模报酬	第一阶段		第三阶段	
	贫困县/个	比例/%	贫困县/个	比例/%
递减	50	80.65	48	77.42
不变	4	6.45	3	4.84
递增	8	12.90	11	17.74

（2）在县级层面。同样，本文以均值为效率高低分界线对河北省农业保险扶贫效率进行扶贫类型处理，结果如图 2 所示。

纯技术效率高、规模效率高(15个县)	纯技术效率低、规模效率高(21个县)
赞皇县、青龙县、大名县、广平县、肥乡区、鸡泽县、馆陶县、魏县、南和县、巨鹿县、平乡县、涞水县、唐县、易县、顺平县、	灵寿县、平山县、内丘县、任县、新河县、广宗县、监西县、阜平县、望都县、曲阳县、宣化区、蔚县、阳原县、万全区、涿鹿县、海兴县、盐山县、孟村县、枣强县、武强县、阜城县
博野县、康保县、尚义县、怀安县、赤城县、兴隆县、平泉市、滦平县、隆化县、围场县、东光县、吴桥县、献县、武邑县、	行唐县、临城县、威县、涞源县、张北县、沽源县、崇礼区、承德县、丰宁县、南皮县、饶阳县、故城县、
纯技术效率高、规模效率低(14个县)	纯技术效率低、规模效率低(12个县)

图 2　扶贫效率类型分布情况

第一类是纯技术效率与规模效率均高于均值的“双高型”，包括赞皇县、青龙县、大名县等 15 个贫困县，表明这 15 个贫困县的农业保险扶贫的内部管理水平较高与投入规模较大，处于领先地位。

第二类是纯技术效率高于均值，而规模效率低于均值的“高低型”，包括博野县、康保县、尚义县等 14 个贫困县。虽然农业保险扶贫投入会促进农业保险扶贫效率的提升，但规模效率是制约各县发展的主要因素，政策宣传不到位、农户参与度不高、保险服务有待完善仍然是主要原因。

第三类是纯技术效率低于均值，而规模效率高于均值的“低高型”，包括灵寿县、平山县、内丘县在内的 21 个贫困县。这些县需要进一步促进纯技术效率的提升，如提升农业保险扶贫机制的内部管理水平，完善政府财政补贴机制与农业保险本身的运行机制，在保障资源的扩张下注重资源的合理分配。

第四类是纯技术效率与规模效率均低于均值的“双低型”，包括行唐县、临城县、威县等在内的 12 个贫困县。这 12 个县在以后的发展过程中，不仅要重视管理效率的提升，也要增加规模投入。

2. 原因分析

对比第一阶段的扶贫效率类型，我们发现，调整前后效率类型均以纯技术效率低于均值、规模效率高于均值的“低高型”为主（21 个县，占比为 33.87%）。调整后，我们发现第三阶段的效率类型呈现一定的区域性特征。“双高型”集中在河北省中南部地区，主要位于邯郸市、保定市。“高低型”集中在河北省北部地区与东部地区，主要位于张家口市、承德市。“低高型”

分布在中部地区，主要集中在张家口市以南与邯郸市以北。“双低型”主要集中在北部与南部地区，如张家口市、承德市与石家庄市、保定市等地。

四、结论与政策建议

（一）结论

根据以上实证结果，我们可以得到以下结论：第一，调整后，河北省农业保险扶贫效率整体较高，广平县、康保县、尚义县达到技术前沿。技术效率均值为0.478，纯技术效率均值为0.592，规模效率均值为0.827。总体来看，规模效率均值远高于纯技术效率均值，这说明贫困县的扶贫资源供给较为充足，扶贫力度相对较大。第二，在排除环境因素和随机因素的影响后，农业保险扶贫效率有一定的提高。GDP、农业产业化经营率与年末乡村农林牧渔业从业人员比重对农业保险扶贫效率产生正向作用，表明外部环境因素对农业保险扶贫效率产生影响。第三，地区间的农业保险扶贫效率存在一定差异性，也存在一定规律性。本文以纯技术效率与规模效率的均值为临界值，将农业保险扶贫效率分为四类。农业保险扶贫效率呈现地域性特征。

（二）政策建议

针对以上结论，本文提出以下几点建议：

1. 改善农业保险扶贫的外部环境

一是提升农业产业化经营程度。政府部门需加强对农业产业化经营主体的扶持，把控流动资源的管理，形成管理、监督、运作三个方面的协同机制；精准对接贫困户需求，达到贫困户需求与资源投放相结合。二是加强对农业基础设施的建设与维护，保证农村生产能力，促进农业现代化，保障经济持续增长。三是注重农村教育建设，提高农民对农业保险扶贫的认知程度和参与扶贫项目的积极性，提升对农业技术的接受能力。

2. 依据效率类型制定差异化策略

从上述结论中可知，各县（区）农业保险扶贫效率可分为四种类型。因此政府部门应针对县域扶贫效率低下的原因，制定相应的扶贫政策，明确地区的差异性。

（1）纯技术效率偏低地区的改进措施。

第一，完善保险扶贫管理机制。在管理制度上，政府部门应尽量优化管理链条，加快信息传递速度，提升基层政府执行力，充分发挥相邻贫困县的辐射带动作用，如选派第一书记等人员，保证帮扶到户、帮扶到人。在监督机制上，政府部门应建立第三方监督平台，对涉及扶贫项目的人员进行监督，防止扶贫资金挪用。在项目开展上，政府部门应搭建信息共享平台，依托互联网对项目开展情况、项目存在问题等进行信息披露，有助于相互监督、相互促进、及时调整工作方案。

第二，完善农业保险运行机制。保险公司具有商业性质，救助式扶贫不是保险公司的职责。保险公司由于逐利性会将保险参保率的提升重点放在普通人群或返贫概率较低的人群上，这不利于巩固脱贫效果，防止返贫。依前文所述，消除因病因灾所致的返贫、致贫现象是我国目前需面对的主要任务。农业保险的重点应放在避免脱贫户返贫与非贫困户致贫上。因此，一是政府部门应构建以经营为主的保险体系，让保险公司安全运营，建立"政府+保险+第三方金融机构"的风险共担机制。二是保险公司开发不同保障层次的保险产品，按照不同比例开发商业性质保险，如在社会保障的技术上增加商业保险，构建"社会保障+商业保险"的双保险体系，避免因灾、因病返贫或暂时失业时返贫，达到稳定脱贫的效果。三是保费补贴政策应与保险公司的税费优惠、对农户的信贷等各项政策配套结合起来，形成一个综合性的农业保险政策支持体系。

第三，完善政府财政补贴机制。从结论看，河北省大部分贫困县的农业保险扶贫效率存在规模报酬递减，从理论上来说，河北省目前的农业保险财政补贴已经达到相当大的规模，农业保险保费的补贴比例约为20%。其中阜平县作为河北省深度贫困县，其推出的特色保险产品，采用县财政承担特色农业保险产品60%的保费补贴的方式。但就结果来看，阜平县效率低下的主要原因是纯技术效率低下，且规模报酬递减。这表明河北省的农业保险财政补贴机制在实际运行中依然存在诸多问题，导致资源使用不合理。减小地方政府财政压力，提升财政补贴单位投入回报率成为急需解决的问题。因此，政府部门应出台其他扶持政策，如鼓励建立农业保险再保险机制、巨灾风险基金制度等优化补贴机制，及时对农业保险保费补贴政策进行调整及完善。

（2）规模效率偏低地区的改进措施。

第一，创新农业保险产品与保险服务，精准对接扶贫主体。在贫困主体上，政府部门应完善贫困主体精准识别与退出机制，利用现代技术与大数据建立扶贫平台，从收入、教育、医疗等维度识别贫困主体。同时，政府部门要制定贫困主体退出与返贫标准，基层严格执行，提高精准瞄准、精准退出的质量与效率。在保险产品上，根据贫困地区现状，因地制宜创新保险产品，满足当地农户保险需求。

第二，加强保险宣传，增强农户保险意识与提升生产技能。在宣传上，政府部门要加大对农户宣传农业保险的力度，除传统的宣传方式外，还可依托互联网平台开展自媒体宣传，为贫困地区引进具有农险背景的人才等，增强农民参与农业保险的意识。在技术上，政府部门应加强农民技能培训。为了提升农户创收能力，除提高参保率外，提升农户技能也尤其重要。提升农户技能，能减小保险公司赔付力度，减少保险纠纷，提高财政补贴资金使用效率。因此，政府部门应鼓励农民加入农村合作社，组织高校加强产、学、研合作，提升贫困地区自我发展能力。

参考文献：

[1] INNES R. Crop insurance in a political economy: An alternative perspective on agricultural policy [J]. American Journal of Agricultural Economics, 2003, 85 (2): 318-335.

[2] NACEUR S B, ZHANG R X. Financial development, in-equality and poverty: Some international evidence [R]. Washington DC: IMF Working Paper 16, 2016.

[3] HOSSEIN JALILIAN, COLIN KIRKPATRICK. Does financial development contribute to poverty reduction? [J]. Journal of Development Studies, 2005, 41 (4): 636-656.

[4] 中央电视台.【砥砺奋进的五年】精准扶贫 攻坚克难 践行庄严承诺 [EB/OL]. (2017-05-19) [2020-11-30]. www.wenming.cn/xj_pd/ssrd/201705/t20170519_4250439.shtml.

[5] 景鹏，郑伟，贾若，等. 保险机制能否助推脱贫并守住脱贫成果：基于资产积累模型的分析 [J]. 经济科学，2019 (2): 104-116.

[6] 邓美君，张祖荣. 我国农业保险支农效率的区域差异：测度与分解 [J]. 华东经济管理，2020，34 (4): 92-99.

[7] 朱蕊，江生忠. 我国政策性农业保险的扶贫效果分析 [J]. 保险研究，2019 (2): 51-62.

[8] 张建，徐景峰，康凯. 基于多重均衡模型的农业保险精准扶贫效果研究 [J]. 现代财经：天津财经大学学报，2020，40 (7): 44-53.

[9] 廖朴，吕刘，贺晔平. 信贷、保险、“信贷+保险”的扶贫效果比较研究 [J]. 保险研究，2019 (2): 63-77.

[10] 郑军，杜佳欣. 农业保险的精准扶贫效率：基于三阶段 DEA 模型 [J]. 贵州财经大学学报，2019 (1): 93-102.

[11] 赵君彦，焦晓松，朱玉涛，等. 我国农业保险财政补贴效率的综合评价：基于 DEA 模型 [J]. 农业经济，2015 (5): 89-91.

附录　其他参会论文概览

题目	作者	单位	摘要
互惠视角下农社利益联结与农户减贫	王璐瑶 叶学澜 徐莲 王雪 申云	四川农业大学经济学院	在乡村振兴背景下，明确农民合作社如何衔接小农户以推动可持续脱贫，探究不同维度视角下的农社利益联结在多大程度上减轻农户多维贫困，对于提高脱贫质量、加快培育新型农业经营主体具有重要意义。本文基于农社互惠视角，采用 2015 年和 2016 年农业供应链金融信贷微观数据，从融资联结、决策联结、销售联结、技术联结、依赖程度五个维度揭示农社利益联结对农户多维减贫的影响及作用机制，并从受教育程度和融资历史两个维度探讨其在农户减贫效应上的异质性影响。研究结果表明：一方面，技术、融资、销售三方面的利益联结均可降低农户的多维贫困程度，其中农技培训带来的减贫效应尤为显著；另一方面，决策联结与依赖程度，特别是“一人一票”的计票方式可以在一定程度上降低农户贫困程度。此外，受教育程度越高、融资历史越长的农户，其贫困在农社利益联结下更易得到缓解。因此，有效处理新型农业经营主体与农户的关系，多维度、创新化构建更加完善的农社利益联结机制，促进农社协同化发展和提升农户内生脱贫能力尤为关键。

题目	作者	单位	摘要
农业机械应用对农村劳动力转移的影响——基于中国劳动力动态调查（CLDS2016）的分析	陈江华 陈艳	江西农业大学经济管理学院	本文基于2016年中国劳动力动态调查数据（CLDS），运用工具变量法，实证分析了农业机械应用对农村劳动力非农转移的影响。结果表明：农业机械应用对非农就业具有显著正向影响，农业机械应用水平越高，农户家庭劳动力从事非农就业的可能性越大，非农就业人数越多。农业生产中，机械化水平每提高1个层次，农户家庭劳动力参与非农就业的人数可能增加12.3%，不考虑内生性问题将低估农业机械应用对农村劳动力转移的影响。此外，户主年龄、户主文化程度、户主健康状况、村庄交通状况对农村劳动力转移具有显著正向影响，而劳动力人均耕地面积与是否获得农业补贴对农村劳动力转移具有显著负向影响。我国实现农业现代化的必经之路是大力推进农业适度规模经营，而发展农业适度规模经营要求进一步推动农村剩余劳动力转移。因此，要进一步加大农业政策支持力度，继续实施农机补贴政策，鼓励农业机械研发投入，支持农机社会化服务发展，不断提高我国农业机械化水平。
金融支持新型农业经营主体发展的路径探究——以四川遂宁为例	王烨	中国人民银行遂宁市中心支行	在不断深化农村供给侧结构性改革的过程中，新型农业经营主体已成为农村改革的先行者，对实现乡村振兴战略具有重要的意义，为在乡村建设中提高收入效益、解决就业等做出显著的贡献，但是当前仍面临不少发展瓶颈与难题。金融支持方面主要体现为融资难等问题。本文以四川省遂宁市为例，对金融支持新型农业经营主体的现状、存在的困难等进行研究分析，从金融支持新型农业经营主体的培育、新型农业经营主体金融供需、新型农业经营主体融资困境、创新金融支持等方面进行分析，探索出适合遂宁市的金融支持新型农业经营主体发展的路径。

题目	作者	单位	摘要
金融素养对居民借贷行为影响研究——基于西藏民生调查的实证分析	庞洪伟 龚钰山 于阳阳 生欢欢 陈艳	西藏大学经济与管理学院	本文基于2019年西藏农牧区民生发展调查数据，选用工具变量、联立方程模型等处理内生性问题的方法，检验了金融素养对西藏农牧区居民借贷行为的影响。研究发现：①西藏农牧区居民一般金融素养和高级金融素养均偏低。②一般金融素养和高级金融素养均对西藏农牧区居民正规金融借贷有显著正向影响，一般金融素养对居民非正规金融借贷有显著正向影响，高级金融素养对居民非正规金融借贷有显著负向影响。③家庭主事者的一般金融素养和高级金融素养也对家庭借贷次数有显著正向影响。基于以上结论，西藏自治区政府在乡村振兴过程中，应重视对农牧区居民金融素养的培养，促进西藏农牧区消费金融市场稳定健康发展。
城乡融合发展的减贫效应研究——以四川省为例	李琳 刘后平	成都理工大学商学院	自改革开放以来，我国的城乡二元结构不断凸显，农村的人才、资本等要素源源不断地流向城市，社会差距不断拉大，农村贫困地区陷入了贫穷的恶性循环，产生了区域性贫困等社会问题。伴随着国家战略的不断调整，城乡二元结构逐步得到改变，城乡全面融合的目标即将达成，同时我国的减贫事业也取得了丰硕成果。从减贫实践来看，贫困地区的脱贫离不开城市对农村的反哺。本文以四川省为例，从理论和实证两方面探讨城乡融合与减贫的作用关系并提出相应的政策建议。

题目	作者	单位	摘要
黄河领域生态资本与经济高质量发展研究	刘杰 张华泉	四川农业大学经济学院	在黄河领域生态保护和高质量发展上升为重大国家战略的背景下，将生态资本纳入经济高质量发展要素框架并予以考量的重要性与紧迫性日益凸显。本文依据新发展理念构建了经济高质量发展综合评价体系，以黄河流域地区2000—2017年的省级面板数据为研究样本，系统分析了生态资本与黄河流域地区经济高质量发展之间的关系，并采用高斯混合模型（GMM）进行内生性问题处理及稳健性检验。研究结果表明：①生态资本与黄河流域经济高质量发展之间呈显著的正向关系，生态资本会显著带动黄河流域地区经济高质量发展，其中森林覆盖率的贡献最大。②构建中介效应模型，检验生态资本对黄河流域地区经济高质量发展的传导机制，发现生态资本主要通过人均人力资本的增加、劳动生产率的提高、单位GDP能耗的降低来对黄河流域地区经济高质量发展产生间接的促进作用。③面板门槛回归模型显示，生态资本对黄河流域地区经济高质量发展的门槛效应显著，即存在非线性特征：越过双重门槛值-0.200后，生态资本的正外部性作用呈逐步减弱态势。基于此结论，本文认为应充分认识生态资本价值及对黄河流域生态资本投资的必要性，将生态保护真正融入现代化经济建设之中，从提高人力资本质量与劳动生产率、降低能耗等角度助推黄河领域经济高质量发展。

题目	作者	单位	摘要
乡村振兴背景下直播助农新模式的演化路径分析——基于三方博弈的视角	冯瑶 刘后平	成都理工大学商学院	直播带货作为一种电商新模式，不仅能解决农产品滞销问题，也能助力农民增收。直播助农新模式有望成为我国实现乡村振兴的有效途径，但其未来的持续健康发展，取决于多方参与主体的共同作用。基于此，本文运用博弈论的理论和方法，构建了政府-平台-农户的三方博弈模型，通过模型求解和数值仿真，分析了三方主体的稳定策略及其整体的演化路径。研究发现：单主体的决策行为受其余两主体策略的影响，且政府、平台和农户的共同努力才能使直播助农新模式发展至理想状态；政府采取积极引导策略取决于公信力的提升和投入成本的增加等；平台选择积极运作策略要考虑成本和额外收益及政府补贴和罚款力度等；农户选择积极参与策略则需考虑长短期收益差额、参与成本和政府补贴等。